朱树人 编

曾国藩逸事汇编

岳麓書社·长沙

图书在版编目(CIP)数据

曾国藩逸事汇编/朱树人编.—长沙:岳麓书社,2019.10

ISBN 978-7-5538-0780-5

Ⅰ.①曾… Ⅱ.①朱… Ⅲ.①曾国藩(1811—1872)—生平事迹 Ⅳ.①K827=52

中国版本图书馆 CIP 数据核字(2019)第 092724 号

ZENGGUOFAN YISHI HUIBIAN

曾国藩逸事汇编

编　　者:朱树人
责任编辑:刘　文　陶嶒玲
责任校对:舒　舍
封面设计:罗志义

岳麓书社出版发行
地址:湖南省长沙市爱民路 47 号
直销电话:0731-88804152　0731-88885616
邮编:410006
岳麓书社网址:www.yueluhistory.com

2019 年 10 月第 1 版第 1 次印刷
开本:710mm×1000mm　1/16
印张:23
字数:386 千字
ISBN 978-7-5538-0780-5
定价:68.00 元

承印:湖南众鑫印务有限公司

如有印装质量问题,请与本社印务部联系
电话:0731-88884129

题《曾国藩逸事汇编》

锺叔河

朱树人君辑晚清民国笔记中曾国藩逸事，成功了一部多视角的曾氏别传，我很欣赏。

曾氏出生时，乾隆崩殂已十二年，古老帝国的盛世早黯然逝去；他升侍郎时，五口通商业经七载，Modernization的潮流正轰然袭来。在三千年所未有之变局中，他成了举足轻重的人物；但他离开今天的我们并不久远，才不过一百四十四年。

再往前看，欧洲历史上也出了个举足轻重的人物拿破仑。全世界已经出版的拿破仑传记，据说早就超过了一千种。外文的我看不懂，中文的从清末石印线装本和民国《小学生文库》本算起，少说也见到过十多二十种，这些恐怕都还不够格列入那一千种之内吧。

那末，我们的曾国藩，他的传记——我说的是传记——成功了多少呢？也许只能怪自己信息不灵读书太少吧，这就屈指难数，数不出几种来了。

所以，对于朱君的工作，我不能不表示欣赏。年前他拿来《曾国藩逸事汇编》一书的校样，希望我作序。我却刚刚在《人之患·自序》中宣布过“不再为患”，无法从命；但自己欣赏的心情确实是真切的，故谨敬题记如上。

丙申雨水节锺叔河于念楼。

凡 例

一、本书取材于曾国藩所处时代及之后的诸多私人著作，包括笔记、日记等文献。对这些文献之采用时限，大致定在公元1949年之前刊行或编撰者。全书厘分七卷，分卷原则见本书编后记。

二、本书原则上不收曾国藩亲属、后人撰写的回顾文字。他们的视角独特，留待日后专门辑集。但不排斥少量的引述文字。

三、本书材料内容包罗广泛，目的是向读者提供尽可能多的资料；至于内容准确与否，不作鉴别，留待读者研究。前后因袭的内容，叙述文字全同者取作者较早的；内容大致相仿或叙述方式不同者，则尽量采入，并在篇尾标注“相关链接”，以便利读者对读或作校勘材料。

四、本书对所取材的原书编撰者之事略均作考订，由编者撰写简略小传，附在各原书标题之下。

五、本书材料中提到的事件和人物，除有特殊需要者，一般不另加注，以省篇幅。

六、本书内容庞杂，如若以类相从，势必打乱原书体例，不便读者覆按，故采取常见的以原书为基本单元；同一作者有两种或以上撰著被采用者，照例分作不同单元。至于单元以下的各题，则依其在原书中所在顺序排列，不作变动。

七、各条材料的标题，原书编撰者已做好者一般不再另拟；原无标题者则由编者据内容代拟，以利检索。

八、本书撷取内容四百余题，使用各类撰著六十余种，挂一漏万，在所难免，盼识者正之。

目　录

卷　一

卷　二

卷 三

卷 四

卷 五

卷 六

卷 七

卷一

落花春雨巢日记赵烈文

赵烈文（1832—1893），字惠甫，号能静居士。江苏阳湖人。咸丰五年入曾国藩幕，湘军破天京时并为曾国荃的机要幕客。存世日记有《落花春雨巢日记》（起咸丰二年正月，讫咸丰六年六月）和《能静居日记》（起咸丰八年五月初四，讫光绪十五年六月二十）。

咸丰五年

九月十六日（1855年10月26日）　弢甫有函见寄，专人同江西钦差曾帅名国藩字涤生戈什哈徐某来，持聘金延余赴营，并属择定中同人要共往。

十二月廿二日（1856年1月29日）　有人自营中来，传帅命速往会，阻风不得行。

廿六日（2月2日）　早晨开行，午至左蠡，即老爷庙，申至渚矶，酉至南康大营。偕孝拱通谒大帅，少坐而退。营在府城东北三里许，泊处，匡、庐如在左右，迟当往游。大帅，湖南长沙府湘乡县人，戊戌翰林，官兵部右侍郎，钦差总理军务，赏穿黄马褂。

廿七日（2月3日）　饭前复至帅舟谈少顷。午后移舟杂械所……

廿八日（2月4日）　谒幕府陈秋门年伯，光亨，湖北兴国州人，丙戌进士，官给谏。并晤罗研生汝怀及令子伯宜萱、汪少益元慎、何镜芝源、刘彤阶世墀、方子白翊元诸君。帅至寓答拜，闻在幕中，亦鼓棹而来，谈良久乃归。

廿九日（2月5日）　至帅处辞岁。帅遣招夜饮度岁，同座罗研翁作陪。

咸丰六年

正月初一日（1856年2月6日）　黎明至舟首遥贺太夫人新禧。巳刻到帅舟贺正。傍晚帅遣弁棹舟来迎，至岸上立谈良久，帅虚怀好问，与孝拱皆有所陈，亦未能竟言。

初二日（2月7日）　下午同罗研翁至帅舟。

初三日（2月8日）　帅招至舟，约同至青山看营，甫解维，大风起阻，不成行。

初五日（2月10日）　天色如昨。饭后往幕府，又谒帅，请冒雪先至青山。

初七日（2月12日）　风止，雪霁。帅遣战船先送余两人到青山营，因谒帅告行，饭后振棹，未至落星石，南康城外，湖中亦有之，未知孰是。申至屏风山，右营驻此，少留复行。酉到青山，前后左三营各一观，即返座船。

初八日（2月13日）　虎字营官黄虎臣遣马来迎，午至其营。营在山顶，周遭百余步，与水营隔一山。贼由孤塘吴鄣岭来，此其冲也。东去湖岸二三里，湖面帆樯可得而数。晴明时望梅家州贼营，隐约在目，贼犯水营，亦最先见。西枕庐山，望五老峰侧面，突兀空际，时积雪未消，青白相间，正如怪鬼探头，欲来相攫，险恶可怖。营有瓦屋三间，为帅至驻节处，即下榻其内，军中得此为安乐国矣。

初九日（2月14日）　午间帅偕罗伯宜至营，同饭后策骑至各营观军。并答拜林君秀山。陆营之制：营各五哨，哨各十队，队各十人，每名食口粮一钱四分，兵十人，长夫三人，营官亲兵二十四人，长夫四十人，其数与各哨正勇皆有出入。主文书、军火、器械、口粮各一人。水营战船大者为快蟹，次长龙、次三板、四板皆无篷盖，左右设桨，多至二十余，桅或一、或二，炮或三、或五，无杂械。每舟自为一哨，三板为副哨，哨或二十人至四十人，副哨十人，每名食口粮一钱二分。营舟多寡无定数，左营最大，凡四十余艘；亲兵营新立最少，止十余艘。营中论任不论官，有千总为营官，参游为哨官，有犯法当跪受棍。战以包抄、绕袭为成法，得地利者胜，其术得之贼中，下之伍（率）［卒］，人人能言之。俗尚往来，一营官度岁贺正用名刺八百余，（低）［祗］（像）［缘］皆同省人，戚亲故旧多之，故法不甚严峻，统领之于营官或如友朋，哨官有受挞者，决首贯耳，盖无闻焉。闻樟镇初二日小衅，初四、初五、初七水陆各营连获大胜。

十一日（2月16日） 晚同帅登山顶望月。

十二日（2月17日） 饭后随帅移节水营，仍住前舟，舟将史连城供顿甚谨。

十三日（2月18日） 住青山水营，将晚湖口平江营统领李次青司马来，至帅舟同饭，谈良久。

十五日（2月20日） 帅命李统领偕余两人至其营，黎明在帅舟同饭。后行营在湖口县城南十二里之苏官渡，去屏风七十里。巳刻过团鱼墩，见道旁居民发鬖鬖三寸许，道皆（像）［缘］贼境，贼断我道甚便，土人良莠不可知，为将者既不能保之安堵，亦当有以处之矣。下午至营，次青盛馔相款，扫榻相让，眠甚适。夜半贼至围营，攻犯良久，余卧未起。

十九日（2月24日） 早发李营，晡至屏风，右营官邓昌基翼升邀便饭，即遣舟送归大营，二鼓尽抵寓舟，帅闻，遣舟来招，时余卧，孝独往。

二十日（2月25日） 下午谒帅。

廿二日（2月27日） 帅招午饭，冒雨衣帽沾湿。

廿三日（2月28日） 抵营后未受事，且闻故乡多警，与孝谒帅请归一行，帅嘱孝募勇，并约再往樟镇观周凤山军再议。

廿七日（3月3日） 饭后至帅舟中。下午易舟，拟至樟树。

廿八日（3月4日） 至幕府，至帅舟，又至文案所，借观历届奏稿。自收复岳州以前诸折底，前岁九江之败皆失之，兹就所见，次其大略：

咸丰四年夏，官军集长沙，贼退保岳州，筑垒为固守计。

六月十三日，水师统领褚汝航率夏銮、彭玉麟自省河北上，陆师统领塔齐布率罗泽南、周凤山等进扎新樯口。岳州南河名。二十九日，水师设伏败贼于君山。

七月初一日，岳州贼宵遁，是日大军入岳州城。初三日，贼从下游来犯，败之，追至临湘，陆师亦获胜。初六日，水师复败贼。十四日，又败之。十六日，我师败绩，褚汝航、夏銮死之。十八日，陆路获胜。

闰七月初二日，陆路冒雨攻贼营，贼炮不得燃，连破营十三座，水陆贼皆遁。初三、四，水师追贼至六溪口，湖北崇阳、蒲圻水口入江处。进扎罗山。监利县地。廿七日，至金口。去武昌六十里。

八月初二日，陆兵破崇阳。十五日，进扎纸坊。去武昌六十里。廿一日，水师进攻武汉，陆师夹江翼之，大破之。廿二日，焚贼舟于塘角，尽毁沿岸贼垒。廿三日，贼遁，克复二城，陆师复败逃贼于洪山。

九月初七日，水师头帮起碇。十三日，塔齐布率罗泽南等由南岸进发。十七日，副都统魁玉率杨昌泗等由北岸进发。廿一日，南路复兴国、大冶，水师进泊道士洑。

十月初一日，南路攻据半壁山。初四日，破其营。十三日，水师攻破田家镇，与半壁山夹峰。断江中铁锁，火烧木牌贼船。是夜北岸贼遁。十四日，蕲州贼亦遁。十九日，水师追贼至九江府，南路陆兵渡江。廿八日，复广济。

十一月初四日，复黄梅。十四日，水师破贼木牌于浔江。十五日，陆师进逼小池口。九江对岸。二十日，复渡至南岸，攻围九江，贼复据小池口。

十二月十二日，水师精锐追贼入鄱湖，为贼卡隔断不得出。廿五日夜，九江、小池口两处陆贼招小舟入江衅水营，我师败衅。廿九日，陆师渡江击小池口又败，贼复上攻武汉，北岸兵遁。

五年正月初二日，外江水师西上追剿，奏请内湖水师修整战船，驻孤塘等处。

二月十七日，贼复陷武昌。

舟阻风不得开，移泊南康府外紫阳堤。晤收发战船所委员袁献山忠清大令，蜀人。傍晚又移舟返营至帅处。

二月初一日（3月7日）　早至南康，假坐骑偕孝及袁献庭游开先寺，执兵从者数人。寺离府八里，在山足。前岁贼至，知府王某匿寺中，贼来搜捕，又转匿他寺。一山名刹数十，以是皆被焚燹，栋宇殆尽。入僧寮少坐，至寺后读王文成纪功勒石。登昭明读书台。台下小径至龙潭数十武，蓬蒿蔽之。潭上漱玉亭在焉，碧水凝玉，清流跳珠，掬之入口，甘寒特甚。惜春雪未融，瀑布不甚大平。傍晚返骑，山雾四塞，比至舟，已张灯矣。袁君设席留饮，菜甚可口。接帅致函，知弢甫膺宗迪甫侍御特荐，奉旨引见。（致）［弢］甫频年潦倒，此或一转机，为之欣慰。迪甫名稷辰。

十五日（3月21日）　至沈幼翁处，沈强留早饭后下舟。傍晚到大营谒帅，余为帅言樟树陆军营制甚懈，军气已老，恐不足恃。帅颇怫然，余未便深说。坐少顷，帅出余家信，阅知老母有恙，因呈帅阅并乞归，帅颔之而已。接家信。

十七日（3月23日）　见帅，［乞］旋里，帅约明日至省同行。

十八日（3月24日）　帅遣招之舟约，刻即解维，同进省。帅以新奉廷寄，江省军事新抚文俊初至，未谙一切，咸归调度，故有是行。午刻舟发南康，初鼓到吴城，至沈幼翁处晚饭。又往谒帅，已卧未见。

十九日（3月25日）　帅舟先行。幼翁闻将东返，强留作饯。余遂与同。并之（云）君何必与帅节同行，受此繁闹邪。

廿一日（3月27日）　午前到省至帅舟。闻十八日周军溃于樟树。至城中合丸药。是日孝随帅进城未出。

廿二日（3月28日）　至帅处午饭，饭后逢孝，同购物归舟。下午往雇舟，时省垣闻樟树之信方大震，官属封舟既尽，舟不可得。托水师哨官许宝坤以旗物致之，乃得一艘。

廿三日（3月29日）　早至帅处辞行，时信益急，各官聚议为城守计，盈庭终日，迄无良策。余以省城三面滨河，贼上游无水师，而我军战船二百余艘，守之有余，贼断不能合围，且城内兵勇万众，登陴足用。贼黠甚，必舍省而东袭抚、建，绝我饷援，此可虑耳。时各军纷纷调遣，周军溃散者收不及半，谓当置之左右，别发他军守抚、建，帅以为然。先是余从樟树归，为帅言周军不可恃，帅不然之，未数日果以败闻。帅坚问何见之，余但以不幸而中为逊辞谢之。帅时欲留守省垣，余请以登陴之役。帅曰："君以太夫人疾乞归在前，非避危口，但请速行，家中无事，望早来耳。"唯唯而退。下午易舟行十里，泊交溪口。

能静居日记赵烈文

作者事略见前。

同治二年

正月二十六日（1863年3月15日） 饭后同开生、孟辛至［方］元翁寓，元翁同二君谒相，吾留与子可侄谭。元翁同开、孟来，命余缮上相国极言书，二十四日脱稿，二十七日面进。又盐务条陈九条。

二十七日（3月16日） 晨起，趋府朝谒相国，进昨书。首条、三条，极以为当。次条言今诸帅已渐释嫌忌，所陈且可不必。盐务策吾临出时乃进之，未面骘可否。又言明日出，至无为、芜湖、江宁察看情形，有撤师之意。吾亦力赞之。

五月初九日（6月24日） 偕子偲谒相国。

府朝闻见：今日直诣相国卧室，葛帐低小，布夹被，草簟而已。旁有二小箱，几上陈设纸笔之外，无一件珍物。吁！可敬哉。

陕西近有信至，言回匪所过，杀戮之惨，有过张、李。现在多帅在东路，屡经接仗，同州一带已清。而合境无食，米每石至二十余千。四川各路采米委员俱纷纷归来，言川、楚边亦米价俱至五千余，无从采买，相国甚以为忧。烈因进言，请李少荃中丞访问洋米价目，发价给洋商办运。相国颇是之。

巢、含遗贼多至天长，六合、扬州一带告警。都帅旧隶胡文忠部下，相国称其人忠实耐劳，打仗奋勇，而办事多疑少决，非大将之才。又兵气怨乱，恐有意外。湖州赵景贤死于苏州，家属禀恤，相国以其陷贼年余，疑其事以见问。烈答以人臣以心迹定是非，此但可任之后世清议。至于国家褒恤死事，止当就可见之迹而论，不宜有所吹求。赵景贤毁家纾难，苦守孤城二年之久，终之以死，善善从长，已无可议。或虑后来之人徼幸求名，致亵名器，则诸臣苟皆守城不屈，纵临命之时微涉疑似，亦于国体无伤。此中无足周防，请无过虑。并陈范忠贞被幽后死，朝廷恤谥，初无间言。相国肯之。

同治三年

六月二十日（1864年7月23日）　闻生擒伪忠王至，中丞亲讯，置刀锥于前，欲细割之。或告余，余以此人内中所重，急趋至中丞处，耳语止之。中丞盛怒，于座跃起，厉声言："此土贼耳，安足留，岂欲献俘邪？"叱勇割其臂股，皆流血，忠酋殊不动。少选，复缚伪王次兄福王洪仁达至，逆首之胞兄也，刑之如忠酋，亦闭口不一语。余见不可谏，遂退。少刻，中丞意忽悟，命收禁，延余入，问当如何，且言此人缓诛亦可，吾恐有献俘等事，将益朝廷骄也。余言：献俘与否，不必自我发。但此系巨酋，既是生擒，理当请上裁决。譬如公部将擒之而擅杀之，可乎？不可乎？中丞无以应。因命备文咨曾中堂，言萧孚泗追擒，其实方山百姓所缚也。

晚同周阆山至伪忠王处与谭良久。自言广西藤县人，年四十二，初在家甚贫，烧炭为业。洪逆至广西，诱人入会，拜上帝，从者甚众，皆呼之为洪先生。渠起事时即被掳胁入内，在石达开部下，至金陵七八年后，始封伪王。余询逆首才能及各伪王优劣，皆云中中，而独服石王，言其谋略甚深。

余问："在伪朝亦知其不足恃邪？抑以为必成也？"曰："如骑虎不得下耳。"

余云："何不早降？"曰："朋友之义，尚不可渝。何况受其爵位，至于用兵所到，则未尝纵杀，破杭州得林福祥、米兴朝皆礼之，官眷陷城者，给票护之境上，君独无所闻乎？"

余曰："事或有之，然部下所杀，视所纵者何啻千百倍蓰，为将者当令行禁止，如尔者安得无罪，而犹自言之邪？"曰："此诚某罪，顾官军何独不然！"

余曰："以汝自负，故与汝明之，使汝惺悟耳。军中恒情，岂责汝邪？"

余又问："十一年秋，尔兵至鄂省南境，更进则武昌动摇，皖围撤矣，一闻鲍帅至，不战而退，何邪？"曰："兵不足也。"

余曰："汝兵随处皆是，何云不足？"又曰："时得苏州而无杭州，犹鸟无翼，故归图之。"

余曰："图杭州，曷不在赴江西之前？而徒行数千里无功，始改计邪？且尔弟侍王在徽，取浙甚便，而烦汝邪？"曰："余算诚不密，先欲救皖，后知皖难救，又闻鄂兵强故退，抑亦天意耳。"

余又问："洪秀全今年甫死，而三五年前已见幼主下诏，此何礼也？"曰："使之习事也。"

余又问："城中使今日不陷，尚能守乎？"曰："粮尽矣。徒恃中关所入无几，不能守也。"

余曰："官军搜城，见米粮尚多，曷云无食？"曰："城中王府尚有之，顾不以充饷，故见绌，此是我家人心不齐之故。"又曰："今天京陷，某已缚，君视天下遂无事邪？"

余曰："在朝政清明耳。不在战克，亦不在缚汝。闻新天子聪睿，万民颙颙以望郅治。且尔家扰半天下，卒以灭亡，人或不敢复踵覆辙矣。"李又言："天上有数星，主夷务不靖，十余年必见。"余征其星名度数，则皆鄙俚俗说而已。

余知其无实在过人处。因问："汝今计安出？"曰："死耳。顾至江右者皆旧部，得以尺书散遣之，免戕贼彼此之命，则瞑目无憾。"言次有乞活之意。

余曰："汝罪大，当听中旨，此言非统帅所得主也。"遂俯首不语。余亦偕众出。

二十三日（7月26日）　计破城后，精壮长毛除抗拒时被斩杀外，其余死者寥寥，大半为兵勇扛抬什物出城，或引各勇挖窖，得后即行纵放。城上四面缒下老广贼匪不知若干，其老弱本地人民不能挑担，又无窖可挖者，尽情杀死，沿街死尸十之九皆老者，其幼孩未满二三岁者亦斫戳以为戏，匍匐道上。妇女四十岁以下者，一人俱无，老者无不负伤，或十余刀，数十刀，哀号之声达于四远，其乱如此，可为发指。中丞禁杀良民，掳掠妇女，煌煌告示，遍于城中，无如各统领彭毓橘、易良虎、彭椿年、萧孚泗、张诗日等惟知掠夺，绝不奉行。不知何以对中丞？何以对皇上？何以对天地？何以对自己？又萧孚泗在伪天王府取出金银不赀，即纵火烧屋以灭迹。伪忠酋系方山民人陶大兰缚送伊营内，伊既掠美，禀称派队擒获，中丞亦不深究。本地之民一文不赏亦可矣，萧又疑忠酋有存项在其家，派队将其家属全数缚至营中，邻里亦被牵曳，逼讯存款，至合村遗民空村窜匿，丧良昧理，一至于此，吾不知其死所。是日作大木笼，纳忠酋于内，另一笼差小，纳伪王兄。是日，城中尚有火未灭。

二十八日（7月31日） 入诣中堂、中丞处少谈。闻洪秀全尸已至，死两月矣，尚未坏，中衣皆绣龙，头秃，须已微白。先是营官陈寿武得伪宫人黄氏，道州人。指引掘出，其为伪主逆骸无疑。

许缘仲来，赠痧药等，转施难民局。

二十九日（8月1日） 中丞来邀晚饭，谈至初鼓尽而出。是日，中堂出门未返。是日，焚斫洪逆之尸。

七月初二日（8月3日） 晚至中堂处久谭，拟即将李秀成正法，不俟旨，以问余。余答言："生擒已十余日，众目共睹，且经中堂录供，当无人复疑，而此贼甚狡，不宜使入都。"与中堂意同。

初四日（8月5日） 傍晚入，与中堂、中丞久谈。中堂具奏初七发洪秀全已伏冥诛之事，及李秀成先行正法各情。先是余言洪秀全伪遗诏似关紧要，中堂以外间所闻，系四月二十日，前奏已言之，而伪诏则系六月十七日，月日不符为疑。嗣自拟奏稿，遂言伪主实四月二十日服毒死，秘不发丧，而城内贼党，城外官军，纷纷皆知。至六月十七日不得已始下伪诏。以为得之伪宫人黄氏之口，一面将遗诏与伪玺并呈，其说颇合拍，而中丞以为失之纤巧，不如不呈。余因索伪诏观之，则大谬不然，乃叙癸亥年六月十七天父降凡之事，与伪主之死，绝不相侔。且事隔一年，尤非月日不符之比。因白中堂，寝前议。是晚伪王兄福王洪仁达伏法。

初五日（8月6日） 闻外营诸人言，此次廷寄甚严，由于前折云"伪城甚大"之故，以为余罪。按旨中以中丞遽回老营为责。彼时中丞初归，余见各营纷乱，恐有中变，谆谆劝之再出弹压，坐是逢怒。余原奏稿寥寥数语，并未叙及回营一层。中丞亲笔稿逐细详叙，始有"赶回老营"之说，及后又属删定，余力言此四字可去，中丞艴然以为不必取巧，余安能固争。仅将下文"令官军环城严守，四路搜杀"，改作"环城内外札定，兼扼各路要隘，冀使无一漏网"云云。以见中丞之归，非图休息，乃为防贼之窜，庶周旋语病。中丞及余稿亲笔俱存，非妄言也。惟"伪城甚大"云云，则的系余添。

时已四鼓，缮折将半，中丞与彭毓橘联榻酣卧，而外报窜出三百余骑，步队千人，报者不敢惊中丞之卧，向余备言始末。余私忖伪酋必在其内，事关重大。况金陵城内伪主名酋，非他城可比，断难掩饰。且中丞孤立无援，又多怨忌，难保无人指摘。此次已奏明歼灭净尽，日后如何转湾，故于梦中撼之使起，再三商订，增此一节。下复云“万一城大兵单，窜漏一二，臣自当严饬各军尽力穷追，会合前路防军悉数擒斩，免致流入他方，复贻后患”等语。以见城破之后，贼力尚强悍如此，则防范不严，尚为有辞可说。不求有功，先求无过，问心不为不苦，若辈悠悠之口，何足与言！

所恨中丞厚待各将，而破城之日，全军掠夺，无一人顾全大局，使槛中之兽，大股脱逃，幸中丞如天之福，民人得忠酋而缚之，方得交卷出场。不然，此局不独无赏，其受谴责定矣。虽章奏一字不认，容能免朝廷之查问邪？况忠酋生得，而民人转被诛求，则伪幼主之得出，安知非民人惩前车而纵之使去，尤足令人眦裂。至此次廷寄忽加厉责，其中别有缘起，余知其约略，而未敢臆断，大抵朝廷苟无奥援，将帅立大功于外，往往转罹吏议。不然去年苏州之复，李公原奏明言忠酋从小路搭桥而去，今春杭州之复，左公原奏明言贼倾城先走，皆奏入而恩出。于此奏何如而笔墨为罪邪？君父之前，立言有体，虽近世捷报，大半虚辞。然亦必稍有根柢，不敢全然诳语。不然，两公皆长于作奏，何不以生禽入告邪？

见伪书敬避字样，称洪秀全之父母为君王父、君王母，其父名镜。又伪士阶条例更改科举之法，有英士、杰士、达士之名，颇多考订。最可笑者，历代之主，皆称为侯，如唐太宗为唐太侯，玄宗为唐玄侯，明太祖为明太侯之类，令人喷饭。其书甚多，皆洪仁玕所为。仁玕系半通秀才，首逆之族兄，咸丰四五年间，尚流落上海，或知而捕之，遂入贼中。甚信任，贼之政令，为之一变，一切参用文法，诸宿将多不服，贼势益衰，盖由于此。

初六日（8月7日）　伪忠酋李秀成伏法，渠写亲供五六万言，叙贼中事，自咸丰四五年后均甚详。虽不通文墨，而事理井井，在贼中不可谓非桀黠矣。中堂甚怜惜之。昨日亲问一次，有乞恩之意，中堂答以听旨，连日正踟蹰此事，俟定见后再相覆。今日遣李眉生告以国法难逭，不能开脱。李曰“中堂厚德，铭刻不忘，今世已误，来生愿图报”云云。傍晚赴市，复作绝命词十句，无韵而俚鄙可笑，付监刑庞省三，叙其尽忠之意，遂就诛。中堂令免凌迟，其首传示各省，而棺殓其躯，亦幸矣。

初七日（8月8日）　中堂属余看李秀成供，改定咨送军机处，傍晚始毕。折中声明李秀成自知必死，恐中途不食，或窜夺逸去，转逃国法，故于当地凌迟处死云云。是日中丞入城，择定房屋，觞乐大酺，扬州拘到伶人一伙。印得伪金玉玺文三纸。

初八日（8月9日）　下午，得悉恩旨，中堂封一等侯，中丞一等伯，官相、李抚亦一等伯，余尚未至。缘此信系富帅咨到廷寄，结衔如此，本处尚未奉到也。入内贺喜。余笑言："此后当称中堂，抑称侯爷？"中堂笑云："君勿称猴子可矣。"大噱而出。

初十日（8月11日）　见颁到恩旨：中堂加太子太保，中丞太子少保，俱双眼花翎。李中丞双眼花翎。彭、杨太子少保，轻车都尉。僧王加一贝勒。官相一等伯，世袭罔替，双眼翎。骆帅轻车都尉，双眼翎。萧孚泗一等男，双眼翎。李臣典一等子，双眼翎。入内称贺，便衣不行礼。见李中丞信云，湖口桥截杀净尽，诸将所报，恐未甚确。此间迄未奏报，惟据各营禀报，幼主已至广德，处处皆有其说，但不知人数多少耳云云。中堂属重看李秀成供，并分段，将付梓。傍晚至中丞处久谈。中丞归志颇切，自言非疆吏才，局量褊浅而急躁，太无学问，又各事务规模条例，绝不当行。余云："量未尝不宏，但过急则有之；至事务之规例，其小焉者不足经意。公为国名臣，岂有乐志林泉之理，所愿遇事益求详慎，自无悔吝矣。"中丞改容纳之。

二十日（8月21日）　早起，中堂来谭，以续奏李秀成已行正法一片见示。言：臣在皖时声明该酋应如何办理，到营察酌具奏，到后知其被缚时，民人助之，杀伤亲兵某某，又已入囚笼，而伪松王陈得风尚为跪拜。臣以其人心未去，党羽尚坚，故决计就地正法。云云。

二十一日（8月22日）　见七月十一日廷寄，内称：御史贾铎奏，请饬曾国藩等勉益加勉，力图久大之规，并粤逆所掳金银，悉运金陵，请令查明报部备拨等语。曾国藩以儒臣从戎，历年最久，战功最多，自能慎终如始，永保勋名。惟所部诸将，自曾国荃以下，均应由该大臣随时申儆，勿使骤胜而骄，庶可长承恩眷。至国家命将出师，拯民水火，岂为征利之图。惟用兵日久，帑项早虚，兵民交困，若如该御史所奏，金陵积有巨款，自系各省脂膏，仍以济各路兵饷赈济之用，于国于民，均有裨益。此事如果属实，谅曾亦必早有筹画布置。惟该御史既有此奏，不得不令该大臣知悉等语。

富将军前日来此，托言查看旗城，其实僧王有信，令其查访忠酋真伪及城内各事。泊船水西门，见城上吊出木料、器具纷纷，颇有违言，逢人辄询伪忠王是否的确云云。幸此人留之半月，经中堂亲询口供，众难伪造，又夷人及各路来人见之者甚多。然犹众议如此。若本日戮之，即剖心视众，无以明之矣。见各路信，江西之贼经鲍帅于七月初四在浒湾剿击，大破之云云。

二十四日（8月25日） 唐新泉来，言城中各军尚纷乱不止，兵勇互相掠夺，时有杀伤。本地人有自泰州挈眷来者，兵勇利其妻财，指为余党，搂其妇女，括其囊箧而去。泣诉于唐，唐不敢问，唯唯惭谢而已。

同治四年

三月十四日（1865年4月10日） 谒相国，见示初二日所奉廷寄，询及九帅病体，令其入都陛见。相国覆奏，言臣弟所患，业已大减，维尚有不寐之症，臣已遵旨传谕，其能否入都，令其自行具奏，由臣转递云云。余言九帅出山，必宜少缓。相国言当于家函中尼之。又言余改省事，少帅近有信至，相国日内拟即为出奏。余云烈出处之计，本无成算，荷相国及少帅盛意，未敢牢拒。然仍愿追随相国，庶不致冒昧登场，贻讥举主。相国颔之。

闰五月初四日（6月27日） 辰刻相国舟行，复解维送之。道遇黎莼斋、向伯常舟，即过候送其行。午刻至邵伯镇，住舟候彭雪琴漕帅、黄昌岐军门、曾劼刚小侯于其舟。劼刚出相国见赠字一帧，书素所诵习古人诗五首，书款“弟余其相爱，可谓诚挚”。忆乙卯、丙辰之间，初从节旆，李次青方伯即劝余投贽门下，且云出自公意，余味之可，至今十余年，屡荷特荐，且豢养之恩迥出寻常，以古人感恩知己之说，既不可以自外，而公学问节操师余甚优，徒以功名之会不敢托于昵近。今违离在即，嫌疑已无，素心可以一伸矣。旋晋谒，即致此意。公略谦让，谭次及立身之本，以净明心地为急务。余言不独儒门圣贤如此说，即释氏立教，尤汲汲于此。又及学问，云常郡绍传先辈学业，当在足下与开孙诸君，不然有断绝之虑矣。余对心力薄弱，为世事所娆，往往废业，而处境复不能不奔走尘俗，恐负盛爱，奈何！公为颦蹙曰：仆亦未尝无志，亦同此患，不独君辈也。谭复少顷，辞谢而出。余维相从已久，颇怅然，公亦面有凄色。复至劼刚舟中少坐，候鲁秋航送行，又至子密舟少谭。返舟午食，闻吹角鸣炮，公舟已行。饭后复候李申甫雌使送行，彭宫保、曾公子及李留余在其舟谭话，余急欲返扬，谢之。返舟解维，三鼓泊缺口门外。

六月二十四日（8月15日）

复湘乡相国

昨晚奉到钧还，敬承尊体休和，德威遐畅，以欣以忭。

湘军从公日久，人情劳苦，不安其所，理或有之。公之清德，真可孚鱼鸟，抑裨帅统将，地位日隆，与下日疏，足使士气离而人心不靖。自古吏治，恒患中饱，军兴十余年矣，利衰弊见之会，伏维道力维系斯际，民生其有瘳乎。

见谕赴官浙江，前既承命，第烈性乐林泉，微耽坟籍，少年失学，自愧荒疏。溯往岁接待以来，屡加奖借，以为能续乡里先哲之风，亦知垂誉过情，而性之所近，尚思奋勉。若钻研鲜获，知难而退，犹为未晚。至于筮仕，所望糊口而已，亡友周弢甫有诗云：名多益耻悔，生薄聊慰恍。窃尝服膺此语，力求循践。苟非异境相迫，庶冀黾勉此生，以无负公之乐育。虽一时渝爽前诺，而大贤不责硁果之信，或者舍瑟而对，转要圣叹，未可知也。

蒙示荫渠制军前事，并饬购皋文先生《仪礼图》，烈束脩未行，尼山犹且无诲，况际搜采异书，昌明朴学之日，敢不急公报效，遵即上紧觅办。一俟捐项有日，即当赴局□兑，至准其捐免，虽出逾格鸿施，维受恩深重，决不敢援案仰邀议叙。敬仍将原帖寄呈，幸赐存录。

刻买舟赴下游卜居，七月中再归。挈眷前往，倚装草肃。敬请福安。不具。

附来函一节：

顷接手书，猥以一日之长见推，只增惭恧。昔刘荫渠制军于咸丰十年，误听何人之言，谓敝处曾有密保之疏，忽欲换帖改称恩师。复书力辨其诬，请以广西所产之三七见贶，而捐免"门生"二字。荫渠亦复书寄三七二斤，封面写云捐缴三七若干，请饬局核明给奖，敝处因将新帖璧署，以代实收部照，不改称谓，仍为友朋如初。此事虽小，颇有逸趣。敢援斯例，请阁下惠我以皋文先生《仪礼图》之初印本，亦即捐免新称，饬局给奖。如不能遽缴捐款，或先发实收，亦可饬局通融办理。此次敬将大柬璧还，亦足见捐政之宽大矣。贤如子厚，不敢为众人之师，贵如卫青，亦岂无长揖之客。请存此义，留作一段佳话可也。

同治五年

二月初七日（1866年3月23日） 阅邸抄，刑部职员萨隆阿潜至军机处窃洪逆伪印，事觉被谴。盖即前年沅帅破金陵时所缴洪逆伪金玺，缙绅无赖而为此，世风可悲！后知其人系穆彰阿之子，刑部郎中军机章京，窃印后，交后戟门银匠店熔化，分给店中赤金十余两。有小伙分得银七两，归告其母。为邻人闻之，适事发觉，番役缉拿，遂破案。

同治六年

五月初三日（1867年6月4日） 时苦旱久，涤师步祷于甘露寺，而令司道迎八功水于灵谷寺。前月二十三日求，二十四日应；昨又求，今日复应，雨潺潺至夜约二三寸。师以雨未足，不谢降，仍茹素步祷，可谓诚矣。

初四日（6月5日） 涤师来久谭，言古韵之说，亭林先生首创，而字之音读一一印证，后人虽加至十三、十七、十九、二十一部，不为无见，然总不能出其范围。譬广厦已成，徒就其中分隔间架，不足以云缔构明矣。论至公允。又言著书须成片段，否则一知半解，终不能为大成。然说经又只能就已见之奇创者存之，若章解句说必蹈前人牙慧，是抄胥耳。又言朱子大儒，然未必能做事。余言朱子系立言之人，立言、立功，本是二辙，兼之者鲜，故其身虽不用而至明，祖其说即大行，以迄本朝典章制度，莫不原本朱子。有王者起，必来取法，斯即王佐才也。余又言，士生二三千年后，去古太远，中间作者不可胜数，往往得一创说，而阅古人文集，辄已先道。故虽亭林先生，自言采铜于山，尚不能十成把稳，况余人乎？师复惠绍熙本《公羊》及王阮亭、姚惜抱古今诗选本。

初五日（6月6日） 涤师谢客，通名贺节而已。涤师来，以俞荫甫所著《群经平义》见示。

初六日（6月7日） 涤师同汪梅村来访。亭午，涤师复来谭，余询《仪礼》称士礼而覲飨之仪杂出何故？师言此说不能解。又言魏默深诗、《书古微》皆不尽善，其著作当推《圣武记》，文集为最下云云。

初七日（6月8日） 倪豹岑来久谭。有英国使臣来候相侯与豹岑，观之所言二事，一欲相侯出告示，禁止上海沙船装豆饼。盖原约不准洋船装牛店豆饼，以保全沙船生计。同治二年总理衙门许之，今则反欲禁中国沙船与闻，无理如此。一欲小轮船入内河。此条亦和议所无，而总理衙门所允者。前曾旨下江督，派员会同测验黄浦江深浅，冀以水浅阻其意。经此间坚执不允，今复更端，言欲入鄱湖。其实天下内河皆同，一处可入，则处处可入也。其用心之狡如此！

涤师答言：沙船不贩豆饼，生计尽无，我处现思设立章程，凡海运用沙船，每米一石酌加银一两余以济其穷。小民略有生计，庶可禁之使勿贩载豆饼等货，否则告示亦无益。小轮船入湖，其理亦同。中国小民太苦，轮船入内河，则中国船无复人坐，中国小民便皆饿死，此事万万不行。立言颇得体，酋唯唯而去。

少刻涤师来问，所答不失体否？又言中国国体丧尽，以总督而开门放炮迎之惟谦，诚大辱也。余云，师答语为小民请命，深得体要，若礼制之间，不足疚心。彼国本非臣属，则奉使者与大国疆臣原无上下之分，宾主往还，何辱之有。民间有识者决不以此为议，第中国大臣与邻国接，固当诚言不欺，而事涉洋务，其开示地方小民亦当恳恳言之，告以君父所处之难，动以上下一体之义，言发肫挚，自足以感动民情，虽受屈抑而不怨。顷闻有祖墓为洋人指买押迁，言之郡吏而被挞者，外间颇致藉藉，不可不察。师愕然问其事之原委，余详述之，师深以余言为是。

初八日（6月9日） 涤师来，携鲜荔为饷，啖之，则色味已变矣。

初十日（6月11日） 涤师来久谭，见余题子密藏册诗极赏叹，因言今人作诗宜法韩、苏，则才气易展，盖排奡不受束缚，则习气鲜也。又言本朝古文当首推姬传先生。余言《望溪集》文既平衍，而理尤沾滞，殊不令人喜看。其与人作志铭如州县取保状，尤可笑。师亦云然。又论立甫先生在道光间终是好督抚，能做事，其致败则事起仓卒，兵事非可尝试，况当高张之贼，虽溃归不能无罪，而一死足以塞责。师云此论自允，但骂名已开，恐须三十年齿冷。若叶昆臣，则受唾无穷期矣。并言陆已为奏雪，虽无益于事，而公是公非不可不持。师之忠厚持平如此。

十一日（6月12日）　涤师来谭，言今日有四川庶常来，见其言谭举止不类士夫。前日有同乡，庶常送诗，排不成排，古不成古。国家所得人物如此，一代不如一代，文章与国运相关，天下事可知矣。又言营中保举之滥，万无法可以善其后，此亦非佳兆。言次颦蹙。余言世局久无挽回，公大臣，膺疆寄，进以天下为己任，退亦当如窦融之在河右，保全孑遗，亦是莫大功德，似不宜以退让为先，辜东南之颙望也。师笑谢不能及。

午后，涤师复来，以祷雨不应，牙痛甚，呻吟不安，小坐即去。傍晚访子密，涤师相觅不见，亦来子密处久谭。子密见示其五世祖母陈氏画册，秀逸不下管夫人，人物、花草、山水兼擅其长。每页有其五世祖题诗二句。文端公其长子也，以之进呈，高皇赏之，御题云：卿父母手泽贻留，今卿欲登之石渠以永其年，朕思石渠所藏卿母各种画颇多，不忍更留此，因各题一绝仍以赐卿，俾卿家什袭为传世之宝。并书“清芬世守”四字弁首归之。册中御题之外，文端公及夫人之孙侍郎公讳汝诚，各和御诗原韵续题于后，一夫一子一孙矣，虽未达，而抱名德、白首偕老，子官尚书为名臣，孙至侍郎，其福亦冠绝一时，无论艺矣。而彼时君臣之际，不啻家人，景运之隆，孰谓偶然，令人慨慕不已。

十五日（6月16日）　涤师来，一坐即去。闻接廷寄，衔称系大学士，而部文未到，大约数日即来矣。

十七日（6月18日）　下午，涤师来久谭，见余读《内典》，因问其义。余云大略仍是诲人为善，而不许丝毫着相，推究穷极至一真本原之处至矣，而此一真本原之见，尚须遣去。故凡立一义谛，开一法门，皆随赞随诃，随表随遮。师云此《庄子》中亦恒有此境地。余云：烈读《庄子》未能熟，但粗看似是佛家二乘地位，亦未敢断也。师属诠解佛经梵语名数以便读诵。余因庄问师学问阅历数十年，所历之境何啻天渊，乃与冬夏未稔历验己心，极违极顺当前时能有把握否？师撚髭良久云：把握未敢云，但目下想来，不怕死，反虑事坏，愿夙死，不知亦算得否？余云：一切至大之境，不过生死，生死既不怕，则成败毁誉皆从此身上推阐而有，尚何婴心？恐此不怕死，尚是境界未到面前悬揣之谭，殆未必即有实落受用也。师深肯余说。

十八日（6月19日） 日晡时，余方偃卧而涤师至，立帐外如植鬐，急起陪坐，谭话甚久，遍及时贤。云刘印渠极长厚谦下，故做直督数年甚稳，其心地亦端正，性能下人，而非为保位之计。官秀峰城府甚深，当胡文忠在时，面子极推让，然有占其地步处必力争，彼此不过敷衍而已，非诚交也。其心亦止容身保位，尚无险诐，外间传言胡死后，官封提其案卷，则又言之过甚。左季高喜出格恭惟，凡人能屈体已甚者，多蒙不次之赏，此中素叵测而又善受人欺如此。李小荃血性不如弟，而深稳过之。吴仲宣殊愦愦。沈幼丹自三年以前争饷后，至今未通信，其人大抵窄狭。彭雪芹光明俊伟，而本事不及杨厚庵，杨厚庵颇狠。恽次山精核而非独当一面之才，实亦好藩司，心地亦苦窄。老九去年讦官不胜，极悔，亟思退，事事请教老兄。余云须悔亦须硬，仍须顽钝无耻，乃可做事。余往年在江西光景，视老九所处何啻数倍，足下所知，但恐渠无此耐心耳。又言官秀峰事起，彼此不相闻问，内中亦不以见询，后与官相见面，彼此不提，始终若聋瞶然。李少荃劝余密折保官，请勿深究，外又纷言余劾老九，其实皆未知余心。此等殆不可参以文法，余惟麻木不仁处之而已。云云。

二十二日（6月23日） 涤师来谭，闻湘乡县哥老会起事，旋平。又闻捻子出楚北境，已由豫境东窜过运河，少帅办理不能得手，时事颇棘。因言少帅性急，军务成败恒有，若内中责效太严，或台谏抨击，必不能忍。余自乙丑年起，凡七次被参，总以不变不动处之，少荃未必有此耐性耳。运河以东，虽往岁捻氛曾及，而彼时之捻，与今大异，颇可忧。运河边墙高一丈以外，不知如何使之得过。丁抚台宝桢殆不如阎抚台敬铭甚矣。

二十七日（6月28日） 涤师来久谭。师欲读《内典》，因以《圆觉略》疏进，并为释翻绎名义，缮一册以便查。师询宗教之分，余言大略如儒之汉宋二学。教似道问学，而非如两京之专明诂训。宗则确系尊德性一门，故宋儒门面辟佛，而说心说性，终难出其范围。盖本来是一非二，不容有分别心也。

涤师补授大学士之旨已至，后接部文知系体仁阁，遣刺往贺。

六月初三日（7月4日） 下午，涤师来久谭，询吾里诸先德家世甚悉。因言常郡士夫皆矫厉风节，品类秩然，有晋人风味，故家恒贫而世其业数百年不变。然今殆绝续之交，维持之者总在足下与开孙诸人而已。余言方隅之盛衰皆有地运，烈乡自嘉道以后渐见沦降，道德文学，气类渐孤，老成雕丧，而仕宦亦以不振。未几有舍儒而贾者矣，又未几而市儿有耦宦族者矣，其始不过疗贫，殆后遂横决而不可止。今学问既无闻人，而宦成者辄他徙不复归，人材则如彼，风谊则如此，其有瘳邪。忆前岁下居虞山，或问人拥厚赀故远其乡，尔寒至此，胡为亦然，得无乞儿石发邪？烈言余惟寒乞，故不得不徙。谚言一人向隅，满座不乐。况满座皆向隅，介然其间，其不戚戚以死者何几？此心虽视余子有间，然以当师之期许，得无恧然。

余又言弢甫生前颇有爱人不倦、提奖后学之志，而不幸中折，家徒壁立，烈姊年老，孟舆多病，使非师之保祐，沟壑久矣。然其家中人多累重，欲乞师异日保举一校官，使得仰事俯育，以卒师德。今岁场后并望委一苏州差事，便于就养，则尤恩逮存没。师皆许之。余念弢甫生平不偶，且感师之大德，言次不觉清泪簌簌，师亦为之闵然。

余复陈开孙家况之艰，其意欲为其弟申孙乞李小荃制府奏留楚北以冀得缺，可以赡家。师言余意拟使开孙作官，似胜于申孙。余言申孙与烈别久，未知何如。若开孙则为良二千石可决，但其衷怀澹定，不乐仕进出于本诚耳。

六月初六日（7月7日）　涤师来久谭，命为诊脉处方，以有不寐神气不宁等症，素服归脾汤，余以为各症皆心阳劳扰之故，此方似嫌太温。又向系六阴脉，今则脉甚大而弦长，亦阴亏心肝之火不靖之故，因为用补剂加以敛摄之品。

初八日（7月9日）　涤师来久谭，余请补撰申耆先生《十六朝地图》，刻之以惠士林，师即属余及开孙为之。候刘治卿，佐禹，江西庐陵人，三品衔，安徽知府。并答候戴子高、蕴之，久谭。观其制造炮弹铜帽，各机器灵捷可爱，而局中虽有五夷人，刘董其事，颇能身亲脚到。工匠皆江浙人，亦能自动手，非仅供指挥者，似较去年所见沪上铁厂为优。刘君尤真率好客，意肫挚，会天大雨，遂坐谭至下午方行。

初鼓时，涤师至，见有客，乃去。少选复来久谭，言昨有严旨，因捻贼窜至豫东，全无堵御，各帅均被斥责。沅浦摘去顶戴，与豫抚李鹤年均交部议处，少帅戴罪立功。旨中并有各疆吏于捻贼入境，则不能堵御，去则全无拦遏，殊堪痛恨。李某剿贼，已届半年，所办何事等语。辞气严厉，为迩来所无。少帅及沅浦胸次未能含养，万一焦愤，致别有意外，则国家更不可问。且大局如此，断难有瘳，吾恐仍不免北行。自顾精力颓唐，亦非了此一局之人，惟祈速死为愈耳。言次神气凄怆，余无以为慰，但属安心养摄数日，勿以境累心。假使不理公务，卧以治之，镇压民气，犹胜寻常督抚十倍。一旦无公，则大江以南，乱可翘足而待，幸为国为民自重其身。至生死有定，亦非祝宗之祈，所可增损，转与幸生者流，同为不知命，岂有大贤而出于此？余又言前进释典，非欲援儒入墨，实以此来见师体貌大减，知皆心境所累，故欲师以之为护心之械，心法一空，诸境尽灭，诸大圣贤处地狱如游园观，则此等横逆，尚足一笑耶。师言："前日翻阅一过，总缘向未见过，不知其径，难于得味。又公牍堆积，实亦无暇潜心冥索，故即奉还。处余此境，殆不可如何矣。"太息而入。余退而寝不成寐，至丁夜始合眼少顷。

初九日（7月10日） 晨起，自为涤师占以后局运……占未竟而涤师至，属为诊脉。余见脉象微数，疑有外感，属停前方弗服。言次，俞荫甫来，同至师内室一观。后有空地，广二三亩，方造一露台未竟。

初十日（7月11日） 涤师约明日游后湖观荷，入神策门，会饮于妙相庵，幕府诸君皆集。斯议盖余所发也。少选，涤师来，荫甫及孟甥皆来，师亦命孟甥同往。

写紫卿九兄信，属为涤师购参。

十一日（7月12日） 晨起，荫甫、子密至，促到太平门候涤师来同游。余时未饭，因请先发。彭丽松来，孟甥来，时加辰正，始三人偕行，到太平门登丽谯，江宁太守涂阆轩，两令君皆张姓，其一张捷甫，先所识也，咸在。遂同彭丽松、俞荫甫、钱子密等到龙广山观收城时缺口所在，行返，涤师亦至。同步下城，到元武湖滨，已舣小舟十余艘，一舟二人，余与丽松为侣。师独坐一舟，张青盖前行，湖中莲叶覆波，一望弥满。中通一径，屈曲而入，不啻花为两岸。望东北面山张屏水上，恍然灵境。数里至一州，有民居十余家，桑麻铺野，别有天地。复下舟行，又数里，至神策门，舍舟而登，从者皆持湖莲，绿盖红裳，杂沓载道。与丽松及袁子根登鼓楼四望，形胜毕见。遂赴妙相庵公宴，申正罢归。顺访季雨少坐，雨大至。返署，涤师复来，携鲜荔相饷，较胜前者所食。作《奉陪游后湖妙相庵》诗三首。

十二日（7月13日） 幕府陈小圃同来少谭，适相国复领鲜荔支至，因以饷客。

下午，涤师来久谭，畅言学术之讹，吏治之巧。余以为甘食悦色，人性本然，圣贤亦第捡束，弗使流浪。至理学则欲一切绝之，譬如潢污行潦，虽非清泠之泉，然顺其趋下之性，行之地沕，必无他患。若金城大堤严为之防，绝其去路，甚则溃土决楗，溢为横流，微则藏垢纳污，蒸成杂毒，其势必然。今之理学，目不窥古今之书，身不由渐入之径，忽尔高谈性命，自诩圣贤，又不胜其嗜欲攻取之情，去之不能，反而积于隐微之地，既多且厚，一旦不制不尽，反其生平，即色厉内荏，终身为穿窬之行。此皆学术不明之咎，可悲可闵。而近日吏风之颓，揣窃皮相，依附影响，不勤求本职，而专索细微。如今苏藩丁下车之始，禁民间茗肆每碗不得过五文之类，比比皆是。大乱之后，垦田无力，经商无本，民间失业者至多，使非趣逐锱铢，何以自活。大吏不务活民，而竞为此不近人情之举，试问于地方风俗利弊有何关涉？此等伪徒，使之得志，流毒正未有已。师闻余言，始甚愕，继而掀髯大乐，曰渠昨刊《圣谕广训》与胡咏芝书，颁给属员，既属不伦，又特抄通札寄余，以余素服膺胡公，卜度以为必中，其无识可笑类此。

余云李少帅用人但求近功，师固当为大局起见，不可生异，然亦宜无意中微示风采，勿使若辈迷途忘反、邪风大炽，实为造德不浅。余又推言下江州县之昧良孳孳求利，法纪荡然。如漕务减成，叹为善政，而近年各县收漕上司乃与各牧令谐价，令其包解若干，收多收少直不过问，甚至串根不入交代，征收之后，一火焚之，入数多寡，毫无稽考。故数年中，凡经办漕者，无不拥厚赀。先是，吏胥包漕，设为明禁，今则官自为之，且上游通同商议，洵为咄咄怪事。此类真藩司所当问，非市肆茶价之类矣。师闻言复愕然，继云州县唯利是图，实可忿恨。余云咎在上游之不察，彼微官原求自殖，天下志谊之人当复几人，利之所在，翕然成风，固不能以特操责之也。师颔之，遂去。

十三日（7月14日） 涤师来，余方食，遂不入。食毕，至涤师内室谭，见示初印本《五礼通考》，笔画如写，甚可爱。又示进呈之《御批通鉴》刊本，大几半桌，亦向所未见。又以余昨言王大经禁淫书之可笑，指示书堆中夹有坊本《红楼梦》，余大笑云：督署亦有私盐邪？会典谒特刺至，遂出。开孙来谒相，涤师至余处见之。师连日有恙，余属开孙为诊脉，所说亦同余言。

是日涤师见示李少帅初六日信，云捻贼现在登州属之荣城、文登二县，宁海一州之地。东抚丁宝桢在平度州，藩司潘鼎新在登、莱间，李少帅自在济宁。众议或欲扼守胶莱，使无归路，或欲坚守福山、栖霞、莱阳、海阳四城，蹙之于海。而直督刘长佑、皖抚英翰西林等各具奏，欲合直、豫、皖、苏四省之力，倒守运河西岸，淮军统领刘铭传及潘鼎新坚主此议，刘至以去就争之。李自云，向自以为能断，当此大利害之际，不免战栗云云。又云，丁抚台廓落奋往，兵事实属外行。近日戴庙捻由此渡运。团董控告官兵得贿买放，此次之议，既不以守运河为然，亦不以扼胶莱为是，惟欲守福、栖、莱、海等四城。潘鼎新以为其围太逼，此成功之地，而非下手之方。且四城中尚有空地二百数十里，既无水陆限其马足，殊难控制云云。

昨日师为余言：少帅近颇傲，殊非吉兆，余以两小事商之，坚执己见，毫不相让。此次大举，以余度之，必不能制贼。夏秋水大之际，贼方纵掠于东，必不即出。至秋冬则黄运水落，时时结冰，河本不宽，安能制其奔逸。且贼东度之时，官军望风披靡，未有一日之守，他日安保其必能立定脚根？再度运尚可，万一度黄，则畿辅震惊，事且不测。廷旨谘询，首列余名，欲质言正对，则少荃身当大局，在后者不当掣其肘，姑从众议，则又毫无把握，以此深抱隐忧。余言：少帅强项，况正膺艰巨，彼此一家，先存意见，事更不美。天下成败有定，人力亦未可径代天工，无可奈何之事，惟有听其自然。大约督师一任，终当属之函丈，目下虽位尊望重，而一离局守，即与身在行间者有殊，畛域之见不可有，而利害之际，权衡轻重则又不能尽无也。师甚然之。

十四日（7月15日）　涤师来，云有恙，项背痛而微寒热。诊见脉甚数，因处桂枝汤方，并属食葱姜椒煮面，谭良久去。衣谷来，口呼余字，跃而入，见相国在座，倏然去，神情孟浪可笑，师亦矧之。下午，涤师邀入内室谭，云食姜椒葱面微愈，懒于服药，姑俟明日何如？余云不药中医，且过今夜再说亦可。谭良久出。

十五日（7月16日）　涤师邀至客座久谭，言昨夜得汗，背痛稍减，属避风节食。下午复入内谭。

师论兵事：言胜负不在形而在气，有屡败而无伤，亦有一蹶而不振，气为之也。余出兵屡败，然总于未战之先，留一退步，故尚不至覆巢毁卵。为将者设谋定策，攻则必取，不然毋宁弗攻；守则必固，不然毋宁弗守；攻之而为人所逐，守之而为人所破，虽全军不遗一镞，其所伤实多。

余云：言兵事归之于气，至矣，而气又根之于心。故偶然之成败，损益甚微，而谋定之战，一失算即将馁于上，士馁于下。何则？其心已夺，而气不得不馁也。兵志所云，攻心伐谋，又曰折冲于樽俎，皆武之精至者也。

师云：世言储才，不知第二、第三等人可求而储之，第一等可遇而不可求。当其成就，虽小小局面，亦必应运而生数人。既得其人矣，性情又有不同，趣向又有远近，才识备矣，复须济之以福泽。李少荃等才则甚好，然实处多而虚处少，讲求只在形迹。如沅浦之攻金陵，幸而有成，皆归功于己。余常言："汝虽才能，亦须让一半与天。"彼恒不谓然，今渐悟矣。

余云：此无足奇，人情大氐阅历既多。饱经怫乱，则知运命之有定，少、沅两帅所处皆顺境，起徒步，数年之中，各建大功，安得不侈然自命。故沅师去年劾官秀峰不胜，余以为此沅师闻道之机，不当吊而当贺。少帅则兴起太暴，其人赤心任事，忠厚有血性，然未能知道，于持盈守泰之境阙如，议者颇为之忧。至于运命之说，甚大甚善，而义尚未极圆。凡人行于运命之中，罔然而兴，罔然而坠，纵丰功伟烈，震烁人寰，亦为随运之流，与秋鸟春花，同其迁变。惟有至人，遗世独立，虽亦在运气之内，而不为运气所迁，所谓"先天而天弗违，后天而奉天时"。自古贤哲之流，莫不由此一途，克跻圣域，在能勉之而已。

师又云：人生无论读书做事，皆仗胸襟。今自问于古诗人中如渊明、香山、东坡、放翁诸人，亦不多让，而卒卒无暇，不能以笔墨陶写出之。惟此一事，心中未免不足。足下胸襟大过于人，盍善抒其性灵，弗为尘土所淹没。

余曰：诚然。观人之事，不如观人之言，故古史记言多于记动。降至史、汉，犹知其义，纪、传中多描写人之声音笑貌，遂使千载之下，几无遁影，所以足称良史。师曷不以平生所撰示人，俾如余辈早为结集，否则千载以形迹相求，失公之神矣。

师逊言无所有。

十六日（7月17日）　午后，涤师邀入内室，谭良久。遍论咸丰末年江、浙军务致败之由，及和、张、许、何诸帅之鄙倍。师云：忆弢甫始到余江西军中，即言自古成事，皆用心人。某遍历下游无一人知此，必至溃败后已。公虽兵微将寡，然成事者必公也。余时深佩其用心一语。其论世超出寻常者甚多，不可谓非异才云云。退至斋次，坐未定，师复来久谭。

十七日（7月18日）　涤师邀至客座久谭。言及沅师收城时事，师云："本地人尚知感激，若非各营官统领猎取无厌，岂非万全美事。"余云：

“沅师已实无所沾，但前后左右无一人对得住沅师耳。”师云：“沅浦不独尽用湘乡人，且尽用屋门口周围十余里内之人，事体安得不糟，见闻安得不陋。”又云：“李少荃血性固有，而气性亦复甚大，与沅浦不相上下。李小荃亦有脾气，杨厚庵尤甚，彭雪芹外观虽狠，而其实则好说话，遍受厚庵、少荃、沅浦之气。”余云：“做事人总有脾气，不然亦做不成。”师云：“甚是。”又言：“黄昌歧虽无才能，而极廉洁，同复苏州而无所取入，此节深可敬。”云云。

……傍晚归，闻下午涤师复来余斋中不值，遂至其内室立谭片刻而出，见示沅师来信，闻前次严旨，尚不十分懊丧。

十八日（7月19日）　下午涤师来谭。先是，师念城民生计萧条，饬官拨用剩四板炮船船身发给贫民撑驾，改为秦淮凉棚之制，以便考季时赶场生理，本为便民起见。乃谕甫出，而言者纷纷，以为欲复灯船之旧，又云欲招集河房女肆。昨藩司李宗羲来力谏，不得请而去。师以相告，并云自南宋以来，天下为士夫劫持，凡一事兴作，不论轻重，不揣本末，先起力争，孱暗之君，为其所夺，遂至五色无主。宋明之亡，皆以此。吾甚佩足下同治二年与吾书，其第一条言审察听言之道。彼时举国若狂，皆以开言路为急，而足下已经烛见及此。直至今日，究竟不能出足下之范围。

余逊谢。因言圣祖朝痛遏台谏之浮嚣，一扫有明积习。彼时主德昭昭，国祚隆盛，故能笮压说臣，成一朝之家法。今昔世殊事异，民轻其上，嚣凌蜂起，势所必至，然朝廷起而与之争，又非集思广益之道。惟有明辨是非，不当者束之高阁，不论不议，使群下渐知上之明察，则妄言自息。顾秉国均者，安得有其人哉？国家安危系此一事，可为太息流涕。今夷人事之务实，而中国事事尚虚，彼来语者心中未（尚）［尝］不知是事之无足重轻，但亦为众所劫持，不得不尔，上下俱骛浮名，已成结习。师虽当局，而亦未便明主异同，倘于无意之中微示风采，俾率真之士不致全然淹没，则保全甚大，其效非目睫之见所能知也。师尤然余言，慨叹而入。

十九日（7月20日）　饭后至涤师处谭。余询郭芸仙、毛季（雨）［云］隙末之事。师云：“毛早年在都中，见郭之文采，极欲纳交，后任湘抚，又屡思延之入幕。比任粤督，廷寄问黄莘农能胜粤抚之任与否，毛即疏劾黄及藩司文格，而保郭堪任粤抚，李筱泉翰章堪任藩司，疏入如所请。毛固常人，郭之至，毛不能无德色，又彼此争权，迨后至于切齿。左孟星、王壬秋、管才叔三名士之至粤，互相标榜，有王佐才之称。郭素文士，三人多袒郭者，左至通书诋毛，直不齿人类。平心论之，自是郭负毛，而毛无罪。郭因吾曾保毛，遂言曾某保人甚多，惟错保一毛季云。”吾答之云：“毛季云保人亦不少，而惟错保一郭芸仙。闻者无不大噱。”余因言：“六合以内，不外人情，郭公即不重膴仕，知己之感，独可忘乎？且窃窥郭公，亦非无心问世者。”师曰：“然。”会客至，余出。少选，师复来言：“交情离合，有不在情理，有在情理。刘霞仙之与朱石翘，逊贻，江西人，曾任湘乡。不啻子弟之于父兄，而卒大番至刊诗相诟厉。芸仙之于毛季云，又少次，沈幼丹与余亦大番，然余数函修好而不答。李次青一番之后，至克复金陵，余曾疏言其功，彼近时常通书问，庶几复合。至左则终不可向迩矣。”

二十日（7月21日） 闻开孙、季雨在对门杨君处，遂往觅之，少坐归署。闻涤师已再至，不值。遂入内，时安卧，乃出。

初鼓后，涤师来畅谭。言得京中来人所说，云都门气象甚恶，明火执仗之案时出，而市肆乞丐成群，甚至妇女亦裸身无裤，民穷财尽，恐有异变，奈何？余云：“天下治安，一统久矣，势必驯至分剖，然主威素重，风采未开，若非抽心一烂，则土崩瓦解之局不成。以烈度之，异日之祸，必先根本颠仆，而后方州无主，人自为政，殆不出五十年矣。”师蹙额良久，曰：“然则当南迁乎？”余云：“恐遂陆沉，未必能效晋、宋也。”师曰：“本朝君德正，或不至此。”余曰：“君德正矣，而国势之隆，食报已不为不厚。国初创业太易，诛戮太重，所以有天下者太巧。天道难知，善恶不相掩，后君之德泽，未足恃也。”师曰：“吾日夜望死，忧见宗祏之陨，君辈得毋以为戏论？”余曰：“如师身分，虽善谑，何至以此为戏。然生死命定，不可冀求，乐死之与幸生，相去无几。且师亦当为遗民计，有师一日，民可苟延一日，所关甫大而忍恝然乎？”师又曰：“苏省厘金之弊，怨讟繁兴，入款日少，民财日尽，而中饱日增。吾日肩此任，一月必用五十万金，既不能废此不为，彼中结习已成，又皆少荃之所设施，投鼠忌器，不得不包荒示大，足下有何策以善其后？”余云：“商情不怨征重而怨局烦，法弊不在收多而在中饱。大抵今日之事，宜减照票之局，以省经费而轻烦扰，则民蒙其惠，官亦无损。更求廉干之才以总其事，措设得人，为之以渐，则于少翁一面，亦不至背驰。”余又言苏绅鄙黩之事，及关内牧令之恣肆者数端，师为扼腕者良久。

是日闻竹庄言，今上聪慧而不喜读，一日与师傅执拗，师傅无可如何，涕下以谏。时御书适读至“君子不器”，上以手掩器下二口，招之曰：“师傅看此句何解？”盖以为“君子不哭”也，其敏如此。又读“曰若稽古帝尧，曰若稽古帝舜”，帝字皆读“屁”字，观此则圣禀过人，而有雄杰之气可知。天祚国家，使益出于正，吾民其有豸乎？

二十一日（7月22日）　入内与涤师少谭。吴竹庄来谭。

午后，涤师来久谭，言陈寿良史，其谨严处有过班、马。与余曩论皆合。夜，涤师复来久谭，见奔星大如盂，光过于月，落西南角。师笑曰：岂吾死征邪？如数日内可以比附，君为志，必书此，第恐紫微星落，吴中高士求死不得耳。相与大噱。又言捻贼尚在海角，官军有扼守胶莱河之议。余云：前见少帅信，本疑何以不守胶莱防河，虽均非上策，与其黄运，无宁胶莱，究省兵民之力，且此河曾行海运，有铜帮铁底之称，其深广必不下于运河。今果行此，或者有济乎。

继又论时贤章奏。余云：李少荃前与王宪成、殷兆镛等辩难一折，胜而实受伤，且似非奏折体裁。师曰：然。余又问刘霞仙自陈何如？师言文气甚好，而措辞亦不差，故来陈廷敬之指摘。又言郭芸仙自负不凡，其实奏折无有清晰得要者。沅浦去年密劾唐荫云，折尾声言系督臣得用之人，恐失和衷之道，请皇上作为访闻云云，督抚劾司道从来无此体裁，已属笑谭。而不及两月，即劾督臣，所谓和衷者如此，尤足令人大噱。

二十二日（7月23日）　亭午，涤师邀入内久谭，钱子密京卿亦与，言京师水泉皆竭，御河断流，朝无君子，人事偾乱，恐非能久之道。余言向见诸旧说，黄河北流，燕京即不可建都，以畿辅之势蹙，形家所谓捶胸水也。然国家断无南迁之理，后事殊不可想。子密云，我朝流泽甚厚，决不遽亡云云。下午涤师来，少坐即去。傍晚涤师复来，至初鼓去。

二十三日（7月24日）　开孙来谒相，涤师至余斋中见之，少谭而去。开孙饭余处后，与屺堂等皆去。

傍晚，涤师来久谭。言北宋时人物咸推韩、范，其实无大过人处。

余言：有宋一代，自艺祖杯酒之后，天下讳言才能，传之子孙，遂成积弱之国。寇准澶渊之役，实城下盟耳，而一时传为美谭。功烈之卑，不足令汉、唐一矧。

师曰：否。寇准实宋第一等人，未可厚非。

余云：第一等人作为不过如此，第二、三等人可见矣。彼时风气实然，虽有能者无可表现。故王德用、狄青皆武人稍露鳞爪，遂废弃不用。旷观千古，凡一代之事功人物，其风气皆草创之主开之，范围一就，数百年贤哲之士，莫不俯首就教。间有命世挺生者，不肯随风气流转，自欲出一头地，其为之不以渐者，往往致败。宋之王介甫、明之张太岳皆是也。

师曰：甚当。南宋罢诸将兵柄，奉行祖制也。故百年中奄奄待尽，不能稍振。又言：韩、岳等军制，自成军，自求饷，仿佛与今同。大抵用兵而利权不在手，决无人应之者。故吾起义师以来，力求自强之道，粗能有成。

余笑言：师事成矣，而风气则大辟蹊径。师历年辛苦，与贼战者不过十之三四，与世俗文法战者不啻十之五六。今师一胜而天下靡然从之，恐非数百年不能改此局面。一统既久，剖分之象盖已滥觞，虽人事，亦天意而已。

师曰：余始意岂及此，成败皆运气也。

余曰：成败之数，运气与人事相参，烈及弢甫素泛观诸当事，均策其无成。比见师而心志倾倒，以为必能戡乱。往时吾辈之私议，师皆知之，至于今而其应如响，岂操卜算之术得之耶。且如小家翁姆，勤劬持算，必获小康之报，天道诚实，未可尽委之自然。彼运命二字，怀才不得志者以之自靖可矣。君相造命，务名实以鼓人才，止可存之于心，以济人事之穷，若昌言之，则人皆自恃，孰为陈力耶?

师曰：此言甚是。然天下大事，运气主其六，人事主其四，至富贵利达，则运气所主尤多。

余曰：然。师言至允。大易曰："先天而天弗违，后天而奉天时。"天命人事，交相为用之说也。二者缺一则（扁）［偏］。

师曰：姑置此。今筹饷类南宋时，而人心之浮华日甚，吾惧必且为英夷之风气所染。往时官员薪水二十金即已阔绰，而今则人皆菲之，异日口粮薪俸，日增月长，不至尽仿夷法不止。饷源所恃，仅在厘金，征敛百端，民穷财尽，此大乱之道，已在眉睫。君有善策以纾民否?

余曰：事体重大，未敢妄对。然计兵事，非数十年即已，大抵将来必归宿于屯田。钱财尚可不用，而日食则决不能欠。异日至千里无人之处，虽挟厘金千万，能使士卒枵腹怀金以与敌抗哉？

师曰：屯田亦可。但目下无主之田日少，奈何？

余曰：此非目下事，烈第忧无主之田日增，不忧其少也。

师又曰：然。遂入。

二十五日（7月26日）　……归署，涤师邀入内久谭。密询厘务情形，余一一答之。因言师欲减厘以舒民困，莫如剔弊。弊皆在大商，而不在小贩，大商之丰，小贩之穷也。严弊窦，抉中饱，搜剔一二大端，如烟土、丝、茶等类，即尽裁小民担负之征，犹不仅相抵，足以倍蓰之而有余。救时之策莫善于此。师极首肯，复求其证。余曰：是不难知，就土捐而言其事，烈与弢甫二人之所首创，彼时每箱捐十金，每月解至七八万金。后王雪轩复加至每箱二十余金，即报二十余万不等。今捐至一箱四十金，而解数转止三四万金一月，由此类推，可以知矣。师曰：然。君盖尽廉其实以相告。余诺之而出。朱小山来。

二十七日（7月28日）　涤师贶白金百，入谢，坐谭少顷。下午，涤师来久谭。……涤师来谭，言京师五月中旬忽风霾，天色黄赤，当昼而晦，恐有异变。

七月初五日（8月4日）　午后，涤师来久谭。言芸仙在粤声名之劣，罗椒孙至与骆籲门书云：故乡大吏皆如豺虎，民间又有“人肉吃完，惟有虎豹犬羊之廓；地皮刮尽，但余涧溪沼沚之毛”毛季云也。之联。何狼藉一至于此！师云：其自取耳。劝捐助饷，原为不得已之举，原无可勒。其勒者必其人为富不仁，向有劣迹者。郭在粤东一概施之，往往诗书之家，横纳罟网，而又高自位置，不近人情，所作所为，无不任意。即如弃妇一事，妇始入门，其老妾命服相见，为妇室下首，而妾居上首，此岂知礼者所为乎？比至粤官，与夫人、如夫人用绿轿三乘入署。第二日夫人大归，第三日即下勒捐之令，持躬如此，为政如彼，民间安得不鼎沸？郭悍然不顾，方与同官龂龂争细故，不图其荒谬至此已极。

师又曰：霞仙亦非能作事者，其过亦在自命太高。天下人才智心思，相去不远，位高则程量窥伺者尤多。随处虚心详度，尚不免入人圈缋；况恃己蔑人，行空蹈冥乎？

继又示及时事，倭相复陈请开缺，皇太后特降恩旨，除大学士弘德殿行走仍旧外，准其所请，开去一切差使。是总理衙门一差亦于无形中销去，解释怨尤，不着痕迹，使老臣得以保全，而朝议不至嚣起，实为圣明之至。

又言李少帅已定计堵胶莱河，军事机局颇顺手。又言左季帅行至灵宝，突遇山水大发，冲没二十余里。左军行适在此二十里中，军赀、军火、洋枪炮等荡然，死者千余人，左亦入水，遇救得免。其事与同治初甘督沈兆霖事甚类，亦异变也。余因问外间传闻沈事，实为山中叛回突起戕害，讳言水灾者，其事实否？师云：奏报不伪，此模拟之辞耳。

傍晚，涤师复来，又邀入内，新筑露台成，登览片刻，又在后园少坐而出。

初六日（8月5日）　下午，涤师来，携上海带到蟠桃、水蜜桃相饷，甘香无比。傍晚复召登台，子密、小圃亦在。

初七日（8月6日）　傍晚，涤师来久谭。先晚，师以甫里先生陆龟蒙本邑祠典一事交核。师自批云：自北宋时吴中已有三贤祠，谓范蠡、张翰及陆先生也。人品自高，流风自远，然与列入祠典诸神，微有不同。若乡里景慕，私修祠事，自无不可，若必欲官为致祭，则须专奏，似可不必。云云。余下议云：陆公无昭昭之功德，非捍灾御患者比，不当专奏，钧批明允之至。惟本祠既向有春秋官祭，此时兴举废坠，似与时贤近事，创议俎豆者微有不同，可否饬查成案，有则仍之，庶于祠典不废不渎。议入，师来言，已从余说。

又言本郡亩捐，每亩百三十文，分两限。一限六十五文，上限尾欠无多，仍旧催征。下限概免。按此事盖由师复任之初，适值天旱，有免征之说，民间翕然归仁。比得雨，司道饬令复征，以反复之故，颇致腾谤，师不知也。前月下旬，饮于邓氏知之，遂以告师，与司道往复者数四，钱子密亦袒免征之说，至是始定云。

初九日（8月8日）　下午，涤师来谭。晚又要至后圃纳凉，谭至二鼓。余言在上海见恭邸小象，盖一轻俊少年耳，非尊彝重器不足以镇压百僚。

师曰：然。貌非厚重，聪明则过人。

余言：聪明信有之，亦小智耳。见时局之不得不仰仗于外，即曲为弥缝。昨与倭相争持，无转身之地，忽尔解释，皆其聪明之征也。然随事称量轻重、揣度形势之才则有之，至己为何人，所居何地，应如何立志，似乎全未理会。凡人有所成就，皆志气作主。身当姬旦之地，无卓然自立之心，位尊势极而虑不出庭户，恐不能无覆𫗧之虞，非浅智薄慧，涂饰耳目之技所能幸免也。

师曰：本朝君德甚厚，即如勤政一端，无大小当日必办，即此可以跨越前古。又如大乱之后而议减征，饷竭之日而免报销，数者皆非亡国举动，足下以为何如？

余曰：天道窈远难知，未敢妄对。三代以后，论强弱，不论仁暴；论形势，不论德泽。即如诸葛辅蜀，宫府甚治而卒不能复已绝之炎刘；金哀在汴，求治颇切，而终不能抗方张之强鞑。人之所见，不能甚远，既未可以一言而决其必昌，亦不得以一事而许其不覆。议减征，创自外臣，非中旨也。免报销，则以此番饷项，皆各省自筹，无可认真，乐得为此宽大，亦巧见耳。勤政诚前世所罕，但小事以迅速而见长，大事亦往往以草率而致误。夫以君德卜国祚之灵长，允矣。而中兴气象，第一贵政地有人，奄奄不改，欲以措施一二之偶当，默运天心，未必其然也。

师又言：本朝乾纲独揽，亦前世所无。凡奏折事无大小，径达御前，毫无壅蔽。即如九舍弟参官相折进御后，皇太后传胡家玉面问，仅指折中一节与看，不令睹全文，比放谭、绵二人查办，而军机恭邸以下尚不知始末。一女主临御而威断如此，亦罕见矣。

余曰：然，顾威断在俄顷，而蒙蔽在日后，究竟此案模糊了局，不成事体，覆疏全无分晓，未见中旨挑斥一字也。大家规矩素严，臧获辈当面谨愿奉法，而一出外则恣为欺蔽，毫无忌惮。一部《红楼梦》即其样子，又足多乎？所谓威断者，不在形迹而在实事，一语之欺，清浑立辨，则群下无不惴惴，至其面目转不妨和易近人，盖所争在彼不在此也。

初十日（8月9日） 归署后，闻涤师甫至不值，遂入内园，园中新构露台落成，与涤师及蔡贞斋、茶陵人。谭月卿攸县人乘凉台上，纵谭沅师收城时事，相与扼腕良久，二鼓退出。

十二日（8月11日） 下午，涤师来久谭，言胡文忠做事有气魄，往时颇规吾，以为军中保官不优，用财不泰，不足以鼓舞人才。吾甚服其言，故后来一切较宽于前。余言：师本来第自绳耳，于人未尝不宽。尝忆烈之初得闻名于左右，仅以弢甫之一言，即走弁赍二百金下访，此等举动不可谓无气魄。师言：此在吾处亦仅有之事，以弢甫绳足下，且闻足下往日之议论故耳。不常有也。余云：文忠作事动荡有生气，自是英雄面目，师则规矩准绳不差毫末，俨然古大儒气象，二者固不可相提并论。第军事本尚权谋，三代以下，急功竞名，责效旦夕，与古征诛之事为之数世，收功百年者不同，故不得不高爵厚禄以求斫驰之士，原当局之苦心，不得已也。今世乱甫棘，当冀贬德以救水火。师曰：然。苦无同志之士，自文忠与江忠烈殁，而同事者鲜能一心。衮衮诸公，其所设施，仅见目睫，为之喟叹。

十四日（8月13日） 到涤师上房少谭。下午，涤师来少谭。倪豹岑至，久谭。邓仲言、季垂嘉统，行十二。来候谢，方坐，涤师复来，见有客，乃去。傍晚邀入内谭话良久。师言：“佛理大约须遇境界不动。”余曰：“然。境界莫大于生死，莫烦于日用。于日用细处作得主，积小成大，渐渐心力能制自已，一旦善恶境现，如镜照象，有委顺而无系恋，斯大成之效也。”师曰：“吾尚不信轮回之说。”余曰：“师恒言读书人愚慧判然，殆有宿因，然则非轮回而何？”师嘿，少顷曰：“是殆有之，吾未之究耳。”会风起振露台臬兀，余曰：“人生天地如一叶，生死之在俄顷，若不于己躬下事用心捡点，徒在妄想中毫分（镂）［缕］晰，幻益生幻，安有穷期，可为喟然。”师颔首不语，复言时事。李少帅初六日信，知胶莱东捻有欲冲突之意，守兵未集，河墙未成，恐难抵御云云。余遂出。

十五日（8月14日） 下午，涤师来谭良久，偶言及扶鸾，师曰事亦有之。咸丰八年，吾居忧在家，闻老九宅中有乩仙降，步往观之，诸人方围问功名，乩不对，而书“赋得偃武修文得闲字”九字，诸人均不解，吾曰：此旧灯谜隐“败”字，仙何为而及此？乩即判曰：为九江言之也，不可戏也。吾凛然神悚，时九江已于四月初八日攻复，贼禽馘殆尽，军势张甚，山中久已得报。是日则为四月二十九日，相距二十日尚未进军，无败理。因叩仙为天下大局言之邪，抑为吾曾氏言之邪？仙判曰：“为天下大局言之，即为曾宅言之。”又问仙何人何职位？今欲何往？仙自称名为彭某人，其名涤师已忘之。河南固始人，生时官都司，死于咸丰某年固始之难，现为云南大理府城隍神，赴任路过云云。再叩之，寂然不动。是年十月，遂有三河之难，李迪庵所部平江州之师皆死之，吾弟温甫亦与，其效验昭昭如此。且先半载知之，则世俗所云冥中诸神造兵死册籍等语，非为荒唐之说矣。

十七日（8月16日） 午后，涤师来少谭。闻直隶复有盐枭滋事，逼近保定，直督刘长佑奉旨申饬。石似梅来访，涤师来，见有客即去。

十八日（8月17日） 今岁炎暑，自前月二十后起，至今月初四、五稍减，初七、八复进。三日前微雨有秋意，而今、昨复甚，惟入夜总凉爽，故雨气一日蒸晒欲起，而得凉风则敛。谚云“昼热夜寒，河底晒干”，盖至理也。自鄂皖以下皆祷雨。

开孙来，同至考场左近观书肆，应举者塞途，百肆繁会，然皆气色荒残，无承平时千百分之一矣。

初鼓后，涤师来久谭，言及时事，朝中满汉皆无人才。余云：“人才未必尽无，上者提倡之则有，漠置之则无。尝见户部覆奏减漕一折，即系有才识者所为，第恐皆沉下僚耳。”师曰：“甚是。此折余亦赏之，其人为谁，则不知也。”余曰：“闻是杭人王文韶作。”师曰：“然则其人已放汉关监督矣。其余尚有所闻知否？”余谢不敏。师曰：“求才的非易事，其中区奥太多。”余曰：“在诚耳。以上诚求，下必以诚应。苟视国事如家事，人才不患不兴，区奥多，不过易上当耳。自古名君贤相，用人孰不上当？庸何伤。”师首肯至再，又谭别话良久。

十九日（8月18日）　下午，涤师来久谭。自言：起义之初，群疑众谤，左季高以吾劝陶少云文毅之子。家捐赀缓颊未允，以至仇隙。骆籲门从而和之，泊舟郭外，骆拜客至邻舟，而惜跬步不见过。藩司陶庆培、后任鄂抚殉难。臬司徐有壬以吾有靖港之挫，遽详骆抚请奏参。黄昌岐及吾部下之人出入城门，恒被谯诃，甚有挞逐者。四年以后，在江西数载，人人以为诟病。在鄱湖时，足下目睹。迨后退守省垣，尤为丛镝所射。八年起复后，倏而入川，倏而援闽，毫不能自主。到九年与鄂合军，胡咏芝事事相顾，彼此一家，始得稍自展布以有今日，诚令人念之不忘。

余言：此次军务中英杰不可以一一数，已论定者自以胡文忠、江忠烈两公称首。江烛照机先，其敏快似较胜胡，而晚年名望益高，不免矜持，转有沾皮带骨之处。胡则恢廓无外，日进其德，始犹英雄举动，继遂渐入道域，几几不可限量。视国事为身事，视天下为一家，公尔忘私，一人而已。至于师则又规矩准绳，尺寸不失，日在师旅之间，集大功，擒渠首，而始终不脱儒者气象，使末世风气不专注于武悍，其功至不可与擒渠扫穴同日而语，固非目睫之士所能操管而窥，握筹而计也。尝窃私议，在师左右久矣，仰见军谋措置，饷源开节，吏治兴废，虽敻乎不可及，然犹思虑之所能到。惟横逆之来，凝然不动，与饮食起居，皆有时节，数十年不变，此二者烈辈毕生不克仰企。横逆不动之难，世犹知之矣，饮食起居之有节，人皆以为细微，不知微者易忽，圣贤主敬存诚之学，莫不在此寻常日用之间。而释家理外有事，那边悟了，向这边行履，亦无非此行住坐卧四威仪中勤求合节而已。烈辈饥则思食，倦则思眠，心念一兴，有刻不容缓之势，强为诃制，不可终日。此皆反求诸身，历之亲试而知其难，非谀语也。

师曰：足下肯用心，故体察入微，虽然，此胡足道。又示及时事，胶莱守局复定。

二十日（8月19日）　孟甥同椒孙来乞代求相国咨文送考。下午涤师来。余以师所赠海错蛎房煮腐羹，方食，师至，尝之而甘，少谭而去。傍晚，师以片纸见示，言椒孙无游幕详文，未便给咨。余入内面言，寒士远道而来，不得入棘闱犹可，并不得入录遗场，未免向隅。且士子应否录送，自有提学衡文，师素以爱惜寒士破除旧套著名，奈何循一无关紧要之例，吝片纸而自败风气邪。师笑曰：诺，此幕中操觚者为之耳。后有请者，当概准。顾前已驳数人，奈何？余曰：有再来敦求者，补与之斯可矣。师又曰：诺。余遂出。

至后园登台而望，少选，师亦至，遽谈，问沅师收城时事。余曰：沅师坐左右之人累之耳，其实子女玉帛无所与也。各员弁自文案以至外差诸人，则人置一簏，有得辄开簏藏纳，客至则倾身障之，丑态可掬。师狂笑。继又曰：吾弟所获无几，而老饕之名遍天下，亦太冤矣。余曰：何冤之有？自古成大功者，孰不蒙谤？往往致杀身之祸者有之，下吏对簿者有之，终身废弃者有之，盖谤与名二者相附而行，何足罣哉！且沅师而务修边幅，则何自而有沅师之谤；沅师而务修边幅，亦不能成沅师之功。尝见沅师专弁入京，以八百金购笺纸，京中为之沸然。凡亲沅师者皆为之悔，烈则以为正沅师过人可喜之处。今沅师大功已成，群谤久亦自减，千秋论定，究之瑕不掩瑜，自成一家，何伤之有？若此时改易常行，委心顺俗，是于沅师无分寸之益。而邯郸失步，真性反漓，必至进退无据。师曰：斯言甚旨，吾之意正如是。故舍弟劾官相后，群起非之，吾转不一字相责让，亦是意也。谭讫遂退。

沅师寄赠《船山全书》一部，涤师又再赠一部。每部二本，须十余金，厚惠也。

二十三日（8月22日）　下午入内晤涤师，为七侄求科举，久谭而出。

二十七日（8月26日）　下午，涤师来久谭，迩复微恙，神气殊乏，会客将来请主考入闱，茶宴仪节，絮絮不已。余云：笾豆之事，则有司存，此等何烦亲定，虽壮力之年，不畏烦冗，或者犹有衡石程书之议，况台体不能如昔邪？愿益专志凝神，以图艰大，不胜大幸。师曰：吾非乐此，而习久已成风气，细大不捐，亦无可托之人耳。余曰：江南蒙师福德，晏然数载，欲师卧治而已，岂与寻常疆吏争尺寸之效哉？师节劳自重，兆民实被其赐，勤于细务，知者或以为忧。所失者小，所全者大，出入至远，不可不深长思也。师曰：吾以夙死为愈，君言虽切，无以易吾志矣。

八月朔日（8月29日） 涤师来，谭良久去。镜如七侄来，录科未取，余随送名条入内交涤师，并恳为学院面言之，师许诺。

初四日（9月1日） 到涤师内室一谭。涤师来久谭。闻胶莱之防于前月二十日为捻贼溃决而出，我军虽无大损，而数省合谋败于一旦，不免夺气，蹙额不已。

初六日（9月3日） 归署，涤师来久谭，言捻势猖獗，已至沂州境。李帅以调度乖方，奉旨议处。东抚丁宝桢革职留任，摘去顶戴。李帅尚欲守运，恐益无把握，将来事仍要到吾身上。自顾精力如此，终致偾误，奈何？余曰：烈来此后侧听时事，审知胶运两防之决不能集久矣。古人“穷寇勿遏，围师必阙”，况以疲卒当方张之寇，而欲致之死地，一鼓荡平，其可得乎？天时人事必当向属于师，师幸勿为苟且目前之计，劳神于不急之务。天下幸甚，生民幸甚。窃计制捻以马队为先，必待出口采买，驱押数千里然后到防，又不俟其力壮，复遽衔勒以临战阵，是以有牵驾之劳，无驰骋之用，而其数恒不给，请于江南北择旷土为牧地，选口北善种勤喂饲之，令其孳生以供军用。唐玄宗监牧得人，蕃息至数十万，苟得诚朴勤干之人以习马政，其效不难致也。又屯田之法，为用军既久，粮运不给时之至计，将来局势必至于此，早为之所，庶无迫竭之忧。请择句、溧以南，广德以北闲田最多之县邑，募江北无业之民另开屯营，专事耕种，积粮待用，一年二年犹苦其劳，三年之后，其效必大著。此两者皆长久之计，更以清厘各局，开正饷之源，如是则南中根本已定，可战可守，虽蝥贼内讧，夷患外逼，犹可延国命于一线，不然殆矣。语次，师动色良久，既而曰：吾老且死，奚暇计久远，足下休矣。余亦一笑而罢。

十四日（9月11日） 涤师来久谭，偶论及潘文恭《思补斋笔记》所录，皆科第师生之锢习而已。间有掌故，亦止于翰林荣遇，政地垂二十年，无一语及国是，其生平概可见矣。

师曰：止此犹不足异，尝见彭文敬《自撰年谱》，于庚申大祸之时，但书云“苏州失守”，下不系一字之感伤，斯谓之无人心焉可也。犹记在都时，道光三十年，宣宗宾驭，潘忽上荐贤之疏，首林少穆，次姚石甫，朝论翕然归之。夫林、姚以夷务触圣怒，远戍锢狱，祸皆不测。其时潘正主撰席，得君之际，不稍匡救，大行骨肉未冷，遂翘君失以自文，其用心尚可言邪！顾以此转得盛誉，是非之不明也久矣。

余曰：然。凡人之作为、成就，皆在有心，若其丧心，何所不至。咸丰末年，陆东渔致书周弢甫论时事，洋洋数千言，弢甫诧以相示。烈曰陆殆将死矣。弢甫愕然问故，烈言力甫先生死于江苏，且又蒙谤，是此一片土，实陆氏子孙抢地呼天之所，既指捐江苏官，已非孝子用心，尚腼颜抗论，不谓之失心不可。未几，陆果戕于盗，称戈者且辱及其考。忠孝一心，臣子一例。观潘、彭两先达之言行，我皇祚不几几缀旒邪！

师抚髀称快曰：非足下，吾孰与论此。

二十日（9月17日）　……谭次，涤师来，见有客，即去……到涤师内室少坐，见示廷寄，言捻贼南窜赣榆，回扑剡兰，李鸿章仍欲固守运河。朝廷本知河防不足深恃，李鸿章毋得专图塞责。下又云，都察院奏官军不戢，纵暴殃民，各兵勇不能击贼，而专事害民，殊堪痛恨云云。辞颇严厉。董椒侄来。涤师来，见有客，去。少刻复来，少谭，有客至谒见，复去。

二十一日（9月18日）　午间，涤师来久谭，言及丁雨生布政来此。余因言苏属漕务有便民实政，一盍举行乎？师问何事。余曰下游连岁丰稔，米价贱至一千五六百文一石，而州县收折价至四千七百文之多，是三石而输一也，民何以堪。目下各县仓廒俱已修建，应饬本折兼收，庶残黎有限之脂膏，不至尽饱吏橐。师曰吾亦计及此，收本色虑米色不齐，且岁内难于截数，恐至迟缓，故议折价，随时值外许加钱一千，作为州县办公经费，此外不准再加，小民亦不至受累矣。又言减赋后，而大户如潘曾玮、冯桂芬等，仍抗租不完，故州县亦不得不略与沾润，以资弥补耳。

下午，涤师复来久谭。自言：初服官京师，与诸名士游接。时梅伯言以古文，何子贞以学问书法，皆负重名，吾时时察其造诣，心独不肯下之。顾自视无所蓄积，思多读书，以为异日若辈不足相伯仲。无何，学未成而官已达，从此与簿书为缘，素植不讲。比咸丰以后，奉命讨贼，驰驱戎马，益不暇，今日复番视梅伯言之文，反觉有过人处。往者之见，客气多耳。然使我有暇读书，以视数子，或不多让。

余鼓掌狂笑曰：人之性度，不可测识，世有薄天子而好为臣下之称号者，汉之富平侯，明之镇国公是也。公事业凌铄千古，唐、宋以下几无其伦，顾欲与儒生下竞呫毕之业，非是类邪？今聆师语，可见当日雄毅之姿，不可一世，逮后而与狂贼争胜负，始为得所发泄矣。

师曰：起兵亦有激而成。初得旨为团练大臣，借居抚署，欲诛梗令数卒，全军鼓噪，入署几为所戕，因是发愤募勇万人，浸以成军，其时亦好胜而已。不意遂至今日，可为一笑。继喟然曰：如捻贼得灭，朝廷中兴，犹为不负此举。不然，何足道邪。

余曰：师虽重臣，而实非枋国，成败数也，后人决不以此少师，师第勉竭忠荩，无恢初志也。

又论文字之种派，曰：本朝人多薄八家，如韩、欧亦何可薄。

余曰：然。今人薄八家，薄得八家之糟粕耳。声音笑貌必求其同，千篇一律，不啻优孟登场，宜其取厌。然舍八家而上规诸子，虽形模顿易，其为窥窃一也。夫文以载道，词简而义明，文欲不至不得，惟其畜于中者充积无间，故发之自然而不假求合于刌节分度之间。今人不务明道，苟且为文，其腹枵然，纯事采饰，是学八家可厌，学诸子亦可厌，即上而宪章训诰，终一形具之傀儡而已。

师曰：斯言是矣。吾恒论文贵雅驯而有真气，今人非卤莽灭裂，淫哇杂乱，即尘羹土饭，如虫蛭毕生，俯行于地。韩、欧大家之文，皆卓然直立纸上，而又吐属醇和，故可贵也。韩昌黎生平所推，仅庄、骚、史迁、相如、子云五人，初读马、扬诸赋，亦不见异，细察之，觉其堆垛处别有生气行其间，即《上林赋》叙述诸水，一句接一句，不啻蠹虫相续，而其中实脉络分明，足下试细读之，必能辨其味也。

余曰：诺。

二十二日（9月19日）　闻涤师有恙，入内候之，则以信或人之说，以龟版胶烹鸡，食之而哕耳。坐良久，颇为余计家事。知余多累，为蹙然。且曰：足下自食尚艰，而多亲故相从，程义高矣，如力不足何？因笑曰“鼠不容穴，衔窭薮可”以相谑。余曰：古人处患难中，大氐如此。许靖、王朗三国之庸流耳，尚能收恤孤穷，甚有恩纪见之史册，况以风义自任者邪？且烈家族经乱，宜槁死久矣，中间得遇师，偷息以至今日，安知非盈虚消息之理邪？师色庄许之曰：善。

余因请赴沅师处一游。师曰可轮船往返，止半日耳。余曰请由民船，烈尚欲过鸠兹，赴友人游黄山之约。师笑曰：家室辆饥而放浪山水，子真陶、谢之流也。余又为孟舆请下游事，师曰事颇难。又问余去岁忠义局一席尚在否？余曰已辞去，师曰盍以此席与孟舆，亦良策也。

涤师书纨扇为赐，录辛幼安“千古江山”一阕，戈画遒劲。数十年向不为人书扇，此厚意可感。款中复有倚声，辄得古人佳处之奖，尤为愧荷。

二十三日（9月20日）　涤师来，见有客乃去。少刻又来，余方饭，止于客厅。余食毕，即进久谭。师欲购一砚，因及起居日用事物。师笑指壁上曰：吾来南已半载矣，壁上无一有款之字画，凡事皆荡然，人得无笑其苟简乎？余曰：自有总督衙门以来，未有空闲寂寞一至于此者，方颂盛德之不暇，奚所可笑。师曰：足下他日铭吾墓，此亦一事也。余曰：师佚事编年谱数十卷，犹书之不尽，千万岁后铭、状之作，恐无此大手笔能剪裁之耳。师曰：他日见《胡文忠集》，选刻多不当，且多代笔，吾身后亦不免此一劫，足下何策以善其后？余曰：请及师身论定，烈愿任编纂之役。师曰：吾无所有，不足编纂，惟望足下他日持正论耳。余曰：谨受教。

二十五日（9月22日）　涤师来久谭，言及李眉生为官场及同幕诸人所恶，以其有夷简之致而疏于事情也。幕中所分公事，往往不能了，重分诸人，诸人恶之，皆不为代。两耳本重听，刻更闭塞。放苏臬后，不能陛见，欲吾奏留，吾以奏出，众必哗然，故无以应之也。又言：“李少荃在东流、安庆时，足下常与共事，不意数年间一阔至此。”余曰：“烈元年冬到沪，少帅犹未即真苏抚，邀烈坐坑，固问老师处有人议鸿章者否？意甚颛颛。不一月实授，从此隆隆直上，几与师双峰对峙矣。”师曰：“湘、淮两军之始末区奥，足下殆无不洞若观掌矣。”笑而去。

二十八日（9月25日）　早饭后，到子密、挚甫处一走。见李少帅信折，力讦东抚丁宝桢疏防之咎。

六月十日，贼之度运在戴庙坝东军统领王心安汛地，叠经被害人民控其通贼卖渡，一枪不放。此次胶、莱之守，因北河近海处有沮洳数十里，不能筑墙防堵，遂于河西陆地横筑长墙，接至潍河。度潍河而西，仍沿潍河设守，其地名海神庙、鱼儿浦等处，守之者仍东军之王心安也。二十日之溃，贼复由此度过胶河，冲出陆地营垒。复为民人所控，奉旨就地正法，而李疏则据潘鼎新等信函深袒之，以为运河之溃，咎无可辞。此次则东抚已调王心安别用，继之者道员王成谦，坚不放王心安赴调，其所统十余营，仅填扎王心安原防四营之地，而以要冲二十余里付之王心安之四营独力支撑，以致彼此龃龉，争论未定之间，贼已乘间而入。贻误之咎，理当分任，请天恩将王心安别议轻典，王成谦应请革职戴罪云云。按王心安既系失事被控之人，何以令其堵御全防最要之地。潘鼎新以淮军著名统领，身任东藩，何以不亲督要区，事后反函牍纷纷，为罪将文过，其中唐塞取巧，预有成谋，情弊显然可见。李护惜淮军诸将，不啻骄子，不务敌之求，先与邻封争功罪，大局至此，可为寒心。廷旨深不以河防为然，李仍力主守运，以为不可失信诸将，中外交非而不顾。噫，亦异矣！

午后，涤师来久谭，亦言李帅事，深为之忧。奉诸将惟恐怫其意，胶、莱之守，刘铭传以去就争之。今守局已败，将就乎？将去乎？议守运防不改，复以去就争之乎？抑孟氏之言，所就三，所去三，固不可一次而决也。相与失笑。师又曰："李少荃此折，几几讼师之笔，丁抚恐受不住，非沅甫参官相革去总督仍留宰相之比也。"因笑述："吾去岁陈言请注销侯爵，以极重之事而下注销极轻字样；官相处分，内臣戏弄出之，以大学士赴京供职，则总督去留无关紧要，以极轻之事而下革去极重字样。李少荃引以相俪，事在一时，天然的对，可为绝世文心。"余曰："少帅事机不顺，未必能如师宏忍。"师曰："吾谥法为文韧公，此邵位西之言，足下知之乎？"余曰："此一字简明的当，邵君诚知言也。"师入。

少顷，紫兄寄参至，余亲持入示师，复留久谭。为余书条幅一帧，黄山谷长句，末云："去马来舟争岁月，老僧元不下胡床。"以为能写淡定之怀。余曰："苏、陆诗亦往往有此境。"师曰："然。北宋人物萃于一时，庐陵身负重名，其所引掖后进名贤几七八辈，皆千古之士，可谓盛矣。其事业则无大异人处。"余曰："宋人本无事功，韩、范之攻西夏，以数大帅环守一隅戎虏，数年无尺地一民之得，辄自题榜小范老子胸中有数万甲兵，亦可矧矣。魏公撤帘，因已成之局，迫守礼之君，矜厉声色，以示讦直，千载之下，令人齿冷。文宽夫耻己之不与，复从而妒之，何鸡虫得失，一至于此！"师曰："然。此视狄梁公在伪武之世何如邪？大氐宋人所震矜，在唐人犹平平不足道。吾常疑程明道德业隆懿，殆朱子《名臣言行录》一书为之推奉，不然不至是。其时独生一崛强之王安石，坚欲与诸贤对垒。温公羽翼之盛无论矣，即《通鉴》一书，直接六经之后，是可胜邪？"余曰："荆公尚薄《春秋》为断烂朝报，何况甫成之《通鉴》？温公得君元祐之际，然同志中已有窃议之者。苏氏《易传》往往以说经为讽，邵伯温《闻见录》亦屡及之。子瞻在朝，复与明道不相下，故林下清议，多维国是，一升朝宁，即不免意见纷飞。使温公终于洛水，其德望当尤烈烈，若与介甫易地易时，则盖棺之论，正未可知也。惟荆公一传而为惇、卞及京，温公虽薪传不振，终无覆悚之人，千古贤奸之论，一定永定，然亦由后而观耳。烈常谓君子小人之分，差别无多，当盈廷聚讼之日，稍添一毫私意，顷刻即有云泥之隔。荆公自用而愎，故终败于温公，当改役法、进蔡京之日，不亦几于春冰虎尾邪？权衡千古，其孰能折衷之？"师再三首肯。

余又问："王船山议论，戛戛独造，破自古悠谬之谭，使得位乘时，其有康济之效乎？"师曰："殆不然。船山之说，信为宏深精至，而嫌褊刻，使处国事，天下岂尚有可用之人。世人聪明才力，不甚相悬，此暗则彼明，此长则彼短，在用人者审量其宜而已。山不能为大匠别生奇木，天亦不能为贤主更出异人。"语未竟，余推手曰："大哉宰相之言！"师掩面大笑曰："足下奈何掩人不备如此。"

方鼓掌次，材官持一纸示师，师颔之。顾余曰："此何物？足下猜之。"余谢不敏。师曰："此吾之食单也。每餐二肴，一大碗，一小碗，三簌，凡五品，不为丰，然必定之隔宿。"余称佩俭德，因曰："在师署中久，未见常馔中有鸡鹜，亦食火腿否？"师曰："无之。往时人送皆不受，今成风气，久不见人馈送矣。即绍酒亦每斤零沽。"余曰："大清二百年，不可无此总督衙门。"师曰："君他日撰吾墓铭，皆作料也。"相笑而罢。

接紫卿兄十九日信，寄来代相国买老山参二种。

九月初三日（9月30日）　下午，涤师来久谭。时余以沅师之招，欲往武昌一游，以告师，师许之，且约归后幕府、书局二席听余自拣。孟甥改派苏州忠义局，加增薪水以遂其养母之志云云。厚意肫挚可感，闲论三国事，师云："孙权气象究好于曹操。"余曰："权与臣下亦多用术，晚年既诛吕壹，反责陆逊、诸葛恪等，以为不尽忠告，此文过之至精者。其抚视诸将伤瘢，赐有功者以御盖则鼓舞。微权不得不用之以济赏罚之穷。自古创业之主胥如是，不足异。若吕蒙之疾，欲时时见之，又虑劳烦，遂穴壁而窥，是几几儿女床笫之爱，殊非大雅。”师笑曰：“是。”余又曰：“胡咏芝颇得古人家数，金国琛以贫乞返，立馈千金；鲍超母病，时致参药；为子纳罗罗山之孙，以疆臣而为统将之晚辈；先恶刘霞仙，继折节事之。皆英雄举动也。使在开国龙兴之际，李靖、徐勣，明初徐、常之流殆必及之，惜哉不遇时也。”师掀髯曰：“此吾运气口袋之说也，足下论世真能谛当。”运气口袋者，师恒以人生皆运气为主，七尺之身，实以盛运气，故有斯雅谑。

初四日（10月1日）　涤师来久谭，言严树森前奉命以贵州布政司查办贵州巡抚张亮基参案覆奏后自请开缺北上，上谕严斥其叠次借辞逗留，延不赴任，于交办事体并不亲往察看，安坐邻省，即行查明覆奏，自来无此体制。又因贵州诸事棘手，自请开缺进京规避取巧，辜恩溺职，殊出情理之外，着革职发往云南交张凯嵩差遣委用云云。两宫可为严明。又言严本一猥琐之才，经胡咏芝赏识后俨然自托于清流，在豫抚任内痛保朝中阘人如倭艮峰等，古人明扬仄陋或不如此。余闻之大噱，因问：“此折据方宗诚自言其所作，信乎？”师曰：“方宗诚见识止此而已，斯言殆信。”余又问：“阎丹初敬铭视严何如？”师曰：“远甚，阎之器品较严树森端方，固如前辞齐抚，齐抚极可为之官，严即断不能也。凡一督抚官能去之若遗者，皆有过人处。”余曰：“然。”

师又问恽次山归后宦情淡乎？余曰：“未知，闻欲来师处一仰山斗。”师笑，既曰：“毛寄云尚雄心未已，督抚在任，势足动天地，一举足则从者如云，一出口则诺者雷动，昼则羽仪照耀，夜则前炬星布。比一归家，从苍头数人，坐小轿，燃数烛而已，其能帖然否乎？此人情也。大氐人处境中，自非圣贤，鲜不为境夺，故仲尼亟称颜子不改其乐，于此等可见圣贤立教之宗，第不知释氏之说何如耳？足下幸告我。”余上手曰：“师言，圣贤之言也。知此而后读书，方为真读。向见释氏之说亦专注此事，千说万说，不外发明自心，精深处与孔孟如出一辙而不着境，尤贵不着，不着境之心，故在宇宙间实是了义非不了义。”师曰：“足下见至此，论释至矣。吾亦欲粗涉，宜从何入？”余列举经论名师，素余所有之宗范，即以呈阅。

余又曰："人之性分不同，以烈亲历之境而论，似处贫贱易，处富贵难。忆往年在沪上穷饿之际，往往过午无食而心泰然，略处宽裕则嗜欲纷挠而起，不可遏抑，何也？"师曰："足下天赋甚高，第未充学力之故耳。然少年人有此无损。"余曰："恒见师使令俱用弁勇，左右无便给之人，口食菲薄，衣服故弊，夜则一灯荧荧，木榻独坐，扪心自问，断断不能，故不免望洋兴叹。"师曰："此古人之末节也，何足异。吾尝言阔人不能不摆架，但勿过分，令人欲哕；寒士不能不求人，亦勿过分，全丧气骨。世人多有讥韩文杜诗乞怜太甚者，余以为两公虽求助于人，而气骨自在，寒士本等，无足议也。"余曰："师躬厚而薄责之道，能令鄙薄一洗。"

良久，师复询余家事曰："令兄在少荃大军乎？抑留后路乎？"余曰："久未得信，旁人传言在沂州，昨闻李眉生与少荃宫保书，欲家兄到徐接黄某之手办文案，眉生既欲来南，徐州无熟人，殊不为善策，不知出何人意？"师曰："此必令兄厌行役，欲自安耳。否则，方元徵为之谋。"余曰："新徐道高梯，外间言其人难共事，信乎？"师曰："诈人也。与丁日昌为同类，顾好名能做事，诈为善，虽诈不能不取。"继而喟曰："安得有人乎，勇于事情者，皆有大欲存焉，若辈知好名犹足为善，吾与李少荃在，若辈鳞甲不致全露，然亦极意笼络之，又不可使见痕迹。甚矣，用人之难也。吾观自古人心之变幻皆然，不独今日。足下以为何如？"余曰："古人颇僻有甚于今，如春秋之世，弑父与君，史不绝书，淫黩尤不足言。纳人心使日就范围，亦宋儒之功也。"师曰："古人再醮为常事，今并有未嫁守节者，然桑濮之风亦不绝，论其优劣何如？"余曰："互有短长。"师笑曰："允哉断狱也。"遂去。

初五日（10月2日）　写旧作词并昨诗呈涤师阅。少选师至，曰："词好。"又曰："词极好。"又曰："足下词殆独步，虽名家如周稚珪等，胡能与足下抗。"余曰："师誉太甚。"师曰："吾先年在李眉生扇头见两小令，甚爱之，故昨为足下书扇有倚声得古人佳处语，不意大令竟如此绝唱。诗亦极高，然尚有之不如词之异也。"因咏诗末首，然语曰："番新甚元远，殊可讽诵。"余乞师见和，师曰："吾不向足下卸底。"遂笑而去。

初六日（10月3日）　涤师来久谭，或献一古碗甚大，师曰："余脾胃甚坏，觉菜皆不堪，故欲得小碗盛菜，期醒目耳，今此大碗安用之？"余曰："甚有用处。"师问："何用？"余曰："烧满碗鱼翅以饫烈，亦妙事也。"

师大笑曰："诺。"有顷，笑定。余曰："烈今年三十有六，而童心方盛，奈何？"师曰："此正过人处，处迫促之时，无胸襟能之邪？且足下极多情，若有秋气，必不能堪之矣。"余闻师言，深佩其至当不移。

师又曰："今日一大笑话事，刘松岩身后有银二万余，在苏沪存息，其族人无赖，苏之人素昵刘者为之谋，请立案官为经理，异日非其亲子来取不与之，吾允其请。今日苏府李铭皖详文，首引刘服官清正，素慕其乡先辈汤文正、张清恪之为人，而底下所言则有存款二万金云云。上下太不相蒙，见者无不喷饭。"师又言："刘减赋之时，人人欲按成普减，刘坚执照赋则轻重酌减，以去就争之，彼时勉如所请，至今舆论甚不以为然。观其人无甚长处，若再身后宦囊丰盈，益不足观矣。"余曰："人是老实一路，做上海县尚能朴实耐苦，至监司大员本非克堪，况巡抚乎？在苏颇有比匪之累，士论哗然。至要钱，起先似尚不敢，晚节大放厥辞，亦有伥之者，可见择交之不可不慎也。"言次，师脱马褂置榻上，又少坐即去。余取视榻上衣，佛青洋呢面，布里，琵琶襟，极短而小，盖寒士所不屑衣者，为之太息不已。

初七日（10月4日）　周缦云来候，并谒相国，少刻涤师来，与久谭，余未出，闻谈时事。蒋益澧被劾，有交吴棠查办之说，因及吏治。言蒋做官做一衙门，将一衙门经费裁尽。到粤抚任，裁去韶关陋规，形诸奏牍，而别提藩库每月千五百金，运库每月千金，作抚署办公用，反较所裁之费为增。其各属员出息亦一并严禁，断绝不准收受，在浙民间虚声颇好，然其人太不正当。周问丁日昌闻亦厉精为治，师答曰"微有其风，视蒋则中庸多矣。伊如要去尽属员饭碗，我亦不依，须知天下人饭碗万不能无，汝去他一饭碗，他别寻一饭碗，于公事无益，不过百姓吃亏而已"云云。余默听为之首肯再三。

周退，少选，师又来就余谭。言复有廷寄，甚说李少荃间话。"足下前说李以覆奏殷兆镛一折，与内廷当事俱有芥蒂，殆有之，非好气象，奈何！"又言："旨意抑李可也，遂称张之万、漕督，亦与防运之局。英翰皖抚，亦防运。之能，殊未平允。天下如此，当局尚不能舍私言公，可为一叹。"余言："闻沅师撤自带兵勇，以愚见度之，今冬贼如度运西犯，则鄂仍受其敝，沅师退志或不遂，恐致仓卒，师宜剀切言之。"师曰："甚是。我已数言之，而渠已撤去矣。"余嚬蹙曰："此时局势，圣眷隆替，随勋望为转移，如能御贼，不患不得君，否则怨忌之口乘间而起，欲求进退绰有余裕，岂可得哉？"师曰：

“然。天下事皆此一理。孔言曰：能治其国家，谁敢侮之。人皆自强而已，何问他人。即洋务之棘，中国如有人焉，何患其凭陵。所谓有人，非区区文生之末，争细故也。能做事，不爱钱，不怕死，三者备，而后可为有人。”余曰：“何独天下事，即一家一身，未尝不如此，斯言无所不该，颠扑不破，所以为圣说也。”师因告余今日有佛兰西传教人来见，称美其称曰司铎，吾近观洋人气殊衰减，来中国者似亦皆无聊之人，或将替乎。余问俄人有边事否？师曰：“不知，中国之患或在俄罗斯与日本。”余曰：“日本或为盗窃而已，未必有大兴作。”因言闻海盗颇炽，此似宜用轮船剿除。师曰：“然。”

初八日（10月5日）　午前涤师来久谭，言沅师因楚北肃清，大开保举近万余人，奉旨交部议奏，恐致全驳，此举本不甚妥云云。

初九日（10月6日）　至涤师上房后台，登高眺览久之。张小山来谒相国，在余处候见。少刻涤师来，少谭而去。下午，涤师来久谭，并约明日吃鱼翅，去后又遣示菜单，命增素所嗜者。

初十日（10月7日）　涤师招饮饯行，肴馔甚丰，谭说尤畅。师自言：“未受寒士之苦，甫欲求馆而得乡解，会试联捷，入馆选。然家素贫，皆祖考操持。有薄田顷余，不足于用。常忆辛丑年假归，闻祖考语先考曰，某人为官，我家中宜照旧过日，勿问伊取助也。吾闻训感动，誓守清素，以迄于今，皆服此一言也。而家中亦能慎守勿失，自昆弟妻子皆未有一事相干，真人生难得之福。亲族贫窘者甚多，虽始终未一钱寄妻子，顾身膺膴仕，心中不免缺陷。复得九舍弟手笔宽博，将我分内应做之事，一概做完，渠得贪名而我偿素愿，皆意想所不到。家中虽无他好处，一年常无病人，衣食充足，子弟略知读书，粗足自慰。”余曰：“聆师所述，足见积累之厚。至家庭相谅，子孙逢吉，皆师清德所感。上天报施之道，屈彼申此，自然之数也。”遂出。

……初鼓时归署，闻涤师来二次，不值，遂入内久谭。师言后园地甚宽大，既近官署，将来必成名园。今冬拟先种竹树，兴作以俟后人，然必定疏密之致，方可种植，盍借子文心，一为缔构邪。余笑谢。

因问师故乡山甚多，亦有园池之概否？沅师所居，闻有大池，然乎？师曰：“乡间塘泺所时有，舍弟宅外一池，闻架桥其上，讥之者以为似庙宇，所起屋亦极拙陋，而费钱至多，并招邻里之怨。”余问：“费钱是矣，招怨胡为者？”师曰：“吾乡中无大木，有必坟树，或屋舍旁多年之物，人借以为荫，多不愿卖，舍弟已必给重价为之，使令者则从而武断之。树皆松木，油多易蠹，非屋材，人间值一缗者，往往至二十缗，复载怨而归。其从湘潭购杉木，逆流三百余里，又有旱道须牵拽，厥价亦不啻数倍。买田价比寻常有增无减，然亦致恨。比如有田一区已买得，中杂他姓田数亩，必欲归之于己，其人或素封，或世产，不愿则又强之。故湘中宦成归者如李石湖、罗素溪辈买田何啻数倍舍弟，而人皆不以为言，舍弟则大遗口实，其巧拙盖有如天壤者。”余曰：“此正沅师厚德处。烈以为宦族归置产业，乃恒情，与其巧，毋宁拙，拙不过损一时清名而已，究竟用心不伤纤薄，必可以久贻子孙。纵使荒乱之时，以厚实贻累，天亦有乘除之理，忧患较轻。”师曰：“此理诚是，然如舍弟亦太拙矣。忆咸丰七年，吾居忧在家，劼刚前妇贺氏，耦耕先生女也，素多疾，其生母来视之，并欲购高丽参。吾家人云：‘乡僻无上药，既自省垣来，何反求之下邑邪？’对曰：‘省中高丽参已为九大人买尽。’吾初闻不以为然。遣人探之，则果有其事。凡买高丽参数十斤，临行装一竹箱，令人担负而走，人被创者则令嚼参以渣敷创上，亦不知何处得此海上方。”余大笑曰：“沅师举动真英雄不可及，书之青史，古人一掷百万，奚以过之。”

因问师第四弟温甫先生何如人？师曰：“极长厚人，而好事喜功，不顾清议则同。在乡有狱讼，县邑不能决者，往往来诉，辄为分剖，胜者以为所应有，负者则终身切齿。足下视此，以为居乡宜乎否乎？”余嚬蹙曰：“师手足别十载矣，盍招之出游邪？”师曰：“吾久为斯说而不见听，奈何！方今多故，湘中人人以为可危，两舍弟方径情直行，以敛众怨。故吾家人屡书乞来任所，以为祸在眉睫。吾自惟祸福天定，无可趋避。且既有祸，亦何忍独顾妻子，而沟壑可畏，即亦不能忘怀。足下素劝我迎眷，究竟迎之是邪？不迎是邪？”余曰：“烈荷师骨肉之爱，微师言，已筹之审矣。祸福诚不可避，然人事岂容不尽。师为寒士计家室之累，必周到详尽。妻子虽身外，仁者以亲及疏，万无漠然之理。使留之家中，可以两全，则宜留之。无益于祸患，而忽弃先人之血胤，何如先迎妻子，使立余地。一旦有警，即兄弟亦尚可招之使来，不犹愈于尽室并命邪？”师曰：“此说是矣。吾尚有归志。吾自返任时，奏明今年五月内，即须请告。后以旱灾欲成，嗷嗷可念，未忍言之。继有大拜之命，接办科场，又以捻势鸱张，河防不守，诸事相迫，故未遂志耳。今复迎眷，是违素志也，不可。”

余曰："师进退大计，所关非浅，烈屡欲言而未言，今不得不为师一尽其说。今有受人之托而不终之可乎？今有佣仆为主室所倚，当孤寡未立，外侮纷来之际，委之而去可乎？今有人父，群幼绕之啼号，生死繄赖，弃之不顾可乎？师以为避贤，请师自说，孰贤于师？师以为精力不及，烈则以为师万事不理，卧而镇之，犹胜寻常万倍。言师之才德，皆近于谀，兹姑弗言。湘、淮诸军之各有门户，师所知也。杨厚庵统水师名动江表，一改陆师而号令不行，迁地弗良，其效尚如此。况百万之众，贵则茅土，富则陶、猗，皆一人之所提携，现虽散处，其中豪强节概之士，不可偻指而数，一旦取而代之，其可得乎？三年冬，师奉命离任，督剿皖、楚，旨甫下而人间已有扼腕不平，愤愤欲起者。况师谢事而去，易一新督，自颈以下不与头接，是大乱之道也。两楚三江伏戎数千里，所惮一人耳。师今日去任，明日必呼啸而起。师至时而欲悔，上负君父，下负黎庶，不已晚乎？师向奏言谢事，不敢望归田里，欲统万人，任一路。师试思，师为统将，孰当驭之？且天下虽大，何处可容师迹？师此志弗改，必为盛德之累。千载之下，必有遗憾。"

师曰："足下言切如此，能无动心。吾退志，岂为自逸哉。自问日就衰颓，接客看稿，皆力不能继，压积日多。又三吴吏治不能整顿，以此负国负民，非吾生平所忍，足下又何以策之？"余曰："烈观师力亦大逊，然接客看稿二事，要者亦自不废，其余置之何妨，不过小得谤耳。与其贻大恨于千世，毋宁得小谤于一日，吏治诚宜讲求，但系缓事。白刃交前，不救流矢，且吏治亦恃师在耳。师以为今世吏治，尚能不大离奇，为诸人本然邪？惮师之笮压邪？"师拊髀长叹曰："然。司道中仅李雨亭为正人，余皆为人之学，丁日昌、高梯等，尤其甚者，无奈何！"余曰："师勿叹，此千古皆然也。人情之慕爵禄如蚁慕膻，为上者第端其趋向，明其是非，而弗问人隐微之地。如有器玩可供几席，必出其最佳处向人，而匿其不佳处，用人之道，如是而已。必人人如孔、墨，可胜求哉？"师曰："旨哉言，吾向用心皆如此。"余又曰："吏治讲求不可急，今世服官之为糊口，乃人所习闻。如劝烈筮仕者，必曰汝累重。我辈尚然，何况凡俗？愚以为不可任丁等一味操切，最善举素所用知其操守者，奖而任之于下游，使为表劝，视任法之效，不可以计。"师曰："此举直错枉，能使枉直之说也，诚无以易。顾并一直不可得，又奈何？"余曰："在师诚求而已，何患无人。"师曰："足下今夕之言，使我心意开豁，吾明日当接眷矣。但若辈久处衙署，必有习气，吾又恶夫弃丘墓而远托者。”余曰：“师署中无习气可染，师犹以为患，则虽使家众蔬布可也。轻去其乡，固薄俗，而事有经权，不可概论。恋一丘之土，而不恤妻子之蹈危机，亦未可为厚也。”

师又曰：“外闻言吾与九舍弟何如？”余久不对。师曰：“第言之，与足下岂尚形迹邪？”余曰：“沅师性直而喜事，师举动详慎，见解不同，至心地则友爱无间，虽事机逼迫，不无矢口之言。揆之不藏怒、不宿怨之义，视色取行违，不可以道里计。”师曰：“三年秋，吾进此城行署之日，舍弟甫解浙抚任，不平见于辞色。时会者盈庭，吾直无地置面目，足下知之邪？”余曰：“未闻。”师曰：“足下在彼，始终欢契乎？”余曰：“初至，隆礼太甚，使提镇公服投帖迎接，在彼年余，尚无闲言。惟收城之日，因争先遣马队断路，及劝沅师重赴缺口弹压，十九日李秀成生擒，烈请缓其刑诛数事，颇怫意，旋亦释然。”师曰：“舍弟岂容直言，左右皆彭椿年之徒，欲治得乎？今闻又用冯邦栋，吾深恶其人。”余曰：“闻沅师退志亦切，烈以为未必能退。”师曰：“然。吾以鄂抚署者甚不利，已十余任，非死即败。昨敦劝移住贡院，已允吾说矣。”言次材官欲掩寝门，时已二鼓矣，乃退。

十一日（10月8日）　涤师遣致赆。……涤师来，见有客，去，下午复来少谭。

十二日（10月9日）　涤师来，见有客，去。刘治卿来久谭。涤师来，少谭去。傍晚后邀登露台，少谭出。初鼓后又往谭，余问师迎眷决乎？师曰：“虽尚未有信归，而将与足下一席之谭写入日记，吾向以日记代家信，渠辈见之当自来也。”

十三日（10月10日）　是日涤师入贡院钤榜，余候至三鼓乃归，出草榜见示，熟识无一人，颇为懊恼。

十四日（10月11日）　辰刻，涤师来少谭。蒋莼顷来久谭。下午，涤师来久谭，言在贡院钤榜，与上江学台朱九芗坐次相比，时众见闱呈，俱不满意，而两试官举止率陋，九芗引吾手在掌上书一酸字，吾目笑之。今年所得士迨远逊甲子矣。师又言：驻军祁门县时，祁门城在山下，形势局蹙不可守，吾与人言，此城复安所用，不如毁之。邑人有知之者，公禀称县在国初曾中乡榜，自康熙年江西某人为县令，造此城垂百数十年无一人，如主持毁拆，百姓无不乐从云云。吾遂令拆城造碉以资守御。事讫，邑人复禀请撰记，吾批禀牍后作谣谶语四句云："拆去西北城，几几出科名。东南留一节，富贵永不歇。"自批后甲子科祁门获隽三人，今科复中二人，足见形家言亦有足征者。余曰：此段佳话宜勒石埋之祁门，数百年后亦诸葛碑之亚也。师狂笑而去。

十五日（10月12日） 同季雨到妙相庵一坐，登鼓楼一眺，仍至其家晡食后归。坐甫定，涤师来久谭，又及余家事负累，为之嚬蹙。并云沅浦处太无人，足下盍留彼匡助之，渠必受益。余谢不敏，且陈去家太远，家政无人为庀。师曰："家中不过乏钱耳，我仍为足下位置忠义局永久一席，孟舆亦改该局差使，以持足下门户。足下在鄂，舍弟别具薪晡，受之不为贪，岂不两济邪？"余曰："师为筹永久家用，幸甚。烈愿受师此惠，口食既无忧，烈每年来往师及沅师处各住数月，以沐光霁，何如？"师曰："足下负累，又将何策以了之？足下既不欲久留鄂，在吾处盍留心政务，否则竟去做官，家世令长，且惟此可以历练人才。足下如去，吾为谆属浙大吏，不无所裨。足下天分绝顶，世间学问事理有虚实二宗，无虚则实，有时而窒碍不行；无实则虚，又无所附丽。论虚处则足下当世无敌，惟实处讨探未尽，再能勉力，便为全才。"余曰："做官未必能了负累，烈一游客，而干请者尚纷纷，况做官邪？爱钱无以对知己，不爱钱无以了一身，进退维谷，徒稽首屈膝于流俗，亦何为邪？烈以菲才而素负虚声，一入仕版，责备必严，再操师竿牍以往，彼省大吏即无畛域之见，同辈中能无侧目邪？故以做官为身谋，烈皆未见其可。至政务本儒者之所当知，无关出处。师亦虚实二义尤为的当不移，烈请远归后即来师处亲炙一二年，烈虽散诞，自问于求学一事而不敢自画，且何忍负师厚意邪。至烈处世不谐，疏处尤多，还望师一一指诲，俾中绳墨。"师曰："不见疏处，甚有阅历，足下之见皆不谬，明年决计如此可也。"

十七日（10月14日） 下午，涤师来久谭，言丁日昌在下游，宦场无不忿怨，恐亦做不下去。余曰："欲整吏风，先宜自治，丁以贪刺得进，一旦在位，顿欲变所从来，而往时行止久彰人目，其能尽人而欺之邪？"师曰："然。彼须砥砺二十年，或可托于清流。"余曰："师以为丁今日情形真能自好乎，以烈观之，志在巡抚一席，欲立声望耳。若以为折节改行，适堕其术中耳。且饬吏宜不畏强御也，上游之所贤，从而贤之，不顾百姓之唾骂，烈未之前闻也。师恒言求吏治，使若辈在位，吏治不江河日下不已。"师盛叹曰："足下亦知吾苦心邪？丁之流皆少荃至好，我与少荃势同一家，渠又暴露于外，身膺艰巨，丁虽宵人，而筹前敌财用无不精速，吾又何忍不少慰其意邪？"余曰："然。师苦心不独烈久知之，有识者皆知之，非欲师去之也，师第微示风采，彼自炫其操切，则以正论裁之斯可矣。"师曰："吾见亦如此。"余曰："李眉生异日到苏县之任，必不能和衷，李在皖为幕府，丁一革职知县，为卡员，位望相去远甚，丁后随少荃宫保赴苏沪，每发李眉生信，未尝无侑函，迨丁位日隆，始绝赠遗，四年在秣，烈闻眉生亲言之，且斥为市侩。今一旦位出其下，岂能甘心。"师曰："此必然之势，李才力却逊于丁，衿度则不可同日而语，李公事见客，两宗俱短，在幕府时不谐于众，子密、莼顷等皆深疾之。"余曰："眉生亦甚不足子密。"师曰："眉生薄子密，则以其专事请托要结，亦曾言之于吾。至于莼顷，则本庸俗无可取。"余问程尚斋，师曰："好人，心地颇坦白。"

余曰："师言乏才，以烈所见，则开孙真其人，小试之，使为司道，决不下于李雨亭。"师少沉吟，复曰："开孙诚好，足下之言诚不谬，但恐耐性稍差。"余曰："何谓也？"师曰："往年在周家口，吾见其能做事，将以事尽付之，渠为家所累，仓卒欲返，时子密未至，吾颇为难。"余曰："其时伊家中事实狼狈，几致祸变，故不得不归，今年伊向烈言，尚抱歉不置，实则其人极有耐性，非烈懒散之比也。"余又言："师求良吏，烈窃以莫善徵挺拔可用，盍置之下游，为众表率，渠不善应酬，在江宁无益，而私家则有赔累之苦，位置殊非其宜。"师曰："可。"余又为王霍生求事，师问："何从识之？此人无雅韵，以何事见赏于足下？"余曰："初到东流，知系王廉普先生子，廉普先生与先君安徽同寅，故以世谊往还，一日并舟而泊，闻渠号哭甚哀，惊问何事，则廉普先生忌日设祭也。时经丧已四五年，烈见其至性有异，遂与定交。"师曰："此与吾赏拔毛寄云同一辙。"余曰："渠从师已久，刻有饿死之痛，师既不能与差事，闻皖江防出缺，盍畀之以续垂绝之命。"师又曰："可。"遂去。

十八日（10月15日）　张笛帆来候，本年同考官也。言两主考荒陋，世所罕见，批语白字连篇，"圆熟""圆健"字皆书"园"字，解元卷上批"仅见之作"误为"侭见之作"，此类甚多，余不复详忆。文卷不必论，卷差稍平正，即不蒙赏。云云。江南文运至此，非佳事也。到市中购衣物数事，归后坐未定，涤师邀入内久谭。师微恙，余属避风节食。师出两主考所送楹帖见示，语句陈腐，字尽拙笨，落款“通侯”误“通候”。师曰：“江南二百余年，殆无此等主考。”余告以张笛帆所说，曰：“此亦侭见之作也。”师为之挢舌不下，又良久出。

十九日（10月16日） 早饭后涤师邀入内，其恙颇甚于昨，少谭出……午刻涤师又来见邀，属为诊脉处方，因微与表散，又谭良久出……初鼓时复候涤师服药，已出微汗，头痛稍止，又少谭出。

二十日（10月17日） 早到涤师处久谭，为述咸丰十年苏常丧败始末及张国梁、何桂清、许乃钊、蔡映斗、吴云之罪，师闻所未闻，曰：“非足下言，安知其委曲如此。”又述余家转居流徙时情事，师又为动色咨叹良久。师今晨疾已减，复于昨方为加味。傍晚复入候涤师，云今午下棋二局，又窗下看公事约两时，复增新感，李眉生来谭太久，气息惙惙，服余今晨增减之剂，不能效。余属静养而出。

二十一日（10月18日） 晨候涤师疾，未愈，而一夜不寐，自言多谭辄如此。或为延刘姓医，与姜、附、橘、半、白、芥子等辛燥之剂，余不敢可之，子密亦来候，劝弗服……傍晚复入候涤师疾，药已服，病如故。是日余本拟成行，涤师留之，复改期。

二十二日（10月19日） 晨候涤师疾，微减如前晨……晚复入候涤师久谭。

二十三日（10月20日） 早入候涤师疾，未愈，复一夜不眠，唇口起泡，则盖附之害也。遂劝静摄弗药……返节署，涤师来邀入内，示吴竹如侍郎所处方，问何如。方意与余前方略同，余嫌药太重，略为删定。

……复到涤师处一谭，见示新到廷寄，因来年换约期到，经总理衙门奏请，饬下沿江沿海各将军、督抚各抒己见，详悉密陈，尽十二月换约前六个月以前奏到。折中开诚布公于十年仓卒定约及历年办理情形尽去虚文讳饰，于日后如何杜其要挟及条约应准应驳，殷殷下问，颇有中外一家之象。师喜动颜色，曰：“此折所关甚大，枋国者能如此，中兴其有望乎！”因言：“国运长短不系强弱，惟在上者有立国之道，则虽困不亡。如金主亮南牧，宗社岌岌，虞允文之战小胜不足言，顾孝宗忠厚恺悌，其道足以保身保家，天即使金人内变，海陵被弑，以全赵氏之宗祐，金祚未可遂强，则又生世宗以休息之。其妙如此，圣人所以动称天命也。”余曰：“师言治乱之理，默会天心，历观成败之数，无或逾越。烈往与弢甫每推言天道诚实，即是说也。”余又以刘河、白茆一带海盗为患颇甚，请发轮船严饬捕剿以安行旅，蒙即允行。

二十四日（10月21日） 入候涤师疾，少谭……初鼓后到涤师处久谭，疾尚未愈，不服药两日矣。余属静养。

二十五日（10月22日） 到涤师处久谭，告以今日成行。师昨夜气逆不成寐，盖华盖之藏本为心阳所灼，助之以辛燥之品，清降失司，气壅而不下故也。师又命疏方，余定降敛数味而出……归到斋中，视奴子发行李竟，衣冠入内道谢告行，复久谭，余劝涤师静摄，勿亲细务，为国家万民保育此躬。师诺之，又问静摄之理。余请每日课一时或半时静坐数息，师曰：“心不能定，奈何？”余曰：“人心皆为境系，试择密室，匡床斐几，焚香一炉，戒客将于其时勿通事，案牍之类不以入，然后入室解带端坐，穆然粹然，无外物之交，则心气自定。行习既久，虽群嚣之处，皆可使意虑澄凝，不独养身，并以入道，观三教进修之法，皆以一静字入手，岂浅裨哉？”师深领其说。余起出，师复谆托见九舍弟幸以常为我说之语告之，即未能有得，借足下衿度亦可稍去其嚣凌之习。余敬诺分手。

十一月二十二日（12月17日） 访倪豹岑，闻祖太夫人逝世。先是，九月初称觞，涤师为书寿障，即告余曰：“倪太夫人不久矣。”余骇问，师言：“吾向为人书障屏等，凡下笔，墨不沁入不成字者，其人必不利，已屡验。”余漫听之。言此甫匝月而果效，真异事也。

先在鄂中见李少荃家信，言捻首任柱已于赣榆城外为投诚人陈姓击穿腰眼身死，从此平荡有期，入奏之辞亦仿佛类此，统领俱被优赉。顷闻仅伤右耳，其人尚存。少翁人长厚，为裨帅所弄如此。

二十七日（12月22日） 上谒贺冬，相国不见客。次至邓处，晤仲言、季垂、熙之昆季。次候朱汉槎军门，答候陈和笙，次候刘治卿太守，均不晤，晤戴蕴之于刘处。次候杜小舫观察，不晤。次答候曾虎臣，曲阜人。次答候杨子穆观察，各少谭。又候朱春舫观察，不晤。候银钱所高聚卿，列三。不晤。返节署。

涤师来久谭，言刘印渠已革职，交新任直隶总督官文差遣委用。又见示《覆陈修约事宜》折稿，以为入觐遣使、开拓、传教三层可许，挖煤一层宜许，铁路、电线、内河轮船、运盐、内地设行栈各层断不可许云云。折稿另抄。到子密、棣香处一坐。子密云："足下有博望侯之志，信乎？"余叩其说，子密云："相国折中请保举可使绝国人员，并云安知无苏武、班超、富弼、洪皓者流，盖暗指足下言，足下已许远行矣。"余曰："此八月中在此戏言耳。然彼国源源而来，中华大邦，反无一介之使镇抚异俗，不亦羞朝廷、轻当世之士哉！忠信可涉波涛，苟至诚用余何惮万里。第中国视专对之重不啻投荒，所使皆潦倒末流，以为弃之不足惜，则大非志士之所愿也。"一笑而罢。傍晚，劼刚来少谭。

十二月朔日（12月26日）　未刻，涤师来久谭，言及沈幼丹在原籍办理船政颇恣横，两司俱用扎饬藩署，经承吏以一言不合，立斩之。与左季高为死党，道员周开锡先为左委署藩司，吴仲宣到任后仍令本任邓某某受事，又裁撤各局，湖南人均无所归。沈遂奏放周为船政帮办，凡湘人之失职者一概入局，故经费浩繁。沈在江西之初，束脩自好，且有胆识，吾常器之，比任西抚，与吾处争饷，哓哓不已，吾以为此褊衷不能任大事，然犹以为硬汉。后吾具折陈沈前后使气取闹情形，沈闻之递函请罪，有宽其既往与以自新之语。昨又长函为族人之官皖者缓颊求情，而后吾知其进退失据，前此矫厉之风皆由客气，为之怃然。且谓之恬淡，则不应武断乡曲，谓之奔竞，则又不宜坚卧故山。左季高之为人不可向迩，沈居然入其范围，功名闻望戛戛不相下，忽又为其附庸之国，真令人不可解。左到陕后，乔鹤侪已不安其位，叠请病假，左实欲腾此席以畀刘典，乔知之，欲避其祸故也。余曰："殆哉！此唐之藩镇，晋之八王之先声也。不意此风流转，遂成斯局，而其源皆起方寸之中，凌竞不已，幻出种种触背情形，小则睚眦，大则吞噬。佛典有云，众生心净则佛土净。诸公惜未一见耳。"师曰："禀赋太差者，见亦无益。"余曰："然。"

又言："胡咏芝，江岷樵心术端正可共事，亦有英雄气。"余曰："英雄气亦自心术端正来，心正则无邪曲，无邪曲则襟怀坦夷，襟怀坦夷则不竞鸡虫之得失，济之以才力，虽古豪杰蔑以加矣。烈虽未识胡公，视其遗作，考诸行事，盖当此不愧。"余又问李迪庵之为人，师曰："甚好，质直厚重，洵名将也。"余曰："李筱泉较少泉殊太逊。"师曰："然。李筱泉庸人耳，少泉亦有英雄气。"

初五日（12月30日）　涤师来久谭，论修约事宜。余曰："以愚见测度，内地设行栈一层，似可许之。天下财力以聚而见长，以散而见绌，外夷悉十余国之物产萃于中国，区区数口之地，故长袖善舞旋转自如，若听其流行海内，则彼乌合之势将一散而不可收，胜不相让，败不相救，重之以用度奢靡，数倍中国，商贾不及数年，必至消杀尽净，惟须立法使征收税课与华商一律，即无流弊矣。挖煤似可从而其中颇多隐患，盖病不在外夷，而在中国之奸民，甚则伏酿寇之端，否亦将如矿监流毒无已。如欲许彼，亟宜明立章程，以持其末。”师问：“奉使之事，足下愿之否？”余曰：“乘风破浪，丈夫所为，但使烈专任其事则可，若为随员帮办，幸则么等碌碌，因人成事，不幸则身败名裂，碱玉难分，固不为也。”余又言：“夷人情形，以今度之，或不致再酿大患，然事机叵测，不可不备。”师曰：“现无可恃之人，除少荃一军，余皆暮气难用，直无可如何。”余请添募湘军，师终以无将为虑。谭次，余请归度岁，师许之，且约明春来幕办事，先支薪水。

同治七年

三月二十四日（1868年4月16日）　巳刻抵水西门登岸。谒涤师久谭，同至后园新筑厅事一观。

闰四月初三日（5月24日）　早发，辰至无锡，陪涤师、南老、莼斋游惠泉，山寺已毁，改建昭忠祠。烹惠泉尝已，即下舟。遣汪福由便道还虞山，为涤师雇山轿至苏也。

初四日（5月25日）　涤师昨已上岸，住新臬署，遣人来邀，同南老、莼斋挈装入署。到九兄处，贺两侄入泮。下午谒丁中丞，适延涤师饭，强留作陪。

初七日（5月28日）　同南老、偲老、莼斋至端园，遂登灵岩，涉琴台顶，偃卧不上良久。下后山到无隐庵坐玩移时，望相国方率大队在天平，时将下晡，因亦趋赴至下白云，涤师甫去，中丞，方伯犹在。少坐，诸公下山，余三人鼓勇复上，至中白云而止。又到高义园□□祠，徘徊池上久之，薄暝归。是日游者，曾涤生相国，丁雨生中丞，杜小舫方伯，勒少仲、李眉生两廉访，李质堂军门，刘南云方伯，吴南屏孝廉，俞荫甫编修，莫子偲孝廉，黎莼斋刺史，曾劼刚、静臣两公子，何小泉中书，许缘仲、潘季玉两观察。各复携其宾从，下迄舆台从兵，凡数千人，游观之盛，盖数百年而一见。相国素习劳苦，上下山峤皆步行，诸公丰肌脆质，惮于追随，往往尼之，故游不竟十分之一。

初八日（5月29日） 午刻返舟即行，晡抵盘门住泊。登涤师舟，适闻有改武英殿之命，遂入揖贺久谭。师极叹山水清丽，而惜斯游为未畅。

五月初四日（6月23日） 晨起赴节署，晤劼刚久谭。又晤莼斋、挚甫、子密。入谒涤师久谭。先是，师至沪，余为孝拱通谒请见，师已可之矣，而忌者言孝拱实以师覆奏预修和约稿示英人以尼之，师颇怫然。余在沪已为申辨，顷复详言其故。师此稿下游见者甚多，英人耳目甚广，实不借资孝拱。丁雨生、应敏斋皆向孝拱言，师以元年之书督责之甚深，见面必有奇祸。孝拱问余，余力言无之，并劝修谒。而丁、应二公知之，立即进此谗。丁复向余言，欲用孝拱，其言语之反覆，一至如此。昨过苏时，丁又言应敏斋与孝拱甚下不去，前语皆应所说。顷询之师，则实丁说而非应说，其诬罔又如此。噫！以封疆大吏而所为一婢妾之伎俩，吁，可危矣哉。

六月初五日（7月24日） 傍晚涤师邀至后园山头揽翠亭久谭。闻京朝官多困迫不聊生，部中得缺向艰，恭邸悉以总署人序补，众怨颇滋。余因言在上位者当以众人之心为心，惠及数人则为君子，量周千百则为贤杰，普遍万物则为圣人，由之则治，反之则乱，乘高而自用，其不疾颠者，未之闻也。且京师乃天下根本，朝士为外僚所瞻，使况瘁至此，何以为国，尤不第恭邸一人之休戚而已。师深颔之。初师有建通志局之议，理学某君谏以为粉饰太甚而止。余曰：通志之成否有无尚不足计，士者四民之秀，先圣慧命之所系托。今四方来者纷纷，奈何弃之？一局之费月不过数百金，而庇寒士数十人，其用大矣。乃曰粉饰，岂湖山歌舞之比邪？师未坚诺，然亦未之非。初鼓后返寓。

二十四日（8月12日） 下午到涤师处久谭。闻捻首张总愚受伤死，不日可荡平。言及淮扬水利事，师曰："吾将逐年增培运堤，永禁开坝，则下河从此无水灾矣。"余曰："善。第逐年增培之不易筹，继此者或未必尽力，不如仍使淮有去路之为妙。康熙时盈廷聚讼，一时正人皆不以靳紫垣为然，迄今思之，由车逻筑堤束水，道白驹以入海之说，终无以逾也。"师颔之，继曰："向者虞黄水倒灌，故必讲求去路，今黄北徙，孤淮不能成稽天之患，或可缓图邪。"余复言苏松水利，自苏迄禾一线，陆路原筑之水中以通挽运，以当震泽下流，恐阻宣泄，故不半里辄数桥，自兵燹之后，桥尽毁圮，下堙水道，故频年微潦，常、湖上流已见灾象。使遇宣庙末年之水，则汩阵泛滥，有不止曩时之祸，可为寒心，不独吴淞、刘河之狭小为无去路也。此时急浚治犹可为计，费不过数十万，与其遇荒而赈，毋宁先为彻桑。师询水道来去情势甚悉。会夜遂退。

七月初三日（8月20日）　相国以丁中丞欲办沙州事见访同幕，余曰："此不过言利而已，沙州俗称沙糊涂，岂有彻底澄清之理。欲恤民，惟有罢其事不行。"因不下议。

下午，入见涤师，论沙田事。师曰："吾初次已会衔，难中止，今将补课之，老沙田分别应补不应补及坍没，应除三等，庶不为厉民之举，何如？"余曰："不应补之田多于应补者，补救最善。"师即属拟致丁中丞函稿。余又言："洋人欲于内地挖煤，总理衙门议由南洋大臣主政，应否顾募洋人，租买机器，悉听裁度，此事颇有关系。江浙地狭人稠，山野较少，有则必为居民坟冢所聚，如许洋人寻图开矿，民必大扰，非如传天主邪教所争犹为虚文也。"师曰："江南不过镇江一处，或不致碍民。"余曰："一处即有一处之坟墓，且洋人贪欲无厌，一开其端，岂肯中止，助以汉奸煽诱，甚必至指无矿为有矿，以供吓诈，有明矿监之虐，即殷鉴也。"师曰："明立章程，不许洋人与闻，何如？"余曰："师在此可镇压，后者无此威望，终忧越佚。然去年已奏，以为可行，则今亦第可防范之而已。"会洋员马格里求见，余遂退。

二十八日（9月14日）　初鼓后，入谒涤师久谭，言已具折谢恩，辞新命，如必不得请，亦不敢固执求退。余曰："朝廷用人，自有深意，以疮痍未复之两江，加之反侧不安之民气，遽移人心胶固之重臣于闲地，诚非草茅所能窥度其权衡之道，师亦知之乎？"师默然良久，曰："去年年终考察，吾密保及劾者皆未动，知圣眷已差，惧不能始终，奈何？"余曰："不至是。师之重德，足以上格君心，下摄群异，所虑者师去后，江南复有衅祸，更为民灾，烈忧之非一日矣。"师逊谢。余复曰："淮军遣撤，自因节省饷需起见，然当此新旧交易之际，愿姑徐徐云尔，以谧乱原。"师颔之，余出返寓。

八月初三日（9月18日）　早食后至劼刚处一走。予以受涤师之知已十四年，相从复八年，不忍遽别。闻师欲轻骑入都，幕府中皆不行，予拟自备资斧送师北上，俟出处奉有成命，予即南归，终老畎亩，以全终始之宜。托劼刚为上达。少选，劼刚以师命来，述师之言"惠甫天分至高，心地尤厚，曾见其因弢甫身后坠泪二次，汝九叔始甚优待，继颇不欢，而惠甫至今犹不忘之，于吾尤恋恋，中间别去数年，终不愿受人一字嘘拂，其志趣有异于人。时人如周缦云等，皆以吾待之过优，且有毁短之者。其在秣营时报捷之折，人以为中有语病，然汝九叔岂未之见，而以为人过邪？皆不平之论也。今与之约，吾此行不能同往，如到直隶任，即奏调到直，畀以地方，伊必是一好官，能做事。如吾为京官，亦必为之位置，伊可于明春附吾行李舟由海道北行，川赀一切皆吾为具。倘吾休官得请，则作罢论”云云。劼刚述之未竟，予不觉涕泪横集，师相知之深，相爱之厚至此，灰身不足以为报，真不知多生是何缘法。因属劼刚致谢，谨奉师命。劼刚于予亦独厚，予初以为贵介，不敢自昵，比年相待益亲敬，坚欲序兄弟行，凡予一诗什，咸推服再三。连日因予有惜别之意，今复见予涕泪，喟然曰：“吾识人亦多矣，未尝有真挚如君。”去移晷，复来谭话良久而去。

二十五日（10月10日） 答访王鼎丞，并晤曾栗诚、王协庭。入至涤师处久谭。闻廷旨命彭雪芹侍郎回籍穿服百日，即出统理长江水师。又闻前皖学政鲍源深奏留师在此，苏皖宁三处绅民纷纷乞留，或能挽回成命。师狂笑，余曰：“烈已荷师厚意，许始终栽植，唯下江孑遗无所系，不得不作此妄想。”师极誉余昨补撰《先正事略》之文，且曰：“毗陵得足下一表扬，有功于诸先生不浅。”余逊谢。师又劝余到直做官，曰：“足下去必是好官，能做事不可终日匿，且家计亦不可无此举。”余亦诺之。又为友人乞数事，皆格外垂允，可感特甚。

十月初三日（11月16日） 入谒涤师久谭，见示李协揆来信，已于九月望间出都。信中言厘金之不可遽议裁撤，及散勇之不可太骤，均切中事理，殊可敬也。余因言：“师到直隶任后，不可无先后御侮之人，海疆难保无事，尤不可尽废武备，致来不逊。筹饷固艰，然苏省出入各款，皆师手创，稍借河润，未为不可。”师颔之而已。

十一日（11月24日） 涤师生日，与同人入贺，不见，见澄侯丈与劼刚，食汤饼而归。

十八日（12月1日） 为《送行赋》一首，涤师将行也。

送行赋

同治著雍执徐之岁，日在娵訾之次，湘乡君侯将去江南以行，江南之人倾郛走送。时则井邑晏晏，百僚宾宾，乃自黄驺以还，迨于童赤，咸若有所遗佚阙失，默不自得，内相寻察，莫举其说。予为赋之，以释邦人之思，叙明德焉。其辞曰：

惟玄冥之司纪，风烈烈而降霜。纷百卉之具腓，景驭疾以欲藏。羌寂历以泬寥，七驺告予以将行。于是鸣钲戒途，横戈启路，白羽飒沓，朱旗布濩。材官扶舆以翼飞，武骑按镳而隼怒。遵广（术）［衢］以若流，望高闉而齐骛。中江之汭，浮以艨艟；石城之津，杙以黄龙。旌戚缪以蔽日，笳腾声而入空。咽咽填填，充逵压川，千官鹄陈，万夫飙旋。则有搢绅先生，白屋之贤，连袂捧手，峨冠并肩。敞高堂而结绮，列层台而肆筵。盈觞罍以雁进，争有陈于君前。思泉发而未吐，心坌飞而莫宣。涉宾席以翕张，终不罄于所言。津途之首，肩相排，踵相蹑，空闾阎，倾城邑。高者舒脰，短者跃屩，群众若一，进却不得。亿兆京垓，巧历莫稽。曾林林之不可惮，而心志一齐。无智与愚，自旄及倪，望都亭而容悴，攀襜帷而色凄。各征营以屏立，或回旋而累欷。彼室家之安堵，繄惠政之未亏。曩疏贱之莫接，欲为是而何希。故夫天道诚实，黔黎壹平。非肌髓之沦浃，虽挞之而莫听。昔舆歌于郑国，羌毁誉之迭更。信由衷而弗饰，犹永垂夫令名。矧吾君之乐凯，合万喙而同声。穆神功其无朕，盍观效于群情。稽图籍之所载，每纷纶而旁午。试程德而量才，孰泰岱之可伍。纵予目以上下，旷千世而无所。混日用之不知，彼斯民其犹鲁。予将力以徯属，诚何为兮南浦。

乃有后车之士，作而言曰：君侯之行，实总畿南。位万国之首赤，达中外之具瞻。故进元老，移上宰，将使之文德劳集，武乱克戡。近庶安和，远化洽覃。然后宅黄枢，负玉铉，弼农虞，佐五三。领区宇而一俗，庸何间于朔炎。如江南者，固惠泽之所始，岂若乡曲之子，限畛域，重离别，而为是詹詹也哉？爰为棹歌，以遗榜人。曰：

至化洽兮神哉沛，邈君德兮廓无外。度江流兮无津厓，非君之舟兮，孰为之载。君去兮来还，活民兮阛阓。来还兮民乐，君之行兮，孰与予以信宿。君食兮予飨，君息兮予堂。千秋万岁兮，使君寿兮乐康。

二十五日（12月8日） 曾栗诚来谭。入谒涤师久谭。余以直隶吏事、军事皆敝茶，朝廷特命重臣移莅，自不得因陋就简。惟振兴诸物必资经费，直省库款动须报部，不得不于正款之外，别求生法。拟定四条：一、请拨江海关洋税奏留之二成。一、请固本京饷仍归藩库。一、请榷皖南茶税。一、请拨上海洋药捐。师然余筹款之言，而存条陈俟细阅。又谭良久而出。

同治八年

五月二十八日（1869年7月7日） 到挚甫处久谭，同返余寓。涤师来召，仍偕挚还节院。少选，谒师久谭，师询家事缕缕，旋问自天津来见水道如何？

余言："直省数千里之水，皆恃直沽为出路，而广不过南方运河之宽处，沙泥涌塞，水浊如赭，言水利而不攻尾闾，是欲食而扼之吭也。东西淀会沙河、滋河之水十余股，今已大半平陆，存者亦菰蒋充塞，言水利而不宽其府聚，是食入而无所容也。永定、子牙之屡决，虽由地性，亦半因人事。"

师曰："视畿直水利得兴否？"

余曰："北方治水善者，无害而已，不能有利。尝读《畿辅水利四案》，以贤王、名臣经理十余年，效仅如彼，亦可知矣。"

师曰："然。"又曰："吏治风俗颓坏已极。官则出息毫无，仰资于徭役；民则健讼成性，藐然于宪典。加以土瘠多灾，暂晴已旱，一雨辄潦，民食不给，遑问官事。余一筹莫展，惟有求一二贤人君子相助为理，本地亦设局延访德才学三科，以振兴地方。官场向为幕友把持，听其牵鼻，能自为政者，绝无其人，为之奈何？"

余曰："师设施皆大处落墨，似缓而实切。君子、小人不过此盈虚消长之机，鼓舞人才，导迎善气，正本澄源，莫大于是。第王道无近功，欲速则不能耳。"

余又问军务、夷务及内廷国是之有无定论？师蹙额曰："到京后曾会议和约事，醇邸意在主战，曾上折交内阁再议。吾以目下不可不委曲求全，而又不可不暗中设防奏覆。然中外贫窘如此，无论直隶、江苏，亦安能自立，今年和约当可成，不致决裂，而时会难知，能无隐忧。”又言：“两宫才地平常，见面无一要语，皇上冲默，亦无从测之。时局尽在军机恭邸、文、宝数人，权过人主。恭邸极聪明，而晃荡不能立足。文柏川正派而规模狭隘，亦不知求人自辅。宝佩衡则不满人口。朝中有特立之操者尚推倭艮峰，然才薄识短。余更碌碌，甚可忧耳。”

谭竟，余出，师命移榻节院。

七月初二日（8月9日）　与作梅、勉林约是日赴上司禀到。辰刻勉林至官厅来邀，遂往偕候传见。作梅归司道班先上谒，余及勉林次之。相君视之而笑，余曰：“天地不仁，以万物为刍狗。师奚笑为？”师曰：“吾亦已陈之刍狗而已，吾笑夫学为刍狗而未纯乎刍狗者。”余自循视，亦为一矧而退。

二十七日（9月3日）　到鹭卿处久谭，相国有命办清理积讼之说，与之同事，订俟奉委后，每日趋公至渠署斋，对面设几案，辰入酉出。又到高聚卿处少坐。谒涤师久谭，言及督署下人在外招摇，余陈听闻数事，请严为惩治。曩时刘印渠制府亲兵颇不靖，曾为西台奏参，奉旨驱逐，而恶党实潜匿未归，与署中人彼此同乡，易于勾煽，且语音莫辨，一有事故，辄以相推，宜饬营务处严查逐散。又师左右□□历有年所，凡人情始至时，无不小心奉法，相从既久，往往窟穴于吾之性情好尚之中，最难觉察。师律身如寒儒，而频年颇闻噂沓之声，虽无损大德，然犹不能不为惜之。师美余言，至幕中语诸同人。以移榻之故，即出署到新宅，爨火既举，百事井井，季雨亦携装来同居。

八月二十九日（10月4日）　入署，下午谒涤师久谭。师前奏练军章程有文制宜简一层，中言勇丁帕首短衣，利于行间之语。又责任宜专一层，中有总理衙门、兵部、户部层层检制之语。恭邸深不悦，颇有违言，枢部承望风旨，大肆攻驳，甚以衣冠乃国家制度，未可轻议更改之言，饰辞巧诋。师昨答奏，逊辞以谢，请先募三千人，并不请领部饷，盖知其雀鼠之见，不足与争也。余昨见部覆及答疏，殊为喟叹。

谭次，言及师云练军即事事顺下水，未能必其得力，况齮龁如此邪。复言河工之难治，吏治之难起。余因及班车不可议载佐杂，冬差不可议撤，民力固当恤，而属员艰苦亦不可不体，故爱民必先自爱官始。苟其荡检逾闲，大厉吾民，驱之逐之可也，治道去其太甚而已，小小营为相沿已久，一旦为此束促之政，于民未必益，而官必事事掣肘。此方民气刁健，闻风而起，后有大猺，虽以军令驱之，不复听矣。师大善之。先是，陈作梅始上整顿班车之议，师因交陈及清河道首府等会覆，命余以是言告作梅等。

九月十二日（10月16日） 辰刻入署。下午入谒涤师久谭。师言史臬司在此名誉甚差，复有廷寄会查，甚难回答。余云："此公气象殊觉未称，宜思善全之法。"师又言："足下前说湖南散勇宜资遣，现已办理。"又云："李少荃西捻保案咨到，薛叔云未与其事，亦获优保，盖其兄在彼也。"余云："李相保案大类衢尊。"师狂笑，继曰："令兄亦与之周旋，足下何独向隅？"余云："烈久已醉倒中山，岂复向邻家瓮侧流涎曲蘖邪？"师复笑，适叔云亦至，复少谭乃出，同至劼刚处一坐，傍晚返寓。

十八日（10月22日） 写涤师小启，辞与缺也。即送。

上曾相国启

前日侍坐，恩达微忱，会谒入不罄。师之屡赐提唱，实为烈赡生私计，既已深体渊衷，感沦肌髓。烈在田间，久忘荣进，惟愿得安耕钓，家业粗成。儒者治生，初无足讳，今勉循恩命，来直筮仕，情形似与昔殊。虽薄宦本以代耕，而先事后禄，未敢全蠲古训。又出处之迹，略异寻常，忆自曩年，即蒙专召，继以山公启事，络绎人间，四方观听何知，久已忘其浅陋。一旦见草，则说无复余情。众指尤严，不独烈纯盗虚声，兼恐上尘藻鉴。此烈昔年之屡致徘徊，今日之未容尊率者也。然袜线微长，是否足供驱策，毫无把握，所幸师之知烈，胜烈自知，私愿留省学习，时加察看，倘不致取笑方来，自当仰求栽植。否则区区之心，所望追随函丈，勤求教益，本愿既足，进退尚可绰然，不足以劳盛虑。秉性朴率，即对尊严，辞貌无饰，故饔飧鄙志，亦渎听闻。至生平辞受之间，私有无形之尺寸，此本不足言，而恃高厚言之者也。敢布胸臆，伏祈垂烛。

二十四日（10月28日） 写阿哥信。即发马递。巳刻入内，下午入谒涤师久谭。坐定，师曰："足下昨复写此一段文字，正以举而不先为愧，乃更拗诬邪？"余曰："非也。虑相爱过切，以烈家计为急，越众见序，一则无以服人，二则非烈之素志。此行若以为尽外衣食，则不敢欺师；若以为徒事铺歠，则又不敢欺己。要之，内不失己，外不失人，庶荷栽植而无愧耳。"师盛叹。

余问师读《顿悟要门论》如何？师曰："甚美，亦差易入门，理学家言殆不能外乎是。陆王之学尤近。”余奉手曰：“善，微陆、王，程、朱，亦岂异乎终日言虚灵不昧，试问此是何物，第释氏则昭昭灵灵尚被呵责，似更进耳。”师曰：“然。宜乾嘉老儒之毁宋学，固已贻之口实也。”余曰：“此非宋儒之病，圣贤亦最重之。尼山之七十从心，子舆之四十不动，不谓之心学不可也。特圣贤自言之，或与上智言之，不轻谭也。”师曰：“然。圣人极重颜子，而‘贤哉’一节惟赞其处境，反覆叹美之，则其以外行为粗迹亦可见。”余曰：“三日不违仁，亦治心之说，非言迹也，不然颜子箪瓢陋巷，一日为仁，亦不易矣。”

继泛论雨花台事，及沅老、少帅甚久。师曰：“吾当日在江右亦未尝不以气血用事，与陈、恽均有违言，今颇悔之。”余曰：“自古成大功，立大名者，皆不拘细行，况师之论劾公而非私邪。今直隶虽无事，而窠臼深阻，师宜以不测之恩威震动之，尚不知能荡涤与否，若拘文义，跋前疐后，上无以慰九重，下无以起万化，烈窃以为非宜。”师狂笑曰：“得君快论，胜吃桂附数剂。”余遂出。

十月初四日（11月7日）　二鼓，相国遣史弁来言，欲委予署理广平府属之磁州，余以系冲、烦、难三字要缺，非初任所宜，坚辞之。

初五日（11月8日）　辰刻入署。以昨事商之鹭卿，坚劝余行。出署至宾馆访作梅，欲请为代辞，亦再三见劝，且云督藩已定见，即日挂牌矣。仍至署中，午后入谒，力陈大缺非初任所宜，腴缺尤非新到所宜，愿得简僻处尽力民事，以报知己。师云：“足下家世循良，治谱尚在，且足下才调如此，亦得以繁难事磨砺，不必坚辞。”并云补缺之事，拟与勉林诸人同折奏请，先行酌补，得有谕旨再行给资引见云云。复少谭而退。

十七日（11月20日）　拟到任禀稿。

上中堂、藩［台］禀

窃烈文接奉宪台饬、檄，委署理磁州知州，自禀辞后十六日由省起程，某日行抵本治，已于某日授印任事讫。

烈文三吴下士，识浅能薄，自惟无毫发之善足以逾人，枉蒙中堂、大人拔之寒素、侪偶之中，置之黎元之上。奉檄之后，惴栗无已。伏思古人有言：“良吏悃愊无华。”烈文昔读至此，未尝不执卷三叹。以为古今吏治升降可以概见。夫心无越佚，则用愈切而声愈希；志苟纷歧，则道弥彰而效弥鲜。况烈文素乏兼济之才，初入仕途，百凡未谙，若稍骛虚称，不独无益民生，兼恐分内应为转以力疲而致绌。故拟在任一日，惟以诚兢自守，自非利弊较然，知之已审，不敢妄有兴作。刓敝日久，仍之必误，不敢轻议更张。退不敢为苟同，进不敢为苟异，固不敢自甘驽下以负知己、宪德，尤不敢过情矫激以负生平。愚鄙所知，仅仅如是。

中堂大人教育人才，振兴吏治，凡于属僚谘禀，莫不训示周详，谆谆告诫。用敢直陈迂见，仰俟诲言。烈文不胜惶悚待命之至。

同治九年

十月十七日（1870年11月9日）　五鼓起，食毕车行。巳刻行四十里至白沟河尖。白沟为宋时与契丹分界处，其水上通琉璃河，下入东淀以达津沽，舟樯往来颇多。西望房、涿诸山，蔚蓝天际。亭午复行，未刻三十里至新城县，闻涤师已至，即易服往见，长谭。余先称祝其六旬寿诞，继以一载居官无足称为谢。师奖劳甚厚，言："官声极好，足见有才。但素性高尚又最多情，做此小官，既不能展抱负，而吾远去，向有同行之约，今竟不能为足下摆脱，奈何？"余言："牧令要官，不可云小，官不负烈，烈负官耳。惟曩岁从游，实以追随杖履为乐，不图师复南还，烈既职守所羁，又一年中颇增负累，遂令素愿莫偿。在此则亦外无益于人，内无益于己，徒桎梏性情，以曲就人间之官样，且恐拖泥带水，永无［超］拔之期。向之所愿，既不如心，向之所畏，方来未已，诚不能不抚髀自叹。然师奏调烈辈，以整饬吏治为辞，今成效全无，忽相率求去，在旁观必以营私汲引为讥，在仕途亦无此政体。仅以一家一身之计，令师屡次为难，亦非烈之愿也。"师盛叹余言，谭至上灯后始出。

候劼刚久谭。又候同行之薛叔耘、陈容斋、黎竹林、高聚卿、唐伯存。二鼓旋寓，聚卿又来余处，谭甚久乃去。

十八日（11月10日）　四鼓即起，食毕行，俟涤师于白沟河同尖，践昨约也，畅谭儒佛名理，日移晷，候吏报午刻乃行……即至涤师处久谭，师以津事相告，且以［办］理不善自谦。先是师为洋人辩无挖眼剖心事，奏牍再上，中外哗然，至有连名致书诋之者。余问斯事究有证验否？师言："到津后曾亲讯闹事之人,如有丝毫凭据，许为奏办，乃辞皆游移不近情理，穷其所往，则彼此推委，故不能折外人之心，明知必犯清议，然不得不尔。”余曰：“然。虽烈，亦以为必无。天主教固不轨于理，顾何至食人之肉，行同豺虎，使果有之，太西服从之者不翅百余国，能皆甘之邪？中国人不求实在，妄以名义自居，至边衅一开，则又束手无策。师初次奏覆时，烈度必为众人所咻，深虑师意见或摇，故曾以一函力主辨明曲直之说，后见师第二疏，乃始释然。天下事但患胸中见地不真，苟是非当矣，外来嚣嚣之说，直等之时鸟候虫可耳。”师称善，继云：“第二疏前段为外人辨诬，后段尚有五可疑之说，叙津人肇衅之故。政府但欲吾为外人出头辨雪，遂将后段删去方始发抄，致成一面之言，吾之得谤，有由然也。”余言：“恭邸以姬公之地位，顾居心始终不外一巧宦，师之谤如浮云翳日，不久自退。烈所虑者，政地若此，非国家之福，不能不为隐忧。”师亦喟然。夜三鼓始罢座而出。

十九日（11月11日） 傍晚，诣涤师处久谭。师在鄚州茶尖，比至任丘，三遣材官觅余不直。谭次，询及州县情形，余言：“佛经云妇人以愁为食，州县则以谎为食。平常奴辈买物落钱，主人往往嗔怪，一旦身为民上，则凡开销支发无事不落钱，不如此则饿死在即，如此亦未必能敷衍下台。如偷汲人之井水，肩负数十里而倾之沟渠河荡，每自审其所为，不觉发笑。至目前所见之州县，大氐丝粟之入必计，细大不捐，恬不知耻。故烈不以束带见乡里小儿而愧，而以与哙为伍为愧，尤以不能稍自立异为愧。郁郁久此，实非素心。至为治之难，亦尽反昔之所闻，向第云上司、同寅须敷衍耳，今则第一百姓须敷衍。乡僻愚懦，惠之不知恩，虐之不知怨，能称誉及腾谤者，非莠民即豪右耳。而为政便于二者，即不便于愚懦，便于愚懦即不便于二者。常见各州县署绰楔充塞，彼真小民，尚不识其上为何等语，而能为此邪。烈莅任未久，即有求悬扁送伞者数起，烈以其敛费斥之，人或以之见尤。上游相爱者至以待民以诚固善，亦不可尽废术字相勖。烈亦自笑其拙，今不能速去，不得不稍和同矣。自惟读书二十年，出而问世，丝毫不能出庸众之范围，清夜为之汗下。若生计无聊，犹末事也。”

师出息良久，复问前任玉简居官实在，余觎缕陈之。师言：“去岁以人言为可信，误加品题。渠告病，曾批牍留之，乃准告，而到省即起，且向司道言吾面劝其复出，其出处既已可笑，又假造言辞，盖知其非君子，深用为悔。

今听足下言，不禁为之齿冷。惜吾欲去，不然州县中有开心见诚之一人，事易办多矣。”继又询余家事甚悉。余以阿哥及槐亭事托之。阿哥先有合肥致函位置一书局之说，余以书局太瘠，且品操笔墨，惧异俗人，请另设法安顿。槐亭则几欲断炊，又亲老家贫，仕途毫无援系，非再切托杨石泉中丞求署一缺，势不能自存。烈手足止此数人，第望粗获温饱，早归团聚，余无所冀。言之怆然。师深为动念，言足下至性过人，吾忝处大位，一事不能为君成就，深自愧怍，此二事必如君意。倘足下在直光景好甚妙，如有事可即通讯，彼此商酌而行。余感谢。时已三鼓，欲出，师叮属明日早行，至河间同饭。

二十日（11月12日）　二鼓涤师来见招，以余先约送至此，欲话别也。余从涤师久，情谊无翅骨肉，不忍即别，拟再送一站，师敦辞。余坚执欲送，请明日再谭，师见不可却，复约明日同饭。返寓，高聚卿来。

二十一日（11月13日）　傍晚赴涤师处辞别，话良久，师复邀同饮，以此别甚遥，为之怆然。师亦闵默不复能谭。会外通大名道至，余遂再拜而出。

同治十年

六月二十二日（1871年8月8日）

上涤师书

三月初八日肃贺一缄，由邮递驰上，谅蒙鉴察。久不得音问，未审福体康胜，百凡顺指否？无任萦臆。吴农麦收，闻颇丰稔，云时雨水沾足否？此间三四月中，待泽孔迫，五月至今，洪雨时降，颇觉其多。西境高原利博害鲜，若天、河二郡濒水之处，恐有潦患矣。磁邑代人仲夏甫至，烈于十九日卸事，以家口众多，将占人力不易，故先期迁至顺德府城内暂住。烈交代事毕，亦于二十六日成行旋寓，适直滹沱水涨，道路不通，烈又中暍甚沉困，至今未能进省。在磁承乏二十月，尚无承审未结、承缉未破案件。然忝膺土社，民生利益兴树无闻。师甄陶识别以畀之，烈庸近肤率以还之，鳏素厥官已，可为虚负斯举。官项正耗解清，尚欠内，然短杂款三千六七百金，又摊款一千余金，身畔所携数月之粮，合之司库应领钱项，悉数以偿，不敷尚巨。而私家有立稿之势，百计腾挪，无从弥补。当此交款严急之际，念之灼然，自恨无饮冰茹蘖之操，甫涉仕途，即成负累。从此鼠穴窭薮，日增月益，屈沉微志，辜负鸿慈，扪心尤为惭喟。一俟疾恙稍痊，姑诣省垣，随逐班队，聊卒岁时。

南望恩门，游从无日，怊怅千万，笔难罄写。专肃祗布近踪，敬请禔安，不尽缕缕。

九月二十日（11月2日）

复涤生相国师

八月二十七祗奉初四日钧谕，敬承种切，迩来伏维动定曼福，潭署清和，至为祷颂。戎政谅已告竣，旌纛何时旋返？疝气脚肿之症，均是渟湿下流，卫阳盛则无斯患。目下秋冬气肃，定杀于前，然所以助阳升坠者，讨论殆不可缓，师母之清恙理无二致。未审署中尚有熟于体候之医否？常论今日之医，工拙不甚大殊，用之久，则知人禀赋虽拙，几若临病方求，殊非尊生至计耳。劼刚弟得子复丧，固足婴怀，然正在壮年，读《螽斯》之章，振振绳绳，厥庆非远，惟豁然视之，无任大幸。

家兄已蒙位置，以曲徇下情且有后命，舍亲陈钟英事亦许致函于浙，高厚鸿施，无请弗遂，抚念苴块之姿，何以得此！至烈仕途通塞，殆命运实然，在师则已拔之寒畯，置之民上，恩隆山岳，何歉何负，而展函称愧，读之弥增颜汗。自卸事到省后，垂及两月，衙参间次一往，究不至未尝先之也。颇以余闲得理旧业，恍然有远行复归之乐，每日两食之外，杂事甚少。或食过饱，则散步庭中，以消释之。夜卧扪肌体日泽，辅颊间肉渐丰。家人在顺德者，已遣迎来省，虽耗川赀，而合居则食指可减，日用较缩。至补官之迟早，自问以硁鄙之材，在硗确之地，恐如愿而获，人已亦难蒙益。甘苦未辨，得失何争，决不至以雁鹜之情，上尘藻鉴。惟光霁在远，北来所志何事。睹归飞之提提，念独行之踽踽，向隅之叹，在此而不在彼。又性不宜北，宛转车马尘粪之间，应忆故园绿杨弥径，高楼傍山，秋花当门，幽鸟时下，辄为之神魄飞翥。然此皆宅心未安，忘世未净，所当赐以钳锤，不足过垂隐轸者也。

六月间尚有一启，述去磁一切，此函竟遂不达。官中殊多逋负，刻谋以领款请抵，第上游即不挑剔，亦十不得五，措大眼孔，不能无忧。家食旦夕无虞，姑以仰舒至廑，专肃陈达感悃，敬请福安。不一一。

十二月初四日（1872年1月13日）

上湘乡相国师书

九月杪肃修笺启，谅呈钧鉴。入冬以来，敬惟福体康宁，阖署清泰，为如私祝。去年冬，腊间尚偶违和，今杖履轻强于昔否？养卫伏乞时时加意。唐孙思邈云，人四十后补养之药不可去口，师即异禀，而日应千端，区区忱系，不能无宛转于中也。东行闻阳月甫返，想整饬戎务之余，不废雅歌投壶之乐。在远剩人，每念戊辰夏随节情况，惘然有淮南鸡犬之思。业风牵转，迥不由人，闷来第诵三普以摄心气。智微力弱，旋得旋失，不足当学人一剟也。在此仰托远照，一切如恒，幸无垂注。家兄沐师厚德，既命以事，复虑不任鸠逐，为之别给瓮飧。数次书来，陈道广大门廷，无怀、葛天复见今日。又闻屡屈尊命，嘘阳和、转北朔，烈何人斯，遭际至此，虽镌金刻石，沉之大渊，树之大山，以俟旷劫之一睹，奚足尽其深挚之感邪！昔人有言，神纵欲福难为功。烈之蹇跛，辜负恩地，夫何可言！青春献岁，第南望叩祷，百福如云，长为子遗命脉之主，永永无极而已。

专此肃贺新春，敬请禔安，皦笔不尽。

同治十一年

正月二十日（1872年2月28日） 书院庭中有古松一株，盘曲有奇表，盖北来不见此树已三年矣，望之如故人乍遇，爱不能去……写涤师信，二十二发交李少石。劼刚信同发。

上涤师

去腊肃笺祗贺岁釐，谅蒙俯察。灯节前一日奉十二月二十一日钧教，敬审台侯休和，诸恙未发，惟行步观视似逊从前。养生家言，老年微见衰象，转为寿考之征，盖气血顺理，方能逐景渐移，无忧卒竭。然尤冀节劳调饵，以佐天禀。幸甚，幸甚。

承谕人之苑枯菌溷，悉有定数，非身能主，诚如渊旨。犹忆乙丑夏送行至召伯埭，师出手著陶、苏、李、陆诸贤名句为赐，末系短跋，皆发明心境相忘之义。烈时奉持，恒置座右，动息与之印证，自觉闲寂处了然于中。乃世状一娆，即如水中之月，风来动荡，无复月体。昔古德四十年把持绳索，方成露地白牛，即儒家大贤亦有四十不动心之说，是烈愧虑之余，尚欲援以自谅。微师，其孰知此而矜之邪？冬腊极力湔洗世缘，颇思霍然而解。正月十日，忽有权署易州之命，自惟卑末一官，劳师道德元老经营惨澹，几数年于滋，此恩此谊，天壤宁复有二。第忧进乏实用，足称师之许与，退非苟完，亦无以仰慰廑慈。人之酬知，在一而已，烈独有二，其能副邪？区区寸心，危厉以往，所以求报，不敢他云。专肃云云。

二月二十日（3月28日）　惊悉涤师于二月初四日在江督官署薨逝之信，五内崩摧，顷刻迷闷，奋力一号，始能出声。师于烈恩逾骨肉，非复寻常知遇。烈自问不肖，无一事足以报称，从此有生皆觍颜之日，夫复何言！夫复何言！写李少石信，询涤师薨逝时情形。二十一发专足。

二十一日（3月29日）　夜卧通夕不寐，思念畴昔，涕泪盈把。昔圣门弟子之丧其师，则有筑室独居之礼。而古人为举主行服，千里奔哭，无过情之讥。烈生居今世，且一官羁帚，何敢径情直行。若仅以函札慰唁生者，岂此心之所能安。转展筹划，直无自处之法，惟有歉恨终老而已。

早起强食毕，以陵上喇麻案已七八日，不可复缓，勉赴相验。午刻出西门，至梁各庄，谒清镇军少谭。遂至永福寺，验明已死小喇麻如芳受伤身故情形，并晤内务府郎中富崇阶基、中军游击文月亭恒等。申刻旋署，同乡毛子持奉高，苏州人，其父宦直隶，遂置业于此。兵部主事。来见，少谭。

二十三日（3月31日）　闻涤师薨逝前数日微有小恙，仍理事如故。是日早尚游署中花园，与幕府下棋，至下午忽觉足麻，扶至签押房坐定，倚椅背一笑而逝，其来去自如，非天人中人，不能吉祥如此。在世则已为完人，出世则几入圣，果人生若是，尚复何憾！第烈辈孤生，既无报恩之期，又无酬知之策，未免抢皇无地耳！又闻邸抄十四日奉旨加赠太傅，谥文正，长子即袭侯爵，无庸引见。哀荣亦已甚备，念之少慰。

二十八日（4月5日）　撰祭涤师文，写劼刚昆季信。三月初二发交李少石。

告祭赠太傅谥文正曾涤生夫子文

月之二十日，惊闻吾师薨逝之信，五内摧裂，顷刻迷闷，伤哉！奈何！自庚午冬富庄驿送师南行，见师神气衰飒，心尝忧虑，恐不得复侍颜色。是以频年感怆，南望长息，思欲奋飞而返。呜呼！今几何时，乃竟有此酷痛。伤哉！伤哉！

吾师今年六十有二，寿未期耋，生平禀赋之强，尽以用之国家民生。在师功超德遂，洒然遗世，无复余憾。顾世事未定，隐忧方大，朝廷奈何！孑遗奈何！闻正终之顷，吉祥善逝，安坐含笑，初无疾苦。天人完归之乐，独不念喁喁举首之亿兆、鹑结待望之寒畯，失所依归，沟壑跬步邪？天不憖遗，胡宁太忍。伤哉！奈何！

烈江东一鲰，蒙鄙之人，于尊向无一线缕之系，拔自匹夫，致之方州，兄弟甥侄并获豢育，援拯之恩，逾于天亲。十年以来，言笑忘分，涉名理，则奖以治心；语应酬，则教之实践。闺门常行，赏其雍睦；治理薄效，谓为多才。下至小文曲艺，无不出入辅颊，劝掖不置。呜呼！烈所蒙被于师，天壤岂有二邪？古人心丧三年，独居筑室，而门生之于举主，往往弃官奔走，千里行哭。烈生千载之下，形格势禁，斯志不可复遂，然心神散失，官骸块然。嗟乎！纵能安存，亦墟莽之朴而已。尚何言哉！尚何言哉！

灵游在天，无远勿届。既申哭寝之礼，辄写哀悰，达之几筵。师其鉴之。谨告。

致劼刚昆季唁函

月之二十日，白沟河差次旋易，接陈观察书，惊悉师尊凶问，如坠冰谷，一身不能自主，捶扑良久，始得纵声一号。忆前年送行，师尊于车马纵横之中，送烈至门，坚辞不可，怆然而别，情景犹在目前。每一念及，心如糜割，既不得奔问病中情状，又不得从诸人后一服趋走之役，受恩如彼，恝然如此，尚得谓之为人否邪！数日来每登署东土阜，南望洒涕，神情飞越，形同土块。自问此身终无树立，足报知己，有生皆靦颜之日，尚复何言！未审师尊得恙几日，闻已清愈，何忽致剧易箦，有遗言否？灵輀谅一时未能即返，大事当如何举办，署中自师母大人以下，均不致哀痛过甚否？师尊当代一人，正终原无足恨，所冀老弟勉绍先型，仍世贤伟，则师尊在天之灵已无丝毫歉缺。况圣贤达孝，本不以毁擗为先，惟望强节哀情，兼珍玉体。幸甚，幸甚。

心绪荒乱，握笔泫然，稍缓专人至南，再得详陈一切。专肃前唁，外呈祭文一首，祈焚之几筵为感。

三月初四日（4月11日）　早堂讯自理词讼五起，均结。

接阿哥二月初七日［信］，言涤师正月二十六出城接苏河帅，舆中觉头晕舌蹇，中道而回，到署又发病不言者半夜，次早即愈，仍见客办公，直至初三日皆安好。初四早微有不适，下午见客，谭燕良久，又在薛叔芸处着棋二局，得胜甚喜。酉刻复同客游新花园，为瓦砾微绊，随欲僵仆，幸为戈什哈抱住，即用椅子抬至西花厅，随即口开痰起，灌救不苏，至戌刻薨逝。事起仓卒，棺殓等皆草草，文武将吏奔哭者不绝，人心惶惶，几欲罢市云云。又言烈权令缺，师于正月二十二得信，即知会阿哥，往见甚喜。惟拳拳以陵上事不易办为念。展书为之大恸不已。

又阿哥二月十六日信，并示涤师遗折稿。

卷二

郭嵩焘日记 郭嵩焘

郭嵩焘（1818—1891），字伯琛，号筠仙，晚年自号玉池老人。湖南湘阴人，道光进士。与曾国藩、左宗棠、李鸿章等关系密切。咸丰二年力劝曾氏出办团练，助其创建湘军。光绪元年至四年，以礼部左侍郎充出使英法大臣，是为中国遣使驻外之始。

咸丰六年

五月十六日（1856年6月18日） 涤公为言国朝军制，以骁骑营为本。定鼎后，添护军营。骁骑以卫京师，犹汉之北军。护军以卫宫阙，犹汉之南军。后又添步军营。步军始有汉军，号绿旗营，并归步军统领管辖。护军则八旗皆有统领，左右各四旗，又各设一先锋统领。纯庙时，又添火器营，后又分置圆明园，号外火器营，其在京者号内火器营。征金川时，募善超跃者为攻石硐计，号健锐营。今惟外火器、健锐两营稍劲也。又有数小营：打虎者为虎枪营，取鸟者为粘竿营，随猎者为鹰狗营，扑斗者为善扑营。侍卫营以护卫，即满语所谓戈什哈也。御□侍卫大臣，则戈什哈谙班也。銮仪营以扈驾。统计满兵约十四万人，汉兵万人，京师宿兵如此。

咸丰八年

七月廿三日（1858年8月31日）　卯刻，入如意门，至北朝房小憩。书房内监董姓周姓并至，语云：小坐，候叫起。盖每日召见几起。候旨下，乃入奏事门，谓之叫起。辰刻，周姓者导引入，出示叫起单：军机，怡邸郑邸，汤修，并予与滨石，共五起。至勤政殿苑门外，有内监二人，衣冠甚伟，引入殿后朝房，指示拜跪处，且曰，司徒沈公所托也。因至奏事处候宣。巳刻，汤铭斋通副修先入召对，通副，萧山相国之子，服满请安。而予继之。由东苑门入，长廊数十武，转殿角北趋，内监二人掀帘引入，俯身以手指地，予跪，二监趋出。

上注视良久，问曰：汝湖南何府？曰：长沙府。

上曰：住省耶？曰：住湘阴，去省百余里。

上曰：汝丁未进士？曰：是。

上曰：汝父母皆在？曰：父母并故。

上曰：汝年四十几？曰：实年二字圈去。整理者注，下同。四十。

上曰：何年散馆？曰：三年内带兵救援江西，巡抚张芾保奏省城解围劳绩，蒙皇上天恩，免其散馆，授职编修。

上曰：汝曾至江西耶？曰：曾至江西。

上曰：保举是张芾？曰：是。

上曰：汝打过仗？曰：初至江西省七里街，与贼打仗，臣亦曾督阵。

上曰：督过阵几次？曰：前后三次。

上曰：汝办过团练？曰：二年奉旨办团练，是冬，曾国藩出治军，臣即在其营中。

上曰：你从曾国藩至湖北、江西未？曰：曾至湖北、江西。

上曰：可曾至九江？曰：未至九江。曾国藩东征时，臣送至岳州，即回湖南筹办军饷。九江挫败后，曾国藩至江西整顿水师。臣又往江西二年。

上曰：你在营一向是带勇？曰：江忠源在江西，曾国藩派勇二千余往援，曾交臣管带。江西解围后，各勇撤回湖南，臣孑身随江忠源至湖北。后江忠源赴安徽巡抚任，臣因回湖南，以后并未带勇。

上曰：汝在营可骑马？曰：营中皆骑马，臣在营也学学字圈去骑马。

上曰：曾国藩可骑马？曰：能骑马。

上曰：汝去年到京，今年到京？曰：去年十二月到京。

上曰：在营几年？曰：五年。

上曰：汝江西带勇，是何名目？曰：湘勇。

上曰：几多人？曰：二千余人。

上曰：二千余人是你一人带耶？曰：曾国藩初起，营制每营五百人，二千余人是五营，每营皆有营官。郴州知州四字圈去朱孙诒统带，臣是帮同管同管二字圈去带。

良久，上无言，因又奏曰：良久以下九字圈去是时罗泽南、李续宾皆初起初起二字圈去充当营官。

上曰：然。乃欠伸，诏臣出。

复循殿廊出东苑门，回吉升堂候信。未刻，奉上谕：黄钰、杨泗孙着在南书房行走。乃归。

上召对群臣，惟内监二人，掀帘毕即趋出东苑门外，两廊以上无一人，使诸臣得尽所欲言，无所避忌。国朝体制，远出前代上者，此其一也。

咸丰十年

闰三月十六日（1860年5月6日）　川督一席，乐斌、崇实、曹钟澍［澍钟］三人谋之，而颖生蓄之甚深，求之甚裕。去秋无端条陈四川事宜，并力诋曾司马用兵无方略，盖其时有旨命曾公驰赴四川，颖生虑曾公或得川督，不能骤拔之，故先尼其进用之阶也。今果令办四川军务，倘所谓求则得之者耶。朝廷最恶人营私取巧，此等处乃直入人彀中，去曾卓如而用颖生，鄙心窃忧蜀事之益坏也。苹江言：官协揆缄示南藩，以急流勇退讽左季高，使之退避，后又以左性情刚愎具之折中。苹江力言之，乃始抹去。南北两抚，坐是并怀退志矣。国无大臣，贤者岂能自安哉。

闰三月廿八日（5月18日）　伯寅连具两折，一保高叟，一请涤老赴川。吾谓天下事无论大小，只是一个幾。得幾则势如破竹，不得幾则寸寸抵牾，事劳而功不能半。去岁涤老赴川，防患未然，最为盛举，既已糜烂矣，虽涤老至，能即成功与否，亦竟不可知也。周子曰：诚、神、幾，谓之圣人。诚者本体，神者作用，幾者作用微妙之发端也。涤老之赴四川，咏老决其幾于贼由江西转至湖南之日。其后秀峰中堂奏涤老东征，咏老深以谓不然，而策一二年内蜀事必不可支，此可谓知幾矣。岂惟兵事之大哉，虽治一邑、处一事，莫不有幾焉。一失其幾，则能者束手，而事端丛出，末路终无可观。然幾之失，大抵由于一念之私。或蔽而不及见，或见及之而不能决，皆此一私之萦绕也。故审幾者，尤以诚为本。

四月十三日（6月2日）　壬秋述李雨苍之言：涤老至诚恺恻，笼罩一切，为第一流。江岷樵、左季高及渠，光明磊落，为第二等。胡咏老卑鄙琐屑，为第三等。世间办事，只此三等人。壬秋不入此三等，然此三等人亦不能牢络壬秋也。雨苍数语，极有见地。季高往言，倜傥权奇近乎侠，议论纵横近乎文，精细周密近乎吏，此三者皆非将兵之才也。将兵无他，只有朴茂二字而已。语俱有见地。

四月十四日（6月3日）　壬新［秋］言，去岁济南，何子贞问涤老之子何如。壬秋言，其天资高迈能读书，目中直无诸人也。子贞太息，言人子弟若此，非佳兆也。因言舒伯鲁、严秋农坐此，谓之非美才不可，谓之为大成远到之器，却不宜也。数语足为训子弟之法。

五月初九日（6月27日）　张实君来谈，知涤老已拜江督之命，而东南事局败坏，不复可支。时平则庸庸者任其福，事棘则起知名者以任其艰，古今事局类如此，可胜叹哉。

五月廿六日（7月14日）　从李香雪处取阅官保各奏。一陈天下大局。请派知兵大员赴河南防剿捻匪。曾制帅办理两江事务，当与江西两楚通力合办，分兵四路，一由广德援浙江，一由徽州进攻，一由池州沿江而下，其一军留祁门为后路策应。一陈四川大局，请东纯暂署川督，或饬张亮基、刘长佑会剿。一保举人才十六人：一沈葆桢，一李元度，堪胜督抚藩臬。一左宗棠，一刘蓉，各募兵六千，随办江南军务。一刘熙载，一毛昶熙，一薛鸣皋，一尹耕云，一杨宝臣，一梅启照，一范泰亨，一田玉梅，请旨简用。一严树森，一毛鸿宾，一阎敬铭，一邢高魁，现在湖北办理军务，不敢不以其名上闻。三奏并诚恳忠直，伟哉大臣之言也。

七月初八日（8月24日） 意城接篇门中丞书，知已奉办理四川军务之命，并知宁国被围，涤帅催季高、次青两军甚急。闻此为惘然竟日。致涤帅、咏帅两书，并书复作梅，由意城交中丞转寄。

九月十二日（10月25日） 意城语及近事，多可慨者。徽、宁并失，涤公祁门一军颇危殆，如何！李次青实非带勇之才，丛山关一失机，而皖南事不复可为。

十月初九日（11月21日） 涤公最善为楹联，气魄之雄，吐属之雅，人无能及者。

近挽咏公太夫人云：

武昌居天下上游，看郎君新整乾坤，纵横扫荡三千里；

侃母是女中人杰，痛仙驭永辞江汉，感激悲歌百万家。

石钟山忠义祠云：

巨石咽江声，长鸣今古英雄憾；

崇祠彰战绩，永奠湖湘子弟魂。

挽罗澹村中丞云：

孤军失外援，差同许远城中事；

万马迎忠骨，新自岳王坟上来。其时方派马队迎中丞灵榇也。

挽陈岱云太守云：

众口铄精金，谁知烈士丹心苦；

大江流片月，长照忠臣白骨寒。

挽陈庆覃侍御云：

归路三千指故乡，记否黄鹤晴川，曾上高楼持使节；

去年重九作生日，岂料只鸡斗酒，独来萧寺吊诗魂。侍御曾主试湖北，而存榇米市胡同关帝庙故也。

后二首，盖数年前作，偶忆记之，并录于此。

十二月廿五日（1861年2月4日） 立春。意城寄示涤帅覆奏俄夷助剿金陵一折，以俄罗斯使臣伊格那替业幅请拨兵三四百名，由水陆直薄金陵，与中国官兵陆路会剿，并称咪利坚商人与粤商愿领价采办台米、洋米，用俄、咪旗帜载运天津两节，令江督、漕督、江抚、浙抚酌量情形，迅速具奏。漕督袁午桥力陈其不可。涤帅以为彼甘言蜜语助我击贼，我则峻拒之；彼若明目张胆助贼击我，我复哀求之乎？彼以爱兄之道来，诚信而喜之可也。因奏言：

康熙年间进攻台湾，曾调荷兰夹板船助剿，亦中国借资夷船之一证。惟现在长江二千余里，上游安庆、芜湖等处，有杨载福、彭玉麟之水师，下游扬州、镇江等处，有吴全美、李德麟之水师。现又在长沙、吴城等处添造师船，为明年驶赴淮、扬之用。是皖、吴官军之单薄，在路［陆］而不在水，金陵贼势之横行，亦在陆而不在水。此时我之陆军不能遽进金陵，俄夷兵船由海口上驶，亦未能遂收夹击之效。应请传谕该酋，奖其效顺之忱，缓其会师之期，俟陆军克复皖浙苏常各郡后，再约会该酋派船会剿，庶在我足以自立，在彼亦乐与有成。咈郎西亦有此请，亦可奖而允之。许其来助，示以和好而无猜；缓其师期，明非有急而求救。至米利坚于中国，素为恭顺。道光十九年英夷肇衅，闯入广州省河，米酋曾于参赞大臣杨芳处递禀，愿为居间调处。英酋义律旋出亲笔，有只求通商、不讨别情之语。杨芳曾据以入奏，而不敢专主其议。会官军烧抢洋行，误伤米夷数人，其事遂寝，而夷患遂炽。咸丰三年，贼据金陵，闻米酋亦于向荣处请以兵船助剿。英、佛两夷犯广东省城，米酋亦未助逆。上年，天津击败夷船，米酋即首先赴京换约，并无异辞。是米酋于中国，时有效顺之忱，而于英、佛诸夷，并无固结之党。俄夷既称米商情愿领价采米，为时局计，舍此并无良策。此时款议虽成，中国岂可一日而无备；河道既改海运，岂可一岁而不行。如能将此事妥为经画，则目前资夷力以助剿济运，得纾一时之忧；将来师夷智以造炮制船，尤可期永远之利。

此奏于夷情、国势，筹画甚详，立言尤为得体。因书示意城云：涤公两次与我辨论夷情，未能及此。此老胸中无所不有，前与我辨论特故作狡狯耳，乃此老之谲也。然固未尝非吾书之有以发其神聪矣。其论采办漕运一节，则犹未能统大局筹之。此时采米非难，难在筹备采办之米价。吾意当饬闽督责成台湾道筹办若干石，粤督饬粤商筹办若干石，上海设法令咪商采备若干石，方有着落。此皆奏中所宜筹算者也。

十二月廿九日（2月8日）　意城偕埙侄自省归，为文告祖。得沅浦、季洪、树堂、南老四信，稍知各路军事。南老为涤帅设立东征局，排众议独力任之。又有借行粤盐之议，欲尽裁去商支外款，由南省委员径赴盐场转运。造端颇属洪大。予前书欲其连络粤督及都转，以其时罗小溪方任都转，而粤督故为劳辛陔前辈。两者皆楚人，或可以情势动之。以为此事假粤督之命以镇压诸场官，事或可行，假朝命以压服粤督，未有能行者也。南老复书，略言其事。其用心良善，而其牢骚之气亦已甚矣。涤帅之于南老，所以奖藉之，盖亦未足偿其劳也。丁伊辅前辈力诋东征局，至为说帖痛陈其弊，遍示士大夫。南老乃以涤帅所复伊老书缮写多通，散布一时，就伊老所诋，逐条指驳，明辨痛快，直可作王阳明告示读也。

咸丰十一年

正月初四日（1861年2月13日）　接涤公十二月十二日信，言玉山被围，守（信）郡者屈蟠、钟世桢，所部不满二千，信其殆矣。又见咏公寄意城书，知已移营太湖，旧疾愈而复发。作梅十二月十六日始抵营也。涤公所处之危险，咏公之病，念之耿耿。张子言：人苟志趣不远，心不在焉，虽学无益。有限之心，只可求有限之事。欲致博大之事，必以博大之心求之。所谓智周乎万物而道济天下者也。咏公屡缄见召，颓然未有以应之，心固有限也，愧张子之言矣。

三月初六日（4月15日）　涤公为意城书屏四幅，随笔书其所得，为录于此：

欧阳公文云，以周世宗之雄，三至淮上，不能举李氏。古人任事，贵其气有以举之，其于天下之大，军旅之重，尤以气胜。故曰包举宇内，曰五旬而举之，曰提师，曰振旅，曰提封。太王肇基，曰定始翦商。高祖入关，曰真人翔于霸上。皆取轻举之意。天位殷适，使不挟四方，谓纣之不足以提举宇内也。《毛传》云：挟，达也。朱注云：挟，有也。皆望文生训，非其义也。啾啾跄跄，入西园，切神光。古人双声叠韵之字，凡同音者义皆可通。《楚词》：驾玉鸾之啾啾。杜子美云：驾飞龙之秋秋。与此义同耳。《诗·采芑》云：八鸾玱玱。《商颂》云：八鸾鸧鸧。《韩奕》云：八鸾锵锵。商颂云：磬管将将。与此跄跄义皆同耳。乃《毛传》云：鸧鸧，言文德之有声也。将将，集也。朱子亦曰集也。李善注《羽猎赋》：跄跄，行貌。斯亦望文立训，未足得其通尔。南方卑湿，丝能日饮，亡何，说王毋反而已。此《袁盎传》中语。小颜注云：亡何，言无它事。按亡何，犹宋人语录言不怎的也。诗云：不瑕有害，德假不瑕，烈假不瑕，皆如亡何也。不遐有位，遐不作人，遐不眉寿，遐不谓矣，皆当训何。朱子于泉水之瑕、隰桑之遐训何，而于狼跋训过。《毛传》瑕多训过，《郑笺》遐多训远，皆失之。

三月十五日（4月24日）　意城递到舒范亭丈一信，并寄示玉班、沅浦及祁门各信。

涤公与沅浦书，属其遇敌持以谨静专一之气，因言凡行军太速，气太锐，其中必有不整不齐之处，惟有一静字可以胜之。兄弟无功无能，俱统领万众，主持劫运。生死之早迟，冥冥者早已安排妥帖，断非人谋计较所能及。贼入黄州，急趋集贤关，以图解安徽之围。但静守数日，数省之安危胥赖之矣。

涤公与季高书，言贼保徽州以通上下之路，情势所必然。徽城坏难守，不能不窥伺休宁。休宁城坚难攻，不能不窥伺渔亭。比尚溪、屯溪皆为我有，贼由龙湾、江湾回顾，则经屯溪；亦畏张凯章一军与之开仗，则由马金街回徽，亦情之所有。至由甲路迂绕太白、德兴，以趋乐平，则情事之所不可解。至谓畏任兴元炮船、孙国昌飞划及乐平南乡之团练，不敢渡河，则情事之尤不可信。小河水师本难得力，任星元驻饶州，孙国昌驻吴城，皆距贼甚远。团练之御贼，以虚名相袭而无事实久矣。乐平股匪本非甚悍，以公全部破之有余。大约李世贤之党，惟清华、甲路一枝最悍，乐平、歙、休、上溪各支懦怯，皆不耐久战。请公告贵部不必为其多人所愕。李次青元度徽州之败，王毅卿开来甲路之退，皆震愕于其人多耳。

与沅浦信，足知涤公之所以自立。

与季高信，又见年来阅历，审贼情，度地势，为有得也。籥帅奏请简放威望夙著、晓畅军务重臣抚楚，而劾署抚之衰迈耽安逸。此老德威所积，非人所易几也。

七月廿一日（8月26日）　由意城处寄复曾沅浦、赵玉班、江幼陶、杨性农、易笏山五信。沅浦寄陈恭人奠敬百金，吾受八金，复书言仿涤公受赙之旨，酌量拜领。记前岁山东，周历海口二十余县，拒绝包苴。后闻明观察奉中丞扎委，所过凡得五千金，门包亦千金。王壬秋乃相咎曰：君何为若是，是特中涤公之毒耳。吾笑曰：涤公自中古昔圣贤之毒深也。因复沅浦书，偶忆及王壬秋之言，为之失笑。

七月廿六日（8月31日）　笏山慷慨负气，而最服善，书言近得营官二人，一湘乡戴登高，一会稽顾熙廷；帮办一人，湘潭胡松荣。意城不以为然，言用人以朴实为归宿，虽有才气识解，舍此二字便无安身立命之处。咏之宫保最讲作用，而其奏章有曰：使贪使诈，终必为贪诈所使。所以为不可及。生平所见，惟涤帅明于知人，而不轻于弃人。凡相从日久而毅然弃之者，其人可以指数。笏山在长沙，日取涤帅所屏弃以为至宝，疑其相赏语言意态之间，不足与言知人也。意城此论极精确。东坡论文，言炫烂之极，归于平淡。人生须是阅历到老炼处，然后知朴实之有味。亦有终身讲作用，始终不知此义者。朴实二字，亘天地古今，澈上澈下，离他不得，亦不徒在语言意态之间也。

十月二十三日（11月25日）　宫保挽联佳者，涤帅云：

逋寇在吴中，是先帝与荩臣临终憾事；

荐贤满天下，愿后人补我公未竟勋名。

李眉生云：

戡乱犹留几人在；从公已觉十年迟。

叶介堂云：

犹是夺情，便似公移孝作忠，方无遗憾；

曾怜同病，偏剩我呕心沥血，终是虚生。

同治元年

三月十五日（1862年4月13日）　冯树堂自祁门归，录存曾氏文钞目录，分三门十一类，每类引经为证。

首曰著述门，类三：论著类，著作之无韵者；词赋类，著作之有韵者；序跋类，他人之著作，序述其意者。

次曰告语门，类四：诏令类，上告下者；奏议类，下告下［上］者；书牍类，同辈相告者；哀祭类，人告于鬼神者。

次曰记载门，类四：传志类，所以记人者；叙记类，所以记事者；典志类，所以记政典者；杂记类，所以记杂事者。分类谨严精实，自来选家，无能及者。

五月廿日（6月16日）　意城寄示节相与少荃中丞往返各书，其令中丞过浦东，分兵扎周浦镇，必宜自住行营之内，谓其说有三：

初当大任，宜学胡文忠初任鄂抚、左季高初任浙抚规模，不宜学王雪轩初莅浙任、薛觐堂初莅苏任规模；宜从学战事身先士卒处下手，不宜从牢笼将领敷衍浮文处下手。一也。

湘、淮各营官惟程学启久练兵事，其余皆算有志气，必与各营官形影不离，卧薪尝胆，朝夕训诫，俾皆成劲旅，皆有誉望；合肥健儿慕义归正，将来可恃淮勇以平捻匪而定中原。二也。

中丞自带五千人东征西剿，留刘松岩驻沪，留湘、淮二三营归刘统辖训练；薛中丞旧部亦可酌调回沪，改用楚军营制营规，并交松岩训练；将来带兵驻扎镇江，以沪事委之松岩，此其张本矣。三也。

凡此议论，皆极有关系，极精极实。惟英酋何伯邀中丞会剿浦东，节相谓其意在觇楚师之强弱，察中丞之胆智，必欲中丞自试其技，私与贼战一二次，察其可用而后与之会剿，不可献丑洋人之前。以为与洋人交接，其要有四语：曰言忠信，行笃敬；曰会防不会剿；曰先疏后亲。其意皆是，其言亦皆极精，然其用兵之略非也。兵者，气也。洋人之军剽悍，中国所万不如。使中丞激发诸军之气，俾有所愧惧劝勉，以急试其锋，则兵力可使渐壮。而徒使旁皇瑟缩，相顾不敢一发，外以见轻于洋人，而内以自馁其气，窃疑其为致慎之过也。

八月廿五日（9月18日）　相国述及吴桐云保举并留皖情事，予谓希帅之意，以桐云原保本由官相，欲归并更定，其议甚当。至留皖一节，尤与希帅乖异，似未宜也。相国曰：不然，桐云美才，岂可值吾身与希帅当事，而令斯人失所乎？其赴浙江不必校论，否则吾必有以处之。闻相国之言，为爽然自失。眉生因述周弢甫被劾时尚在上海，相国商所以处之之法。眉生言谕旨颇严，必不可留营办事。相国曰：吾正虑此耳，弢甫奉此旨，岂能一日容身上海乎？非吾收留之，则穷无所归矣，即招之来营，公养之可也。此非独其性情之厚，其魄力过人实远。眉生又言：相国疏节阔目，而其实事事精微细致，其精微细致处却不以示人，而一切以空语解脱之。在营逾年，自信能独得其深。眉生之识量，亦过人远矣。

闰八月初五日（9月28日） 相国论文人难与交涉，而为之赞曰：神光离合，乍阴乍阳。因推论其心，皆自谓君子不可虚拘。厚之以礼，则以为恭敬而无实。授之以事，则又曰笾豆之事，则有司存。求其所以自处，而已不足以名矣。涉世久则心日趋于实，而浮伪之士在所必屏。往与胡文忠论季高赴蜀赴皖之宜，文忠复书劝相国招致之，曰：室有悍妇，日厌其诟聒，而治家必多勤干，终得其力。文忠一见王壬秋曰：是其心苗发动处已是不正。见吴退庵，而决其为弃才，曰：是生长乡间，名能办事，有气力，而专意修饰边幅，语言进退皆中程度，其心必浮而不实。此皆文忠神识独到处。又言吴竹如来书云：人欲之私，吾知免矣；天理之公私，仍当检点。复书言：私皆属之人欲，吾辈细细检点，鲜有能脱离穿窬、鄙夫、乡愿三项人行径者，不必更推勘到细处也。

闰八月初六日（9月29日） 得少荃中丞信，并云从华尔借得升得利兵船一只，邀予赴上海。询知前月廿八日所致书，至今尚未发行也。是夕就眉生、海航、竹浯三人深谈。眉生言相国好谀而不废逆耳之言，好霸气而一准诸情理之正，是从豪杰入者。其于用人处事，大含元气，细入无间，外面似疏而思虑却极缜密，说话似广大不落边际而处事却极精细，可为苦心孤诣。尝言李申甫能知我深处，不能知我浅处。又尝言古人办事不可及处，只是运用得极轻，庖丁解牛、匠石运斤成风，有此手段，所谓不动声色措天下于太山之安者，轻而已矣。申甫只学得相国一疏字，其密处不曾学得。又言中丞有直爽之气，无宽博之量；精力强，公事熟，嗜欲少，所苦识见差耳。褊浅是其短处，亦是好相与处。好谀病极大，好谀者，未有能知人者也。处华侈之官场，光怪诡谲之官场，定要有气魄、有崖岸，须是独开生面。家人定要有一种清肃之气。处朋友不合理事，有十字要诀：面上不变色，内里要有劲。干事要直干，要朴干，须是冷冷清清去干。自家的事，骨子里要知得透，干得到尽处。相国见示二语云：名微而后可远猜嫌，事简而后可精思虑。又赠联语云：

好人半自苦中来，莫图便益；

世事多因忙里错，且更从容。

九月十一日（11月2日） 湘乡相国委戈什哈施占琦来沪请援。

九月十四日（11月5日） 顾子山、潘季玉、应敏斋来谈，以洋人方有助攻金陵之意，惟须中国一为言之，本日英提督士特英固往见中丞，可以迎机开喻，欲邀予同一诣营。予因以一书达之中丞言：天下之乱亟矣，在彼有放利而行之心，在我有急何能择之势，姑与逶迤，以图功效，此广平王所以卒平安史之乱也。中丞与之言，终不见允。盖去岁湘乡相国疏陈不宜求援外人，此语当已分晓。子山诸君但闻一二翻译之言，而据以为信耳。

十一月二十日（1863年1月9日） 程方中言，鲍春霆之守宁国，太不知兵法。宁国一城，三千人守之有余。湾沚、西河、兰陵，饷道所经凡数处，各须三千人守之。尚可留数千人作游兵四应。军门以二万余人之众孤守一城，置饷道不顾，以坐受其困。湘乡相国言兵宜合不宜分，当分别观之，平原旷野利用合，山险崎岖利用分。军门不知兵法，坐困宜也。赖华亭言杨厚庵弃浦口之防，太不知地势。浦口水师两营，正值下关，以扼长江之冲，拊九洑洲背，以通新开河之气。湘乡相国见及之，黄昌期见及之。厚庵之撤防，华亭曾以为言，请派二营换防。厚庵不知地势，弃险不守，使贼得乘便渡江，贻合、巢之患，君子讥之。两君之言，皆有裨于兵法，录存于此。

同治四年

五月十二日（1865年6月5日） 昆静山宫保枉过，谈述一切，其人甚贤而有条理。澄帅见示美国领事禅理伸陈，以定议清还伍姓借款章程，澄帅札覆不得要领，为所玩弄胁持，乃以求策于鄙人耳。为拟札覆一稿，委曲为澄帅解释前说。天下事只是一理，得则万事理，失则万端歧误，存乎其人而已矣。多疑者必轻信，见贤而犹疑者必与不肖为缘。苛求小节，掩护前过，必其中无所有。所思不于要道而多隐曲，所以不于正轨而骛歧趋，瞻前顾后，只益其迷，必终为小人之归而已矣。湘乡相国言，往知君子小人之名而不得其义，何以谓之小人？只是一小字括之。思此为之悚惧。吴竹如寓书湘乡言，小人之过吾知免矣，所患或为君子之过。湘乡复书曰：纯是小人之过。恭俭，美德也。行过乎恭，用过乎俭，可为君子之过矣。然其恭也，求誉乎？以施之贵人乎？俭也，有所吝而以自丰乎？终日检点，盖无一非小人之过。宋史：君子虽多，小人用事，其象为阴；小人虽多，君子用事，其象为阳。用事者，致一者也。天下之动，贞乎一者也。二则两有所树而交胜，胜者，争之阶也；二则互有所隐而交疑，疑者，倾之渐也。贤者体让以化争，履信以平倾。利人之不肖而以为名，其心陂矣。《易》曰：阳二君而一民，小人之道也，无所施而非小人之道也。

同治九年

四月十四日（1870年5月14日）　曾澄侯来谈，知湘乡相国左眼失明，以偶因会客觉眼昏，以手掩左右目试之，始知左眼全无光。此亦奇症也。

六月十二日（7月10日）　李篁仙自京师回，言道直隶见湘乡相国，相国言生平未尝动真气，而于左季高不能忍，因述前岁入觐时，恭邸言中堂与左季高同乡，何以左季高攻击甚力，屡向我言之。湘乡答曰：自是某错处多，左君一孝廉，两年间为某推荐至总督，某自无知人之明，敢辞咎耶！至是为篁仙言及，犹不胜其忿怒。吾谓左君攻击湘乡，亦正是其心之不安处。惟其负强使气于所不安处，故甚其辞以反攻之，以强求心之安，坐定此身无一毫错处，直欲掩尽天下耳目，以求骋其一念之私。日暮途远，倒行逆施，久而据之以为安，而天理之丧亡尽矣。其訾毁鄙人亦犹是也。孟子云：夜气不足以存，则其违禽兽也不远矣。左君必欲使其夜气一念之良不生于其心，以自命为强，岂复有人理哉。

七月初三日（7月30日）　黄子寿枉过，疑湘乡复威妥玛书为伪托。此言是也。湘乡举动必以理法。此书颇出常格之外，湘乡未必肯任之。而以为此书无济实用，则子寿未谙夷情事理之过也。威妥玛致总理衙门书，一眼觑定中国有不能明言之隐，横施其胁制，嘻笑怒骂无所不至。总理衙门以其书发交各督抚议奏，无有能出一言以发洋人之覆者。非但总理衙门人才猥下，不足以及此，身当其任，日受洋人之恫喝，为所玩弄久矣。吾此次复总理衙门书言之，诚有以折服洋人者。而虽善不尊，不尊不信，中国之气终无由一申。湘乡身负天下之重，当与国同忧戚，又不当总理衙门之任，洋人以局外旁观言之，湘乡即以局外答之，洋人惊于所创闻，亦不能不为之气折。故疑此数年洋人持前议不坚，未尝非湘乡此书之力也。此当通知天下古今之故，庶几能辨而知之。

七月三十日（8月26日）　接金眉生信论洋务，言教堂滋事，中国之疏有二，详人之误有三，至为名论。眉生于此直是见得透澈。吾前致书湘乡，属其函召眉生一与议之，湘乡不能用，此可惜也。是日见诸生演礼讲堂，亦殊彬彬可观。

九月廿五日（10月19日） 沅甫过谈，因述及韫斋中丞有意邀其襄办军事，惟当深避之而已。予因论其阅历日深，志气日馁。沅甫为述十余年涉历之境，相与泫然。林文忠由云贵总督谢病归，或问其故，曰，自揣精力尚不至衰颓，国家有事，犹可效力；司道中人才太少，久任督抚，百端牵掣，无能有为，殊无谓耳。湘乡相国初任军旅，终日抑郁不自聊，颇心疑其褊，迨后身自为之，始悟与人共事之难。湘乡与林文忠皆身处其境，而痛痒切身，惟心喻之，不能使人共喻也。今吾与沅甫亦皆身受其痛痒者。天下之并痛痒切身而漠然不知省悟者皆是也，此人才之所以尤难也。

同治十年

二月初九日（1871年3月29日） 接湘乡信，其论湖南致乱之由，以谓在贫人太多，则诚俗儒之论，而湘乡述之，不得为知言也。

同治十一年

二月十四日（1872年3月22日） 沅浦宫保来报侯相之丧，急往会哭。知以正月廿六日往视苏赓堂，客次昏眩，舆归，遂病，而食饮视事如常。初四日食毕，步东园，移时，昏眩大作，不能语言，遂于戌刻告终。在此老为全福，而不能不为时局一怀悲怆。曾澄侯定期十七日赴金陵，已属令归丧有日，即先报知，拟赴湖北一迎其柩。

三月廿九日（5月6日） 邓禹民见示曾文正公挽联二首，一云：

爵禄讵萦吾念，惟忆封圻远隔，畴昔陈箴，数千里黾勉告猷，更愿逊志缉熙，典学俯俞遗疏语；

勋名久在人心，独憾疾病弥留，苍黄易箦，卅四载忠诚许国，虽已鞠躬尽瘁，荐贤未遂老臣衷。

一云：

运逢百六，捍圉谋疏，大功乃出自儒生，闻者莫不兴起也；

身系安危，盖棺论定，流言未足为清议，其何伤于日月乎。

均可谓独出一格。

四月初二日（5月8日） 曾符卿、健农枉过，诵曾文正公挽联三副。李眉生联云：

德行、言语、政事、文学，在圣门已备四科，又兼勋业崇隆，李、郭、范、韩，方之蔑矣；

令妻、岂弟、孝子、顺孙，于人世斯为全福，更美君臣际遇，禹、皋、伊、吕，无以过之。

李次青联云：

是洞庭、衡岳间气所钟，为将为相为侯，自吾乡蒋安阳后，历三唐、两宋暨（宋、元）[元、明]，二千年仅见；

与希文、君实同功异地，立德立功立言，计昭代汤睢阳外，讫诸城、大兴至曹、杜，一个臣独隆。

澄侯联云：

无忝所生，病同考，没同妣，厥德有常更同王父，孝友式家庭，千里来临空自泣；

以古为鉴，文似韩，诗似杜，鞠躬尽瘁殆似武乡，勋名在天壤，九原可作耐人思。

五月初八日（6月13日） 与镜浯约同赴岳州迎候曾中堂灵柩，唐羲臣为派一红船枉送。因定初九日登舟，属镜浯先期开赴塔前，以免渡河之烦，且亦不乐入城酬应也。

五月初九日（6月14日） 镜浯回信，以探询县署，曾中堂灵柩尚无至鄂之信，恐难于在岳久候，因径坐红船以去。闻此茫然。是日大南风，半日可以抵岳，平生亦无此坐船之福也。是夕大风雨。

五月十四日（6月19日） 大雨。唐羲臣信，曾中堂灵柩已于初九日由武昌开行，属赶赴岳州，并放红船枉迎。当遣工雇夫，而大雨倾盆，竟无暂息之时，为之闷损。下午雨稍住，即由白水江乘舟至城河上红船。

五月十五日（6月20日） 大风雨。逆风行至磊石，而闻曾侯灵柩船已上，因转至土星港候之，以磊石湖面太宽，而土星港由湘入湖，地势扼要故也。至则杨厚庵宫保船先在焉，得相见畅谈。

五月十六日（6月21日） 大风雨。午时乃得上谒曾中堂灵柩，为之一哭。距县已近，而侯夫人船前行，因随灵柩船至湾河，又搁浅两时之久。与劼刚谈至三鼓始回船。

五月十七日（6月22日） 早饭后始开。至侯夫人坐船，见即问亡儿近状，不知亡儿没三年矣。劼刚及陈杏生皆相属暂隐之，亦不便质言也。是日傍晚抵长沙。闻左景乔于初六物故，因往哭之。便过沅浦，沅浦方往江次迎谒中堂灵柩。随至西城，而城门已闭。沅浦方专人诣韩赓扬协戎取钥开门。予以夜久疲倦，不能久候，乃归，时已三鼓。

五月十八日（6月23日） 大风雨。是日酉刻入城，柩船二鼓后始到。

五月十九日（6月24日） 大雨倾盆，三日夜不息。曾府家眷住曾子庙旁公馆，一往视之。便过黄昌岐、张力臣二处。

五月二十日（6月25日） 雨。曾中堂灵柩起入曾子庙，约至舟中迎护，甫出城而柩已载途矣，回至曾子庙候之，为之照料人客竟日。雨势不止，惟中堂灵柩在路时，约两时许不雨。然后知此老福力，真不可及也。

六月初五日（7月10日） 黄子寿约同曾沅浦、刘筱山、王厚卿至金盆岭相视文正公葬地，穴情极真。距城十里，有此佳壤，而左近并无一棺，曾府乃于无意得之，足见文正公积累之厚。

六月十四日（7月19日） 曾文正公厝存金盆岭。

同治十二年

四月廿五日（1873年5月21日） 曾文正公建祠碑石塘，以是日巳刻兴工。朱宇恬邀同叶介堂、刘训阁、李次青、黄子寿、张力臣、凌问樵早饭，偕往祭告土神，而属我主祭。相礼为屈午桥、闵观生二人。

九月十一日（10月31日） 曾文正公晚年以人世诸患皆生于忮求，因作忮求诗二首以自警。文正公早达，道德文章功业皆极一时之盛，忮求二字无所动于其心，却从此勘出世人一种大病根，通坐在此二字。固由其识解过人，亦实其随时随处省察，功力深而领会者微也。生平自信于此二字病根尚浅，然推勘到细处，即备责一使用仆夫，亦皆从忮求中来也。终日检点此二字，亦是用功有着落处。

十二月十一日（1874年1月28日） 大雨。夜梦曾文正见召，若自远归家者。予闻，急驰往。案头古书数帙，意若甚护惜之，因挟以行。至江次，登舟，宾客盈集，无一相识者，顾不见文正公。俄而文正公自云端相劳问，仰视但见白云绵亘，文正公为云所拥护，但闻其声而已。语次及官中堂，亦不详其何意。忽言自古闻人，原未尝死。余因问今皆住何处，何所营为？文正公言：人但见其死，遂以为真死也，其实皆在。世人以为死，亦无从分辨也。舟左隔十余丈见一大舟，尤庄严。或曰曾侯坐舟在彼，因相与趋就之。移时，坐客去尽，见邻舟喧聒殊甚。予挟书于腋，欲往，又苦所挟书之为累，欲委弃之，意若有不忍者。旁皇四顾而醒，梦境宛然，与前在乡时梦为吴南屏所负，情节略同。殆恐九原泉路之交期，兆于是矣。

同治十三年

二月初五日（1874年3月22日） 大雪风寒。检阅曾文正年谱，名所居曰八本堂，其目曰：读书以训诂为本，诗文以声调为本，事亲以得欢心为本，养生以少恼怒为本，立身以不妄语为本，居家以不晏起为本，居官以不要钱为本，行军以不扰民为本。又家训日课四条，一曰慎独则心安，二曰主敬则身强，三曰求仁则人悦，四曰习劳则神钦。

二月初六日（3月23日） 自登舟以来无日不雨，大雨连日夜，继之以风，继之以大雪竟日，而又大雨，亦从来未有之景也。冒雨行五里，至挂榜山。镜初所编曾文正公年谱，在舟中始一校之，其叙文正公诸事，太无剪裁之功、贯通之妙，因为八端以难之。

二月初七日（3月24日） 雨。曾文正公年［谱］载所著书目，曰茶余偶谈；曰曾氏家训长编；已成者小学一卷，冠礼长编一卷。曰历朝大事记；曰藩部表；曰十八家诗钞二十卷；曰孟子四类编；一曰性道至言，二曰廉节大防，三曰抗心高望，四曰切己反求。曰左氏分类事目；曰礼记章句校评；曰朴目杂记；分小学、修齐、礼、兵、经济、诗文六门。曰周官雅训杂记；曰经史百家杂钞四十八卷，又为古文简本一卷；曰鸣原堂论文；曰论语言仁类记；曰易象类记；曰通鉴大事记；曰六家诗钞。门人王定安辑录公诗文评注，曰师训汇记；又掇公平生言行，曰求阙斋弟子记。

文正公为清、慎、勤三字箴。其清箴曰：名利两淡，寡欲清心，一介不苟，鬼伏神钦；其慎箴曰：战战兢兢，死而后已，行有弗得，反求诸己；其勤箴曰：手眼俱到，心力交瘁，困知勉行，夜以继日。

是日行三十五里至湘乡县，探知曾澄侯、杨安臣、黄振斋均未在城，往见齐慎庵明府，发递家信，并书致易笏山。坐甫定，闻澄侯适至，以初八日致祭昭忠祠，来助祭也。

三月初三日（4月18日）　偕徐寿蘅、郭子美同至平塘，为文正公相地，盖沅甫去岁所相得者。在兴国寺后山，曰伏龙山，寺后主峰曰狮子山。地名桐溪港，故亦名寺曰桐溪寺。是日阴，亦不甚热，于山游为宜。恰值上巳日，十余年无此游也。

八月十四日（9月24日）　曾澄侯来报曾相国夫人以昨日戌时身故，因一往哭之。

八月十六日（9月26日）　曾文正夫人成服，知会行礼，因往陪吊半日。

九月廿四日（11月2日）　曾文正夫人以是日成主，因偕意城一往，便过杨海琴、王鼎丞谈。鼎丞编辑曾文正公读书记、弟子记，于文正公生平著录搜括无遗，而皆能撷其精英，足资后人搜讨。曹镜初才力百倍不逮鼎丞，而一味负气，所刻文正公文集，已多不惬人意矣。

十月十六日（11月24日）　大风雪甚，雨霰，下午雪子。张力臣来谈，约为九老之会。吾以曾文正公祠落成，当以七人主名，相与议七贤，邀九老。其间贺麓樵八十四，熊雨胪八十二，黄仙桥八十，熊鹤生七十四，罗研生七十二，黄海华七十，唐荫云七十一，曹咏之七十，冯次山六十七。惟两黄一曹湖北人，余皆长沙人也。

十一月廿一日（12月29日）　小岩、世香、少仲、小秋、幼农邀游莫愁湖，拜曾文正公像，因过文正公祠及湖南会馆。因念文正公在时，屡约为江南之游，今日至此，文正公没三年矣。道见江南士民为文正公立坊，榜曰民不能忘，见之为堕泪。至是入祠一哭，至于大恸，不能自已。祠中设香烛。

光绪四年

正月初九日（1878年2月10日）礼拜。回人密尔萨毕尔伯克什邀同波斯、日本两国公使及其参赞、随员，并马格里、茀里兰得晚酌，兼邀土国前相密尔得巴沙茶会。印度人毕至，大率皆亚细亚人也。密尔得巴沙厚重有智略，以直谏土王求退，寓居伦敦。其言云：“日本晚出，锐意求进，在亚细亚最有名，甚喜其国日益昌大。中国为天下第一大国，出名最久，诸国皆仰望之，甚喜其有富强之业，能早自奋发为佳也。”予闻之甚惭。伯克什接言：“中国宜早醒，莫再鼾睡，早醒一日有一日之益。”其言尤切至矣！○有妇人名喀尔得尔，以学问著闻，与伯尔治交好，就询曾文正公家世，兼及嗣侯劼刚出使法国之信，因言：“曾文正公办理天津教案，外国人服其公允，而闻中朝参劾訾毁，使我至今为之疚心。”

五月初五日（6月5日）　与丹崖言：同治中兴之业成于楚人，而自当时诸公各以战功致通显，后遂无继者。合淝伯国陶成皖才，远驾楚人而上之。所设机器局，皖人掌其事，于军械、机器多所考求，是以皖才日盛，而楚才日以泯焉。曾文正气量远大，其幕府多文学，而无一楚人，各局乃有之，以楚人办事结实可靠，而文学之选固不逮江浙也。曾文正固一出之以公心。左季高则且以能屈抑楚人自表其公，而反私矣：私其一身之声名，而利不及人。如刘毅斋战功卓著，凡克一城、复一堡，叙战功皆刘为冠，而自初承其季父刘松山一军，即以道员接统，历七八年，荡平全甘回乱，移师出关，先复乌鲁木齐，而南八城以次克复，始终以道员领军，不晋一阶。至克复喀什噶尔，始请开缺以三品京堂候补，而以边才求之吕庭芷、吴清卿诸君。一意阻遏刘毅斋之功，使不得自显，尤所不达其意者也。

光绪五年

五月十五日（1879年7月4日）　力臣论及壬秋所撰《楚军纪事》，惟于彭雪芹一人无违言，自余无不轻侮者，于曾文正亦讥刺之意为多。吾未见其全书，惟据裴樾岑见示所已刻就者二篇，一《曾军篇》第二，一《浙江篇》第七，似以军将隶曾者统附之《曾军篇》，隶左者统附之《浙江篇》。其中又各分年，左军之平定闽、粤，亦皆隶之《浙江篇》。叙次太简，而颠倒年月，违失事实，尤指不胜屈。樾岑、香荪但服其笔墨之高，而不知其叙论无当也。

五月十八日（7月7日） 与裴樾岑论王壬秋所著《楚军纪事》之失，小者不具论，大端节要约有三。

一曰体例失宜。凡体例有二：曰编年，曰纪事。此纪事体也，当用《绥寇纪略》之例，分别叙论。如粤寇原始，楚军原始，湘军原始，守城方略，搜捕土匪，东征方略，援浙方略，援鄂、援江西、援粤、援黔、援滇，均分别叙其方略，平捻方略，西征方略，陆军营制，水师营制，筹饷事宜，应逐条详叙。今阅《曾军篇》，尽文正公一生事业，括之一篇中，又一切颠倒失实，且时不免有隐刺语，而于其中又兼用编年体。《浙江篇》亦然，并督闽及援粤事皆括之《浙江篇》中，则非宜也。此体例之失也。

二曰纪载失当。此以《楚军纪事》为名，当先问其著书之意，将以何为。吾谓此其义例亦有三：一曰考求实迹。各军奏报，或有参差；大局关系，亦分轻重。国史所不能详者，当于此著之。事在近今，而一切取决方略馆，亦失著书之本旨矣。二曰表章功绩。此次平定大乱，原系楚军之功，而复编为《纪事》一书，正须著其艰难劳苦之实，以明其功之非幸成；表其忠勇节烈之风，以知死丧之浮于功赏。岂宜反肆轻薄，以自张其矫诬而直行其讥贬。如谓洪孽窜至江西，仅得二千人，皆自溃散。不知汪海洋挟以入粤尚十余万人，除死亡逃窜，经鲍军门受降者尚四五万人，由左伯相遣散，有数可稽。足知二千人之虚传不足为典要，彰彰明矣。凭一二人无稽之言，遂据以为实录，则其诬益甚。三曰昭示劝戒。道光之季，上而纪纲法度，下而风俗人心，流极败坏，莫可穷诘，驯至大乱之起，在官者皆怀惧心，不能不稍通民气，任事者亦稍求实际，不能不悯念时艰。是以兵犹习战，而非虚籍，饷犹归公，而非虚靡，卒能平定天下之乱，虽复不免扰民，而终不至病民。而一皆蔑视之，其于劝戒何有？此纪载之失也。

三曰主持失统。楚军之起，江忠烈导其源，胡文忠、左侯相衍其绪，而终始主持维系，曾文正一人而已。非独兵事始终总持全局，即江忠烈之始出，亦由文正公保荐。名将如塔忠武、罗忠节、杨尚书、彭侍郎，同功一体；如胡文忠、刘中丞、李伯相、左侯相，皆文正公所擢拔而延致者也。是以此书归宿，在曾文正一人。今厚视一二所私者，而于文正公一例视同诸将，则抑不知楚军之名，以何为纪，楚军之功实，以何人为总其成也。此主持之失也。其他小节，谬误颇多，皆所不论，就吾所见二篇中，恰无一可取处，不敢以其文笔之纵横，遂谓是非功过皆可倒行而逆施也。

五月十九日（7月8日）　楚人专喜戕贼同类，攻击前辈。近年如左季高、李辅堂，尤专以此为能。文人以笔墨求逞，则王壬秋是也，一以诋毁乡人为快。记丙子年在京师，桂林张桐轩大令居相近，时枉过谈。一日问："外间诟毁之言，亦饫闻乎？"张桐轩曰："颇饱闻之，然大抵皆楚人也，他省持议，不如是之刻。"曾文正公办理天津一案，乡人大哗，至今物论尚未平也。此无他，用其鼠目寸光、豁壑褊小之心，而傲然自以为忠孝，慢上无礼，漠不为耻。此等风气，亦未尝不自诸君子倡之，而遂至无可挽救，终归于祸乱贼杀而已。伤哉！

五月廿三日（7月12日）　左伯翼、罗小垣枉过久谈。和朱香荪四次枉诗。自以香荪吐属隽永，得之天资，非所能及，感其勤勤之谊，固不能不一报和也。小垣言："左季高才气一时无两，而喜极其才力之所至，竭情为之，不留余地处人，亦不留余地自处。凡事皆作到极尽处，非载福之资也。曾文正包孕万有，非其天资之果有余也，实成之于学力。声名富贵已极，而恢恢乎有余地以自存。独劼刚一变而为刻削，才望更远不及左季高，而行事喜推极尽处，先世之遗泽，有斫丧而无培植，其弊甚于左季高。"吾喜其言之耸切，因录存之。

六月初九日（7月27日）　曾文正公祠树立御碑，张力臣函约往观，至者朱宇恬、余佐卿及意城五人，因留早饭。

六月廿八日（8月15日）　是日出伏。张力臣、黄子寿过谈，言及左季高旧事，因论圣门狂、狷两端为入德之资，而成于狷者为多。即孔门曾子、子思，皆近于狷。孟门乐正子最为杰出，亦狷也。近时曾文正、罗忠节，皆能以学问道德发为事功，而只成就到狷字一路上。近于狂者，其左季高乎？季高自刻印章曰"刚明耐苦"，四字自赞却是当得住。程子许邵康节为命世人豪；康节之于程子，亦犹左季高之于曾文正公也，固不愧为命世人豪矣。

八月十八日（10月3日）　刘伯固述及曾劼刚之乖戾，陈松生之阿谀。两人相济为虐，极为可虑。并自述与余佐卿并经劼刚邀往，而不敢轻于一行，正忧劼刚不受直言，亦不足与共事。佐卿则前为陈松生所阻，既至伦敦，乃扎调之，佐卿亦不受调也。因语知刊刻《养晦堂集》，劼刚敛费至二千金，而所用不过三百金；印刷百余部，劼刚亦不给与印刷之资。其奏议应刻者，劼刚亦不为发刻，言之若甚愤者。兼谓其受人情分，淡然忘之，而专记人小过，睚眦之怨，必报乃已，其心狠而险。竟不意文正公留贻，一债至此，为之浩叹。

十一月廿九日（1880年1月10日）　与朱禹田论盐务事宜，因历数办理督销诸公，以唐砚农为最下。李仲经开销日烦，变乱旧章，颇为盐法之累。曾文正公创立湘岸，湘人受益不少。历来办理督销，使真有一二不营私，不徇情者力加振作，湘岸规模必日有起色。而曾文正公于此，精神亦多有贯不到处。吾曾为文正公力争，终久承其累。末流之气运，事事皆然，足为一慨。

十二月初九日（1月20日）　余佐卿述及刘伯固之浪费而济之以刻核，且谓其行径专取效曾劼刚，而劼刚之才具学问固不能逮，是以专得其短处，而不能得其长处。两家子弟，均无以上承先德，而文正公及孟蓉中丞之学识超出一世，一传而已，不足以厌人心，使此心为之怦然，亦重以自惧也。

光绪六年

正月廿九日（1880年3月9日）　李镜浯自县来，述及于桐轩前后情形，多可骇愕。殷竹坞、瞿景伊、罗晓垣继至。吾谓督销局总办，当以叶介堂为极真实，谭文卿来极妥当。筱垣亦以谓然，而云初设督销局，即任一易畇陔，是曾文正大误处，次则孙春皋，次则唐砚农，又次则李仲经。予颇疑其言。筱垣曰："无疑也。易畇陔营私，孙春皋徇情，两者皆贻误大局；唐砚农营私而贻误为少，李仲经徇情而承孙春皋粉饰之余，积久而至溃决四溢，则亦非其罪也。"因论极裴公之量，恐无以加于叶介堂。介堂受累于其子弟，至声名亦为之埋没，此所谓命也。

二月十四日（3月24日）　随偕［汤］萼楼、［胡］道生前赴平塘，便道至南湖港相地。从鱼网市过江至平塘，日已夕矣。就宿曾氏墓庐，在兴国寺左侧山下，其前即御碑亭也。兴国寺以桐溪为名，人皆谓之桐溪寺。榜曰伏龙山，盖又以山为名也。往为文正公相地，疑左侧山过一田峡，非砂体。汤萼楼谓桐溪港水口紧密，其结作实由此山穿田，至塅中回身逆结。以天晚，未及往视，惟视其过峡处，见山势横开一嶂，益信其非砂体也。

二月十五日（3月25日）　展曾文正公墓，墓道修理雄阔。因偕萼楼、道生绕出山右，见右山连举两顶，开嶂中出，趋入塅中为平田，忽举一顶，回身内向，桐溪横出其前，来源左右皆汇其前，为平塘正结无疑。其下一坟，为张氏发冢，而萼楼固执以为仰天穴，不宜下，竟亦不能辨也。由平塘山后出龙回潭，见经铿黄氏发冢，地名龟形山，形局绝佳。小憩其庄屋李贤才宅，年八十一岁，谈往事甚悉，黄姓与周姓争发坟山界，颇能穷其形状。兼及壬子秋贼窜龙回潭事，其家被祸甚烈，至今犹谈虎色变也。又至岳麓山，看天马山、魁星楼两地，日夕始归。

六月二十日（7月26日）　曹镜初送到《曾文正公全集》一部，其中《鸣原堂论文》《求阙斋读书录》二种尚阙。《读书录》一书，尤文正著述之最精者，因复函问之。

十一月廿九日（12月30日）　刘治卿观察、陈程初、傅晓初、罗小垣枉谈，治卿在江西从曾文正公营次当差，与刘笏堂为同宗，其人气局尚开展。自曾文正公创设督销局，至今谈者推叶介堂为最耿直认真；裴樾岑之考求实际，又更过之。而以明文撤差者，前后惟此两人。叶介堂不幸为其子累，更无能为辨冤者。末流之世，人心日趋于恶，天亦因之以助其势，而于贤人君子之用心，一意摧抑之，使一不足以自申，凡事尽然。为君子者，可以惧矣！

光绪十一年

八月初三日（1885年9月11日）　顺孙信言，左相七月廿七日物故，未详何地。福建电报由厦门转递上海，又转递武昌。自武昌以上，未设电报，四日内亦未必能径达湖南。顺孙信言由其家赴告，则亦非讹传也。

八月初五日（9月13日）　自昨日闻恪靖侯左相之丧，伤感不能自已。计数三四十年情事，且伤且憾之。伤者，生平交谊，于国为元勋，所关天下安危；憾者，憾其专恃意气，可以为一代名臣，而自毁已甚也。凡其所以自矜张，自恣肆，皆所以自毁也。曾文正之丧，顾念天下，若失所凭依，怅然为之增悲。恪靖之视胡文忠、江忠烈，遗泽之及人者，犹未逮也。此其所以憾之也。略为挽辞三章，以见意云：

国运迍邅日，臣心况瘁时。功成文武并，道大古今疑。
劲气同官慑，深谋圣主知。老成经国计，生死系安危。

西法争新巧，深机在远交。甘闽归缔造，朝野互讥嘲。
不允须臾愤，翻随议论淆。多防经术误，远略责包茅。

触眼伤沉浊，谁言古道存。攀援真有术，排斥亦多门。
直以功勋旧，无烦气谊敦。荒山余老泪，酹［酹］据《养知书屋诗集》酒与招魂。

八月十八日（9月26日）　左季高侯相以是日成服，一往行礼。

李兴锐日记 李兴锐

李兴锐（1827—1904），字勉林，湖南浏阳人，咸丰间以诸生入曾国藩军。光绪初，督办上海机器制造局，廿六年（1900）擢江西巡抚，结教案二千余宗，偿恤八十万金，均取给于节饷，官至署两江总督。卒谥勤恪。

同治九年

四月十一日（1870年5月11日）　六十里至保定府。谒曾爵相，问答赈务甚周。

十四日（5月14日）　晋谒爵相，谈最久，尤殷殷于岁事、人材两端。

十六日（5月16日）　丑正，起赴雨坛伺候。中堂以疾未至，乃至内署问安。

十八日（5月18日） 饭后谒中堂，病状颇露，将有请假之疏。相公若决意引退，恐拂袖而去者，不独鲰生。

二十日（5月20日） 随同各官上院，调甫后至，中堂以疾不见。调甫廉访来寓，谈及赈务报销，余谓断不可照寻常，出入归藩署经理，令外县赔累房费、部费也。旋闻中堂允以简明请折入禀。果尔，此事始终核实矣。

二十二日（5月22日） 晋谒中堂，病势稍轻，言貌爽豁，大慰、大慰。坐谈甚久始出。

五月初六日（6月4日） 午后，晋谒中堂，顺及进京事宜。

六月初五日（7月3日） 知天津民夷之变。都中尚无一定办法。疑虑之心居多，主少故也。闻曾侯将从初六赴天津，而眩晕未愈，带病冒暑，中国一人。

二十一日（7月19日） 戌刻，接陈荔秋刑部自天津回信。详言夷务和局，时事艰虞，而卤莽官凭空生衅，令洋人予我瑕疵。（费）［曾］国老竭力周旋，内贻士民之议，外长洋人之玩，此时增一痕迹，将来多一忌讳。国事至此，可哀也已！

二十七日（7月25日） 至聚丰堂早饭。敬甫为东，左楚英后至，留饮。谈天津夷务，清议莫不归咎曾中堂，甚矣！任天下之重，岂不难哉！

七月初五日（8月1日） 至天津东关三合店下车。便服趋曾中堂行辕贡院。问引见事甚详。便述都中议论和夷，不下百十言。总之，办大事而为宵小牵掣，贤智之所以被谤也。侯漠置之，大哉侯矣。

初六日（8月2日） 衣冠晋谒曾侯，跪拜尽礼。问在京应酬一切。

初九日（8月5日） 巳刻，英国领事威妥玛谒见中堂，所谈天津案件，尚多龃龉。而法国领事罗淑亚决意本日入京，威妥玛明日入京。居中要挟之计，已可概见。当事无术可以羁留，甚觉可虑。未刻，入见中堂，谈论亦无落底之著。

十二日（8月8日） 夜，谒曾相，久谈。与荔秋、挚甫谈至三更，作“筹战”一函，明日上之侯相。

十三日（8月9日） 夜，与荔秋、挚甫同谒侯相，将进“筹战”之说，调杨、彭、曾、鲍诸夙将出山。侯相辩论敌情，以为各国不可猝灭，诸将不可常恃。且谓夷非匈奴、金、辽比，天下后世必另有一段论断。将来有能制此敌者，然必内外一心，困心衡虑，未可轻率开衅也。老谋见远，令人佩服，但目前和议不成，万一决裂，何以御之！杞人忧焉。

十四日（8月10日） 归寓，知总税务司英国人赫德来见曾侯。曾侯持论甚正，赫亦帖服。

十八日（8月14日） 夜谒侯相，以前任天津府县远去，解讯迟迟，廷旨及总署催迫甚紧，侯相大为焦急。此次办理夷务，无一顺手，被谤受气，不一而足，可发一叹。

二十日（8月16日） 下午，曾侯出至幕府，谈笑炊许。此次夷务，众论咎侯不善处分，君子小人如出一口，全不谅局中苦心，可叹之至。

二十一日（8月17日） 天津禁戏，谣言四起。夷务文书宜谕仇书办，格外机密，各事禀谒爵相。

二十三日（8月19日） 钱调甫禀报：张翰泉十八日自顺德动身。王委员霖禀报：刘彦山二十二日自密云动身。二君幸知速来听勘，或不至重为洋人迫胁，爵相亦可稍松责备。……吴彤云来，与之抗论，多凿枘处，高华之士，俗吏之魁也。爵相前日复禀刘军门铭传及杨、彭起用一片。批折：统筹全局，令闽、粤各省操防船炮，搜罗人才。大有敌国外患之惧，不知各省疆吏何以应之。

二十四日（8月20日） 爵相始出门拜客。

二十五日（8月21日） 丁雨生中丞奉命北来，今日抵津，微服赴府署马松圃处请见，门者难之，且索门包洋钱二十元，号包制钱五百枚，仍不为之纳刺。中丞愤愤去，以告爵相，即欲禀参。佥以松圃人品虽不见佳，虽权府系崇地山大臣所荐，然总由爵相保禀，现在夷务事事棘手，爵相方以用人办案大干清议，若将松圃劾去，里面更觉污糟。群嘱丁乐山、陈荔秋代为缓颊，以存体面。而中丞若喜若怒，事不可知也。

二十六日（8月22日） 早起，谒见丁雨生中丞，与陈小帆俱。中丞颇以夙昔虚名誉我，非小帆所愿闻也。其论夷务，专以拿办凶犯为急，与曾侯原禀尚不相背。分派道、府、县、将、镇五衙门，限四日内各获四人，违者括顶。得此一催，案件或可速了。夜，与荔、挚谒曾相，知丁中丞、毛尚书皆力主撤天津府马松圃，将以我代。我固辞，且谓此时办案正紧，马守不惟不可参，并不可撤，不如俟夷案了结之后，再令回晋州本任，更为妥洽。爵相韪之。中堂自限夷案尽八月十三日了结。

二十七日（8月23日） 归寓，闻中堂将委我审天津凶犯。即时晋谒，再四婉辞。若准若不准，然我决不为也。

二十八日（8月24日） 毛尚书、丁中丞同至爵相处，闻将以余为发审局提调。新立发审局道署，讯夷案众囚犯。乃遣使持刺谒两行署，托辞抱病回省。毛、丁去，急谒爵相，固辞差委，爵相颇不以为然。令挚甫相劝。决意不就……傍晚，陈小帆来，以病状与之周旋，待小人不得不尔！署通商大臣成竹坪寺堂林至津，余以引疾不往谒。

二十九日（8月25日） 早饭，适小帆至，引入席泛议夷务，余有怒色，愤语。渠颇不安。张翰泉来，久谈。嘱其于案件未了之先，弗常至督幕，以防谣言。翰泉哙哙，善人也。

三十日（8月26日） 开设发审总局，张翰泉、刘彦山各递亲供。毛、丁二公至爵相处午饭，酉刻始去。夜，爵相以张、刘供交幕府，令将不实不尽处所逐层驳诘，以昭核实。余亦助荔、挚参酌数语。日间与小帆论夷案，以必杀拐匪武兰珍，为此案正准，小帆抑扬其词，惟其私心用事也。

八月初一日（8月27日） 夜，接陈作梅信，言和局之害甚烈，以呈爵相，不知喷饭否！

初二日（8月28日） 总署信至，据夷酋照会，语意层层驳诘，府县架空罪语，无非欲以“主使”二字杀之。然府县有最难回答者，杀张栓、郭拐一条，是在上峰弥缝而曲全之。午后，爵相至幕府，微示意矣。

初四日（8月30日） 辰刻，廷寄至。马谷山制军被刺，因伤出缺，以曾侯调任两江总督，李相调任直隶总督。如此复局实出意外。刺及总制，尤闻所未闻，岂位高者患深，和平者怨密耶？可为浩叹。随与荔、挚谒曾侯，谈未几，毛、丁适至。夜，乃独入，请从东归。侯谓目盲不堪任疆吏，如引退不可，则携余至金陵当差。余谓即准引退，亦必相从南还不仕直也。意此举，两江士民必喜，直隶必怨。国家多难，如我侯者几人？任天下之重繁，中外之望者几人，其奚能退？

十一日（9月6日） 刘云生以府县供词到此斟酌半日乃去。此公遇事稳实，不比花苗一路。史绳之廉访专差来省，日暮穷途之惧。夜谒侯，为史、丁事，即允于交卸前出禀，随后寄稿去。帮荔、挚斟酌府县供词，四更始寝。

十三日（9月8日） 同荔秋校对府县供词五十余分。酉刻，同荔秋、挚甫、存之赴吴桐云之招。席间谈及此次夷务，京外好为清议，不顾大局，不觉怒骂流辈，酒亦微醺矣。折弁回，上谕慰留曾侯两江之任。

十六日（9月11日） 早，小驷谈府县被议后行径，似彼亦有心陷害。非人也，非人也！廷旨及总署信，催办凶甚急。译署意：又要速，又要实，又要多，又要机密。信笔豪言，何异痴人说梦，更不解其近日惮夷何以至此。廷旨召还毛大司空，专责湘乡公与李少荃、丁雨生两帅会办。毛以明日回京，留之不可。前直隶臬司史绳之念祖来。夜，同荔秋谒曾侯，和战不可必，事机本不顺，泛论半晌而出。

十八日（9月13日） 至河北恩聚店拜史绳之。适浮桥初开，久之始合，车马人畜，拥挤无状。饭后小卧。中堂召商发审局添派大员，丁雨生中丞将用史绳之，中堂意似不惬。此事本难其人，火坑又皆不乐蹈，囚供无几人，而二十三结案之限已迫。廷旨、总署且有提府县解交刑部之文。毛尚书已去，李揆帅不来，丁中丞卧病，无人为中堂臂助，遂欲禀请交部严议。时事尚可言哉！傍晚，访绅士杨春农俊元，细询夷案及真正凶犯，坚不实指。留我便饭。适辛绅绣圃来谈长芦盐务甚久。归将三更矣。辛为人尚明白，但浮夸非可用者。

二十日（9月15日） 谒爵相请其自禀以救府县下狱之举，允之。而尚有待以陈镇国瑞自京解津归案审讯，府县暂可缓解故也。小驷混骂崇地山挟厚资回都，余面责其非是，靦然无词。非真骂地山，佯骂以恬我也。小驷为地山私人，谁不知之也。

二十一日（9月16日） 下午，至陈云卿处，所言凶犯拟抵须有配搭，免至洋人争多较少，糟踏华民。不为无见。傍晚，中堂下幕府，即以其意转呈矣。

二十三日（9月18日） 中堂禀报第一批津案，凶犯十五人，并自请严议。夜，谒中堂言盐务轻减成本复禀，允于交卸之前拜折。又自陈必随南还，固请乃许。但须开缺亦不顾矣。

二十六日（9月21日） 夜，阅陈作梅信，一派横议，不觉勃然大怒。谒髯相，犹骂作梅糊涂旦。过矣，过矣！存之在，并叱其清议之非，彼必恨我。

二十七日（9月22日） 傍晚，李中堂至幕府，邀余入座，询余进退，答以南还，若许若不许。

二十八日（9月23日） 为曾侯汇银三千两，交张翰泉、刘彦三下狱之费。

九月初一日（9月25日） 未明即起，沐。与挚甫出西关之西沽桥送张翰泉、刘彦三入都。闻荔秋云：丁雨生中丞为余南还事，在爵相前极力恿怂，且以江宁府一缺荐。余一生无长处，又不工于逢迎，顾每每得显者青睐，遂以此叨窃虚名，可不勉欤！镇江、吴城皆有民教起衅之案，津人作之俑也。何日而宁？

初二日（9月26日） 早，与挚甫谒见丁雨生中丞，意致甚厚。傍晚，曾侯传见，述丁雨帅方待余相从南还之意。曾侯待余如子侄，雨帅爱余以爱。曾侯一出至性，受知若此，何以报之。曾侯又言，禀调人材之难易甚详，去取尚未定也。

初五日（9月29日） 谒李中堂谈盐务及曾侯进京事宜、吾辈出处之事甚久，午刻始退。谒曾侯，一一言之。

初六日（9月30日） 午刻，曾侯交卸督篆，贺之，不受。贺李相亦不受。未刻，曾侯约饭。

二十日（10月14日） 本命生日，舟中斋。傍晚，至天津东关外停泊。遣仆诣曾侯行署探问启节日期。

二十一日（10月15日） 清早晋谒曾侯。谕以二十三启程入京。家眷由运河先行，而自由京取道雄县、河间以达济宁，再舟行入金陵。问我如何行走，对以先令友人、仆辈坐船，随眷船大帮走，而自至河间候旌节。颔之。又陈明白去年来直，借过内银钱所千金，请作悬款，至南再设法筹还。其在京及同寅中借用者，第向钱调甫借得千金分偿之。侯似讶费用颇多。然北来年余，仆从数辈，一切日用皆须自筹，且引见一次，以我观之，尚不多也。出，至幕府接晤陈、薛、黎、陈数人。至侯眷舟次，拜劼刚、栗诚二公子及王协亭。仅晤栗，谈次知挚甫不得随曾侯南行，谓我于中作梗，大发牢骚，百端怨怼，劝我委婉解说。余谓此事侯自主持，干我何事！此君性情颇乖，不必与之辩论，听之而已。

二十二日（10月16日） 早，晋谒李中堂。谕以请省［亲］假期四个月批准，但假满仍须北来到任，是时运河必通畅，可请老太太同来竟至衙门。又谓曾中堂意欲为开大名府缺，此间未定云云。凡此落落数语，体恤周至，何以报之。申刻，至曾侯行署，与佛生谒侯送行。

二十三日（10月17日）　早，至行署送曾侯启节入都。

二十四日（10月18日）　夜，马松圃来拜，知奉札以今夜枭夷案凶犯十六人，人给恤家银五百两。杀之而又怜之，以此案不与平常同，虽曰乱民，亦因义愤，不过从保全大局起见，为此曲突徙薪，就案办案耳。

十月初五日（10月28日）　闲住署斋。闻夷案所斩十六犯内，有某年才十七，聘某氏女未娶，处决之日，女欲自往生祭之，父母不许，女缢以殉。此种案情忽有此种义烈，可敬也，可叹也。当访其姓氏。

闰十月初八日（11月30日）　云舲以所录曾相国今夏奉命办理天津夷务出省时，书遗嘱以与两世子，内有五言古二首，携稿示我，附录于后：

善莫大于恕，德莫凶于妒。妒者妾妇行，琐琐奚比数。
己拙忌人能，己塞忌人遇。己若无事功，忌人得成务。
己若无党援，忌人得多助。势位苟相敌，畏逼又相恶。
己无好闻望，忌人文名著。己若无子孙，忌人后嗣裕。
争名日夜奔，争利东西骛。但期一身荣，不惜他人污。
闻灾或欣幸，闻祸或悦豫。问渠何以然，不自知其故。
尔宝神来格，高明鬼所顾。天道常好还，嫉人还自误。
幽明丛诟忌，乖气相同互。重者责汝躬，轻亦减汝祚。
我今告后生，悚然大觉悟。终身让人道，曾不失寸步。
终身祝人善，曾不损尺布。消除忌妒心，普天霖甘露。
家家获吉祥，吾亦无恐怖。

知足天地宽，贪得宇宙隘。岂无过人姿，多欲为患害。
杜约每旦丰，居困常求泰。富求千乘车，贵求万钉带。
未得求速偿，既得求勿坏。芬馨比椒兰，磐固方泰岱。
求荣不知餍，志亢神愈忲。岁燠有时寒，日明有时晦。
时来多善缘，运去生灾怪。诸福不可期，百殃纷来会。
污言动招尤，举足便有碍。戚戚抱殷忧，精爽日凋瘵。
矫首望八荒，乾坤一何大。安荣无遽欣，患难无遽憝。
君看十人中，八九无倚赖。人穷多过我，我穷犹可耐。
而况处夷途，实事生嗟忾。于世少所求，俯仰有余快。

侯命堪终古，曾不愿乎外。

十五日（12月7日）　酉刻至高邮州。曾侯舟到已晚，泊于对河，以接官亭，先有京口都统湾泊，故让之也。此老一生本事，悉自“劳谦”二字入手，年老恬淡益甚。阅历愈真，交际之间，靡不谦让，所谓具体而微。

二十一日（12月13日）　曾侯自舟入城。

二十二日（12月14日）　未刻，率仲弟叩谒曾侯，贺接总督新任之喜。

十一月初八日（12月29日）　夜，同荔秋晋谒中堂，坐谈甚久。

初九日（12月30日）　朱修伯京卿学勤来，精明厚实，不似浙人，谈炊许始去。午刻，同赴曾侯之招。荔秋、钱子密皆在座。曾侯晕疾复发，命劼刚世子陪饮。

二十二日（1871年1月12日）　申刻，晋谒曾侯，劼刚留饭。

二十九日（1月19日）　荔秋谒辞曾侯。返谓，侯答陈作梅信有云：勉林一极好帮手，惟虚而无薄，欲行奏调，又难于著笔，深恐闲暇此才，负其伟抱等语。噫！侯之知我遇我，可谓异数矣。然不肯遽行冀调，盖犹不免瞻顾之意，抑我之坎坷未净，听之可也。良相为朝廷用人而又恐朝廷拘例，亦中枢用事未能尽相信耶。

十二月初六日（1月26日）　下午，晋谒曾侯，面递邓、黎、邓三人劣迹手折，谈论甚久。

二十六日（2月15日）　未刻，晋谒曾侯，谈公事甚久。病亦痊愈矣。

二十八日（2月17日）　下午作禀上曾侯，请提用山内粮台三万六千余金之寄存金陵粮台者，防干没也。

二十九日（2月18日）　巳刻，偕畇黄、丹臣、伯存及仲弟赴督署，曾侯例不除夕见客，坐劼刚斋中，一时即归。

同治十年

正月元日（1871年2月19日）　寅刻，赴督辕叩谒曾侯，并拜幕府各位，归寓早饭。

初四日（2月22日）　晤劼刚，言余冀调事，如不便措词，则不必调请，以此意上达侯相，不尽人欢之意也。申刻归寓。闻直隶清河道费幼亭开缺，陈作梅请补。作梅不辞而被争夺之谤，李相不察而蹈私人之嫌，用人与为人用者当戒之。

二十九日（3月19日）　酉刻，曾侯传见，以奏留我江南疏稿示我，并谈仲弟查长江甚详。

三十日（3月20日）　录曾中堂片

奏：再，准补直隶大名府知府李兴锐，经臣于八年十一月在直隶总督任内奏补是缺，尚未到任。九年正月委赴畿南一带办理赈务，厘剔弊端，涓滴归公。四月间办竣。旋即给咨进京引见。出都后，本拟檄饬赴任，适该员接到家信，其母在江宁寓所抱病甚剧。据禀：方寸瞀乱，万难任事，坚求回南省亲。臣以其至性过人，未便强留，李鸿章接其禀牍，勉徇其请，给假四月，朝夕奉养，不离左右。现在假期早满，母病未痊，欲赴任则母子相依，不忍言一日之别；欲迎养则程途太远，断难任旱道之劳；欲调回两江，则以奏调补缺人员，复为改省另补之请，不特与部中定章不符，亦且与该员本意相背。在该员淡于荣利，辞职奉亲，绝无丝毫之恋。而臣察看该员，果毅笃诚，廉而有为。自军营相从至今，十有四年，前后一辙，实属不可多得之才。若竟令其投闲置散，未免人材可惜。再四踌躇，该员既不能北行，员缺又未便久悬。合无仰恳天恩，俯准大名府知府李兴锐开缺留于两江，酌量差委，俾该员稍遂返哺之私，臣亦藉收得人之效，出自〇〇〇逾格恩施。谨附片陈请，伏乞圣鉴，训示。谨奏。

二月初七日（3月27日）　下午，奉曾侯行知奏留两江片稿。

十五日（4月4日）　午刻，晋谒曾侯，坐谈甚久。并为熊首棠领内银钱所恤银二百元。论及皖抚某公做寿，余痛言方伯某不良，亦欲侯乘便训诫耳。傍晚，奉曾侯札，委办营务处稽查水陆兵勇及各处厘卡。

十八日（4月7日）　曾侯阅开花炮。余早起趋仪凤门。巳初，曾侯至。营哨演炮数番，火器之利，无逾于此。午刻，随侯过河至下关营盘，遍阅大小机器。

二十三日（4月12日）　未刻，谒曾侯，请示查勘江苏水师事宜。

二十五日（4月14日）　送马制军灵柩出水西门登舟，自曾侯以下皆步行送。街道皆设路祭。观者如堵。

二十六日（4月15日）　见客两次。细阅曾侯发下江苏水师章程，要者摘抄，以便查对。

三十日（4月19日）　早起，至督署祝曾相国夫人寿。

四月十四日（6月1日）　早起开轮，卯刻抵旱西门，计三十里。雇肩舆入城。登堂朝母。饭后，栉沐。晋谒曾侯复命，谈江苏水师甚久。

五月二十六日（7月13日）　辰刻，晋谒曾侯，请示委查江苏大阅各绿营如何办法。又授密札，饬查各州县优劣。两事皆要紧，亦甚难办。

十一月初一日（12月12日）　附录：摘中堂致冯竹儒书

再密商者，在沪曾嘱勉亭赴厂先住一月，俟相安，然后会办，渠已应允。回省数日，与之再谈，渠又徘徊不决，似有诿谢之意。细叩其故，渠言所以派人赴厂者，似有查察之意，无非欲息外间之浮议，雪卓如之疑谤。而浮议所由起，总因沪厂岁支数十万，膻膻之地，易启艳羡猜疑之论。今若不将历年账目彻底算清，上而报明两院具奏，下而使司道及局员晓然周知，则不特目前之谤难弭，并将为卓如终身之累。或阅数年，十余年，尚有弹劾之章，亦未可知。今赴厂间住一月，或在（级）［局］会办半载，曾不足分卓如之忧，于公事亦毫无禅补云云。仆因告之曰：君言及此层，正所以扶照卓如，即所以大益公事也。报销早奏亦并为敝处预除后患也。君到局后，力催卓如清理账目，分列条款，如：曰造船，曰造枪炮，曰办机器，曰购木料、铁、炭，曰买地造屋，曰养委员、工匠、学生等事。每册分数款，每年立一册，赶紧造成详奏。则卓如可息前谤，可绝后患，而鄙人亦无公事颟顸之讥矣。如有亏空，仆愿代为担承，总以早清为是。仆与勉亭所议如此，特以奏告。如勉亭果能赴厂，请阁下迅办销册，即以勉亭为监算交代之员可也。至嘱至嘱。

同治十一年

二月初七日（1872年3月15日）　袁辅卿、唐兰生来，留便饭，引看各厂机器。傍晚，局友蒯虎臣回自金陵云：曾中堂初四日戌刻无疾仙逝。骇绝！恸绝！国家只此栋梁，庙堂倚为心腹，主少国疑，内忧外患，遭此大变，天地崩裂，未知苍苍何意！予以书生从戎，知遇极厚，期望极殷，十五年来，无异家人父子，堂廉相得，肝胆相见。所为长依宇下、屡争去就者，原欲报恩万一，且分衰老忧劳，而尽事人之道。正月二十四谒辞，欢笑如故，谈公事如故，精神步履如故，不意才离十日，此生遂不可复见。天乎，人乎，何至于此！拟于明日觅搭轮船回金陵，奔哭寝门。是夜寝不成寐。

初八日（3月16日） 未刻，至大东门金利源码头，搭快也坚轮船回金陵，奔曾侯之丧。旋至小南门城内桥家榜毡帽公所访辅卿、兰生，留饭。戌刻，回船就寝。

十一日（3月19日） 早起，上院叩曾侯灵前，不觉抚棺大恸。感恩知己，从兹已矣！傍晚归寓。

二十八日（4月5日） 城厢全节堂、普育堂、粥厂等处妇女数百人，人持香楮相率叩奠曾侯灵前，多（然）［流］涕者，情状殊不堪睹，无告穷民感激至此，其他可知。

三月十三日（4月20日） 制府接印，随班贺。自是常居院署寓斋。办理曾文正（补）［讣］务。

十月十一日（11月11日） 曾文正公冥寿，备酒席五卓，邀同乡至会馆致祭，到者二十六人，以事不到者六七人。未刻会饮，申刻散。

张文虎日记张文虎

张文虎（1808—1885），字孟彪，号啸山，署华谷里民。松江府南汇县周浦镇（今属上海市）人。清咸丰至光绪年间的著名学者，撰著有《舒艺室随笔》《舒艺室杂著》《湖楼校书记》《校刊史记集解索隐正义札记》等，曾以天目山樵为笔名评点《儒林外史》。他任过曾国藩幕僚，是金陵书局刻书活动的核心人物。

同治三年

十月十一日（1864年11月9日）　节相五十五生朝，与壬叔往贺。辞客不见……劼刚留午饭……饮毕，劼刚邀游企雅园。有大树三四株，假山小池颇楚楚。楼台尚无恙，惜未修理耳。花厅右侧有艺圃，叠石覆涧，渡以小桥。屋只两间，隔以小庭。梧桐一株，高出丈余。前亭有石笋五，丛篆数十竿，雅静宜人，惜近会客处。闻侍逆李世贤由江西寇广东。

十月十三日（11月11日）　开生约同壬叔至金谷园吃点心，因往谒节相。晤缦云、养泉于门。将往游贡院，约午后至局。节相论刻书章程，谓十三经古注，惟《易》《书》《孝经》不足刻。固然，然相沿已久，不能废，且无他古注完本可补者，不能定也。语间，有劝下场意，对以"半生只下场一次，并未终场，今卅三年矣"，一笑而罢。出访伟堂、沛然。伟堂言，洪逆子福瑱及李秀成四岁幼子并为席观察所获。

十二月十四日（1865年1月11日）　与壬叔回拜何子贞于朱履巷。子贞以书法名京师，至此颓唐矣，更作分书，自谓神似汉碑。素有狂名，实乃坦率。金陵其旧游，遍访之，成四十绝句，节相即其手稿刊之，索同人和，竟无应者。

同治四年

正月十七日（1865年2月12日）　接节相饬知，去岁十一月十八日汇奏克复金陵案内，以予与壬叔保举训导，廿七日奉上谕，准以训导，不论双单月，遇缺即选。见山亦准以知县留省委用。

正月十九日（2月14日）　与壬叔、见山谒节署，谢保举。节相惠所刻何子贞《金陵杂感诗》。至劼刚处闲话。借得影宋钞本《集韵》，及亡友马远林阅读所为校勘记。

四月十二日（5月6日）　节相送新印《方望溪集》，沅帅所寄也。又节相《钟山勒铭》一纸，所记去夏破金陵贼事。"望溪集"系桐城戴钧衡重编，凡十八卷，又集外文十卷、补遗二卷、年谱一卷，颇有已删之作及随手应酬，本不存稿，掇拾取盈，未必合作者之意。饭后，至仓巷访缦云、鲁生，知捻匪东窜，王昌期已赴清江浦会剿。鲍军门兵噪于湖北，此军乌合，本易滋事，而军门又请假回川，统领官不能缉众，致为可虑。缦老示《磨盾余谈》，本白季生让卿所作，而托名于钱唐［塘］张炳者，所述皆白小山尚书家事。述其先德而托名他人，盖中有言其后人之济美者，嫌于自誉而借口出之，然人固知之，徒作伪耳。

四月廿一日（5月15日） 是日栗诚大婚，娶郭慕徐妹。节相谕不收贺礼，故皆不送。与晓岑、壬叔肩舆赴节署。节相新奉侯上加“毅勇”二字之命，兼贺两喜也。

五月十三日（6月6日） 曾劼刚来，言节相拟廿二日北征，郭将军在宿迁近地击捻匪得胜。李宫保发兵二千，由海道至天津，防匪北窜；一面于十八日启行，来省接总督关防。因论及城内余孽虽已剃发，伏莽尤多，游勇亦不少，即湘营兵勇向来骄悍，以节相威德坐镇，相安无事，今既经更动，善后大难，兼李宫保带来皖军本与湘勇不和，保无滋事？湘勇虽经节次遣散，而遣散者不尽回湘，宽严一不得宜，皆能起衅，颇为可虑。访汪梅村，亦以此事为忧。

十四日（6月7日） 汪梅村来，同至节署访曾劼刚，知节相改期二十五启行。闻王昌期军门自清江探捻逆情形回，言运河岸高，于水师不便，难以为功……回至九儿巷访李芋仙，出示《感怀》诗，以节相北征，同事诸君星离雨散，彼此惘惘。

五月十六日（6月9日） 至节署，知节相准廿五日启行。又闻捻匪从山东折回，将近徐州。连日闻殿试榜发，状元系蒙古人，探花系汉军，此破格也。杨见山言，闻曲阜孔林遭贼蹂躏，亦从来未有之劫。

五月十八日（6月11日） 节相送《益阳胡文忠遗集》来，凡奏疏一卷、守黔书牍二卷、抚鄂书牍四卷、抚鄂批牍三卷，其首卷则国史本传及年谱也。朝邑阎中丞敬铭所编，刊于武昌书局。文忠忠勇沈毅，干济多方，为节相所推服，读此集可见其概已。

五月廿五日（6月18日） 谒节署，知准午初上船，因至仓巷缦老公馆少歇。未刻，出旱［汉］西门，节相已上船矣，颇有瘁色。三载相依，临别惘惘，岸边求见者鹄立，不敢多谈，遂告退。

闰五月二日（6月24日） 闻节相奉旨节制直隶、山东、河南三省，满汉文武官弁兵丁俱归统辖。

六月初九日（7月31日） 曾劼刚公子向来俭朴，其在安庆，出只步行，随一仆。及来金陵，出必肩舆，以城大地远故尔。近乃闻其舆前顶马，四健丁持刀前导，后从仆亦骑，此节相未北征时所未有。然则平日俭朴强制耳，识力犹未定也。

同治六年

十一月九日（1867年12月4日） 与唐端甫谒节署。节相欲以《读书杂志》中《汉书》四卷附刊《汉书》之后，予谓不如全刻《读书杂志》单行，而刊钱可庐《两汉辨》，拟于两《汉书》后。又请于《王船山遗书》内别印《易》《书》《诗》《春秋》四书，《禆疏》为一帙，《礼记章句》为一帙，《通鉴论》《宋论》为一帙，《庄子解》为一帙，《楚词［辞］通释》为一帙，《思问录》内外篇、《俟解》《噩梦》《黄书》各一帙。各帙单行，可分可合，俾寒士易于购买，而书亦易于行远广传。节相以为然。此议前寄沅浦中丞书中亦曾及之，复信亦以为是。

十一月十七日（12月12日） 缦老、汪梅老来，言节相欲以聚珍板印顾亭林《肇域志》，盖本海宁蒋氏藏书以赠朱久香学使者。此为亭林未成之书，原缺北直、四川二省，而传写本脱烂又缺广西一省，向无刊本，故久翁怂恿节相为此举。然原书既无他本印证，其所据明时各省郡县志又不可得，模糊影响，以代传写，□□可耳。如其订正，谈何容易？

十二月朔（12月26日） 节相命刘伯山子恭甫寿增入书局，来拜。于是书局凡七人：汪梅岑、唐端甫、刘叔俛、戴子高、周孟余［舆］、恭甫、壬叔及予也。

同治七年

二月七日（1868年2月29日） 谒节相，出示汲古阁刊本《乐府诗集》旧印本及阮文达《揅经室集》初印本，以为刻书板必须如此，盖其意不出“方肥清匀”四字。予谓“清匀”二字最要最难，“方肥”则从人所好。宋人佳刻，字体往往带长而瘦劲，近欧者尤佳，近日无此写手、刻手耳。

闰四月十一日（6月1日）　校《史记》样本。闻节相转武英殿大学士，时在苏州。

五月十四日（7月3日）　节相招饮新园，同集：陈逸山、壬叔、端甫、赵惠甫、黎莼斋、钱子密。晨往评事街访逸山，因同至节署。晤劼刚、陈小浦、吴挚甫、薛叔芸诸君，作竟日谈。新园仅三亩，有轩三间，前面小池，余地艺杂蔬。左台三层，可以眺远方。土山有茅亭，太阳四照，俱不及登。昔年方子可所造地球，今贮轩中。轩尚爽垲，惜无大树。节相俭约，不求完美，殊草草也。

七月廿二日（9月8日）　阅新刊节相所定《长江水师章程》，大意以长江水师弛懈，致咸丰初发逆长驱而入，故特设长江水师提督驻扎太平府，西自武昌，东至通州，设四十三营，置备大小舢板及长龙船节节联络，以备非常。又自军兴以来保举武弁，自记名提、镇以下皆无缺可补，今为借补，有提、镇而补参、游以下者，有副将而补千总者，亦格外通融之法也。

七月廿七日（9月13日）　闻节相调直隶总督。

七月廿九日（9月15日）　至节署道喜。节相言书局须移交后任永不废。

九月廿一日（11月5日）　校《史记》样本及《三国志·魏武帝纪》样本，又写《史记·功臣表》。外间传言，连日太白经天，又岸西门有人于薄晚见红袍、绿袍人形，倏忽不见。闻此番是弥利坚夷人在扬州设讲书堂，而有法人所设育婴堂，内屋死婴儿，扬人以为夷人致之死，群起拆毁而误拆讲书堂，因以起衅，以兵船来沪，欲要挟，求扬人起事者。今年和约尚未换定，人心皇皇，亦因其所。

十月五日（11月18日）　节相惠平江李元度次青观察新刊所撰《国朝先正事略》六十卷，分名臣、名儒、经学、文苑、遗逸、循良、孝义七类，中有合传、附传，加以圈点。盖仿其乡魏默深刺史《圣武记》，然不尽允当，叙次亦不及默深，以资翻阅，亦一便也。次青亦节相门下士，自负奇材，保举至臬司衔，咸丰、同治间督兵救浙，以畏缩被劾免。近闻从席宝田观察规复黔东，此帙乃其废居时穷愁著书所作也。

十月初六日（11月19日） 谒节相，命撰《校史凡例》。节相惠新拓梁萧秀西碑额及碑阴、梁萧憺东碑、梁萧宏神道东石柱题刻、梁萧宏神道西石柱题刻、梁萧景神道西石柱题刻、唐明征君碑七种，皆在摄山相近，莫偲老所访得者。

十月十一日（11月24日） 贺节相生日。访庄中白，示《送节相诗》五律三首。

十一月五日（12月18日） 至上江考棚谒李节相，言《史记》新板本之善，又言明年周缦老回湖州，书局总办非子谁属？盖承曾相之言，敬谢不敏。

同治八年

六月四日（1869年7月12日） 辰刻至下关，见民房皆在水中。呼渡至汉西门登岸。忽雨，仍雇肩舆入城。唐端甫示合肥节相照会湖北及宁、苏、杭四局合刻二十一史，宁局除《史记》两《汉［书］》《三国［志］》已刻外，接刊晋、宋、齐、梁、陈、隋、北魏、北齐、北周诸书及南、北二史，即日起工。端甫自认与予同校《晋书》。又示湘乡公回书，命校刊王石臞《读书杂志》。局中房屋修葺后复加油漆，飞云阁已有七分工矣。

六月十九日（7月27日） 孙方伯便服来长谈，复同登飞云阁。飞云阁本在飞霞阁上，同治甲子初至金陵时，尚有基址可寻，后则并无瓦砾矣。曾侯本欲复此，以属桂观察，比以府学工竣余事，及即在园中御碑亭西北建楼房，上下各三间，右侧一亭，踞此城最高处，下视回廊曲槛，金碧辉映，群山环绕，皆在几席，他日当为金陵第一名胜矣。然飞云、飞霞名皆尘俗，予请琴老另易新名书扁［匾］。琴老云，马制军意亦如此，然一时思之未得也。

同治十年

十月廿二日（1871年12月4日） 湘乡公示松郡士人禀呈恩贡生宋庆云所著《春秋闰朔日食考异》。宋君向未识，闻之席晦甫云，其书用《三统》四分及殷术推算闰朔，其日食则以前后编法参之。

十月廿六日（12月8日） 谒湘乡，请作《史记》序，并借柯板本《史记》。公拟校刊《通典》及《日知录》，然无善本也。

十一月初四日（12月15日） 湘乡公思上海新刻翻译西人诸书二十册，曰《运规约指》三卷、《制火药法》三卷、《汽机发轫》十卷、《开煤要法》十二卷、《化学分原》八卷，《航海简法》四卷、《御风要术》三卷、《金石识别》十二卷，凡五十五卷，无总名，盖刻未全也。

十一月八日（12月19日） 以湘乡公所得柯板本《史记》校今刊本，大约残板所余十得八九。

十二月廿四日（1872年2月2日） 湘乡公来拜，长谈诗文，索黄勤敏《壹斋集》去。

同治十一年

二月五日（1872年3月13日） 卯正，叔起扣窗云："爵相逝矣！"错愕无所应，乃知昨晚声炮果如所疑。盖爵相素健□□□谓有兼人之质，然治兵十载，被极劳苦，其莅两江，七年之间凡三往返，心力俱困。筹办善后，百废具举。稍暇则研覃古学，常以不及古人为耻。尝谓予曰："某读律算、天文之书，皆茫然不解，奈何！"予曰："此琐事，不解何损？公之学在论道经邦，燮理阴阳。"公大笑曰："阴阳如何燮理？"予曰："在论道经邦。"公复大笑。盖公实笃志于学行，将兼容并包汉、宋诸儒之长，而折衷于圣人。责己严而待人宽，至拨乱反正之功，未尝丝豪［毫］见于颜色。身都将相，歉然如寒儒。求之史籍，有几人哉！午后赴辕一拜，悲不自胜。孝子帏中号哭，肺腑俱折，不复能执手也。夜叶云岩来，言昨晚有人见城东北红光烛天，或云有大星堕其处，其骑箕尾而上升与［欤］？

二月十二日（3月20日） 从子密借读湘乡公遗表及在直隶将赴天津时遗属，又《不忮》《不求》诗二首，抄副还之。叔起招同赵季梅、稚农叔侄、吴莘农、唐端甫午饭，予齿痛未除，食糜而已。闻朱相国亦正月杪薨，适集一时，咄咄怪事。

二月十四日（3月22日） 作《祭湘乡公文》。

二月廿一日（3月29日） 知湘乡公赠太傅，特谥文正，苏抚何中丞署江督。

二月廿六日（4月3日） 作曾文正挽联云：

十年心力久忘身，无愧千秋信史；

三省军民齐下泪，岂徒八百孤寒。

三月三日（4月10日） 赴督辕公祭曾文正公。传闻是日上海大雷，震死夷人三。

湘绮楼日记 王闿运

王闿运（1833—1916），原名开运，字壬秋，一字壬父，因自题所居曰“湘绮楼”，人称“湘绮先生”。湖南湘潭人。他是清末著名学者，年轻狂放，重经术，好纵横之学，与曾国藩、左宗棠、彭玉麟、胡林翼、李鸿章等人关系密切。湘军攻占武昌后有过在曾国藩军中短期做幕客的经历。一生著述甚丰，门人辑为《湘绮楼全书》。

同治十年

九月二日（1871年10月15日） 昨闻涤丈至此，果得相遇，急往寻之，而巡捕以例依班传帖，久不余达，待二时许矣。若十年前必直入大呼，今老不可怒，遂待至三时许，而后刺通，相见甚欢。左右以为未尝见客谈笑如此，甚矣权贵之不可居也，所见客皆不能欢，则其苦可知。余欲以所作经说质之涤丈，而仓卒不尽怀，自请同行至徐州，而后仍还淮安，舟中可快谈。

淮阳镇道公请相侯……看戏七出。见《王小二过年》，因语涤丈：“此必中堂点也。”曾问何故，余云：“初起兵时已欲唱。”涤丈大笑，因遂请和季高，曾色甚愉，但云：“彼方踞百尺楼，余何从攀谈。”

九月三日（10月16日） 余为薛、陈二君言湘营旧事。薛云李少荃云：“自鸿章出而幕府废。”人之无耻有如是耶？少荃首坏幕府之风，以媚福济者媚曾公，而幕府坏，军务坏，天下坏，曾公亦坏，乃为此言，故余不得不记之。君子表微，恐误后世也。夫记此言于草纸簿中何能示后世，然一记则少荃已服上刑，此春秋之义也。

九月四日（10月17日） 是日两渡漕渠，夜诣涤侯，谈修志事，涤丈似以善恶兼载为不可。

九月九日（10月22日） 涤丈遣问归否。因见新闻纸及李少泉书，言法夷欲兴兵端。余正欲言，方元琛至，未尽其词而罢。

九月十日（10月23日） 夜过涤丈谈家事，及修好左季丈事。涤有恨于季，重视季也。季名望远不及涤，唯当优容之。故余为季言甚力，正所以为涤也。此隙起于李次青、刘霞仙，而李、刘晚俱背曾，可为慨然。

九月十六日（10月29日） 午寐，过淮安未觉也……帅舟未至，留待二时许。涤丈招饮，遣小舟来迎，复牵舟溯流二里得遇，与镜初同酌，食粉蒸鱼翅甚佳。且饮且行……观饮甚豪，为之尽欢……稍坐鸡鸣，作歌以记豪饮，文多不录。

九月二十日（11月2日） 夜诣涤丈辞行，涤丈旋过舟送行，并赠赆，受之。

同治十一年

二月十八日（1872年3月26日） 俊臣来，仪仲来，报曾侯之丧，凄怆久之。

二月二十一日（3月29日） 访雪琴，详问曾侯死状，无疾而在正寝，近有道也。

三月一日（4月8日） 作书唁曾劼刚并送曾侯挽联：

平生以霍子孟、张叔大自期，异地或作大不同功，戡定仅传方面略；

经术在纪河间、阮仪征之上，致身何太早，龙蛇遗憾礼堂书。

三月五日（4月12日） 观优演《刘金定》。余洪学仙，为鬼还山，感叹今人，念曾侯魂归故山真如大梦，惜其赍志有不敢行者，可惋也。

三月十二日（4月19日）　闻曾侯赠大傅，谥文正。

五月二十二日（6月27日）　闻曾涤丈柩已至长沙，余初起馆，未能赴，伤之。

六月十七日（7月22日）　寄鸿来，言曾家见吊客不开中门，又不回帛，省城颇怪之。

六月二十三日（7月28日）　巳初至长沙，舣舟南湖涧。登岸步三四里，至南竹冲临曾文正殡所。途遇劼刚，吊问数语，辞劼刚，令还城，余仍至曾墓礼毕，与守茔刘提督谈数语。

同治十二年

正月廿五日（1873年2月22日）　又阅曾侯日记，殊草草不足观。且当彼卅岁时，静坐即昏睡，亦何至尔。

光绪四年

二月十一日（1878年3月14日）　翻曾涤丈文集，见其少时汲汲皇皇，有侠动之志，因思诸葛孔明自比管、乐，殊非淡静者，而两人陈义皆以恬淡为宗，盖补其不足耶？然则余当以跌宕为志，不宜幽怨也。

二月二十一日（3月24日）　晨作《湘军篇》，颇能传曾侯苦心。其夜遂梦曾同坐一船，云初八当去，初十定行矣。张参赞同诸人宴客昭忠祠，以余当增一客，送单请添入。余取笔书“四川同知道衔知府曾传理”，字似题壁。又邀曾一往，曾谢以不愿，而取帖送余往作客。余牵一羊暗行入曾祠，以羊交笠沙弥而还。仍与曾坐，误著曾朝鞋。已得己鞋，乃狼皮鞋也。甚讶何时著此？俄焉而觉。

二月二十七日（3月30日）　作《湘军篇》，因看前所作者甚为得意，居然似史公矣。不自料能至此，亦未知有赏音否？夜览涤公奏，其在江西时，实悲苦令人泣下。然其苦乃自寻得，于国事无济，且与渠亦无济，反有损，要不能不敬叹，宜其前夜见梦也。世有精诚定无间于幽明，感怆久之。彼有此一念，决不入地狱。且吾尝怪其相法当刑死而竟侯相，亦以此心耿耿，可对君父也。余竟不能有此愚诚。“闻春风之怒号，则寸心欲碎；见贼船之上驶，则绕屋彷徨”，《出师表》无此沉痛。

二月二十九日（4月1日） 将归祠祭，以大雨将至未去……作《胡军篇》，看咏芝奏牍，精神殊胜涤公，有才如此未竟其用，可叹也。

三月十六日（4月18日） 看胡奏稿书札及方略，见庚申年事，忽忽不乐。又看曾奏稿，殊失忠诚之道。曾不如胡明甚，而名重于胡者，其始起至诚且贤，其后不能掩之也。余初未合观两公集，每右曾而左胡，今乃知胡之不可及，惜交臂失此人也。向非余厚曾薄胡彰著于天下，则今日之论，几何而不疑余之忌盛哉。

三月十七日（4月19日） 撰《军志篇》成，读一过，似《史记》，不似余所作诸图志之文，乃悟《史记》诚一家言，修史者不能学也。《通典》《通考》乃可学，郑樵《通志》正学之，亦智矣，惜其笔殊不副，然不自作不知之，则余智不如郑久矣。欲作《曾军后篇》，连日正不喜曾，乃改撰《水师篇》，再翻《方略》，便撰大事作表，半日毕一函耳。依此推之，五月乃可成表。

四月十一日（5月12日） 咸丰六年至八年，湖南协济江西军饷银二百九十一万五千两，此左生之功也，左生于江西殊胜曾公。

四月十二日（5月13日） 夜看曾书札，于危苦时不废学，亦可取。而大要为谨守所误，使万民涂炭，犹自以为心无愧，则儒者之罪也，似张浚矣。

七月四日（8月2日） 次青来，甚言余知李续宜之不能军，为有特识。因言曾文正至死不悟李劣，胡文忠知之矣，然则官文亦知人。

光绪七年

三月十七日（1881年4月15日）夜月，梦与曾涤丈论时事及家事，有悲切之言，颇近释书。既觉，念其不经，然生感悟，裴回申旦。

闰七月四日（8月28日） 《湘军志》刻成，急须补《川陕》一篇，推寻竟日，分置日历，记事犹难明晰。此《志》自以纪事本末为易了，但非古法耳。

闰七月九日（9月2日）　作《川陕篇》成，唯余《议论》《兵饷》二篇，易为力矣。

闰七月十日（9月3日）　作《营制篇》，叙笔颇变化，曾涤丈言“画像必以鼻端一笔为主，于文亦然”。余文殊不然，成而后见鼻口位置之美耳，其先固从顶上说到脚底，不暇问到鼻端也。八家文凭空造出，故须从鼻起。余学古人如镜取形，故无先后照应，惜其生时未论及之。

闰七月十八日（9月11日）　作《军志·营制篇》成，此书遂有成日，亦奇事也。

八月廿八日（10月20日）　《湘军志》校讫。

光绪八年

正月七日（1882年2月24日）　以外间颇欲议论《湘军志》长短，与书佐卿，属告诸公烧毁之。

正月十七日（3月6日）　锡九来，论《湘军志》版片宜送筠仙。余告之云：“吾以直笔非私家所宜，为众掩覆，毁版则可。外人既未出赀属我刻，而来索版，是无礼也。君不宜为众人所使，且置身事外以免咎尤。此板吾既愿毁之，又何劳索。”锡九唯唯而去。

正月二十日（3月9日）　早起遣送《湘军志》板及所刷书与筠仙，并书与之，言本宜交镜初，今从权办也。

正月廿七日（3月16日）　闻曾沅甫与余参差，余俱唯唯。

正月廿八日（3月17日）　文心来，言庞司使怪余不拜客，又问曾沅浦事。此事不可使官场闻，殊恨阋墙也。

五月五日（6月20日）　镜初故薄筠仙，樾岑以其厚我为可交。今年筠仙附和国荃，镜乃以为主谋，且恨我不知人，余虽惭之而未然其说也。筠仙俗人中可语者耳，何可以度外责之，乃坐以争名利，近深文矣。然如此亦颇有悟于世态。

五月九日（6月24日）　至午晴凉，甚可读书，乃心中殊不静，生平境遇以今为最恶。俗说年大将军守杭门，千总不下马，知己算尽。余见诋于沅浦，亦机之兆耶？丧病相寻，于理当不乐，然君子不忧不惧，余颇惧矣。

八月三日（9月14日）　傅青余来，言左、曾身名俱将败裂，黄、张殆不免祸，湘中真减兴矣。狐鼠微物，亦蠹大猷，每念使人不乐。

八月十日（9月21日）　筠仙来，未见，以三子将出场，无暇对客也。

八月十一日（9月22日）　沅浦褫职，季高失势，湘人顿为笑柄。

八月十八日（9月29日）　沈生来送文，坐间多言雪琴查办左督事。余闻其归罪二幕客，褫其衣衿，甚不韪之。

八月廿五日（10月6日）　见郎来，言筠仙发背，惊往看之。道遇任雨田，同步至筠处，则无所苦。此公余已疏之不往矣，乃以讹言而往。

九月廿八日（11月8日）　近日船家皆有官派，辰朝申晡，无复昔年之制。余前乘水师船，以为兵弁如此，今乃知湘舟悉改俗也。曾涤公若在，当为怃然。

十月十七日（11月27日）　谈言筠仙得船政。佐卿往言秋后必见录用，曾沅甫为之夤缘也。但何以去冬即约今秋，非寿命长，则如佐卿不及待矣。明日始知荐而不用，左道也。

光绪三十二年

八月十日（1906年9月27日）　三更后睡，梦曾涤公谈笑甚欢，言今贼平无事，可以宴谈。余言不如且战且学仙，别有风趣。涤公咨赏，甚以为然。又告我周凤山安炮台在此。余言凤山偾军，乃复用耶？曾云肃清和、含，甚得其力。余袜行往见之，不甚似，亦不甚识我，在坐六七人，皆偃蹇不理。余欲以中堂骄之，放言高论。顷之辞去，周送曾迎，与余对食，席于泥地，未上菜而醒。

卷三

听雨楼随笔 王培荀

王培荀（1783—1859），字景叔，号雪峤。山东淄川人。初以设帐授馆为生，五十岁后先后任四川荣昌（今属重庆）等县知县。著作有《听雨楼随笔》《乡园忆旧录》等二十余种。

曾国藩典试四川诗

翰林院侍读曾涤生先生国藩，湖南湘乡人。道光癸卯典试四川，喜为诗，及门以诗请业者，辄欣赏。《访苗仙露》云：

大隐东方朔，著书扬子云。出门无所诣，落日一从君。
倦鸟宜何集，闲鸥亦有群。烹茶余几火，小啜愧殷勤。

《梓潼道中怀冯树堂、陈岱云》：

复嶂七盘相约束，清流九曲与周遭。日高旌旆鸟蛇乱，
秋老爪牙鹰隼豪。北望幽燕天澹澹，东归岁月水滔滔。
江山如此知交隔，独对菱花数二毛。

道咸宦海见闻录 张集馨

张集馨（1800—1878），字椒云，别号时

晴斋主人，江苏仪征人。道光进士。初供职于翰林院，后外放地方。官至署理巡抚，同治四年（1865）被劾革职。这部《见闻录》是今人据张氏《自订年谱》《日记》等文献整理编订的合刊本。

曾涤生奏请三省合防

余［咸丰十年四月］二十六日接印，照例具折。曾涤生制军奏请三省合防，本当通力合作，乃云兵勇取之于南楚，粮饷责之于西江。又奏调楚绅左宗棠为帮办军务，请赏四品京堂。于江西藩司衙门设立粮台，并声明将来即由江西报销。余初莅此间，不知虚实，因将出入款项详细开出。每年出入，不敷甚巨，若不预为筹计，必致贻误军需。禀明督抚是否裁兵而截饷，抑或请拨而济军？中丞批云：候会核具奏。而曾制军则竟不奏，云现在江省情形，较六年八府沦陷时总觉差胜。殊不知当日各军因地为粮，邻省协拨，省城并不供支，是以尚堪敷衍。今耆九峰中丞奏云，江省全境肃清，并欲请加全饷；农部、邻邦皆以江省饶裕，提拨频仍；又复设立粮台，遂至十分竭蹶，无米为炊。曾督屡向人言，断不可奏请拨饷，不惬圣怀。在曾督意存取巧，而地方朘削，营饷待支，概不筹及。彼以为巧，吾以为拙也。设饷竭勇溃，取巧者能独存乎？

曾涤生催征地丁

地丁额征一百八十万，历届奏销，不过一百一二十万。江省濒江傍湖，水灾断不能免。加以数年来，逆匪蹂躏，民气未舒，春间粤逆南侵，围攻安远，遍扰大庾、南康、瑞金、石泉、金溪、泸溪、弋阳、贵溪，又围建昌。户口流亡，疮夷满目，催征抚字，势须并行，欲其全完，断无是事。余另案详文中，有势不得不酌量情形，分别蠲缓等语。乃曾涤生批云："州县捏报灾区，以蠲缓为影射。即如宿松一带，既纳正赋，又派亩捐，彼亦百姓也；且古来用兵之世，取之于民者多矣。今仅办丁粮，犹不失为善政。详中'酌量情形，分别蠲缓'八字可删。”余无催科之才。亦断不肯为绝灭之事，宁可去官耳，不为不详。

水灾贼扰，漕粮难完

漕粮七十万，近因停办京仓，遵照部定每石折一两三钱，每年全漕可折九十一万两，今水灾贼扰，势难全完。乃曾涤生欲仿湖北之例，一例减漕，通省俱以三两三钱征收。不知湖北漕粮，每石征二十五千文不等，是以胡咏之中丞核减三分归民，二分津贴院司衙门。江西除广信一府，折银五两、六两不等，其余漕多之地，或折二千四百文，或二千六七百文不等，今欲一律以三两三钱征收，是加赋非减漕也。批令粮道专司其事，不知李黼堂观察何以治之。且江西如南赣所属，百姓刁悍，正供每多拖欠，乐平一县，钱粮丝粒不完，乡绅联团抗拒，府县莫敢谁何，今欲以三两三钱输纳，只好作纸上谈耳！

江省厘金梗阻

江省厘金当苏、常通畅时，通年可收一百五六十万。自苏、常沦陷，厘源梗阻，恐难得一半之数。曾帅派李小泉瀚章、粮道李黼堂桓专管，不作藩库收款，专济大营征兵之用。未几而牙帖输税亦归其中，未几而盐饷亦归其中，未几而盐商捐输亦归其中。当日曾帅具奏，言厘金由大营济饷，丁漕归江西支用；未几又奏提漕折每月五万两，济皖南军饷内提一万两制造军火帐房，以四万两解营；未几又札提每月于地丁项内拨银三万两，官捐款内米一千五百石，分解鲍超、陈大富两总兵营。殊不知本省只剩地丁及杂税十余万，二者并计不足百四十万耳。库中随到随放，安能提出三万两以济月饷，可谓如意妄谈，不问事之能行与否？曾涤生不筹全局，决裂无疑。

曾涤生筹饷

曾涤生五月来江，闻厘金畅旺，九年通计入数有一百六七十万，又将牙帖一款并归厘局，径交粮台解归大营，自以为每年可得二百万两，足敷大营军饷，奏明厘金归大营，丁漕归本省。乃苏、常未通，粤逆屡至，未之计也。且用兵先筹饷，一定之理。曾涤生前以侍郎督师，责饷于地方，是以与前任诸抚皆不相能；今为总督，自应并为地方计，地方不安，饷何从出？即震以督师之威，亦复无益。

本年春，粤匪南来，自南安以至铅山，一路蹂躏，复围安远、建昌多日，死伤遍野。甫经出境，建德、东流，经总兵普承尧溃遁，逆匪跟踪而至，连陷浮梁、饶州、都昌、彭泽等郡县。另股又围攻玉山、广信两三次，商贾裹足，厘源梗塞，所收厘数不及去年之半。

粮道不能支应，又将饷盐减平二款归入大营支用。曾涤生又奏提每月漕折五万两，又札饬地丁每月三万两，米五千石。凡江省入款一概吸取，本省只剩地丁一款，今又札提，是欲弃江省于不顾也。而当日原奏厘归大营，丁漕归本省之说，亦不复再提。又坪中丞柔懦无能，不敢违抗，而又不敢入奏，其决裂也必矣。

余屡进言，迄不见听。每年入款三百五六十万，丁、漕、厘，以及一切杂款皆在其内。每月曾营饷需四十二万两，左营月饷三万六千两，吴坤修营九千两，余皆归粮台支放。本省各防剿营饷，以及廉俸一切要需，月需三十万两。通年二共需七百余万两，加以新添诸军，将及八百万两，再加京饷两次提解八十万两，袁甲三营二十三万两，甘饷二十万两，黔饷三百万两，浙饷每月三万两，几及一千五百万两。虽有绝地通天本事，无从措手，况余之衰朽驽钝者乎！

以上年谱咸丰十年

曾涤生遍用楚人

楚省风气，近年极旺，自曾涤生领师后，概用楚勇，遍用楚人。各省共总督八缺，湖南已居其五：直隶刘长佑、两江曾国藩、云贵劳崇光、闽浙左宗棠、陕甘杨载福是也。巡抚曾国荃、刘蓉、郭松［嵩］焘皆楚人也，可谓盛矣。至提镇两司，湖南北者，更不可胜数。曾涤生胞弟兄两人，各得五等之爵，亦二百余年中所未见。天下事不可太盛，日中则昃，月盈则蚀，五行生克，四序递迁，休旺乘除，天地阴阳，一定之理，况国家乎？况一省乎？况一家乎？一门鼎盛，何德以堪，从古至今，未有数传而不绝灭者。吾为楚人惧，吾盖为曾氏惧也！王松圃太守说，在陕闻杨厚庵统带楚军一万，发三个月饷银，来陕甘剿办回逆，可谓大举。余俟杨到后，即为引退计。

以上日记同治三年十一月廿五日

水窗春呓　上卷欧阳兆熊

欧阳兆熊（1808—？），字小岑，一字晓岑，号匏道人。湖南湘潭人。道光丁酉（1837）举人，工诗文及词曲，通医术。曾国藩下第时，为曾治病，遂成布衣交。后屡保员外郎，加四品衔，卒年近七十。所著《水窗春呓》上卷内容关于湖南者为多；该书下卷为浙江嘉善人金安清所作，与上卷内容无涉。

曾文正公事

辛酉，祁门军中，贼氛日逼，势危甚，时李肃毅已回江西寓所，幕府仅一程尚斋，奄奄无气，时对予曰：“死在一堆如何？”众委员亦将行李置舟中，为逃避计。文正一日忽传令曰：“贼势如此，有欲暂归者，支给三月薪水，事平仍来营，吾不介意。”众闻之，感且愧，人心遂固。

后在东流，欲保一苏抚而难其人，予谓李广才气无双，堪胜此任。文正叹曰：“此君难与共患难耳！”盖犹不免芥蒂于其中也。卒之幕中人（在）无出肃毅右者，用其朝气，竟克苏城。迨至捻匪肃清，淮勇之名，遂与湘勇相埒。而文正处功名之际，志存退让，自以年力就衰，诸事推与肃毅，其用意殆欲作退步计耳。乃自收复金陵以后，竟不休官林下，亦不陈请补制，以文正之尘视轩冕，讵犹有所恋恋者，岂其身受殊恩，有不敢言退，不忍言退者乎？然亦非其本心矣。

祁门移营

在祁门之三月，文正忽欲自攻徽州，力谏不止，因送至齐云山而别。至徽，一战大败，叶小鹤副将阵亡，文正驻休宁城，羞忿不肯回营，已书遗嘱，部署后事。军中皇皇，莫知为计，乃寄书与之，论死生之道、进退之义，其略云："死有重于泰山，凡欲求死者，必求死所，休宁非死所也。"又云："公为两江总督，两江之地皆其地，何者谓之进？何者谓之退？愚谓祁门居万山之中，况是绝地，不如退至东流，兼顾南北两岸，亟应早为定计，何必以退为耻乎？"其书去后，数日回营，又十数日移节东流。书中所言，并无一字回覆，盖公欲自作主张，不以人言为行止耳。其不可测度如此。

文正困于祁门不肯移营，幕中人皆以祁门非应殉节处谏之，文正笑曰："何根云去常州时，大约左右亦如此说耳。"众为默然，无以难也。

设柜求言

文正在徽，置一柜，凡言地方利弊，悉投其中，不必列名。于是告讦之风大起。人患之，求于老讼师，老讼师曰："不出三日，必令停止。"众疑之，及第二日，果撤回。盖讼师日写数十无名之禀，皆痛詈文正者，文正不能不阅，又无可查究，此令遂停。讼师之心，可谓巧矣。

李楚材

李楚材副将，衡州人也，人呼为李九长毛。投诚后，在文正营中带勇。命以千人援湖，甫至三日，而湖州陷。据李自称：昏异之中，偷过贼营十余座，已探至城根矣。文正以为妄，即撤其营。予谓此人有绝技三：一走及奔马；一入水不濡，可历数时；一黑夜有光。试之皆验。文正终不肯再用。渠欲求荐至浙营，予谓不须作函，但云由曾营过弃而不用，故此投效，必当收录。恪靖果即令统四营，颇立战功，惜炮子断其左臂，已成废人矣。

恪靖尝谓文正无知人之明，故文正所弃者，无不重用也。

曾文正与左相气度

文正用兵主持重，除霆营外如徽防朱唐两大营。恪靖皆不以为然。

一日来咨，极诋文正用人之谬，词旨亢厉，令人难堪。文正覆之云：“昔富将军咨唐义渠中丞云：贵部院实属调度乖方之至。贵部堂博学多师，不仅取则古人，亦且效法时贤，其于富将军可谓深造有得，后先辉映，实深佩服，相应咨覆云云。”恪靖好以气陵人，文正则以诙谐出之，从此恪靖亦无一字见及矣。

恪靖与文正书函来往，每以兄弟相称，不肯稍自谦抑。至文正薨后，乃自书晚生挽之云：

谋国之忠，知人之明，自愧不如元老；

同心若金，攻错若石，相期无负平生。

岂其悔心之萌，有不觉流露者欤！

夫人俭朴

曾文正夫人，为衡阳宗人慕云茂才之妹，冢妇刘氏，即陕抚霞仙中丞女也。衡湘风气俭朴，居官不改常度，在安庆署中，每夜姑妇两人纺棉纱，以四两为率，二鼓后即歇。是夜不觉至三更，劼刚世子已就寝矣。夫人曰：“今为尔说一笑话以醒睡魔可乎？有率其子妇纺至深夜者，子怒詈谓纺车声聒耳不得眠，欲击碎之，父在房中应声曰：‘吾儿可将尔母纺车一并击之为妙。’”翌日早餐，文正为笑述之，坐中无不喷饭。

吾乡农家妇女勤于纺绩，市人则以针黹为务。时有邓伯昭孝廉者，性情古执，在江达川方伯幕中，闻夫人纺声，极为叹美，谓可以破除官场家人骄惰之习，力劝方伯制纺车，强其妾效之，终日不能成一纱，人笑以为迂。孝廉每谈及世风奢靡，人心浇薄，辄皱眉唏嘘不已，故李芋仙呼之为“五代史”，言其开口即曰“呜呼”也。

相关链接：《柏师堂师友言行记·俭朴家居》《郎潜纪闻·曾国藩家眷不废纺织》《客座偶谈·提倡家法》《梵天庐丛录·清俭朴素》

一生三变

文正一生凡三变。书字初学柳诚悬，中年学黄山谷，晚年学李北海，而参以刘石庵，故挺健之中，愈饶妩媚。其学问初为翰林词赋，既与唐镜海太常游，究心儒先语录，后又为六书之学，博览乾嘉训诂诸书，而不以宋人注经为然。在京官时，以程朱为依归，至出而办理团练军务，又变而为申韩。尝自称欲著《挺经》，言其刚也。

咸丰七年，在江西军中丁外艰，闻讣奏报后，即奔丧回籍，朝议颇不为然。左恪靖在骆文忠幕中，肆口诋毁，一时哗然和之，文正亦内疚于心，得不寐之疾。予荐曹镜初诊之，言其岐黄可医身病，黄老可医心病，盖欲以黄老讽之也。先是文正与胡文忠书，言及恪靖遇事掣肘，哆口谩骂，有"欲效王小二过年，永不说话"之语。至八年夺情再起援浙，甫到省，集"敬胜怠，义胜欲；知其雄，守其雌"十二字，属恪靖为书篆联以见意，交欢如初，不念旧恶。此次出山后，一以柔道行之，以至成此巨功，毫无沾沾自喜之色。尝戏谓予曰："他日有为吾作墓志者，铭文吾已撰：不信书，信运气，公之言，告万世。"故予挽联中有"将汗马勋名，问牛相业，都看作秕糠尘垢"数语，自谓道得此老心事出。盖文正尝言"吾学以禹墨为体，庄老为用"，可知其所趋向矣。

日知堂笔记 郭沛霖

郭沛霖（1809—1859），字雨三，湖北蕲水人。道光二十九年（1849）八月，奉旨充顺天府乡试同考官，次年六月因京察一等，记名以道府用。其著作有《日知堂笔记》《日知堂剩稿》《日知堂试帖》。

内阁部院长官当询访人材

戊申［道光廿八年］四月十九日。过曾涤生阁学宅，涤生言：“异日得官六部，当择本部司官之才识谙练者，与之深相结纳，凡事关军国利害者，不妨邀至私宅，往复商榷，必当而后已，不但整顿部务，亦且留意人材。”余谓：“留意人材本是大臣之职，不独六部堂官为然。即如翰苑为储材之地，掌院学士必当时时延见学士以下各官，询以各省情形，民生休戚，大吏贤否。每日延见，逢人询问。其中即有众好众恶，其中即有公好公恶，盖于其地方官纵有一二徇恩怨之私，而以我旁咨博采，兼收并蓄，所问之人彼此不能相谋，亦断不能没是非之公也。如此不但外省情形可以周知，即如平章军国，进退封疆，内廷一二大臣赞襄于上，断非外廷诸臣所能与闻。然《周书》曰：‘谋及卿士，谋及庶人。’古者用人行政断无不虚心延访，斟酌至当，而但经画于临事，取决于须臾者。掌院学士延见诸翰林亦当以现在之用人行政访之，虚己下问，以卜人情之从违，即以知举措之当否，非但以不言温室树便是宰相庙谟也。”涤生以为然。

曾涤生论气节意气之辨

己酉［道光廿九年］六月二十一日，过曾涤生宅纵谈，涤生剖析气节意气之异，大致谓：易动者意气，难立者气节。意气不可有，气节不可无。吾辈此时惟当平意气立气节，到达阅历深时，意气自然平矣。所虑者意气衰而气节亦与之俱衰耳。若能培养气节，老而弥笃，乃可以为完人也。余深然之。

庸闲斋笔记 陈其元

陈其元（1811—1881），字子庄，晚号庸闲老人。浙江海宁人。曾为金华训导、富阳教谕，知县。经左宗棠保荐，摄南汇县篆。又为丁日昌所重，先后调任青浦、新阳、上海，并晋阶知府、加秩道员。

曾文正为巨蟒转生

曾文正公硕德重望，伟烈丰功，震于一时；顾性畏鸡毛，遇有插羽之文，皆不敢手拆。辛未十月，到上海阅兵，余供张已备，从者先至，见座后有鸡毛帚，嘱去之，谓公恶见此物。不解其故。公姻家郭慕徐观察阶告余云："公旧第中有古树，树神乃巨蟒。相传公即此神蟒再世，遍体癣文，有若鳞甲。每日卧起，床中必有癣屑一堆，若蛇蜕然。然喜食鸡肉，而乃畏其毛，为不解耳。"后阅《随园随笔》，言："焚鸡毛，修蛇巨虺闻气即死，蛟蜃之类亦畏此气。"乃悟公是神蟒转世，故畏鸡毛也。宋文信国公传为吉安潭中黑龙降生。信国柴市殉难后，是日，其乡风雨大作，人见黑龙复归于潭，与公之异将毋同？

卷三

相关链接：《明清两代轶文大观·曾文正轶事》《庸盦笔记·曾文正公始生》

曾左友谊之始末

曾文正公与左季高相国同乡，相友善，又属姻亲。粤逆猖獗，蔓延几遍天下，公与左相戮力讨贼，声望赫然。合肥相国后起，战功卓著，名与之齐。中兴名臣，天下称为曾、左、李，盖不数唐之李、郭，宋之韩、范也。比贼既荡平，二公之嫌隙乃大构。

盖金陵攻克，公据诸将之言，谓贼幼逆洪福瑱已死于乱军中。顷之，残寇窜入湖州，左公谍知幼逆在内，会李相之师环攻之，而疏陈其事。公以幼逆久死，疑浙师张皇其词而怒，特疏诋之；左公具疏辨，洋洋数千言，辞气激昂，亦颇诋公。两宫、皇上知二公忠实无他肠，特降谕旨两解之。未几，洪幼逆遁入江西，为沈幼丹中丞所获，明正典刑，天下称快，而二公怨卒不解，遂彼此绝音问。

余为左公所荐举，公前在安庆时，亦曾辟召之。同治丁卯，谒公于金陵，颇蒙青眼。洎摄南汇县事，丁雨生中丞时为方伯，具牍荐余甚力，公批其牍尾曰："曾见其人，夙知其贤，惟系左某所保之人，故未能信。"云云。蒯子范太守以告余，谓公推屋乌之爱也。辛未，公再督两江，张子青中丞欲调予上海，商之于公，公乃极口赞许。是冬来沪阅兵，称为著名好官，所以奖勖者甚至。闻余欲引退，特命涂朗轩方伯再四慰留，谓公忘前事矣。

后见常州吕庭芷侍读，谈及二公嫌隙事，侍读云："上年谒公于吴门，公与言左公致隙始末，谓'我生平以诚自信，而彼乃罪我为欺，故此心不免耿耿'。"时侍读新自甘肃刘省三军门处归，公因问左公之一切布置，曰："君第平心论之。"侍读历言其处事之精详，律身之艰苦，体国之公忠，且曰："以某之愚，窃谓若左公之所为，今日朝端无两矣。"

公系案曰："诚然！此时西陲之任，倘左君一旦舍去，无论我不能为之继，即起胡文忠于九原，恐亦不能为之继也！君谓为'朝端无两'，我以为天下第一耳！"因共欢公憎而知善，居心之公正若此。余又谓："洪逆未死，公特为诸将所欺，并非公之自欺，原可无须芥蒂也。"公殁后，左公寄挽一联云：

知人之明，谋国之忠，我愧不如元辅；

攻金以砺，错玉以石，相期无负平生。

读者以为生死交情于是乎见。昔韩忠献与富文忠皆为一代贤臣，第以撤帘事意见不合，终身不相往来，洎韩公薨，富公竟不致吊。今观曾、左二公之相与，贤于古人远矣。 卷四

曾侯甘心受欺

同治乙丑之秋，郭远堂中丞开藩苏州，余与同官诸人晋谒，翌日，中丞觞之。酒酣，中丞忽问元和令萧山陶君肖农曰："某人近日在家否？"陶对曰："已游庠，且食饩矣。"中丞乃笑谓余等曰："此系渠乡人，当金陵初复时，冒称校官，往谒曾侯，高谈雄辩，议论风生，有不可一世之概，侯固已心

奇之矣。中间论及用人须杜绝欺弊事，遂正色大言曰：‘受欺不受欺，亦顾在己之如何耳。某盱衡当世，略有所见。若中堂之至诚盛德，人自不忍欺；左公之严气正性，人亦不敢欺；至如某某诸公，则人虽不欺而尚疑其欺，或已受欺而不悟其欺者，比比也。’侯不禁大喜，抚髀称是。因谓之曰：‘子可至军营中，一观我所用之人。’某诺而出。次日，遍谒诸文武，归而复命曰：‘军中多豪杰俊雄之士，然某于其间得二君子人焉。’侯惊问何人，则举涂方伯宗瀛及中丞名以对。侯又大喜称善，乃待为上客。顾一时未有以处之，姑令督造炮船。未几，忽挟千金遁去。所司以闻，且请急发卒追捕，侯默然良久曰：‘止，勿追也。’所司惘然退，侯乃自循其须曰：‘人不忍欺，人不忍欺。’左右闻者皆匿笑，不敢仰视。”中丞言至此，又顾陶君曰：“此人既游庠食饩，当令人勉之务正；如曾侯者，难再遇也。”次日，同官聚谈，举为笑柄。或曰：“幸金数不多，故侯大度置之耳。”或曰：“侯恐播受欺名，故忍而不追也。”余曰：“不然。昔宋韩魏公总五路师，经略西夏，有人以伪书干之，得厚赠去。已而事露，诸将请捕之，韩公曰：‘此人敢于百万军中，持伪书以欺我，则其人之胆识必有过人者；若迹之急，必投入夏国，是又生一张元也。’遂止。后世论者，共服韩公之深识远虑。当金陵甫复时，发逆未平，捻势正炽，曾侯之见，即韩公之见也。大臣谋国深远，岂惜此区区之金及受欺之名哉？”众皆以余言为然。 卷十二

三略汇编 毛祥麟

毛祥麟（1812—1883），字端文，号对山，监生。上海人。官至浙江候补盐大使。曾参修《上海县志》，生平著述甚多，有《三略汇编》《史乘探珠》《墨馀录》《亦可居诗话》等。

克复安庆

八月，官文、曾国藩克复安庆省城，并分兵收复桐城、宿松等县，擒斩贼目叶芸来、吴定彩等，安庆之贼全数剿除，无一漏网。

攻陷天京

曾阁部于六月二十三日由安庆乘坐轮船，二十五日驰抵金陵，周历各营接见诸将，亲讯伪忠王李秀成等供词，并查觅伪天王洪秀全逆尸下落。至二十七日，始从伪宫内掘出洪逆尸身。二十八日，扛至营处。阁部督同在营诸将士及委员曾任刑部秋审处之勒方骑、庞际云、孙尚詖等公同相验。该逆遵尚邪教，不用棺木，遍身皆以黄缎绣龙包裹，虽裤脚亦系龙缎，头秃无发，须尚全存，已间白矣。左股右膀肉犹未脱，验后戮尸，举烈火而焚之。

李秀成亲供

忠逆李秀成就擒，阁部亲讯一次，旋派候补道庞际云、知府李鸿裔、同知周悦修鞫讯累日，令写亲供。李逆在囚笼中自六月二十七日至七月初六日，每日约写七千字，叙发逆之始末，及自述其战争夺邑之事甚为详悉。询以江西李世贤、湖北马融和、湖州黄文金等各贼情，据供：湖州、广德之贼可以不攻自遁。马融和一股本由陕西调援金陵，因长江阻隔，久无信息。李世贤系秀成从父兄弟，曾与之约八月以前，则掳江西之粮以救侍党之饥；八月以后，全数窜回，图解此围，顺掳宁国之粮以救金陵之饥。又劝官军不宜专杀两广人，恐粤贼愈孤，逆党愈固耳。其亲笔供词多至数万言。

两江总督曾国藩改其别字，删其闲言重复及谀颂楚军之处，并其宛转求生乞贷一命，请招降江西、湖北各贼以赎罪。言招降事宜有“十要”，言洪逆败亡有“十误”，亦均删之。其余虽文理不通，事实不符，概不删改，以存其真。然有悖谬处，如称我将曰“清将”，称贼兵曰“天兵”，今去其谬字，删其繁言而附录焉。据供：

天王洪秀全，广东花县人。兄弟三人，长洪仁发、次洪仁达、三即秀全。长、次兄皆前母所生，在家种田。洪秀全幼曾读书，与冯云山为同窗好友。

丁酉岁，洪秀全病死七日复苏。自后俱讲天话，劝人敬拜上帝，不得拜别神。后到广西浔州、桂林、武宣等处行教，聚众日多，遂与桂平人杨秀清、韦昌辉、石达开、秦日昌及武宣人秀全妹婿萧朝贵、冯云山等结党谋逆。

道光二十七八年，广西盗贼四起，居民多有团练，拜上帝之人与团练争杀，因而起事。三十年六月，金田、花州、六川、博白等处同日起事。

时天王匿花州山人村胡以晄家，杨秀清等使人接洪秀全到金田会集，遂推洪秀全为首，称天王，杨秀清为东王，萧朝贵为西王，冯云山为南王，韦昌辉为北王，石达开为翼王，秦日昌为天官丞相。时有大头羊、大黑鱼、罗大纲三人在大黄江口为贼，亦至金田入伙。后大头羊与罗大纲不合，遂去。继因官军四围，偷由山僻小路而出隘关，到思旺。逢向提台扎营十余座，经萧朝贵、冯云山打破，然后出关，由八筒水到大旺圩，向永安州而进。

秀成系广西藤县人，父名世高，母陆氏，同胞兄弟二人，弟名明成，俱种山帮工就食。天王上永安，陆路兵由我家村中经过，屯兵五日，将里内粮食衣物掳掠一空，传令凡拜过上帝之人不必畏逃，同家吃饭。临行将房屋烧毁，我家无食，故从行。打破永安，即在和池屯扎。

数日后，赛中堂及乌、向大军四方围困，遂由姑苏小路冲过招平，此处有寿春兵把守，经罗大纲打破，得火药十余担，方有军资，在永安时并无斤两之火药也。继被乌帅大军追赶，杀死男女二千余人。次日复战得胜，杀官军四五千人，乌帅受伤，在六塘圩身故。翌日起行，不由招平、平乐，从小路过牛角瑶山，出马岭，上六塘、高田，围桂林一月余，攻打不平。退兵由象鼻山渡河，过兴安，到全州，攻破全州，冯云山在全州阵亡。即下道州，打永明，破江华县，招得湖南道州之众二万余人。入郴州，亦招二三万人，茶陵州又得数千。

萧朝贵带李开芳、林凤祥等打长沙，萧朝贵在长沙南门外中炮身死后，天王同杨秀清移营来长沙，攻打未得成功。天王在长沙南门制造玉玺，称呼万岁。遂舍长沙，由益阳靠洞庭湖边到常德，抢民舟数千顺流过林子口，出洞庭，至岳州，水陆下湖北，破岳州，得吴三桂之器械。再破汉阳，困武昌，开地道破城。到阳逻，破黄州，取蕲水、蕲州、九江，破安省，未守。赶下江南，围南京七日，开地道破仪凤门而进。江面舟楫万余满载食粮。

是时天王与东王议分兵守江南，欲取河南为业。有一老年湖南水手云河南水小无粮，敌困不能救。今得江南，有长江之险，南京帝王之家，城高池深，民富足用，舍之而往河南，不可也。杨秀清从其言，故而不往。天王入南京，改名天京。

咸丰六年，向帅兵围金陵，扎营孝陵冲、洪武坟、七瓮桥等处。吉帅困镇江，屯兵九华山、丹徒、金山一带。镇江系吴汝孝把守，势危告急。我与陈玉成、陈仕章，及春官丞相涂镇兴下救镇江。计议派陈玉成坐小舟入镇江，约吴汝孝由内打出，我带兵由外打入，遂破官军营十六座。明日再战，尽破其虹桥、卜著湾、三岔河营盘一百二十余座。乘夜渡瓜州，顺势破扬州，仍渡江而回，遂打高资。吉帅由九华山来救，兵败逃入高资山中，以洋枪自击身死，官军无主不战自走。张国梁由六合赶至，救之不及，屯兵丹徒。吴汝孝带兵来助战，大破张军，官兵尽退，我兵直抵南京。东王下令要我将孝陵卫向帅大营攻破，方准入城。次日，与陈玉成、涂镇兴等由燕子矶姚方门进攻瑶化门官营，翼王带兵亦来相助，遂破孝陵卫满汉营盘二十余座，向、张二帅自退，我兵追赶，袭取句容，兵至丹阳。

向帅因被困丹阳，又失去孝陵卫大营，官军散逸过半，遂自缢而死。张国梁奋勇出战，攻破我丹阳南门外营盘七个，杀死六七百人。十三检点周得贤中炮死。随即移营离句容二十五里之丁角村屯扎。

是时杨秀清在京权重势大，逼天王亲到东王府封其万岁，北、翼二王不服，密议杀东王兄弟三人，余不得多杀。后北王将其全家诛戮，并杀其亲戚文武属员。翼王在湖北闻杀害多人，赶回京都，北王又欲谋害翼王，翼王遂走安省。北王即将翼王全家杀死。后北王好杀，群下不服，为众所杀，函首送翼王。翼王遂回金陵，合朝同举翼王提理政务。迨天王专任安、福二王，安王即王长兄洪仁发，福王即次兄洪仁达，以制翼王，翼王遂出京去。秀成时为右四军帅，守太平门新营，后胡以晄打破庐州，调我守庐郡。是时京中大乱，自相攻杀。幸向帅兵败之后，彼此按兵不动。倘向帅未败，仍扎孝陵卫，乘其内乱而攻之，京城早破矣。

那时翼王远去，东、北王，秦日昌俱死，朝中无人，经朝臣查选，以十八指挥陈玉成、二十指挥李秀成、赞天安、蒙得恩、侍天福、李世贤这班人出来助国。其时我招得人马，声称百万，天王因加封我为地官副丞相，把守桐城。时庐城为和帅打破，合城兵将尽亡。和帅统兵直下镇江，与张国梁并力攻城，分秦定三一军围困桐城。是时有张乐行、龚得树在三河尖造反，我营中李昭寿与二人有交，写书招之来投。

前翼王出京后，将打宁国之兵交成天豫、陈玉成管带。陈玉成在家与我邻居至好，遂求救于玉成，以解桐城之困。玉成由枞阳渡江，攻破无为州，会迓天侯陈仕章之军，力破汤头镇，抄落河，破东关，得巢县，渡庐江。我引军上湃河，攻大关，包桐城之后，以断官平粮道，与陈玉成两路夹攻，官军大败。分三路追赶，破舒城，得六安，上三河尖。张乐行先令龚得树、苏老天半路相迎，当即破霍丘县。陈玉成引兵破正阳关，攻寿州未下，扯兵直上黄、松两处，遇曾帅将李续宾破我军于松子牌。迨后三河有庐郡官军围困，守将洪成春到京告急，命我领本部人马去救三河，至无为州，三河兵败，已失庐江，随即退回。

八年，张国梁引军攻破句容，再围镇江。和帅复困南京，幸城中粮米丰足，兵虽少而守志坚。张国梁之兵是广兵，好勇而心不齐，故久困无碍。斯时朝政归我提理，奏明出京调兵救援，遂出南门，一日夜赶到芜湖，会弟李世贤。时陈玉成欲上务安招集人马以救京城，不意在罗田、麻城兵败而回，在太湖、潜山屯扎。我部下精兵尚有五千余众，一由芜湖渡江，一由东梁山度过西梁，皆到含山齐集，遂顺流而下和州。先攻破何林铺官军营，再破和州二十余营，德帅救之不及。然后引兵取全椒、滁州、来安，以分官兵之势，后胜宫保军。到我兵失利，退守来安，回滁州后，将滁州交与李昭寿镇守，自回全椒。迨李昭寿献城以降官军，我在全椒通文各镇守将约齐，到安省枞阳会议以解京围。各处如期而至，陈玉成亦由麻城而来。时派吴汝孝、龚得树由潜山、舒城破庐郡，出店铺，攻梁园、定远，陈玉成由界牌而下滁州。时德帅在浦口，发人马从小店来乌衣，张国梁亦由江南带兵而来，遂会战于乌衣。官军败退，我兵顺势追下浦口，陈玉成攻其前，我攻其后，德军大乱，死于浦口者万余人。此时，得通南京隔江之信，后陈玉成攻六合，我上天长，到扬州。此等处俱无官兵，随到随克。惟扬州有兵不战自逃，知府被拿不降，发盘川银三百五十两送由仙女庙而去。因兵少不守扬州。

陈玉成攻破六合之后，忽得安省告急，言黄梅、宿松、大湖、潜山、石牌、桐城、舒城一带被李续宾攻破。陈玉成遂扯兵上救，我由巢县而进。李续宾见陈玉成兵初到，扎金牛，次早即统兵攻营。李续宾令黎明开仗，李家部将欲五鼓开战，李续宾言陈玉成兵壮，恐战未成，岂不误事。故五更未开仗。若依部将五更开战，陈玉成败矣。黎明时，陈玉成寨被李续宾攻破，官军乘胜追杀，已过金牛。天色当明，蒙雾甚大，只闻人声，不知陈玉成兵反在官军之后。时我领兵随后而至，是早在白石山十余里闻金牛炮声不绝，知是开仗，亲引本部人马向三河而进，正遇两家鏖战，经我一军冲入，前后夹攻，李军大败。我兵四面围其大营，李续宾自缢，遂收其全军。那知湖南之人不肯相从，至半路不及防备，杀死我兵数十人，陈玉成传令尽杀。自此之后，各自逃散。战平三河，我与陈玉成分路而行，陈玉成靠舒城出大关，我由庐江到界河，攻打桐城。官军因三河之败，失去李续宾之好将，各有惧心，故而又败。我军越西门扒城而入，即收复桐城。

自三河、桐城之战，安省之围自解。陈玉成乘势由石牌而至宿松，被湖北将官马步打散，其部将李四福领一军出青草塥进黄泥港，被官军冲失一队。是时我由潜山而进太湖，收得两城。陈玉成自宿松之败，仍回太湖会议，分路进兵上二郎河，遇鲍军同、多将军之兵一由二郎河而来，一由宿松而来，马步并进。陈玉成之兵先败，其营概为鲍军所得，我兵被逼上山，死者数千人。我营未失，被困至夜。多、鲍收军，我弃营冲阵而走，退回太湖，陈玉成回安省，我至巢县黄山屯扎。

九年正月，薛之元将浦城献降。我在黄山得悉江浦之变，赶下浦口，追调前军主将。陈玉成由庐郡梁园而至。时张、和二帅令部将朱姓，是广西人，攻打六合，于东门一带扎营四十余座。我声言攻扬州，朱军调救扬州，被我以兵隔断。张、和二帅分兵来救，在陵子口交锋，张军败阵。是夜，朱军尽退，六合之围遂解。后同陈玉成引兵回浦口，攻破浦口官军五六十营。自破浦口、六合之后，上路又来告急，陈玉成扯兵上救，我保浦口。其时李昭寿有信来，被天王知道，恐我有变，封我为忠王。

时和、张二帅围困京城，我轻骑回京奏主，亲往各处调兵以解京围。即自浦口动身，到芜湖三四日之间。浦口城外靠大江营盘尽被张帅之军攻破，九洑洲亦失。那时京城围困甚急，朝中无人，天王不问军情，一味靠天，第一重用幼西王萧有和，第二重用长兄洪仁发、次兄洪仁达，第三重用干王洪仁玕，第四重其驸马钟姓、黄姓，第五英王陈玉成，第六方是秀成也。

十年正月，我带兵从芜湖到南陵，由宁国高桥过水东，二日夜赶到广德州，即攻破广德，留陈坤书、陈炳文把守。我亲带部将谭绍光、陈顺德、吴定彩等由广德到四安。四安有张国梁兵把守，攻破其营，遂收四安，下红心，会弟李世贤之队，令其攻湖州。我自引兵由庙西到武康，日夜下杭州，只有六七千之众，将杭州困其五门三日三夜，攻破杭州，由清波门而进。一千二百五十名先锋打破杭州，非人力，实天成也。我非一心去打杭郡，因张、和二帅困我京城，此是出奇制胜，欲扯动张、和江南之兵，我好复兵而解京城之围。打入城内连战数日，满营未破，张、和二帅果派张玉良带兵来救杭州，扎武林门。我知江南兵势已分，次日午时将杭郡新制旗帜遍插城头，以作疑兵，遂退出杭州。一日夜官军犹未敢入城，我故得退无碍。自退出杭城，由余杭行天目山，出孝丰至广德，时我兵在前，张玉良之兵在后。张兵图杭民财物，不肯追我。查广德到京三百余里，杭州至金陵八九百里，是以张玉良不及回救。时杨辅清、刘官芳、赖文宏、古隆贤、李世贤俱在建平，会议之后即分兵，杨辅清攻高淳，李世贤攻溧阳，我由赤沙山直到雄黄镇。是处张、和二帅分将屯营十余座，斯时侍王亦到，大齐会战，遂尽破官军之营。陈坤书、刘官芳由高桥门而来，李世贤从北门红山而至，杨辅清由秣陵到南门雨花台，陈玉成由板桥而入，我进扎荆山尾，和、张之兵前后不能救应，遂破其营，直下镇江，官军死者三五千人，散者多也。

既解京围，天王严诏命我去取常、苏，限我一月回奏，遂统兵由丹阳进发。张国梁兵屯丹邑，次日在丹阳大南门迎战张军，死者万人，张帅死在丹阳南门河下，差人寻其尸首，用棺木收埋丹阳宝塔根下。丹阳既得，顺下常州。时张帅之兵俱已败散，常州惟有苏州发来之众，并张玉良由杭郡回来之军，扎四十余座营盘。是日兵到，次日进攻，张玉良又败，尽破其营。官军屡败，未战先逃，连攻数日，常郡自降。张玉良退屯无锡，何制台偷搬家眷下舟而遁。我在常州息兵二日，即到无锡。时张玉良已安好营寨，四门稳扎，又有宜兴守将姓刘，是广西东乡人，从宜兴来助战。两阵交锋，连战一日夜，我兵不能胜。张军败而复振，亦算一员好将。后我兵由惠泉山而下，力攻西门，官军水旱俱溃，遂破无锡。

初，张、和二帅大营败军之后，张屯丹阳以保苏、常，和春一人走苏州，在浒墅关。后闻张国梁战死丹邑，遂自缢而亡。我克无锡之次日，行营而下苏郡。初到阊门。苏州百姓多有来迎者，见街上店铺民房门首俱贴同心杀尽张、和二帅官兵。盖丹阳、常州之败兵散下，尽掳民间财物，故百姓恨而有此也。

遂将苏城各门紧闭，守苏之兵皆常、无败残之余，心寒怯敌，不敢出战，有广东人李文炳、何信义、周五等献城来降。张玉良见兵势如此，带本部人马由盘门而出，上杭州。到杭不开城门，甚有怒意，屯兵武林门外，愈扰于民。我引军入苏城，收其部众五六万人。自我收得苏城，未杀一人，城中文武候补大员无数，满将多员，俱未伤害，各欲回家，我给其资，派舟送往。那时张玉良兵退杭郡，我顺追而得嘉兴。后张玉良在杭养兵整队，进兵来攻嘉兴。嘉兴是求天义、陈坤书、朗天义、陈炳文把守，张玉良兵围西、南二门，嘉郡告急。到苏省时，青浦被洋鬼领薛抚台之银，亦攻打甚急。遂于六月中旬带人马先救青浦，与洋鬼打仗，鬼军大败，杀死六七百人，得其洋枪大炮船只甚多，青浦之困遂解。顺流而得松江，引兵去攻上海。斯时有上海夷人来引，外有汉兵内通，故往也。军到离上海九里，有官军扎营四个。是日进兵，官军皆弃营而走。正当攻城，忽然风雷震动，大雨如注，兵马不能前进。后洋鬼汉兵恭迎，未见我到。薛抚台是夜悉知有通情，复即加银和于洋鬼，请得一二千鬼子守此城。汉军通我未成，这班人马概被抚台杀之。

我在徐家汇红毛礼拜堂暂屯数日，移军松江，到嘉善、平湖。此两城虽有兵把守，一战而破。至嘉兴，次日开兵，分一军上石门，断官军浙江之来路。苏杭水地，一军屯此，万不能过。张军见我断其后，兵弁皆献营来降。张玉良不敢再战，亦自逃回杭州。嘉兴之围已解，我亦班师回省。

八月中旬，天王下诏命我赴上游领军扫北，那时有江西德安县以随州、义宁、武宁、大冶、兴国、蕲水、蕲州、武昌、江夏、金牛、宝安、蒲圻、嘉鱼、通山、通城等处起义，四十余名具禀，差使到苏，公呈降表。我将苏省事务交陈坤书接管，遂到京面奏，俟招此数十万之众，然后遵诏扫北。主本不从，我强行而止，遂出师而上江西、湖北。即由太平、芜湖、繁昌而进，上石埭到黟县，遇鲍军会战，杀我军数百名。当即改道，不由黟县，从箬领到徽州，过屯溪上婺源，到常山。

十一年正月，由玉山、广信、河口到建昌屯扎，攻打二十余日未下，外有官军来救，是冲天炮李金旸带兵。其兵少，我兵多，故二家和战后，将建昌之军撤退，由抚州湾上宜黄，到樟树、新淦一带屯扎数日，过河到吉安，上瑞州，遂将湖北兴国、大冶、武昌等处具禀来降之人招齐，大约有三十万之数。后鲍军由池州扯兵到瑞州，湖北胡巡抚兵亦来，离金牛、宝安二三十里屯扎。我所招之兵俱未经战，是以未敢与鲍军开仗。时李世贤亦由徽州而至景德、乐平，与左宗棠对敌，失军万余。黄文金、胡鼎文、李远继在东流、建德、饶州一带为曾中堂部将击退，刘官芳、古隆贤、赖又宏这支人马在后，由洋栈岭而来，亦被中堂兵打破。李世贤乐平一败，退河口而下常山。那时曾九帅又困安省，陈玉成解救不能，是以将湖北等县全军收回，俱到瑞州齐集。先有冲天炮李金旸统兵屯阴岗岭，与我部将谭绍光、蔡元隆、郜永宽等迎战，李金旸兵败被擒，全军失散。我因其有名之将，故未杀害，彼不愿降而愿回，发给盘川银六十两，不受而去江西，后闻被杀，可惜。

自湖北回来到瑞州，向临江，过樟树，李世贤退下常山，亦由那边河而下，忽遇中堂派鲍超亦到，在丰城对面扎营二十余座，中隔一山。

李世贤登山一望，见鲍军多，遂即退军。全军退尽，鲍军从后追来，我兵到一小河无桥可过，追兵已近，遂游水而渡。将已过齐，鲍军已至，伤我数百名，仍回樟树。幸连日大风，舟不能动，鲍军不得过来。风息，我已去三四日矣。

过了抚州浒湾下河口，适童容海由广西而回，得其众二十余万，顺下浙江。当即分队，李世贤攻打金华、汤溪等处。攻破之后又议分兵。我领新降将士及童容海下浙江，派李世贤打温、台、处州、宁波，我分兵去破绍兴各县，军到处俱自降献城。浦江县有张玉良，提战数日，张军即败。斯时九月初旬，军由富阳而破余杭，到盐岭铺，至始塘屯扎。李世贤由金华取温州，到处州，克台州，又派戴王黄呈恩、首王范汝曾攻宁波，离城十里屯扎。有宁郡鬼子头目，到营求宽五日，候其将城内洋行什物运出方进。戴王不准，至三日，令其将物运尽。所食之粮皆洋鬼及百姓供应。第四日移军入宁波，洋鬼带戴王去取石浦、镇海，皆洋鬼助我船只，取得两处分兵镇守。来王陆顺德攻绍兴，绍兴守将献城来降。绍兴城高濠阔，四面皆水，此城不降，不易破也。收复绍兴之后，萧山亦是献降。是时，武康、德清、孝丰、广德、四安、安吉、高淳、东坝、溧阳、常州、苏州、嘉兴、石门皆我军把守。湖州虽有赵景贤据守，无兵来救，谅不能久。我军一到海宁州，海宁守将张威邦即献城而降，海盐县官亦降。

杭城孤立无援，被我军紧困，外独有张玉良一军，由候潮门水道而来。那时我军扎凤山门，见张兵到，出军拦扎，绝断杭城。城内无粮，军民自乱。巡抚王有龄甚为坚守，后兵将饿倒，不能为战。王有龄与其师爷计，乃托信与忠王，叫忠王免害杭城军民。师爷回言："大人此信可写，如何称呼？称呼得不好，反害军民。称得好，皇上罪尔投他。"王有龄无言，捶心而叹，坐在大堂，等忠王入城，视忠王何等之人而死。师爷言："此人入城，万不与尔死也。"后我军四面越城，一跃而进。我亲自上城，抢得一骑，直入王有龄衙内，寻到后园，见其吊死，令人抬到大堂入殓后，点其亲兵五百名，给舟十五条、银三千两、路凭一纸，送其棺木回乡。

有米兴朝、林福祥两人，外有麟趾一人，是杭州布政使之职，到省尚未接任，原任是林福祥，皆礼待之。落在书房，与文官闲叙。夜静我与米、林二人说及世情，后将林福祥家小儿子一并寻回，交还林福祥。米兴朝之马匹亦寻出付交，后米兴朝将马送与我部将汪安钧。麟趾是满人，次夜逃死，并不追赶。过十余日，林、米二人欲去，我备舟各一条，送到上海，各赠银两三百两。二人不敢要，各领银一百两。临行各具一信与我辞行，准今世不能为友补报，来世不忘。并准尔忠王本是出色，未遇明君，好惜好惜。此是十一年十一二月之候。

是时收得杭省，而安省被曾九帅所困，内外不通。英王陈玉成欲救不得，遂选吴定彩带兵千余人入省助叶芸来、张朝爵守之，又令刘玱林、李四福保集贤关。陈玉成同黄金爱到桐城，谁知被官军知悉，多将军伏兵以待，英王全军方过，黄金爱押尾，官军伏发，杀死千余人，黄金爱逼入田筒水中，至晚由水中冲出，乃到桐城。后陈玉成自回京求救，而集贤关已被鲍超攻破，刘玱林、李四福皆被杀死，全军俱没。曾九帅攻破安庆，叶芸来逼死于内，张朝爵坐舟逃生，吴定彩全部死于大江之中。此城尽殁，未漏一人。

陈玉成见省城失守，扯兵由石牌而上，意欲上德安、襄阳招兵，不意将兵不肯前去，遂连夜由六安而下庐州。后多帅发兵破庐城，陈玉成逃至寿春，被苗沛霖反心捉获，解送官军杀死。时王次兄弄权，我屡奏不听，童容海被其谗惑，背我而逃。

我在苏省住有四月之久，后有巡抚李鸿章到上海招集洋鬼，破我嘉定、青浦，逼我太仓、昆山，告急前来，遂调精锐万余人亲领前去。到太仓，开仗破鬼阵，克复嘉定、青浦，遂围松江。是时曾帅之军已由上而下，破我芜湖、巢县、无为，及东、西梁山，太平关、和州，势如破竹，直至金陵。天王一日三诏到松江追我，不得已收兵回苏。抽调各处之兵择日起行，由溧阳到东坝，向秣陵关到雨花台，一由板桥、善桥而来，围攻九帅营寨。九帅节节严营，濠深垒坚，连攻十余日，未能成效。我主当殿严责，饬我进兵北行。遂由巢县到石涧埠，遇中堂派军扎营十余座，严守勿战，后扯兵由庐江而上舒城，到六安州，想去会陈德才之军。此地无粮，兵不得食，饿死者多，遂转到天长等处。正逢九帅破我雨花台，巢县是洪春元镇守，被中堂派鲍超一军攻破，败到和州，京内惊惶，天王差官诏我回京。那时和州又败，江浦失守，我出京未调一兵而回，适大江水涨，九洑洲又被水没，我军无栖身之所。时杨帅、彭帅领水军前来攻打，下关又被水帅攻去。九帅既克我雨花台，营垒扎坚，不能再复，前后失去战士十数万人。曾帅兵困甚严，我劝主让城而走，天王大怒，言：“朕奉上帝圣旨、天兄耶稣圣旨，下凡作天下万国独一真主。朕铁桶江山，尔不扶有人扶，尔说无兵，朕之天兵多过于水，何惧之有！”

时浙省金华、龙游等处俱被左抚台全军制战，宁波府前是鬼子诱引而得，后官府用银惹动鬼心，攻我宁城。洋人炮火利害，攻倒城墙，我兵不能立脚，退守余杭，嵊县亦退。鬼兵攻破宁波，又破绍兴。自此之后，金华、龙游、严郡、温、台等处我兵陆续退出，屯扎富阳。左抚台兵逼富阳，鬼兵又由水路而来相助，富阳、萧山先后俱失。左抚台兵至余杭，分水旱而下杭州，连营八十余里。浙江是听王陈炳文为帅，余杭是汪海洋为帅，两军相持数月。然后苏兵带鬼子攻打乍浦、平湖、嘉兴三处，俱被攻破。而苏之太仓、昆山、吴江等处亦李抚台打开，印子山营又被九帅攻夺。主不准我出京，苏杭各处告急，日日飞文前来，不得已又奏必要出京。主及朝臣要我助饷十万方准我行。我见下路势急，亦愿遵从，总想出京再行别计。自去未久，高桥门又被九帅打破，杨辅清逃回东坝，李世贤亦退转溧阳。时我在苏屯兵马塘桥，意欲回京请主他行。苏州守将慕王谭绍光，尚有纳王郜永宽、康王汪安钧、宁王周文嘉、天将张大洲、江花班、汪有为、范起发等，此皆我手下之将，自小从戎。不意郜永宽等心变，将谭绍光杀死，投李抚台以献苏城，未及三日，俱被李抚台杀害。我闻省城之变，即上常州，到丹阳屯扎，后无锡又失，我弟李世贤在溧阳劝我不必回京，别作他谋。我见势不好，遂轻骑连夜到京，此是十三年同治二年十一月矣。后常州亦破，杀死合城兵将。

常州破后，丹阳亦退，杭州、嘉兴等处前后亦失。浙江、丹阳、金檀、宜兴、溧阳各军无处可逃，是以逃往江西。计开上江西各将：李世贤、刘朝钧、汪海洋、陈炳文、陆顺德、朱兴隆、李开顺、谭应芝、陈承奇、李容发。

时京城被困，合城无食，男女死者甚众。天王降诏，令合城俱食甘露，可以养生。天王在宫，将百草制作一团，名为甘露，饬众遵行，各而备食。先是，天王改政，凡出示及印文内俱要用天父、天兄、天王字样，营称天营，兵称天兵，民称天民，国称天国。不遵者，五马分尸，独我与李世贤不服。此是天王之计，皆算渠一人之兵，免我等称我队我兵，恐人占其国也。我与陈玉成二人本为主所爱，陈玉成在家时名丕成，天王改做玉成。我在家名以文，自封忠王之时改我为秀成。陈玉成死后，故命我统其众，一切战争之事悉归我提理。

时京城势危，官军日逼一日，城内慌乱，守营守城无人可靠。天王严诏，凡是城外文书有人拾到不报天王处，私开者抄斩全家。后松王陈德风、慰王朱兆英通于东门外萧军门，其事泄漏，被王长兄锁拿。松王与我交好，当代用银一千八百余，始保陈德风之命。我有妻舅宋永祺来九帅营下，同师爷谈及劝我来降。据云渠之兄弟在中堂辖下戴水晶顶子，我不知其姓名，云可保于我。宋永祺云未见过此人，此人闻在泰州。宋永祺由九帅之营回转京内，来往十日有余，与南京人郭老四同事。然未见九帅之文，不过与师爷谈及。宋永祺好酒，次日同朋友饮酒太多，即至陈德风处言与我曾谈此事，陈德风不信，行文来问。此日正在我府会议粮务，补王莫仕葵、章王林绍章、顺王李春发、王长兄长子洪和元、次子利元、干王长子洪葵元同在。陈德风递到此文，本城之文人人可拆。莫仕葵拆开一看，见此情由，各人并踊来视内言，问忠王真有此言否？莫仕葵遂将宋永祺、郭老四拿获，我用银于莫仕葵得不治罪。自后时时有人防我，恐我有变也。

十四年三年四月尽五月初之候，我在东门城上，九帅之兵攻打日夜不息，近城处处开掘地道，天王焦急，于五月二十七日服毒而死，天王长子洪福瑱登基。官军以地轰放倒神策门二次，合城文武无计。至六月十五早，见势甚急，即抽点先锋，连夜出城攻九帅营。攻打未成，知城不能保。我兵日夜未得歇息，天明各归馆子暂息。曾帅在紫金山高处吊望，见城内之人纷纷归队，午刻用火轰倒京城，由紫金山龙头而破，全军入城。那时官军已四面扒城而进，中关以外见京城已失，降亦有之，逃亦有之，死亦有之。我由太平门败转直到朝门，幼主已先在朝门，天王二个小子亦到。我独带幼主一人，幼主无好马，将战马与之，我另坐一骑，遂到家，与母弟侄流涕辞别，带主上清凉山躲避。斯时尚有数千余人欲冲北门，九帅屯重兵，不能出。又冲水西、小南，二门亦然。至三更时，从倒缺口君臣数百人舍命冲出关来，出城之后，官军营营炮发，处处喊声，九帅之兵马步追赶，遂与幼主分散。我走到天明，人人俱散，马不能行，因逃上荒山顶破庙中暂避。我身上带有宝物，用绉纱捆扎在身，到庙解下，吊在树上，欲宽身乘凉。不意山脚之民上山搜寻，我二三人见人众到来，惊乱而逃，忘却宝物。百姓追近，知我是忠王，邀我下山。我见百姓有救我之心，欲将此珍珠宝物以酬其情。不料百姓追我之时，随后又有人至庙中将我宝物取去。众人云若要送尔出去，必要剃头。后依其言剃去些须。那帮百姓将我密藏于家，追得我宝物者与藏我者争利，故藏我不住，遂被曾帅追兵拿获，解送前来。

今禁囚笼，蒙九帅恩给饭食。中堂驾由皖省而来，当承讯问，我心悔不及，是以将国中一切供呈。我为洪姓之将，外之兵将俱是我辖，我愿将部下两岸收全投降而酬高厚，以对大清皇上，以赎旧日之罪。若再有反复变心，仍祈正国法。如我不能收降部众，亦正国法。若中堂不信我言，仍锁禁，容我写信付去，我可在皖省居中好办两岸之事，请示中堂意下如何？等语。

写供后，各营将士请将李秀成槛送京师。曾阁部与曾中丞孰商，虑上游各路，恐余匪藏匿，且防逆犯在途绝食而死，翻逃显戮，而贻巨患。即于七月初六日将李秀成凌迟处死，传首发逆所到各省，以快人心。其伪福王洪仁达一犯，系洪秀全之胞兄，与其长兄洪仁发等各逆先于初四日亦皆凌迟处死。李秀成供词文理不甚通适，而情事似属真确，抄送军机处以备查考。

用兵以来，各省将帅克复城池不下数百处，未有如此次之劳苦者。盖时当盛暑，昼夜攻围，未尝少休。昼则曝于烈日之中，夜则露宿沙土之上，不收队者半月。又尝开挖地道，出入地洞，人皆面目黧黑，诸将士伤病山积，死亡相属。即论功，居首之提督李臣典因冒暑受伤，力疾督战，克城后一病不起，军民无不痛惜。江宁既定，先后经总督杨岳斌、侍郎彭玉麟、巡抚曾国荃、大学士湖广总督官文、协办大学士两江总督曾国藩飞章奏捷。

奉上谕："前据杨岳斌等驰奏官军克复江宁外城，当将奏事处及兵部报捷处接递喜报各员，谕令军机处查明存记。兹复据官文、曾国藩奏报攻克江宁省城，洪逆授首。所有奏事处领班奏事官、内务府员外、理藩院员外、内阁侍读、兵部报捷处总办、郎中、帮办、郎中委署主事、笔帖式，着一体加恩议，加赏给。其自军营至京沿途各驿站文武员弁及驿站兵夫一并酌量奖赏。钦此。”

相关链接：《凌霄一士随笔·曾国藩删却李秀成供状》《能静居日记》《旧闻随笔·使李秀成降》

墨馀录 毛祥麟

作者事略见前。

甲子冬闱赴金陵书见

同治三年，历元甲子，爵督曾涤生阁部克复江宁省城。计贼踞金陵，已阅一纪，祠宇官署，尽为所毁，惟贡院尚存。曾侯乃饬各营，督弁修葺，不三月而工竣。奏请即于是年十一月，举行江南乡试。余送监侄、垣儿，赴金陵应试。沿途所见，已深今昔之感，要惟秣陵为尤甚焉。

时邑之赴试者，皆于十月中启行。忆自沪至昆，炊烟缕缕，时起颓垣破屋中，而自昆至苏境，转荒落。金阊门外，瓦砾盈途，城内亦鲜完善。虎丘则一塔幸存，余皆土阜。由是而无锡，而常州，而丹阳，蔓草荒烟，所在一律。其于宿莽中时露砖墙一片，或于巨流内横矗乱石数堆者，皆贼嵎负处也。两岸见难孩数千，同声乞食，为惨然者久之。余若奔牛、吕城、新丰诸镇，向称繁庶，今则一望平芜，杳无人迹。偶见一二乡人，类皆骨立声嘶，奄奄垂毙。问之，则云：“一村数百人，今什不存一矣。而又日不得食，夜不成眠，行将尽死耳！”其言极惨，不忍卒听。

越日，出月河闸过江，浪骇涛奔，曾不改昔；而焦山山色，苍紫夺目，疏林中精蓝灿然，风过时，梵呗声隐隐飘至。其所以不毁者，闻僧于贼酋中有旧故耳。又见白塔孤立云表，下无一树一屋者，金山是也。倏过镇江口，见杰阁飞空，崇楼压水，则为洋人互市处。洎至燕子矶，虽茅屋参差，稍有市集，亦仅数十家而已。江宁城濠两岸，铅丸累累，沙中白骨纵横，想见历年战斗之苦。城较旧时高数尺，轰塌处亦已修整。

入旱西门，经制府署，讶其式不类衙宇，盖即伪西王府也。城中房屋，惟西南尚称完善，然亦十去四五，东北则一览无余矣。

偶出聚宝门，见山石高耸处，有营四五座。询之居人，知即雨花台，竟不复识其路径。所惜者，报恩寺塔，千古壮观，亦归乌有。而秦淮水遏不流，岸曲河房，尽成灰烬。忆当年，珠帘翠幕，凤管鸾箫，不知玉碎花摧时，作何光景也！皇城旧址，蹂躏尤深，行四五里，不见一人，亦无一屋。人言贼到处，如飞蝗食禾，疾风扫叶，顷刻都尽，不信然欤。

计阖城贼馆，不下千余处。曰伪府，则有辕门二，大门三，高可数丈。门内墙壁，皆彩画鸟兽。后有堂室园囿，多至数百，少亦百余间。若伪衙，则择民居之高大者，加以彩画。其余或用红笺作联，或以黄纸写朱字，遍贴大门，以为观美。伪幼东王府园，入门有亭，亭畔有花椒二株，荫可半亩，圆实蕃衍，馨红可人。自亭而北，叠石为山，绵延不断；众山之麓，清池绕焉。今已枯骨满中，不堪逼视。池后有楼，危峙天半，因乱石阻路，不能上，亦不欲上也。

洪逆伪府，以前制军署为之，在城北，壮丽胜他处。大门额曰荣光门，二门曰圣天门，皆以真神冠之。两傍有栅，栅内横匾数方，皆伪僚所赞颂。左右有亭，高出墙外，覆以琉璃瓦。二门内伪朝房，东西各数十间。西有一井，以五色石作栏，上镌双龙，石质人工，俱极坚致，似非近时物。伪殿前牌坊一座，上下皆雕龙纹，饰以金彩。伪殿尤高广，梁栋俱涂赤金，文以龙凤，光耀射目，四壁彩画龙、虎、狮、象。伪殿之东，有墙一围，凿池于中，池方广各数十丈，池心以青石砌成一船，长约十余丈，广五六丈，舱面已毁坏。北岸又有半亭，高仅数尺，式如字藏，中空无物。询之土人，言洪尸自船掘出，亭则设以供位者。考洪逆崇信邪教，死不设位。曾侯奏稿，只言得尸伪宫，并无石船字样。土人之说，毋乃传疑。至伪殿后，一片瓦砾，剩有败屋危墙，皆摇摇欲坠，遂不遍历其境。

其余伪府尚多，或作官署，或屯兵勇，俱不得入也。若向来名胜，已俱荡焉无复存矣！可慨也夫！

雨苍氏曰：是役，余亦与焉。纪行有诗，爪痕尚在，虽所见不必尽同，而难后情形，自堪印证。篇叙槐南遗迹，及一二伪制度，足新耳目。惜乎六朝

如梦，其所摧毁者，尤令人黯然意消耳。　卷二

楚才纪盛

粤逆洪秀全之乱，蔓延一十六省，蹂躏六百余城，窃据金陵，毒流海内。自军兴以来，各省固多怀瑾握瑜之士，忠义奋发，翼赞中兴。近者元戎振旅，丑类披靡，不数年而巨寇削平，勋垂竹帛。仰见我国家培养士气，二百余年，积厚流光，因时建树，盖三代以来不数觏也。然天下人才之盛，尤莫如楚南。据同治乙丑夏季《搢绅录》所载，各省封疆大吏之籍隶湖南者，名臣良将，接踵而起，实足志千载一时之盛。其为国捐躯，已邀恤典，及功成身退，挂冠归隐者，不备录。至在京之翰詹科道，无与军务，与外省之府厅州县，参游各员，为数殊多，亦不悉载。

兹计文臣之为督抚者，共十人：太子太保、协办大学士、一等侯、两江总督曾国藩，湘乡人；太子少保、兵部尚书、一等伯、闽浙总督左宗棠，湘阴人；太子少保、兵部尚书、陕甘总督杨岳斌，及兵部尚书、云贵总督劳崇光，皆善化人；太子少保、兵部右侍郎、总督淮扬等处、提督漕运海防军务彭玉麟，衡阳人；兵部尚书、直隶总督刘长佑，新宁人；兵部侍郎、前浙江巡抚曾国荃，湘乡人；兵部侍郎、湖北巡抚郑敦谨，长沙人；兵部侍郎、陕西巡抚刘蓉，湘乡人；兵部侍郎、广东巡抚郭嵩焘，湘阴人。

又开藩陈臬者九人：浙江布政使蒋益澧，湘乡人；四川布政使江忠濬，（宁乡）［新宁］人；广西布政使刘坤一，与云南布政使刘岳昭，俱新宁人；直隶布政使唐训方，常宁人；浙江按察使杨昌濬，与福建按察使王德榜，云南按察使赵焕联，皆长沙人；湖北按察使唐际盛，善化人。

其为监司者七人：江西分巡吉南赣宁道、督理赣州钞关王文瑞；浙江粮储道周开锡；浙江分巡温处兵备道魏喻义；陕西分巡潼商等处兵备道蒋征陶；甘肃分巡平庆泾等处盐法兵备道黎献；甘肃分巡安肃等处兵备道蒋凝学；江西通省督粮道兼管水利事段起，俱湖南人。

至武臣之为提镇者，共得三十八人。内如长江水师提督、世袭一等轻车都尉黄翼升，与头品顶戴提督、福建全省军务、世袭云骑尉郭松林，尤为著名。

黄长沙人，郭湘潭人。若江南提督李朝斌，四川提督胡中和，湖南提督周宽世，甘肃提督陶茂林，亦皆有声，不仅同官同省也。自此六军门外，为总镇副将者共三十二人。其中记名提督，挂印总兵，殆参半焉。至其姓名籍贯，虽以人众不及遍书，要皆为楚南魁杰。所谓文武彬彧，蔚为国华者。我于斯，不且有观止之叹哉！

雨苍氏曰：人才之生，初不择地，而山川灵气，发也有时，聚也有数。矧通显既多，将互相汲引，一时攀鳞附翼，泰运同襄，亦固其所。篇叙诸人，详而有要，其分职总点处，尤见眉目。

卷三

拐儿挖目

同治甲子春夏间，闻京都有匪徒，拐取小儿，挖其双目。或言外国人所使，经驻京各国领事，照会总理衙门，饬捕拿获匪徒十余人。内五名，实系拐儿者，供称取童子双目，学外国人配合照像药。盖西人图山川楼阁，及人小影，不用画工，不需笔墨，以玻璃为屋，使一室明朗，架一木匣，用素纸染药，藏匣中，开镜照之，顷刻立就。更泼以水，则所照之人物显然，而不知所用何药也。五犯讯明，即行正法。后据西人云：照像之药，系屑金银及外洋地产之物合成，并无挖取人眼事。然通商以来，时有异闻异见，势不能究其实在耳。

卷十二

柏堂师友言行记 方宗诚

方宗诚（1818—1888），字存之，号柏堂，安徽桐城人。官枣强知县，论学宗程朱，建正谊讲舍、敬义书院，从游者众。有《柏堂遗书》传世。

“勤俭”为课

曾公每日以“勤俭”二字为课程，曰：“惟勤能立事，惟俭能洁己，能济人。”又曰：“大舜‘善与人同’四字，吾每日必三复斯言。”又曰：“兵事须在营阅历，不可空谈。”当在安庆时，尝见有上书论事者，公必事事批明可行不可行之故，复使其人反复阅之。若求差者，则必令其归家安分读书，不可躁进。盖公平日取人大抵皆诚朴厚重一流，而不喜才华浮薄者。若德行文学之儒，则奉为上宾。出入谈论，亦不肯烦以吏事。

恩谊故旧

曾公于故旧极有恩谊。仁和邵位西员外懿辰殉节杭州，妻子亡出，公招至安庆养之，并延师课其子；石埭沈槐卿明府衍庆殉节于鄱阳县任，与公实未面也，公念其忠义，岁馈金周其家；绩溪周志甫明经成，公聘任忠义局修志者也，既卒，公亦厚恤之并教育其诸子。其他忠义之士，虽不相识，闻其贫皆佽助之，而所费，则分廉俸为之，绝不用军需公款也。

亲历亲为

同治五年，予奉召至济宁行营，见曾公每日清晨辄起，食后行三千步，步毕，乃治公牍。凡奏疏批牍书札，皆手自为之。事毕，则与幕友围棋一局或二局以为消遣。棋毕，即读书两卷或三卷。有客至，随时召见。午后亦如是，晚亦如是，日以为常。虽佳时令节，无稍变也。若行军时，舟车之间治牍读书，亦无旷废。尝曰：“吾日治军事、吏事，若不兼读圣贤之书，则心不能养，理不能明，何以能知人，何以能应事。古今来膺大位而颠蹶者，皆不学之过也。”

倡光明俊伟

同治七年，予至金陵，曾公留居幕中，尝谓予曰：“人必心地光明俊伟，则发之于文，方能有物。文家之韩欧苏，诗家之李杜黄，皆能心事如青天白日，是以不朽也。”又曰：“方望溪侍郎谓学行继程朱之后，文章介韩欧之间，欲以韩欧之文，达程朱之理。姚惜抱郎中谓学问之道，义理、考据、词章三者，不可偏废。望溪为文，不说一句假话；惜抱为文，不用一古字，自然古雅。此风气开得极好。”

倡卓立不拔之志

曾公曰：“人必有卓立不拔之志，方能有成。或作或辍不济事。周程张朱皆为天地立心，为生民立命，志气规模终身坚确不挠，所以成大儒。而治军亦然，必有坚忍不拔之志，方能立节、立功，否则如何做得成。”

收纳寒士孤幼

曾公既克复金陵，立书院以养寒士，立难民局以招流亡，立忠义局以居德行文学之士。立书局校刊四书、十三经、五史，以聘博雅之士。故江浙被难者，无不得所依归。又立普育堂，养妇女幼孩数千人，并立义学，俾令幼童读书无荒嬉。凡妇女矢志守节不嫁者，立清节堂居之。又设医药局，以时施诊治。若绅士被难之家，其妇女则仅登簿籍，令归其家，而朔望给钱米周之，不令入普育堂者，养其耻也。

相关链接：《旧闻随笔·为贤士抚孤》

推功咎责

曾公平生喜推功于人，而自愿受过。当剿灭粤贼则推功于胡文忠、多忠武诸公，而己屡辞权位。诸弟从戎者，亦屡疏乞毋加恩臣家云。然其所能胜任者，率挺然不辞，坚苦不挫。其所不能者，亦毫不敢自以为能。如剿捻及驭夷二事，皆尝自陈毫无把握，不敢自信也。同治十年，办理天津民教一案，实为前通商大臣崇厚所误，又为总理衙门所掣，而又不能不委曲以全大局。故每作家书及与人手札，皆深自咎责，办事不能适刚柔之宜，内负神明，外惭清议。临终遗折，犹复言之。盖中外议公者，亦莫不归咎崇公，而公曾无一语自辩也。

俭朴家居

曾公不好蓄姬侍，在安庆时，公弟为买一姬，公淡然遇之。不溺爱，亦不虐使。逾年病卒，侍公凡一载，未尝使着丝罗。晨昏纺绩有定课，毋许过佚。后公夫人子妇至，亦然。夫人月费四千钱，子妇半之，其俭朴与家居时同。当公夫人未来皖时，宴彭雪琴侍郎于内室。招予陪饮，见室中惟木榻一、竹床二、竹枕二，此外一二衣箱，无他物也。窦兰泉侍御来，予亦陪饮，食鲥鱼止一大瓦缶。兰泉笑曰："大学士饮客，用瓦缶，毋乃太简乎！"公大笑而已。

以上卷三

临终绝笔

同治十一年二月四日，湘乡曾公薨，朝野震悼。公一生为学，以有恒为功课，以不欺为宗旨，以勤俭为根基。每日所事皆亲笔记之。薨后检其初三日记有云："既不能溘先朝露，速归于尽，又不能振作精神，稍尽职事，苟活于世，惭悚实深。二更睡。"此公绝笔也。时公已得病犹自责如此，诵之具见鞠躬尽瘁之忱。

以上卷四

春在堂随笔俞樾

俞樾（1821—1907），字荫甫，号曲园，浙江德清人，道光三十年（1850）进士，晚清朴学大师，有《春在堂全书》行世。

记圣哲画像

湘乡相公有《圣哲画像记》，其略曰：

书籍之浩浩，若江海然，非一人之腹所能尽饮也，要在慎择而已。余既自度其不逮，乃择古今圣哲三十三人，命儿子纪泽图其遗像，都为一卷，藏之家塾。后嗣有志读书，取足于此，不必广心博骛，而斯文之传，莫大于是矣。

其图：文王、周公、孔子、孟子为一图，左氏、庄子、司马子长、班孟坚为一图，诸葛孔明、陆敬舆、范希文、司马君实为一图，周茂叔、程伯淳、程正叔、张子厚、朱元晦为一图，韩退之、柳子厚、欧阳永叔、曾子固为一图，李太白、杜子美、苏子瞻、黄鲁直为一图，许叔重、郑康成、杜君卿、马贵舆为一图，顾亭林、秦味经、姚姬传、王怀祖为一图。而总论其后曰：

学问之道有三，曰义理，曰词章，曰考据。如文、周、孔、孟之道，左、庄、马、班之才，诚不可以一方体论矣。至如葛、陆、范、马，在圣门则以德行而兼政事者也；周、程、张、朱，在圣门则德行之科也；皆义理也。韩、柳、欧、曾，李、杜、苏、黄，在圣门则言语之科也，所谓词章也。许、郑、杜、马，顾、秦、姚、王，在圣门则文学之科也；顾、秦于杜、马为近，姚、王于许、郑为近；皆考据也。此三十三子者，师其一人，读其一书，终身用之，有不能尽。

末复括以歌曰：

文、周、孔、孟，班、马、左、庄，葛、陆、范、马，周、程、朱、张，韩、柳、欧、曾，李、杜、苏、黄，许、郑、杜、马，顾、秦、姚、王。

同治六年，余至金陵，湘乡公留宿节署，因得见之，而记于此。

玄武湖观荷

金陵之游，以玄武湖观荷花为最。是日，余将行矣，湘乡公饯之于妙相庵，先与幕府诸君登太平门楼，观沅浦中丞由地道攻克金陵故迹。遂出城至玄武湖，湖方十余里，遍种荷花。各乘小舟穿花中而过，红衣翠盖，亭亭可爱。公所坐舟与余辈大小无异，而有司供张者，以使相之尊，不可露坐，施小帷帐蔽之，然止能绕花而行，不能直入万花深处矣。余笑曰："山人之乐，过于宰相，即此可见也。"

攻克金陵处

沅浦中丞由地道攻克金陵处，名龙脖子。时缺口已修补，有湘乡公纪事碑，亦甚简略，末有铭曰："穷天下力，复此金汤。苦哉将士，来者无忘。"可见当时力战之艰。同游者有赵惠甫，曾躬在行间，于雨花台望见之，云："是日为同治三年六月十六日，黎明微雨，旋霁，日中又雨，大声忽发，砖石俱飞，倏忽之间，而烟气迷漫，不见天日。及烟散，则见城中龙广山上万蚁蠕蠕，盖皆人也。时我军已由缺口入城矣。俄而旌旗尽开，四面齐下，而贼所据伪府，同时火起矣。未入城时，上有黑云，大数亩许，历久不变。及我兵长驱入，而黑云亦与之俱，是殆有神助乎！"余有诗纪之，皆据赵语。

俞荫甫拼命著书

湘乡公喜谐谑，因余锐意著述，戏之曰："李少荃拼命做官，俞荫甫拼命著书，吾皆不为也。"余闻而自愧，亦以自喜。然少荃伯相，功业烂然，为中兴之冠。余穷愁著书，酱瓿上物耳。且自中州罢归，已逾十稔，而所著书，止一百余卷。乃与中兴名臣同一拼命，岂命果有贵贱乎？今列所著书目于此：

陋书二种：《群经平议》三十五卷，《诸子平议》三十五卷；

第一楼丛书九种：《易贯》五卷，《玩易篇》一卷，《论语小言》一卷，《春秋名字解诂补义》一卷，《古书疑义举例》七卷，《儿笘录》四卷，《读书余录》二卷，《诂经精舍自课文》二卷，《湖楼笔谈》七卷；

集二种：《宾萌集》五卷，《宾萌外集》四卷；

春在堂书六种：《杂文》二卷，《诗编》六卷，《词录》二卷，《尺牍》及《随笔》未定卷数，《楹联录存》一卷；

外书二种：《袖中书》一卷，《诂经精舍内外篇》未定卷数。

嗟乎！文士名心，书生习气，针石知谬，享帚自珍。聊记其大略，亦见穷命之不值一钱也。 以上卷一

相关链接：《郎潜纪闻·曾文正得俞太史卷》《旧闻随笔·俞曲园得“春在堂”名》《苌楚斋随笔·真拼命著书人》《凌霄一士随笔·曾国藩激赏俞樾》

梦见曾文正公

光绪元年十一月二十有九日，余在吴中寓庐，梦见曾文正公来，直造余曲园中，徘徊曲水亭上。其西北隅，本无山也。梦中见有土山甚高，公摄衣登其巅，余不及从也。俄而，公扶一从者以下，余自启春在堂西偏小门，导公出，遂寤。其明日，陈君蓉斋宝衡以公手书一册见示，其前绘有公像。乃叹畴昔之梦，盖非无因，殆所谓幾者邪？因书一绝句于其后，云：“淋漓妙墨一编开，坐对还如笑语陪。我读公书拜公像，昨宵公自梦中来。” 卷六

霞外攟屑 平步青

平步青（1832—1896），字景荪，别号有栋山樵、霞偶、常庸等，浙江山阴（今绍兴）人。同治元年（1862）赐进士出身，曾任翰林

院编修、侍读、江西粮道并署布政使等职。一生著述甚丰，集有《香雪崦丛书》，《霞外攟屑》为其中一种。

经史百家简编

《经史百家简编》二卷。曾文正公手录贻威靖伯，威靖重写一册。请文正勘定。而文正分别节次，句绝章乙，厘正谬误，评骘精华，可谓审矣。同治甲戌六月，传忠书局刊行。又经威靖审订，王鼎丞校字，宜无误矣。

何以贾谊《陈政事疏》第四十四叶末行“夫存亡之变”句止，第四十五叶首行起“礼之也”三字，脱去“治乱之机其要在是矣”以下至“皆天子之所以改容而”八百七十一字，而第四十五叶末行“俱亡耻俱苟”止，第四十六叶首行又起“七百岁而弗失”六字。自此接第四十四叶“夫存亡之变”句至“然而汤武广大其德行”六十字止，仅脱四百七十五字，是四十五叶乃钞胥误写。而失去“治乱之机”至“然而汤武广大其德行六”一叶，遂重复脱落不可读。

写官之不事事不足怪，校者何亦不一涉目，即付椠人登板？及刷印呈样，又未一校，即印行广布宇内，不可解也。近人好刻书，而惮于校，大率如是。可叹！

卷六

庸盦笔记 薛福成

薛福成（1838—1894），字叔耘，号庸盦，江苏无锡人。早年以副贡入曾国藩幕，又入李鸿章幕。任过浙江宁绍道台和湖南按察使。1890年起历任清政府出使英、法、意、比四国大臣和驻外使节。有《庸盦全集》行世。

李傅相入曾文正公幕府

合肥傅相肃毅伯李公，始以丁未翰林供职京师。其封翁愚荃先生，与曾文正公戊戌同年也。傅相未第时，尝以年家子从文正习制举文。既得翰林，亦常往问业。咸丰二年，文正丁忧回籍，傅相与其封翁从侍郎吕文节公贤基奉旨回籍治团练，自是遂不甚通音问。厥后皖北糜烂，吕公殉舒城之难，而团练事遂无可为。傅相旋入皖抚福元修中丞济幕府，中丞盖傅相座主也。然中丞本不知兵，措注未尽合宜，傅相亦不甚得志。会粤贼势益横，傅相病官军之退避也，力请大举一战。是时，郑军门魁士为总统，谓贼强如此，君既欲战，如能保其必胜，愿书军令状否？傅相毅然书之。官军与贼战而大败，贼漫山遍野而来，合肥诸乡寨皆被蹂躏，傅相所居寨亦不守。封翁先已捐馆，傅相与诸兄弟奉母避之镇江，而自出谒诸帅，图再举，既落落无所合。

久之，闻曾文正公督师江西，遂间道往谒焉。谓文正笃念故旧，必将用之。居逆旅几一月，未见动静。此时，在文正幕府者，为候补道程桓生尚斋、前翰林院庶吉士陈鼐作梅、今江宁布政使举人许振祎仙屏。陈鼐与傅相本系丁未同年，傅相使往探文正之意，不得要领。鼐因言于文正曰：“少荃以昔年雅故，愿侍老师，藉资历练。”文正曰：“少荃翰林也，志大才高，此间局面窄狭，恐艨艟巨舰，非潺潺浅濑所能容，何不回京供职？”鼐曰：“少荃多经磨折，大非往年意气可比，老师盍姑试之？”文正许诺。

傅相入居幕中。文正每日黎明必召幕僚会食，而江南北风气与湖南不同，日食稍晏，傅相欲遂不往。一日，以头痛辞，顷之，差弁络绎而来；顷之，巡捕又来，曰：“必待幕僚到齐乃食。”傅相披衣踉跄而往。文正终食无言，食毕，舍箸正色谓傅相曰：“少荃既入我幕，我有言相告，此处所尚惟一诚字而已。”遂无他言而散。傅相为之悚然。盖文正素谂傅相才气不羁，故欲折之使就范也。

傅相初掌书记，继司批稿、奏稿。数月后，文正谓之曰：“少荃天资于公牍最相近，所拟奏咨函批，皆有大过人处，将来建树非凡，或竟青出于蓝，亦未可知。”傅相亦自谓从前历佐诸帅，茫无指归，至此如识南针，获益非浅。

既而文正进驻祁门，傅相谓祁门地形如在釜底，殆兵家之所谓绝地，不如及早移军，庶几进退裕如。文正不从，傅相复力争之。文正曰："诸君如胆怯，可各散去。"会皖南道李元度次青率师守徽州，违文正节度，出城与贼战而败，徽州失陷。始不知元度存亡，久乃出诣大营，又不留营听勘，径自归去。文正将具疏劾之，傅相以元度尝与文正同患难，乃率一幕人往争，且曰："果必奏劾，门生不敢拟稿。"文正曰："我自属稿。"傅相曰："若此，则门生亦将告辞，不能留侍矣。"文正曰："听君之便。"傅相乃辞，往江西，闲居一年。

适官军克复安庆，文正移建军府焉。傅相驰书往贺，文正复书云："若在江西无事，可即前来。"傅相乃束装赴安庆，文正复延入幕，礼貌有加于前，军国要务，皆与筹商。

明年，吴中绅士雇轮船来迎援师，文正奏遣傅相募淮军赴沪，而密疏荐其才大心细，劲气内敛，可胜江苏巡抚之任。抵沪未及一月，奉命署理江苏巡抚。练兵选将，克复苏、常、嘉兴等郡，遂实授巡抚，加太子少保，赏黄马褂、双眼花翎，封一等肃毅伯，勋名几与文正相并。距出幕府时，仅逾两年耳。未几，绩望日隆，卒蒇文正未竟之绪。文正之志业，傅相实继之。

同治十一年，文正薨于两江总督官廨。傅相邮寄挽联云：

师事近三十年，薪尽火传，筑室忝为门生长；

威名震九万里，内安外攘，旷世难逢天下才。

盖纪实也。

肃顺推服楚贤

肃顺于咸丰年间始为御前大臣，贵宠用事，后遂入值军机，屡兴大狱，窃弄威福，大小臣工，被其贼害，怨毒繁兴，卒以骄横僭儗，获罪伏法，其人固无足论矣。然是时，粤贼势甚张，而讨贼将帅之有功者，皆在湖南。朝臣如祁文端公、彭文敬公，尚瞢焉不察，惟肃顺知之已深，颇能倾心推服。

平时与座客谈论，常心折曾文正公之识量、胡文忠公之才略。苏、常既陷，何桂清以弃城获咎，文宗欲用胡公总督两江，肃顺曰："胡林翼在湖北措置尽善，未可挪动。不如用曾国藩督两江，则上下游俱得人矣。"上曰："善。"遂如其议，卒有成功。

左文襄公之在湖南巡抚幕府也，已革永州镇樊燮控之都察院，而官文恭公督湖广，复严劾之。廷旨敕下文恭密查，如左宗棠果有不法情事，可即就地正法。肃顺告其幕客湖口高心夔碧湄，心夔告衡阳王闿运纫秋，闿运告翰林院编修郭嵩焘筠仙。郭公固与左公同县，又素佩其经济，倾倒备至，闻之大惊，遣闿运往求救于肃顺。

肃顺曰："必俟内外臣工有疏保荐，余方能启齿。"郭公方与京卿潘公祖荫同值南书房，乃挽潘公疏荐文襄。而胡文忠公上《敬举贤才力图补救》一疏，亦荐文襄才可大用，有"名满天下，谤亦随之"之语。上果问肃顺曰："方今天下多事，左宗棠果长军旅，自当弃瑕录用。"肃顺奏曰："闻左宗棠在湖南巡抚骆秉章幕中，赞画军谋，迭著成效，骆秉章之功，皆其功也。人才难得，自当爱惜。请再密寄官文，录中外保荐各疏，令其察酌情形办理。"从之。官公知朝廷意欲用文襄，遂与僚属别商具奏结案，而文襄竟未对簿。俄而，曾文正公奏荐文襄以四品京堂襄办军务，勋望遂日隆焉。

此说余闻之高碧湄，未知确否？碧湄与纫秋皆尝在肃顺家教其子者也。

以上卷一

相关链接：《旧闻随笔·肃顺保曾国藩江督》《花随人圣庵摭忆·隐为端华、肃顺讼冤》

曾左二相封侯

曩闻粤寇之据金陵也，文宗显皇帝顾命，颇引为憾事，谓有能克复金陵者可封郡王。及曾文正公克金陵，廷议以文臣封王，似嫌太骤，且旧制所无。因析而为四，封侯、伯、子、男各一。曾文正公封一等毅勇侯，世袭罔替；曾沅甫宫保封一等威毅伯；提督李臣典封一等子；提督萧孚泗封一等男。

左文襄公之肃清甘肃新疆也，廷议援文襄公长龄平张格尔封公之例，拟封一等公爵。皇太后谓："从前曾国藩克复金陵，仅获封侯。左宗棠系曾国藩所荐，其所用得力之老湘营，亦系曾所遣，将领刘松山等，又曾所举也。若左宗棠封公，则前赏曾国藩为太薄矣。”乃议左公以一等恪靖伯，晋二等恪靖侯。所以不获一等者，示稍逊于曾公也。

圣明烛照，纤悉靡遗，权衡轻重，适剂其平。虽前后事隔十年，而评量犹不爽铢寸若此，此其所以成中兴之业欤！余昔游京都，闻谈时事者，皆有此说，因忆而录之。

卷二

曾文正公挽联

曾文正公以同治壬申二月四日，薨于两江总督署内。其世子劼刚通侯纪泽，以五月中旬奉丧南旋，余送之江干而别。其在金陵百日之内，远近吊者，络绎前来，殆无虚日。余为襄理丧事，以各省巨公名流挽联佳者，美不胜收。厥后同幕有汇刻为《荣哀录》者，又觉瑕瑜同登，甄取稍滥。兹忆其周密无疵、为当时所推诵者录之左方。

恪靖伯左公挽联云：

谋国之忠，知人之明，自愧不如元辅；

同心若金，攻错若石，相期无负平生。

盖左公始为文正所荐举，中间以事相龃龉，不通函问者已九年矣。如此措词，既合分际，亦颇善于斡旋。

孙琴西太仆，文正门下士也，时为江宁盐巡道，其挽联云：

人间论勋业，但谓如周召虎、唐郭子仪，岂知志在禹皋，别有独居深念事；

天下大文章，殆不愧韩退之、欧阳永叔，却恨老来湜轼，更无便坐雅谈时。

见者以为澹雅无俗气。

李眉生廉访鸿裔挽联云：

位冠百僚，而劳谦自牧，威加四海，而盛德若愚，不震不腾，隐几独居勋业外；

年垂大耋，而神观弗衰，病至弥留，而鞅掌靡息，如临如履，易箦犹在战兢中。

郭筠仙中丞挽联云：

论交谊在师友之间，兼亲与长，论事功在唐宋之上，兼德与言，朝野同悲惟我最；

其始出以夺情为疑，实赞其行，其练兵以水师为著，实发其议，艰难未与负公多。

谢麟伯编修维藩挽联云：

吾楚多武功，新宁伟节，罗山邃学，益阳雄略，湘阴衡阳，皆卓荦勋名，相度恢然众贤汇；

国朝六文正，睢州巨儒，诸城名相，大兴贤傅，歙县滨州，并承平宰辅，公时独较昔人难。

李次青廉访元度挽联云：

是衡岳洞庭间气所钟，为将为相为侯，自吾乡蒋安阳后，历三唐两宋迄元明，二千年仅见；

与希文君实易名同典，立功立言立德，计昭代汤睢州外，较诸城大兴暨曹杜，一个臣独隆。

蒯子范太守德模时将赴夔州之任，送挽联云：

公今与皋夔伊傅同游，翳古元勋齐俯首；

我正溯江汉沱灊而上，每经遗垒辄伤心。

以上诸联，均能扫去陈言，别具机杼。今坊本所刻《荣哀录》，不分优劣，采辑太滥，故余重甄叙之。然余所选诸联，亦有《荣哀录》所未登者。

曾文正公劝人读七部书

昔曾文正公尝教后学云：“人自六经以外，有不可不熟读者凡七部书，曰《史记》《汉书》《庄子》《说文》《文选》《通鉴》、韩文也。”余尝思之，《史记》《汉书》，史学之权舆也；《庄子》，诸子之英华也；《说文》，小学之津梁也；《文选》，辞章之渊薮也；《史》《汉》，时代所限，恐史事尚未全，故以《通鉴》广之；《文选》骈偶较多，恐真气或渐漓薄，故以韩文振之。曾公之意，盖注于文章者为重。此七部书，即以文章而论，皆古

今之绝作也。人诚能于六经而外，熟此七部书，或再由此而扩充之，为文人可，为通儒可，为名臣亦可也。 以上卷三

曾文正公始生

曾文正公之生也，以嘉庆辛未年十月十一日亥时。曾祖竟希封翁，年已七十，方寝，忽梦有神虬蜿蜒自空而下，憩于中庭，首属于梁，尾蟠于柱，鳞甲森然，黄色灿烂，不敢逼视，惊怖而寤，则家人来报添曾孙矣。封翁喜召公父竹亭封翁，告以所梦，且曰："是子必大吾门，当善视之。"是月，有苍藤生于宅内，其形夭矫屈蟠，绝似竟希封翁梦中所见。厥后家人每观藤之枯荣，卜公之境遇。其岁枝叶繁茂，则登科第转官阶，剿贼迭获大胜。如在丁忧期内，或追寇致败屡濒于危，则藤亦兀兀然作欲槁之状。如是者历年不爽，公之乡人，类能言之。

饶州知府张澧翰，善相人，相公为龙之癞者，谓其端坐注视，张爪刮须，似癞龙也。公终身患癣，余在公幕八年，每晨起，必邀余围棋。公目注楸枰，而两手自搔其肤不少息，顷之，案上肌屑每为之满。同治壬申二月初二日申刻，公偶游署中花园，世子劼刚侍，公忽连声称脚麻脚麻，一笑而逝。世子亟与家人扶公入室，盖已薨矣。是时，城中官吏来奔视者，望见西面火光烛天，咸以为水西门外失火。江宁、上元两县令，亟发隶役赴救，至则居民寂然，遍问远近，无失火者。黄军门翼升祭文有曰："宝光烛天，微雨清尘。"盖纪实也。自后，庞观察际云来自清江浦，成游戎天麟来自泰州，皆云初二日傍晚见大星西陨，光芒如月，适公骑箕之夕云。 卷四

郎潜纪闻 陈康祺

陈康祺（1840—1890），字均堂，号槃园居士。浙江鄞县人。同治十年（1871）进士，官至刑部员外郎。本书书名除初笔用《郎潜纪

闻》外，二笔又称《燕下乡脞录》，三笔又称《壬癸藏札记》，四笔又称《判牍馀沈》。

曾文正公知人

近世士大夫多称曾文正公能知人，非妄语也。江忠烈公忠源，初谒公于京邸，既别去，公目送之，曰："此人必名天下，然当以节烈死。"时天下方无事，众讶其言之不伦。后十余年，忠烈果自领偏师，战功甚伟，嗣殉难庐州。公东征时，沪上乞师，公奏请以今相国合肥李公赴沪，而以参将程忠烈公学启从。临发，公送之登舟，拊忠烈背曰："江南人誉张国梁不去口，君去，亦一国梁也。行闻君克苏州矣，勉之！"李公至沪，由下游进兵，自青浦、昆山转战至江苏行省，拔名城、殪大憝，虽尝借助英法兵，而西人独推忠烈功为淮军诸将最，其声威殊不出张忠武下。嗣克嘉兴，先登，中枪仆地，卒不救。其以死勤事，亦与忠武同。盖升平之际，物色人才，危急之秋，激昂忠义，精神所感，诚至明生。文正儒臣，岂有相人术哉？呜呼！洵天人矣。

曾文正得俞太史卷

嘉道以后，殿廷考试尤其重字体。道光庚戌，吾浙俞荫甫太史樾成进士，素不工小楷，复试竟冠多士，人咸诧焉。后知由曾文正公，盖公方以少宗伯充阅卷官，得俞文极赏之。且因诗首句云："花落春仍在"，谓与小宋"将飞更作回风舞，已落犹存半面妆"无异，他日所至，未可量也，遂第一进呈。后俞典学河南，以人言罢职。同治四年，寓书于公，述及前事，且曰："由今思之，蓬山乍到，风引仍回，洵符落花之谶矣。然穷愁著述，已及百卷，傥有一字流传，或亦可云春在乎？"因自颜所居曰"春在堂"。

康祺案：庚戌至今垂三十年，是榜人物，内贰六官、外膺封疆者，不闻大著声绩。太史则钻研经史，撰著裒然。楛苑一时，优劣千古，相士若文正公，洵风尘巨眼矣。

曾文正公不禁秦淮灯舫

六朝金粉之遗，只剩秦淮一湾水。逮明季马湘兰、李香君辈出，风情色艺，倾动才流，迄今读板桥之记、画舫之录，纸墨间犹留馨逸。自兵燹十年，而一片欢场，又复鞠为茂草矣。金陵克复后数月，画船箫鼓，渐次萌芽。时六安涂廉访守郡，亟飞牒县厉禁。次日，谒曾文正公。公笑谓曰："闻淮河灯船，尚落落如曙星，吾昔计偕过此，千艘梭织，笙歌彻宵，洵承平乐事也。"又次日，公先约幕府诸君，买棹游览，并命江宁、上元二邑令，设席款太守。一时士女欢声，商贾麕集，河房榛莽之区，白舫红帘，日益繁盛，寓公土著，闻信来归，遂大有丰昌气象。公真知政体哉。

相关链接：《今传是楼诗话·曾国藩恢复秦淮繁华》《石屋馀沈·曾国藩师谢安》《花随人圣庵摭忆·为政在养活细民》《春在堂随笔·玄武湖观荷》

曾文正公请复日讲旧典

文宗登极，曾文正公上言，请复日讲旧典，部议格不行。次年，咸丰纪元，正月，遂奉特旨，令翰詹诸臣番上内直，候上亲命题目，分日进呈。盖文宗皇帝之倚毗文正，付以股肱心膂之任，其识拔实始此。　以上初笔

曾文正公愿法林文忠

曾文正公致其弟威毅伯书云："闻林文忠三子分家，各得六千串。督抚二十年，家私如此，真不可及，吾辈当以为法。"读此，见文忠之清操，亦见文正兄弟之志趣。　二笔

曾文正加惠皖中经学大师

曾文正驻师祁门，狂寇环攻，储胥奇困，为其一生行军最苦之境。乃手

写遗属，帐悬佩刀，神志湛然若无事。一日，忽忆及皖中多经学大师，遭乱颠沛，存亡殆不可知，遂遣人四出存问，存者贻书约相见戎幕，亡者恤其细弱，索其遗文。如桐城方宗诚存之、戴钧衡存庄、歙俞正燮理初、黟程鸿诏伯敷诸家，皆藉以得脱于险，公真佛菩萨心肠也。

湘省大员会劾曾文正

咸丰四年春，粤逆陷湘潭，围攻长沙，曾文正檄塔忠武帅师复潭，复躬率水师及贼于靖港，战失利，投水者三，幕客掖以起。公终以事不可为，遂止妙高峰，草疏及遗属凡二千余言，密令公弟靖毅公贞幹市榇，将以是夕自裁。会湘潭捷书至，乃再起视事，然仍以师不全胜自劾。时诟谤丛集，湘省藩、臬、粮、盐诸使者，至会牍上巡抚劾公，公姑忍之。

案：公仗钺十四年，九江、祁门守祁门事略见前及是役，皆屡濒于死。设当日竟如公志，成仁取义，公则何憾，藩、臬诸君亦所快心，其如东南百万苍生何？录此以晓士大夫之狭中浅识，拘论成败者。

刘蓉力辞曾文正荐章

湘乡刘抚部蓉，与同县曾文正为布衣昆季之交，两家集中，举理学、经济互相箴勖之书牍文诗，早隐然以第一流自待。兵事起，抚部久客文正幕中，每削荐章，文正欲列其名，辄持不可。文正谓：“此古人之常，且幕客皆叙劳，君何得独不尔邪？”抚部谓：“汉代萧朱、王贡，以转相汲引为贤，盖踵战国余习，非友道之正；士各有志，奚必以此相强？”文正深然之，由是终身未尝论荐。而抚部卒由胡、骆两文忠公交章引达，骤跻显官，功在秦蜀，天挺人豪，岂忧终屈欤？然而所守之正，可以自主者也，所遇之亨，抑非可以自期者也。

以上三笔

曾国藩诙谐答左宗棠

曾文正与左侯相同为中兴柱石，而志趣各异，世所传两公龃龉事迹甚多。方文正在江西军营，闻讣即奔丧回籍，朝议颇不谓然。左公客骆文忠幕中，亦大肆诋毁，一时哗然和之，文正至郁愤成疾，致胡文忠书，谓“左公遇事掣肘，哆口谩骂，誓以后不与相闻问。”及夺情再起，甫到长沙，即集“敬胜义怠胜欲，知其雄守其雌”十二字，属左公篆书楹联以见意，交欢如初。

嗣督两江，力保左公知兵，而左公既握兵符，仍有傲视文正之意。文正用兵主持重，左公深不慊。一日在徽防，忽接浙中来咨，痛诋文正用人之谬，词旨亢厉，令人难堪。文正之“昔富将军咨唐义渠中丞云：‘贵部院实属调度乖方之至。’贵部堂博学多师，不仅取则古人，亦且效法时贤。于富将军可谓深造有得，后先辉映，实深佩服，相应咨覆”云云。左公盛气，文正以诙谐答之。盖文正再出督师，一味行以柔道，功名意气，与世无争，但求委曲以济吾事。盖心弥苦，而学弥进矣。刘霞仙中丞挽文正诗，有“菱角磨成芡实圆”之句，余读之喟然，不觉涕之无从。

是则采近印活字板《水窗春呓》上卷。《春呓》，无著书人姓名，余翻阅考核，当是湘潭欧阳兆熊所撰。而下卷笔墨不一律，且自称吾浙者数处。又二卷之末，各附有似条陈、似策论者一篇，体例糅杂，殆坊肆刊以弋利，久必不传，略取其关涉掌故、词句雅驯二三则，登之斯编。

曾国藩家眷不废纺织

安庆复后，曾文正公驻节其中，眷属由湖来署。夫人欧阳氏率冢妇刘氏，不废纺织，每夕姑妇共一灯，以纺纱四两为课。侯夫人本健妇，前见公家书，称夫人在京育子女，能不召稳婆。其冢妇即霞仙中丞女也。家风朴俭，为世俗宦家所希有，然亦非可强学者。 以上四笔

道咸以来朝野杂记 崇彝

崇彝（生卒年不详），蒙族，姓巴鲁特，字泉孙，号巽庵，别署选学斋主人。清末官户部文选司郎中。著有《选学斋书画寓目笔记》《道咸以来朝野杂记》，辑有《雅颂诗赓》。

记如山旧事

如山，字冠九，满洲赫舍里氏。道光戊戌进士。与曾文正公、宝文靖公为同年友。官詹事府赞善。值道光末年大考翰林，如公自带书籍入试，为搜检王大臣所获，坐以怀挟小抄之罪，未入考而革职。家居十年，值粤匪陷武昌，其弟多山有谥法。官武昌府，殉难。冠九先生冒险南去接灵，且藉收燹余之物，到湖北，竟收得武昌府印信，并连同巡抚、藩、臬各官印六颗，送往曾文正大营。旋即克复武昌，以其有从军获印之功，保以道员用，后仕至浙江臬司。闻其死后以僧装葬于西湖。

如公为余妗氏叔父。据云大考获罪时，曾枷号示众，家人往省皆哭于衙门之前，恐无若是重罪也。余固不信。

雨窗消意录 朱克敬

朱克敬（？—1887），别署牛应之，字香荪，晚年失明，因自号瞑庵。原籍甘肃皋兰，捐官得任湖南龙山县典史。后以病目乞休，得友人资助定居长沙。著作有《瞑庵杂识》《瞑庵二识》《儒林琐记》《雨窗消意录》等。

身后碑铭属吴、郭

曾文正公尝谓吴敏树、郭嵩焘曰："我身后碑铭必属两君。他任掯饰，铭辞结句吾自有之，曰：不信书，信运气。公之言，告万世。"又谓王闿运曰："中兴功业，吾已幸之。文学之事，未有所属，敬以托君。"临终又诫其子曰："吾学未成，诗文但存示子孙，慎勿刊刻传送。"豪杰多讳言数，勋臣每耻无文，而公言如此，可想其胸中浩落矣。 卷一

王闿运《祁门杂感诗》

曾国藩驻军祁门时，王闿运尝往来军中，有《祁门杂感诗》二十二首，多足补奏报之缺。

其一曰：

已作三年客，愁登万里台。异乡惊落叶，斜日过空槐。
雾湿旌旗敛，烟昏鼓吹开。独惭携短剑，真为看山来。

其二曰：

岚树晚苍苍，千家闭夕阳。云低一水白，山占半城荒。
负米看贫妇，归樵趁野航。乱离凭节制，稍喜见秋粮。

其三曰：

群盗纵横日，长沙子弟兵。但能通大义，不废用书生。
地尽耕耘力，人惊壁垒精。后来司马法，应见寓农情。

其四曰：

旧部多专阃，新除始建旗。只惭臣力尽，敢恨主恩迟。
白发人将老，青云骥不疑。平生推奖分，寂寞报深知。

其五曰：

拙速元非计，全兵寇亦能。不成援北固，终拟弃南陵。
病马三秋雨，啼乌永夜灯。贤豪尽无命，天意恐难凭。

其六曰：

寇骑凭泾县，潜军渡绩溪。苍黄十营败，风雨万家啼。

事后论形胜，愁来厌鼓鼙。新安听猿处，惟见月凄凄。

其七曰：

城郭背飞旌，思归正独行。入舟成避地，失路岂逃名？

孤客十年事，寒溪一夜声。康山僧白首，应不笑无成。

其八曰：

内府波文瓮，先朝雨过杯。当时盛文物，余制见尊罍。

近榷青山税，长烧白骨灰。乾隆老工在，犹望御窑开。

其九曰：

蜃气浮三岛，龙旗拥万乘。妖星逼南斗，秋雨谒西陵。

石马无灵骨，铜驼有中兴。余生多涕泪，沾洒望觚棱。

其十曰：

恸哭勤王诏，其如社稷何？至今忧国少，真悔养官多。

四海空传檄，书生岂荷戈。萧萧易水上，立马望山河。

其十一曰：

拒虎诚无策，饥鹰且未驯。如何载彤矢，翻拟赐黄巾。

西望咸秦险，东依晋郑亲。从龙卅八族，今日竟何人？

其十二曰：

上将仍黄钺，征兵走绛幡。忧危廷议息，予夺圣心存。

国体无新进，边功惜旧恩。嫖姚真智略，史笔愿详论。

其十三曰：

财赋归吴蜀，荆榛复几年。冥冥王土窄，扰扰客兵悬。

白马阊门练，黄牛巫峡船。惟留尺寸地，豪杰望旌旃。

其十四曰：

巡抚声名久，筹边日夜劳。应防吕蒙橹，莫畏阿童刀。

盗贼驱除易，荆襄控驭高。时危根本重，凄恻步江皋。

其十五曰：

寂寂重阳菊，飘飘异国蓬。孤吟人事外，残梦水声中。

书卷千年在，亲知四海空。莫嫌村酒浊，醒醉与君同。

其十六曰：

惜别临秋水，残霞映客衣。虽为千里送，终是一人归。

天地豺狼满，东西燕雁飞。明知故乡乐，无命采芝薇。

其十七曰：

有客归湘上，荒村正晚秋。转因无盗贼，只是苦诛求。

不谓东征饷，终为父老忧。谁能同卜式，破产觅封侯。

其十八曰：

乱后山仍在，舟行客自如。推篷惊宿鸟，烧桂煮溪鱼。

人语岚光外，渔灯暮色余。军书三日断，已似武陵居。

其十九曰：

向晚彭蠡渡，无人见夙心。幽明一为别，波浪至今深。

冷月来孤照，秋虫坐苦吟。二忠祠万古，挥泪不重寻。

其二十曰：

平波千顷秋，吟望水天浮。隔浦帆如马，扁舟夜傍鸥。

昏昏云拍岸，惨惨雾蒸流。独羡随阳雁，年年万里游。

其二十一曰：

旧业传陈李，新知梦尹刘。茫茫泉路短，恻恻上京秋。

一水遥闻战，千山暝隔愁。乾坤飘泊尽，风雨送孤游。

其二十二曰：

道在身将老，名轻愿不刊。浮生信舟楫，高咏满江山。

王粲从军去，陶潜解印还。文章吾后汝，流转愧兵间。

卷三

暝庵杂识、暝庵二识 朱克敬

朱克敬事略见前。

天津教案

天津之变，曲实在夷。初，津人王三倚教横恣，民为所苦。民讹言教堂以术杀人，当以众验。封大业方醉，闻之，怒，手洋枪至通商大臣署，发枪震堂宇。大臣婉解之，大业归。天津知县闻大业难大臣，急公平诇视，民从者数百人。大业疑知县以众胁己，发枪击知县，杀其仆。民怒，共磔大业，返毁教堂，杀其徒二十一人，则各国皆有。于是各国来让。诏□□□往治。□□心知其故，而是时大乱初定，财匮兵疲，力不能战，乃奏窜守令，杂捕市井无赖二十余人治之。俄国使来告曰："华与法哄，杀俄人，误也。今又杀无罪以偿，是重误也。请毋偿俄国六人。"乃斩十五人以徇。《杂识》卷一

极陈得失

咸丰初，曾国藩为礼部侍郎，以时事艰难，极陈得失。上不悦，朱笔直其名右。明日，袖疏示诸大臣曰："曾国藩所言，以朕为何如主耶？"大学士祁寯藻叩头曰："主圣臣直。"如是再三，上意乃解。于是都下哄传国藩讦直沽名。军机章京致书外省，有"涤翁圣眷恐从此衰"之语。而不知曾之简在帝心，实基于此。后二年，遂有督师之命，再三挫败，委任益专，亦可见显庙之善于用人矣！《杂识》卷二

善撰挽联

曾文正公善撰挽联，尝挽其门生某妇云：

得见其夫为文学侍从之臣，虽死何恨；

侧闻人言于父母昆弟无间，其贤可知。

又挽胡文忠公云：

逋寇在吴中，是先帝与荩臣弥留憾事；

荐贤满天下，愿后人补我公未竟勋名。

又杨性农挽蜕园主人联云：

良会渺难追，记频年柔橹摇来，每当黄菊开时，叨陪末座；

名园犹在望，怅一夕凉飚飒起，莫向碧篁深处，重问主人。

与沈葆桢修好

曾国藩移军安庆时，与江西巡抚沈葆桢约：厘捐均归大营，有事则分兵回救。既而江西寇四起，曾军益东，葆桢惧救不时至，上疏请留厘金养兵，诏许之。国藩疑葆桢卖己，绝不与通。葆桢以书谢，亦不答。会陈右铭游江南，闻之，往见国藩，从容言曰："舟行遇风，舵者、篙者、桨者顿足叫骂，父子兄弟若不相容，须臾风定舟泊，置酒慰劳，欢若平时。甚矣小人喜怒之无常也。"国藩曰："向之诟，惧舟之覆，非有私也。舟泊而好，又何疑焉！"右铭曰："然曩者公与沈公之争，亦惧两江之覆耳。今两江已定，而两公之意不释，岂所见不及船人哉？"国藩大笑，即日手书付沈，为朋友如初。

克复江宁

粤寇自咸丰二年陷江宁，四出攻掠，江南北失城踣将无虚日。朝廷命将征讨，数不利。诸将近者去城数十里，远者或屯扬州。十年春，将军和春兵溃，提督张国梁战死。贼益张，尽陷江南、浙江诸郡县。四月，以曾国藩署两江总督。国藩由江西移军祁门，规取江宁，令曾国荃将万人攻安庆。安庆，江宁之表，贼守坚，急不可拔。久之，徽、宁复陷，贼更由休宁上犯祁门。祁门军大震，国藩与数百人走保东流。会国荃攻下安庆。先是安庆贼列营城外，与国荃相持，又劫捻贼为援，时牵国荃军，国荃分兵击捻贼，再破之，捻贼不敢近，乃专力攻城，盛暑立城下督战，枪伤其胁，血汗濡跗不却，日夜攻战凡两年，至是始克。

同治元年三月，国荃合水军进攻沿江诸寇屯，壬申克宣城，癸酉克金柱关，甲戌收芜湖。五月甲申进屯雨花台。自向荣、和春以兵七万屯守八年，卒溃退，国荃军不满二万，独往屯之。国藩闻大惊，手书诮让，令趣退，且书告诸将："吾弟轻蹈死地，必无万一，幸诸将务各全军，毋从俱死。"国荃报曰："诸军士自应募起义，人人以攻金陵为志，今不乘势薄城下，而还军待寇，则旷日持久，非利也。若舍金陵，别攻宁国、广德，或取颍、寿闲地，则将士无所见功，有去公而归耳。且贼方分据苏、常，闻江宁攻急，必更来援，兄遣别将间袭苏、常，贼必骇凶，吾因而乘之，殄贼克城，在此举矣。”东湖王定安久客曾氏，尝见文正公与诸将往来手札数十通，皆奏报所不载者。竟不退。国荃屯雨花台城外，贼垒环错。百数十战小胜，迄未能下。

秋八月，伪忠王李秀成自江苏、伪侍王李世贤自浙江领兵来援江宁，众六十万号百万，东自方山，西至板桥镇，列营百余，围国荃军数重，与彭玉麟、杨岳斌水师不得相闻，安庆文报皆绝。诸将大恐，谋溃围就水师退保芜湖。国荃曰：“吾初进屯，宁不计此？贼虽众无纪，积十余年未尝大战，故势益张。今散漫江浙，不可遍击。致之来，一大创之之余，众必解，吾乃得专力江宁耳。愿共尽力，必不使诸将为三河军也。”乃分军为三，以两军防城贼侵袭，自将一军当援贼，叠石为高垒，环以重濠。贼并力急攻。国荃与诸将日夜拒战，更代眠食，夜率死士斫贼营，或燃炬鼓噪以惊扰贼，贼终不却。

闰月己酉，贼复鼓众攻国荃军，负板携草土，填濠而进。国荃开壁击之，炮伤颊，流血被颈，更战良久，贼乃退。无何，贼又为地道攻国荃营，国荃觉，辄掘断之，灌以污秽。

九月辛酉，西南垒贼偃旗东行，出雨花台后，国荃望见，惊曰：“是必有故。”急选精卒往护东面屯。须臾，东面地道火发，垒崩，贼拥进。国荃亲率将士御之，自辰至午，战甚苦，贼不可败。诸将持短兵接战，斩数百级，贼始败走。国荃将刘连捷、萧开印等复往来掘贼地道，且掘且战凡两月，大小数十战。

冬十月癸未，国荃分遣曾贞幹等西出三汊河，攻江岸贼，李臣典、朱洪章、刘连捷等攻东路贼垒。平旦，焚贼四垒，诸垒贼皆出，国荃军殊死战，贼败乱走。江岸贼亦惊，国荃军乘之，大破贼，追至牛首山，斩七千级，俘四百人。会彭玉麟、杨岳斌等亦破贼于芜湖，六战皆捷。至是贼精锐略尽，而国藩所遣李鸿章兵已由上海径袭太仓，贼仓皇回救，其势益衰。

二年五月，国荃复会彭玉麟等攻江岸贼垒，战五日夜，夺贼垒数十。国荃度贼援绝，乃专力攻城。

秋七月壬子，攻印子山，战一日夜，癸丑，克之。甲子，遣萧庆衍等攻上方桥，甲戌晦克之。

八月丙戌，别将陈湜等攻破江东桥石垒，贼阻水为营，筑石垒高数丈，袗以木城，列炮坚守。陈湜攻之数月，将士死伤过半，未能下。湜愤甚，令战士尽置火器，持短兵踊跃而登，乃克之。

九月，叠克中和桥、双桥门、七瓮桥、方山、土山、上方门、高桥门、秣陵关、博望镇诸垒，于是东西南三面皆官军屯，惟钟山贼垒未下，贼粮运及洋人援兵皆由北门出入。

十一月，国荃为地道攻之，不克，士卒多死。

三年春，正月癸亥，国荃复率诸将攻钟山。王闿运《湘军志》称正月戊午。按历属十六日，而曾文正奏议称十六日始令陈万合、胡克安带桂后等营由草鞋夹登岸，而朱南桂串黎冠湘、彭继祥等继进，将欲移营城北云云。是十六日尚未攻钟山也。疑王《志》有误。贼守甚力，枪炮子雨注，城贼复出应之。诸将力战，败城贼，蚁附登山，死伤相继，进不止，遂夺贼垒。贼设守尤重北门，环城多为石垒，于钟山上作大城，号曰天堡，又于山脊入城处作大城，号地堡。官军进屯明陵，则出众力争之，向荣、和春皆以此败。

国荃围攻几二年，破寇垒以百数，终未至城北。及破钟山，乃移军屯守，更增筑垒，屯军五六千，遏北道于玄武湖，阻水为堑，城围始合。贼粮运既绝，窘迫请降，国荃弗许。或劝如苏州故事，国荃曰："贼叛乱十余年，毒遍天下，受而赦之，损国威；诈而杀之，亏国信，吾不为也。"督诸将日夜攻薄，时有俘斩。而江宁城最高坚，贼又善守，终莫能下。国荃于朝阳、神策、金川诸门外凿地道十余处，贼为月城，穿深濠断之。

三月癸亥，国荃进攻月城，与贼相搏四昼夜，士卒死者三千余人，然后克之。

五月己巳，复克地堡城，屯龙膊子，俯瞰城中，将士分番炮击，日夜不休，城堞皆圮，近障数丈，人马不能行立。又为地道三十余处，贼辄于城内穿地断之，士卒多死。最后李臣典于城外为炮台数十，将士番上轰击，当炮多处更凿地道，乃得成。

六月甲申，国荃以地道既成，选步将最勇者武明良、伍维寿、朱洪章、谭国泰、刘连捷、张诗日、沈鸿宾、罗雨春、李臣典九人，约共先登。

乙酉晌午，地道火发，城崩二十余丈，烟尘腾涌，砖石迸飞，声撼地殷殷若雷，人马眩仆。贼更以火药下烧我军。国荃与诸将冒烟火登城，所击斩以万计，获伪忠王李秀成及他伪王十余人，夺门间出者，复追斩之数千级。洪秀全先一月死，其子洪福瑱王闿运《湘军志》谓洪秀全子实名福，以伪印福字下并刻真王二字，故奏报误作福瑱，未知何据。先于伪宫中作隧道走广德，江淮溃贼数万人拥之走浙江，左宗棠迎击，败者更走江西，为江西将席宝田所擒。余党散走广东，鲍超追破灭之。

粤寇之平，谋始于曾国藩，转军实器甲，扼长江断贼往来，则骆秉章、黄冕、胡林翼功最多。力战劳苦，独任艰危，则曾国荃为最。国藩既为大将，益务克己谦让，每战胜推功诸将，于国荃事多抑不言。国荃亦不自言，故其事不甚著。既克江宁,国荃告归，国藩手书“讲让堂”三字，使颜所居。语见曾公事略。龙山人周光正，从军江宁十余年，述先后攻战状甚详，因叙录之，以备史家度采。武冈邓辅纶曰：“曾氏昆弟并受封爵，人多疑弟以兄贵，其实不然。东流之奔，使非安庆遽下，则全局皆坏，何有功名？是兄因弟贵也。”阜宁裴荫森曰：“军兴以来，官军克城，多贼弃我取，惟安庆、江宁、常州三城，确由血战得之，而江宁攻战尤苦。”

作者附言：

此书出后，郭意城为余签正数事。附录于此，以待考定：

天津教案条　曾文正办理此案，明知必遭时俗指斥，而考之事实，准之情理，势不得不出于此。事外论人，原多任意高下，及至中外交涉，则是非曲直，尤不能适得其平。此则叙述，似但沿世俗之论，未尽合当日情事。

克复江宁条　向、和两帅攻金陵，皆屯钟山，偏重东面，计在保苏浙饷路，而金陵上游无一兵，贼得乘间分扰江、皖。曾文正奉署两江总督之命，即奏以陆师循江岸而下，先踞金陵上游，然后可冀成功，原奏及李秀成供词可考也。向、和溃退不在雨花台。曾文正大惊，恐无其事。或贼上扰时嘱国荃暂退，以顾后路耳。书告诸将，未必然也。

曾国荃攻江宁条　助贼者为洋将白齐文，屡见文报章奏，洋人未尝讳言，亦无洋兵数百。白齐文之助贼，非因曾国荃却其相助，愤而出此也。

以上《杂识》卷四

杨性农集联过于曾国藩

曾文正公能以古文法为挽联，飞动变化，不可方物，当时推为绝技。杨性农太史集《兰亭序》为楹联，亦能以古文法行之，而属对工巧，又过于曾。今录数联于左：

每年一集，自力目录；终日万觞，以娱岁时。

尽其己之所能至；得诸天者不可期。

当世文人，无出其右；一时贤者，咸与之游。

有不可一世之器；能毕形万类于言。

虚斯能崇，静斯能永；清不至激，和不至流。

春初人尽怀生气；老至文尝异少时。

事有可为在一己；气之所向无万夫。

春深水次兰初茂；风喻林於竹竞新。

春风不放游丝倦；生气能将短竹齐。

诸贤毕会修春禊；九老同游齐大年。

万古长天虚映水；一间幽室静生春。

言者不知听者倦；古人未若今人贤。

临水知惠乐；因风骋列游。　　《二识》卷二

卷四

客座偶谈 何刚德

何刚德（1855—1936），字肖雅，号平斋，光绪进士，福建闽县（今福州市区）人。曾任京曹十九年，后到江西任职。民国十一年后，寓居上海，埋头著述。撰有《客座偶谈》《春明梦录》《郡斋影事》《西江赘语》《家园旧话》等，结集为《平斋家言》刊行。

湘军让淮军平捻

曾文正率湘中子弟，起而平难。金陵克复，而捻匪尚炽。文正以湘军渐有暮气，器械亦不如淮军之精，且湘中子弟皆有田可耕，不若退而归田，而以剿捻责之淮军，盖让也，非诿也。李文忠起而继之，盖任也，非争也。厥后卒以淮军平捻。其时湘军虽未尽消灭，其气势总不如淮军之盛。余到奉天时，过山海关，驻防三千，铠甲鲜明，身材骠壮，恍有临淮壁垒气象。文忠练兵北洋，淮将尚多才，然亦间收他省人，不过示畛域。袁项城重练新军，仍以北洋为名，而北洋虽为北人口头所公用，其根底则仍不脱淮军。后直隶诸将踵起，遂据北洋为己有，于淮将渐起争端，省界益明，而内讧之祸烈矣。

开花炮不可不备

易曰：弧矢之利，以威天下。后代则间用火攻。前清入关，犹以骑射取胜，可见当时火器尚未甚烈也。咸同时，曾文正初见开花炮，则曰：此器不仁甚矣！然海疆多事，不可不备。语载《求阙斋弟子记》。文正第言备而已，可见当时湘军并未惯用也。光绪年间，薛叔耘驻使作《庸盦笔记》云：外国科学发明，战器日精，将来必有云间作战之一日。当时尚未有飞艇投炸弹也。事未百年，战器名目，日新月异，不可胜数。而军费奇巨，虽富强之国，亦感拮据。欧战之后，列强觉悟，迭订和平之约。然一面订约，一面购械，以固国防，其费仍不赀。无论何国，杼轴空矣。故列变计，而趋于军缩之一途，岂能视为儿戏哉！

以上卷一

提倡家法

曾文正当乱平之后，提倡家法，注意“书、蔬、鱼、猪”。然当文正之时，欧风尚未盛行，提倡较易。若今日之奢俗靡靡，语人以“书、蔬、鱼、猪”四字，未有不斥其迂谬者。然当此欧风衰落之秋，各国失业者动千万人，虽欲求“书、蔬、鱼、猪”而不可得，而犹心醉欧化，强饰门面，将何以善其后哉！①

卷四

春明梦录 何刚德

作者事略见前。

---

①编者注：曾家有完整的“八字家训”，如易宗夔《新世说》谓：“曾涤生承其祖竹冈公‘早、扫、考、宝，书、蔬、鱼、猪’之八字家训，治家力崇节俭。”

迁就了结天津教案

鸦片起衅，香港被占，以后外交迭次挫折，不必言矣。洎天津大闹教案，正值普法交战时代，曾文正不知外情，迁就结案。当时外人行险徼幸，中国竟为所愚，亦不可谓非外交之暗也。中俄立约，崇厚违训越权，几成大错。曾劼刚公使纪泽竟能以口舌之力，毅然改约，朝野称庆，此为外交转机之一端。中法一役，法侵越南，中国起而救之。无如器械不精，将才缺乏，黑旗刘永福孤军无援，致遭败衅。然划界议和，犹能不赔兵费，此外交中不幸之幸者。乃甲午、庚子两役，一则赔款二万万，一则赔款四万万，继而德、俄、英、法纷纷借地，迹近瓜分，外交又一败涂地矣。天假之缘，欧战大兴，群雄无暇东顾，此数年中，正国家闲暇之时也。乃不知御侮，一意阋墙，竟若外交为无足措意者，瞎马临池，彼仆此起。噫，尚何言哉！

张文襄幕府纪闻 辜鸿铭

辜鸿铭（1857—1928），名汤生，自号汉滨读易者。福建同安人。留学英、法、德等国，精通数国语言。曾为张之洞幕僚，清末官至外务部左丞，辛亥后任教北京大学。今人编有《辜鸿铭文集》行世。

南京衙门

余同乡李忠毅公之文孙龙田司马名惟仁，尝诋论曾文正公曰："管仲得君，如彼其专也；行乎国政，如彼其久也；从功烈，如彼其卑也。"余谓曾文正功业及大节所在，固不可轻议，然论其学术及其所以筹画天下之大计，亦实有不满人意者。文正公日记内自言曰："古人有得名望如予者，未有如予之陋也。”或问于何处可以见曾文正陋处？余曰：“看南京制台衙门规模之笨拙，工料之粗率，大而无当，即可知曾文正公之陋处也。”

不排满

或问余曰：“曾文正公所以不可及处何在？”余曰：“在不排满。”当时粤匪既平，兵权在握，天下豪杰之士半属门下，部曲及昆弟辈又皆枭雄，恃功骄恣。朝廷褒赏未能满意，辄出怨言。当日情形，与东汉末季黄巾起事，何大将军领袖群雄，袁绍、董卓辈飞扬跋扈无少异。倘使文正公稍有猜忌，微萌不臣之心，则天下之决裂必将有甚于三国者。天下既决裂，彼眈眈环而伺我者，安肯袖手旁观，有不续兆五胡乱华之祸也哉！孔子曰：“微管仲，吾其被发左衽矣！”我今亦曰：“微曾文正，吾其剪发短衣矣！”

曹参代萧何

梁启超曾比李文忠为汉大将军霍光，谓其不学无术也。余谓文忠可比汉之曹参。当咸同间，中兴人才除湘乡曾文正外，皆无一有大臣之度，即李文忠亦可谓之功臣而不可谓之大臣。盖所谓大臣者，为其能定天下之大计也，孟子所谓“及是时修其政刑者也”。当时粤匪既平，天下之大计待定者有二，一曰办善后，一曰御外侮。办善后姑且不论，至御外侮一节，当时诸贤以为西人所以强盛而狎侮我者，因其有铁舰枪炮耳。至彼邦学术制度文物，皆不过问，一若得铁舰枪炮即可以抵御彼族。此文正公所定御外侮之方略也，亦可谓陋矣。洎文忠继文正为相，一如曹参之代萧何，举事无所变更，一遵萧何约束，如此，又何怪甲午一役大局决裂，乃至于不可收拾哉？

大臣远略

余同乡故友蔡毅若观察名锡勇，言幼年入广东同文馆肄习英文，嗣经选送京师同文馆肄业，偕同学入都至馆门首，刚下车卸装，见一长髯老翁欢喜迎入，慰劳备至，遂带同至馆舍遍导引观，每至一处则告之曰：此斋舍也，此讲堂也，此饭厅也。指示殆遍，其貌温然，其言蔼然。诸生但知为长者，而不知为何人。后询诸生曰："午餐未？"诸生答曰："未餐。"老翁即传呼提调官，旋见一红顶花翎者旁立，貌甚恭。诸生始知适才所见之老翁，乃今日当朝之宰相文中堂也。于此想见我朝前辈温恭恺悌之风度也。余谓文文忠风度固不可及，而其远略亦实有过人者。中国自弛海禁后，欲防外患，每苦无善策。粤匪既平，曾文正诸贤筹划方略，皇皇以倡办制造厂、船政局为急务。而文忠独创设同文馆。欲培洋务人材，以通西洋语言文字、学术制度为销外患之要策。由此观之，文文忠之远略，有非曾文正诸贤所可及也。

清流党

或问余曰："张文襄比曾文正何如？"余曰："张文襄儒臣也，曾文正大臣也，非儒臣也。三公论道，此儒臣事也；计天下之安危，论行政之得失，此大臣事也。国无大臣则无政，国无儒臣则无教。政之有无，关国家之兴亡，教之有无，关人类之存灭，且无教之政终必至于无政也。当同光间，清流党之所以不满意李文忠者，非不满意李文忠，实不满意曾文正所定天下之大计也。盖文忠所行方略，悉由文正手所规定，文忠特不过一汉之曹参，事事遵萧何约束耳。至文正所定天下大计之所以不满意于清流党者何？为其仅计及于政，而不计及于教。文忠步趋文正，更不知有所谓教者，故一切行政用人，但论功利而不论气节，但论才能而不论人品。此清流党所以愤懑不平，大声疾呼，亟欲改弦更张，以挽回天下之风化也。

"盖当时济济清流，犹似汉之贾长沙、董江都一流人物，尚知六经大旨，以维持名教为己任。是以文襄在京曹时，精神学术无非注意于此。即初出膺封疆重任，其所措施亦犹是欲行此志也。洎甲申马江一败，天下大局一变，而文襄之宗旨亦一变。其意以为非效西法图富强无以保中国，无以保中国即无以保名教。虽然，文襄之效西法，非慕欧化也；文襄之图富强，志不在富强也。盖欲借富强以保中国，保中国即所以保名教。吾谓文襄为儒臣者为此。厥后文襄门下如康有为辈误会宗旨，不知文襄一片不得已之苦心，遂倡言变法行新政，卒酿成戊戌、庚子之祸。东坡所谓‘其父杀人报仇，其子必且行劫’。此张文襄《劝学篇》之所由作也。呜呼，文襄之作《劝学篇》，又文襄之不得已也，绝康、梁并以谢天下耳。韩子曰：‘荀子大醇而小疵’，吾于文襄亦云然。”

官官商商

曾文正复刘印渠制军书云：“自王介甫以言利，为正人所诟病。后之君子例避理财之名，以不言有无、不言多寡为高。实则补救时艰，断非贫穷坐困所能为力。”叶水心尝谓：“仁人君子不应置理财于不讲。”良为通论。余谓财固不可不理，然今日中国之所谓理财，非理财也，乃争财也。驯至言理财数十年，其得财者，惟洋场之买办与劝业会之阔绅。昔孔子曰：“君君臣臣，父父子子。”余谓：“今日中国欲得理财之道，则须添一句曰，官官商商。”盖今日中国，大半官而劣则商，商而劣则官。此天下之民所以几成饿殍也。《易传》曰：“损上益下，谓之泰；损下益上，谓之否。”如此则可以言理财。

以上卷上

天咫偶闻 震钧

震钧（1857—1920），满族人，姓瓜尔佳氏，字在廷，自号涉江道人，汉姓名唐晏。曾任江苏江都知县，亦曾执教于京师大学堂。著作有《庚子西行纪事》《渤海国志》《天咫偶闻》等十余种。

深识大体，知人善任

湖南会馆，在崇文门外。曾文正公晚年入都曾居之。己巳于此祝寿，致有题诗于门以讥之者。按：公平生所长，在于知人善任，以收久远之效，而于交涉事绝非所能。盖公尚有嘉道以前人气象，不屑与外人交接。及临事而仓皇应之，所以全失节度。时先君在江南，已料公必不能胜此任矣。然公之所不可及，尤在深识大体。江南甫平，即撤兵讲求吏治，兴复典礼。大乱十二年，一旦平定，即能使民不知兵，一归承平之旧，洵非他人所能及。尝读《节制四省疏》云：现在诸道出师，将帅联翩，权位太重。恐开斯世争权竞势之风，兼防他日外重内轻之渐。其语实能见及后日之弊。使公不死而入军机，必能取已失之柄，还之朝廷，决不致成今日之势也。继公督两江者，为马端敏公新贻，承文正之后，威望不及文正，而吏治过之。时丁雨生日昌为苏抚，与公协力整顿，陋规悉裁，改为办公经费。以地之肥瘠为等差，于是州县不甚累，而道府之用亦足。又如保甲、恤嫠、育婴，次弟修举，江南政治，以此际为称首。惜乎敷政未终，而有被刺一事也。 卷六

李星沅拜曾国藩

雨苍云：李文恭公星沅之为钦差大臣，曾遇曾文正公于逆旅。时寇方起，殊以为忧，谈之竟夜。明日李公临去，按曾公于坐而拜之曰：吾视天下人，惟君真能办贼。星沅老矣，无足言者。此一拜所以寄此任于子也。此雨苍亲闻曾公言之。

李雨苍少谒曾文正

雨苍先生，汉军正蓝旗人。世居盘山，所谓盘山李氏也。少以诸生，慷慨好奇节，走数千里谒曾文正于湖南。值文正他出，雨苍见其公子。公子见其衣敝而风尘满面，误以为役也，有慢色。雨苍直前殴之曰：而父礼士闻天下，而乃慢士如此。公子谢之始已。文正归奇之，留之幕下，授以一军。荐至参赞大臣，以回疆失事，罢任。晚年生计窘甚，病风痹，依逸珊以居。 以上卷七

曾文正知塔忠武

塔忠武，初官湖南守备。粤逆北犯，塔知湖南必首受之，上书于骆文忠言兵事。其书诘倔，几不可句读，骆以不解，故挥之去。明日又上之，骆仍不解。适曾文正至，见其书，亦不能解。试呼问之，则塔言之了了。文正知其可大任，乃劝骆姑付以一军，听其所为。塔既得军，即赴校场。植四旗于地，令曰：有能先夺此旗者，以为哨官。果有四人起夺之，即授哨官。又植八小旗，令曰：有能夺此以为队长，于是顷刻而部署定，操之。不逾月而贼至，一战而捷。骆乃觞之于大堂，亲为执控以谢过，塔名遂振。 卷九

眉庐丛话 蕙风

况周颐（1859—1926），原名周仪，字夔笙，号蕙风，广西临桂人。光绪举人，官内阁中书等。曾为两江总督端方幕宾，辛亥革命后寓居上海。

江南官书局之先河

咸丰十一年八月，曾文正克复安庆，部署粗定，命莫子偲大令，采访遗书，商之九弟沅圃方伯，刻《王船山遗书》。既复江宁，开书局于冶城山，延博雅之儒，校雠经史。政暇，则肩舆经过，谈论移时而去。住冶城者，有南汇张文虎，海宁李善兰、唐仁寿，德清戴望，仪征刘寿曾，宝应刘恭冕，此江南官书局之俶落也。（《蕙风簃二笔》）

案：杭州钱东生林《文献征存录》云："黄仪，字子鸿，常熟人，尚书徐乾学开书局于江南洞庭山，仪与顾祖禹、阎若璩、胡渭并入幕。"此江南官书局之先河，特在苏不在宁耳。

以小见大

曾文正官翰林时，一日，阅海王村书肆，同时买书者，先有二人在。其一人，遗一钱于地，一人亟蹑之，俟遗钱者行，亟俯而拾之，亦遂行，意若甚得者。文正微询肆中人，皆得二人姓名。迨后文正开府江南，有知县新到省来见者，阅其姓名，则当年拾钱人也。文正愀然曰："若人一钱如命，一旦膺民社，欲无剥民脂膏，得乎？"亟劾罢之。大臣留意人才，淑慝之鉴，操之有素，即其忆力过人，亦夐乎弗可及已。

藏云洞

曾文正初入翰林，僦居绳匠胡同伏魔寺，自颜所居之室曰藏云洞，盖寓出山为霖之意，及何桂清丧师失地，江南京僚联衔请公督师，卒成伟业。故文正于江南人至为契合云。

无术遣仆缠

曾文正官翰林时，亦日书小楷，以备考差。适介弟忠襄，读书京邸。一日，有友荐仆至，文正不欲留用，而仆固求不已。文正曰："此仆殊纠缠，竟无术遣之。"忠襄曰："但以所书白折示之，彼必恝然舍去也。"文正怒之以目。所谓善戏谑兮，此固无伤怡怡之雅。

见闻琐录欧阳昱

欧阳昱，字宋卿，生活于清同治、光绪年间，江西宜黄人。同治癸酉（1873）拔贡，曾任州判。著有《见闻琐录》《公羊证谬》《史论》《蚕桑简要》和小说八卷。

曾文正知人

曾文正善知人，一见能卜其终身。任两江总督，有浙江陈兰彬、广东刘锡鸿俱富文藻，下笔千言，善谈天下事，负重名。人荐至幕中，接见后，文正告人曰："刘生满脸不平之气，恐不保令终。陈生稍沉实，官可至三四品，然无大作用。"

既郭嵩焘奉命出使外洋，素重刘，奏请为副使。初同行，情甚浃洽，历数程，意见渐不合，议论渐抵牾。至外洋，未半载，刘寄书政府曰："郭挈一妾去，洋酋尝接往其家，与之乱，辱国实甚。"而郭寄书政府，则谓刘见洋人一表，非近时物，窃之归。洋人发觉，怒言中国使臣乃作贼者，幸予搜出送还，以言语掩饰无事。不料卑贱如此，甚悔前荐谬妄。政府得二书，谓孰真孰伪不可知，但天朝使臣，互相污蔑，实贻笑外洋。奏撤刘归。自是不设副使。刘恨甚，谓出李合肥意。即拟一疏，列合肥十大可杀罪，使同乡御史上之。疏留中不发，在京不得志，动辄如刘四骂人，同乡畏其狂悖，皆远之。未几，资斧告绝，典质俱空。拟请同乡酒，求资助，无一人赴席。于是穷蹙无路，愤郁成疾卒。或曰，吞洋烟死。

陈官至副都御史，遇事思救正，不肯随俗浮沉。然志端而气不勇，卒亦依违其间。未几，因事降职，告病归。

观文正之决二人，真如龟卜数计，然其衡鉴之精，尚不止此。在军命将，谓某可为营官；某可为大帅；某福薄，当以死难著；某福厚，当以功名终。皆一一验。

尤奇者，其同县蒋果敏，年十九，自称文童求见，实则半部《论语》尚未读毕，兼容貌陋劣，言语浮躁，性情粗暴，举动乖张，万非智深勇沉，长于韬略之人。文正独器重之。以俗语告左右曰："毋轻视此后生，将来可坐湘乡县一把交椅。"后果帅师讨贼，所向无前，贼望风遁，功冠诸将，名闻天下，官至巡抚终。

曾文正妾

曾文正遍身若鳞，每夜须女人搔抑，体方舒畅。旦视满床如疮痂脱落者，其相甚奇。时无婢妾，平江南后，拟买一姬侍奉，提督某遂进程姓妇，湖北人，美甚，能诗善画，工琴棋，乃逆酋洪秀全妃，文正不知也。彭刚直为文正门生，闻而提刀入，谓此是贼妇，宜急牵出杀却，以全我师令名，文正默然不言。又遍问是何人所进，文正无奈何，谬指守备某，暗易一犯人，交刚直斩之。程氏在洪逆处，骄侈淫佚已惯，今每夜搔抑不休，已觉苦甚，且文正俭朴，而服饰簪珥无一如意者，遂郁郁不乐，未半年卒，文正甚悼惜之。非洪逆妃，乃一名娼，用数百金购来者也。

相关链接：《凌霄一士随笔·曾国藩“同进士”》《花随人圣庵摭忆·谈曾国藩纳妾》《梵天庐丛录·曾、张设对遗羞》

药裹慵谈李详

李详（1859—1931），字审言，一字慎言，中年后号百药生，字窳生，又更为愧生，自署齳叟，江苏兴化人。曾任江苏通志局协纂、东南大学教授。有《李审言文集》行世。

曾国藩古文派别

湘乡曾氏古文，导自梅伯言氏，熟于阳刚阴柔之旨，极其伸缩变化，铿訇隐辚辚，自成清越，刘彦和《文心雕龙·风骨》一篇，固曾氏所心摹手追者。国藩门下，有武陵杨彝珍、东湖王定安、武昌张裕钊、无锡薛福成、桐城吴汝纶、遵义黎庶昌。彝珍、定安，肉多于骨，长于用复，而短于使单。裕钊善叙事，而规模不免狭小。福成具体而微，首尾完密。汝纶习于间架，其铭词陶铸诗骚，颇堪继武。庶昌读书较多，不囿于法而范围较广。此六君者，虽未能各自树立，然皆湘乡入室之弟子也。龚、魏之学兴，偏霸之才，易饰耳目，求其优游揖让，不诡于正者，以余所知，海内不过十数人。推原其故，知于古文中求古文，而于古人为文所从事之书，未尝肄业及之；况古人与不可传者俱死，其存者糟粕而已。吾虑湘乡一派，积久渐绝，读书者少便于习《古文辞类纂》，他书概从束阁故也。卷三

曾文正靖港之败

文正靖港之败，贼炮伤坐船，文正自后舱跃入水中，舆人某负文正易他舟，摇橹拒逆风，至对岸免。文正舁至行馆，不脱湿衣，自矢以死，命幕客李元度、陈士杰草遗折。元度诡言塔师湘潭大捷，可易衣矣，文正不信。左文襄自抚署视文正，见污泥满身，笑言："好象猪子。"黎明塔忠武湘潭捷书至，文正乃易衣，语人云："此之不死，天也。"长沙张沅荪述此事，沅荪名百斌，文达百熙族弟也。

祁文端忌曾文正

祁文端为韵士先生之子，以经训小学提倡后进。张石洲、苗先路、何秋涛、王菉友，皆为门下客。道光末叶，曾文正亦预从游之列，固无间也。文宗初，祁为师傅，颇得上意。文正奉旨在籍团练，塔忠武湘潭之捷，文宗喜文正得人，顾谓祁曰："朕欲专任曾国藩，训练乡兵，相时赴敌，毋许各省督抚牵制，何如？"祁顿首曰："曾国藩以在籍侍郎号召乡兵，长驱东下，非国家之福也。"文宗嘿然。后曾有所论列，皆蒙严旨切责。文正语刘霞仙曰："祁某京师旧交，何中伤之如此？"为之叹愤不置。文正后藉肃裕庭、文文忠、倭文端交口力荐，始得所向如志，获底于成。文端之语险哉！庚申文宗出狩，传诏："叫师傅来！"文端已逃赴卢沟桥。其门生江宁端木埰谏曰："老师备位大臣，奈何先去，以为民望？"文端言："吾非不知忠孝，然方寸已乱矣。"文宗闻祁不至，怒曰："什么师傅，叫他滚出去！"祁所为予告者，非美词

也。文端同治初元，复至京师，署左都御史，旋以病去。祁走卢沟桥，此江宁周左麾亲闻于端木子畴者。 以上卷四

曾国藩言论不合

《曾文正公日记》论近代博学家，言其中为人者多，为己者少。顾亭林、江慎修、王怀祖、方望溪、姚姬传、朱可亭、秦味经为己。阎潜丘、戴东原、段懋堂、刘海峰、纪文达、阮芸台为人。

详案：此等议论皆头巾气。若言为人，谁非为人？为己，谁非为己？且学术本以溉人，己何预焉。文正此语不合。 卷六

愧生丛录李详

李详事略见前。

《先正事略》之同名书

曾文正《先正事略序》，据鄢陵《苏源生文集》，谓李元度与钱衎石书命名相同。余亲家顾石孙官河南，托其访《苏源生文集》。未几，书来，凡两函。总名《记过斋藏书》，曰《记过斋文稿》二卷，《师友杂记》四卷，《大学臆记》二卷，《省身录》十卷，《贞寿堂赠言》一卷，《记过斋赠言》《言行录》各一卷，《崇祀乡贤录》一卷。《文稿》卷二《书先师钱星湖先生事》，其一则云："先生仿焦弱侯《献征录》，为《国朝献征集》，又节录名臣事状为《先正事略》，尤为珍秘焉。"

案：钱氏所为《献征集》，黄子寿方伯属诸迟鞠大令校刊于苏州书局，《先正事略》竟未得传于世。 卷六

汪穰卿笔记 汪康年

汪康年（1860—1911），初名灏年，字粱卿；后改康年，字穰卿，晚号恢伯。浙江钱塘（今杭州）人。先后办过《时务报》《京报》和《刍言报》等。

曾国藩的至悲之言和谦挹之言

先辈言曾文正见人至京者，辄曰："多叩头，少说话。"又言文正尝戏言："今人欲得志，须读三部书，则《搂抠经》《米汤大全》《熏膨大典》也。"又言文正闲谈时，每喜道及乱弹腔中《王小二过年》一剧，曰："今日作人，大须如此，乃得免。"此三言者，文正实悼夫时局一至如此，而因发此语也，是至悲之言也，然而后人即执此以为入世不能不如此矣。又文正大功成后，每谓多由天幸，因谓后人为我作墓铭应缀四语云："不信理，信运气，公之言，告万世。"此文正谦挹之言也，然后人以为果如此矣。君子之言不可不慎，如此。

卷二

津人不平之语

曾文正奉旨处理天津案，津人多不平之，时有对云："僧去留曾，将人丢尽；因崇作祟，引鬼进来。"

曾国潢假手杀人

曾文正勋德盖天下，而其父若弟居乡乃恃势特甚，所请于官，必从之而后已。其四弟澄侯尤甚，有所恶，辄以会匪送官，请杀之，杀五六十不能释一也。县令熊某，性慈而无如何，每数日必私哭。或问故，曰："曾四爷又欲假我手杀人矣。"县开码头，故事必杀牲以祭，或劝杀人，遂杀十六人祭之。文正归，知其状而不能谏其父。一日，澄方昼卧，文正遽以锥刺其股，流血被体，澄遽呼暴。文正问故，曰："痛甚。"曰："然则汝杀人乃不痛耶？"

以上卷四

曾国藩日记被删

曾文正之孙广钟，以文正手书日记付上海中国图书公司石印，士林视为宏宝，惟中间责李次青及忠襄语悉删去，甚可惜。闻从前刻家书亦有避忌而删节者，即惠敏之《曾侯日记》，言聂仲芳中丞处亦不刻。

曾文正欲印《肇域志》未成

顾亭林先生《肇域志》计全书二十册。据歙程瑶田先生跋，时缺北直隶及四川、江西两布政使，有蒋寅舫评事抄本。后为余姚朱久香阁学所藏，则又缺广西矣。曾文正尝欲就此本排印，而以意分为卷，其上下方有增益及旁注均搀入，江南十一卷、浙江二卷、山东八卷、山西五卷、河南四卷、湖广三卷、陕西十卷、云南二卷、贵州一卷、广东二卷、福建三卷，都为五十［一］卷，后未成而罢。庚戌，朱之后人持至上海书局求售，约能印则取资可少，乃无应者，深可惜也！

以上卷七

陈廷经以身翼蔽曾国藩

国瑞尝移书左宗棠，数其赂贼讳败、诳奏攘功之事诮诘之。左无以辩，曰："陈庆云幕中固有人。"孝感屠廪生作，江汉之间好事者犹能诵其文。张总愚之役，尽天下兵力、勋臣名将会而勤王，诏左宗棠当前敌，卒不能擒总愚，奏号溺毙。诏书切责，宗棠亦疏谢惭恧。是时方日排轧国瑞桀骜，而总愚党伪淮王邱远才独降国瑞。宗棠犹奏伪淮王约降刘松山，中道为国瑞收录，且盛称降贼向乐松山，不乐他军，松山隶宗棠，曾不耻空言无聊，攘人之功，何以服国瑞？此其一也。曾国藩晚入都，湖南北同乡京官公宴诸会馆，酒酣，国瑞触念往事，曾奏痛屈抑己，拔剑砍之。曾绕柱而走，阁学陈廷经于曾为同年而国瑞宗人，以身翼蔽曾，夺其剑而罢。陈以状元子历台谏有声，劾陕西巡抚刘蓉者。国瑞敬慕其人，以兄事之。

曾国藩责罚鲍超

曾国藩督办团练，召曾应调广西兵，为其经战也。超与雷脱皮皆为戈什哈，会派超持令箭调一防营，骑而往，过一城，守兵相识，呼："老鲍食牛肉耶？"曰："熟未？"曰："熟。"下马大饮啖。醉误调期当斩，行刑者缚以出，雷脱皮抱超足号呼不放，请同斩。曾大怒，拍案令同斩。一文案闻中军帐大哗，窥见二人相当贵，约众文案出保，得免死。责超军棍八百、雷六百，皮血狼藉。舆归，夫人仰天而泣曰："天何厄吾夫妇至此！"曾移师去，文案独馈银十两养创。

曾纪泽变家风

文正长子纪泽使俄，纳洋妇，用夷俗。女自相婿，则得郭嵩焘门下能刻石者。华夷婚礼之乱，乃始硕儒元辅之门。纪泽出洋，文正早失算。文正功名人也，以功名论，夷方骄陵，华方怯懦，夷权势所占常十八九，华口舌所争常十一二，恶所言功名；以富贵论，文正冢適即不出洋，承恩守资，终不失袭侯，侍郎出洋，富贵固无所增。纪泽既倡变家风，其他子弟之弗如纪泽者，何怪夷言夷服，哄然一堂，且乐入外国籍，天下将波其毒。曾氏发天下之难，固当先客于耶？天道感应，初何尝以文正之善言德行而或逭也。　以上卷八

旧闻随笔 姚永朴

姚永朴（1861—1939），字仲实，桐城世家，其父姚浚昌以宦家子参曾国藩幕，保举至知县。永朴有《蜕私轩集》等行世，写人叙事，唯《旧闻随笔》四卷。

上疏请防流弊

湘乡曾文正公国藩为侍郎时，尝上疏敬陈圣德三端，请预防流弊。语过切直，文宗怒，捽其折于地，立召见军机大臣，欲罪之。寿阳祁文端公寯藻叩头称“主圣臣直”者再，江阴季制军芝昌，公会试座师也，亦为请曰：“此臣门生，素愚戆，惟皇上宽而宥之。”于是上意解，且优诏褒答焉。

朱凤芑看好曾国藩办团练

公奉旨办团练长沙时，粤氛正恶。长洲朱凤芑先生骏声卧病黟县山中，闻之大喜曰：“太平有望矣。”或问何以知之？先生曰：“吾昔以所著书呈御览，此公带领引见，吾观其办寻常事皆慎重周详，是以信其能办大事也。”

肃顺保曾国藩江督

咸丰十年，江南大营再陷，官军悉溃，苏常相继失守。左文襄公闻而叹曰：“天下事其有转机乎？”或问其故，文襄曰：“大营将蹇兵疲，非得此洗荡，何由措手？”又问谁可以善其后，胡文忠曰：“朝廷若以东南事付曾公，天下不足平也。”时物望咸属公，独山莫子偲先生方在京，与二三名流议江督非公不可。而其时得君者为尚书肃顺，适湖口高碧湄心夔馆其家，遂往商焉。

高白于肃顺，肃顺然之。翌日下直，径至高馆，握手曰："事成矣。何以谢保人？"盖已得谕旨也。肃顺后虽以骄纵败，然此事于大局实不无关系云。

以权济事

公补江督后，驻军祁门，议撤城之半砌，以资守御，舆情不协。公批其牍曰："撤尽东南城，永远发科名。西北留一角，科名永不绝。"众乃翕然，其以权济事如此。

鲍超驰援祁门

公在祁门，一日贼氛渐逼，公谓银钱所委员刘彤阶世墀曰："吾当效死勿去，君有老亲，可自为计，但勿以营中一钱入吾家，斯为不负我。"是夕闻人声鼎沸，众大惊，已而知鲍忠壮公以五百人来援，时鲍威名方盛，兵虽少，已恃若长城，虽公亦喜形于色。会左文襄公亦以兵至，大营乃安。

命营兵种菜

公移节东流，常命营兵种菜，分饷从军诸人。先考竹山公浚昌因撰《囮圃颂》，持以呈公，公谓之曰："此时军事虽得手，然天下事成败利钝，殊不可必。可以由此太平，亦即可立时决裂，可畏之甚。"公之临事而惧，即此可知矣。

"曾剃头"行仁慈

公出办军务，有梗令者，诛之不贷，时称为"曾剃头"。及克安庆，营官或罪可诛，文书已定，公持不发，幕府请之，乃叹曰："吾誓自今不妄戮一人。"公意以初治兵，非严不济，但事稍定，即当行以仁慈也。

使李秀成降

公弟忠襄公克金陵，擒李秀成，盛仪卫召入，迫使跪，秀成瞋目大骂。公来以告，乃便服坐署斋，召之至，抚其背曰："若亦人杰也，不早遇知己，乃如此。可惜，可惜！"言至此，秀成不觉膝至地，痛哭失声。公命至厅事书供状，秀成乃草数万言，于湘军战绩，甚称美焉。

克金陵后即开江南乡试

同治二年既克金陵，疆吏士林禀牍驰贺，皆以周、召为比。公顾歉然，以削平不早，致文物荡尽，白骨如山，引为己罪。既奏请蠲租减赋，复令江南织工三年不税，米商木商自他省来者亦然，故贾客云集，向之瓦砾场，未久室庐皆栉比焉。是冬举行江南乡试，考官命题为"叶公问政"两章，诗题为"桂树冬荣"，盖美新政也。

设书局以安置贤士

公任疆圻，虽于幕府外设书局、忠义采访局，以安置士之贤者，而给俸仅足赡其家。但随人之才以成就之，故归之者如流水。

慎保举

公荐贤满天下，然于保举未尝不慎。如吴竹庄坤修尝以方面自许，公保之，但曰堪任藩司之任而已。尝曰："如吴竹庄辈，其才但可胜藩司也。"

知人之明

公知人之明，最不易及。其荐左文襄曰"刚明耐苦，晓畅戎机"；荐李文忠曰“才大心细，劲气内敛”；荐彭刚直曰“任事勇敢，励志清苦”；荐刘忠诚曰“居心公正，办事精明”。论者谓皆足括其平生。有故家子二人同时来谒，公语人曰“大者傲，小者躁”。后果如所言。然意量休休有容，杨君某以理学名，公招之至，而行不掩言，幕宾李鸿裔嘲之以诗云：“二八佳人侧，红蓝大顶旁。此心都不动，只怕见中堂。”公闻之，召而字之曰：“眉生，汝识名教二字乎？”李愕然，公徐曰：“人以此为名，我即以此为教。”

更看仁让式乡闾

旧例拔贡朝考得知县，以到先后为补缺之序，故既领凭，未有不遄往者。公为侍郎时，有两门生皆得直隶知县，同时来谒。公问行期，其一人为杨毓枏，遽对曰“已雇车，即行矣”，其一人则曰“方待束装”。公疑杨为巧宦。已而闻先去者为某也。因叹曰：“人固难知哉！杨向者之对，正所以为拙耳。然则太巧，到省必得意，究难保无蹉跌。如杨者必为好官矣。”后颇遗书直隶大吏，言其贤。及杨复至，公问相待如何，杨曰：“上官待属吏皆好，对毓枏亦好。”公大笑，曰：“若真老实矣，好！好！”盖公意，使他人对，未有不谢栽培者也。杨后官至大名府知府，某竟以事被劾，如公言。杨淡如宦情，公督直隶，欲委署道缺，竟辞归。公送以联云：

已喜声华侔召杜；更看仁让式乡闾。

俞曲园得“春在堂”名

公为朝考阅卷大臣，德清俞曲园樾作“淡云疏雨落花天”诗，有句云：“花落春仍在。”公赏之，以为意与“将飞更作回风舞，已落犹存半面妆”相似，曲园因以“春在”名其堂。又祥符周昀叔星誉作“山虚水深”诗，有句云：“鹤舞深崖月，龙吟大海潮。”公叹曰：“此真诗人之作也。”拔置第一。都下轰传以为艺林佳话。

为贤士抚孤

公于名流之后，常加以教育。邵位西先生殉难后，公闻有遗孤，嘱李文忠公访之，既得，给赀令至安庆，公训诲殷勤如子侄，合肥徐毅甫子苓作《抚孤行》以美之。朱凤芭先生子仲我孔彰少寓黟县，贫不能自存。一日遇某君，盖公所劾罢官归者也。告之曰："子才甚美，曾公方在皖，与尊公有旧，盍往见之，公爱才出天性，必能振子。"仲我遂抱凤芭遗书往，公果留之幕中读书，且赡其家。先考竹山公讳浚昌以江西府经历解军械至祁门营，手版甫入，公即遣人出询家世，及见，谓之曰："子非伺候奔走之才，不如留予营读书。"已而夏嗛甫明府以竹山公感事诗呈，公颇称赏，明年遂率以谒独山莫子偲先生，使受学焉。

悯李广文戒烟未成

公官京师日，士大夫无不嗜烟者，水旱外又有潮、鼻、大之号。潮谓潮州烟，鼻谓以鼻吸者，大则鸦片也。一日，有同乡总角交李广文至，公以吸鸦片也，规之。李曰："吾所吸者一耳。公水、旱、潮、鼻四者具焉，何也？"公乃瞿然曰："继自今请子戒其一，我戒其四，可乎？"旋李以事去，及公办军务屡招之不至。最后来谒公，询之，李赧然曰："自与公约，闻公绝之久矣。而我沉溺如故，所不忍见公者，以此耳。"公悯之，亲为布榻坐烟具旁，如平生。已而叹曰："君老矣！不必官矣。"赠二千金而归。

平生不设台坐

咸丰以来，统兵大员惟公平生未尝台坐，其每见寮属必台坐者，胜保也。台坐者，旧制：大员见小吏，居中设独坐，而坐谒者于旁也。公身名俱泰，而胜保竟不获善终，满招损，谦受益，理固然矣。

却希世奇珍

公在祁门，或以岳武穆、朱紫阳字，管夫人画竹献，公知其为真迹，竟却之。在安庆又有以宋世彩堂《韩昌黎集》赠者。公曰："此希世奇珍也！"命幕府传观三日，以资眼福，亦竟还之原主。

临终诫子

公诗文冠一时，临终乃诫其子曰："吾学未成，凡生平所撰著，但存以示子孙，慎勿刊刻传送。"

钞撮秘册

公读古书有钞撮秘册，题曰"馈贫粮"。盖本刘彦和《文心雕龙·神思篇》"博见为馈贫之粮"而名。

手书联语

公在江南，手书联语悬于司道以下官厅云：

虽圣贤亦有过差，愿诸君谠论忠言，勤攻吾短；

凡堂属略如师弟，必同僚行修品立，乃尽我心。

拨乱反正之要

公尝有言："今之人才虽多，然拨乱世反之正，则所当从事者有三焉：曰读书，曰知人，曰晓事。"又言："兵不多，饷不足，皆不足虑，惟举世但知有利不知有义，人心如此直是无法可救。"又言："办事以求才为急，人才何常，培养之如春雨之润苗，摧残之如秋霜之雕物。"又言："欲得人有四要，曰广收、精取、勤教、严绳。欲成事有四要：曰经分、纶合、详思、约守。”公尝询门人吴挚甫汝纶以“英雄”二字何解。对曰：“不知也。”公曰：“凡见事能较人深数层者，为英；任事能较人大数分者，为雄。”

以上卷三

南亭笔记 李伯元

李伯元（1867—1906），名宝嘉，字伯元，别号南亭亭长。江苏武进（今江苏省常州市）人。晚清著名的谴责小说家，代表作有小说《官场现形记》《文明小史》《活地狱》等。

曾国藩遇事留心

曾文正国藩，中某科进士，初名曾子城，号居武，出穆相国彰阿门下。穆尝在咸丰前奏保文正遇事留心，一日忽传召见，文正入，则已非平日待漏之处，既午，内侍传谕曰：“明日再来。”文正退，诣穆寓告以一切，穆沉吟良久曰：“汝见壁间所悬字幅否？”文正曰：“未也。”穆怅然曰：“奈何，奈何？”亟命其纪纲持百金速至某总管处，令其将壁间所悬字幅抄来勿误。因顾文正曰：“汝可在此下榻，勿遽归也。”明日召见，垂询者即壁间所悬列朝圣训也，于是奏对称旨，咸丰后谓穆曰：“汝荐曾国藩遇事留心，真不谬也。”《会典》四品以上得衣貂褂，此貂褂乃貂外褂，非貂马褂也。貂马褂惟内臣从猎赐以御寒，然事后当敬谨收藏，不能衣之面圣也。曾于同治朝入觐，已至等起房中，恭邸瞥见曾所衣貂马褂，询其曾经从上畋猎，赏穿此服乎，曾曰无之，恭邸曰：“若是则不能穿也。”曾窘甚，恭邸揭视其褂，则黄缎面也，因令正穿入觐，始获无恙。

相关链接：《鱼千里斋随笔·受宣宗知之又一说》

曾国藩功名前定

都中口号曰："金顶朝珠挂紫貂，群仙终日任逍遥。忽传大考魂皆落，告退神仙也不饶。"亦可见其难矣。某届总其事者许公乃溥，一老科甲乞相关照，只求无过，不求有功，许告以完卷后，微洒墨水数点，庶几易于辨认，老科甲鼓舞欢欣而去。曾时为检讨，完卷后，因加笔帽，墨水溅出，少有沾濡，许公得之，以为老科甲，列于二等末。事竣，赍呈御览，咸丰详加披阅，至二等，以手翻腾得曾卷，未曾过目，侍臣以他事请，同治匆匆发出，则曾卷已居二等首，遽升侍讲。功名前定，不信然欤？

相关链接：《凌霄一士随笔·曾国藩李鸿章之功名遗憾》《凌霄一士随笔·曾国藩"同进士"》《亦佳庐小品·谈曾国藩科第》

包做挽联

曾与汤海秋称莫逆交，后忽割席，缘曾居翰林时，某年元旦，汤诣其寓贺岁，见砚下压纸一张，汤欲抽阅之，曾不可，汤以强取，则曾无事举其平日之友，皆作一挽联，汤亦在其中，汤大怒，拂衣而去，自此遂与曾不通闻问。后曾虽再三谢罪，汤勿理也。曾工撰挽联，长短高下，无不合格。同时江忠烈忠源，笃于友谊，有客死者，忠烈必派弁护榇而归，因有"江忠源包送灵柩，曾国藩包做挽联"之谣，二公闻之，干笑而已。

臂援顿失

曾生平最器重者有二人，曰罗泽南，曰塔齐布，分兵杀敌，屡建奇勋。后罗、塔同时殉难，曾臂援顿失，东西南北，往来无定，湘人为之口号曰："拆掉一座塔，打碎一面锣，穿烂一部詈。"纪其实也。公从容坐镇，绰有雅歌投壶气概，在军中日，必围棋一局，以养其心；前敌交绥，或逢小挫，亦无太息咨嗟之状，其器量诚过人远矣。

庆 功 宴

曾克复金陵之后，开庆功宴，并召优人演剧，文正命唱《定中原》，文正固不知是戏之故事也。及登场，则为司马懿逼宫故事，文正大骇，亟止之。曾既贵，营治第宅，其邻有铁铺，终日砰訇，文正厌之，予以重金，风使迁去，铁铺主人不应。或劝用强，文正曰："昔司城子罕不徙挽工，吾奈何令古人笑乎！"卒听之。

天王府宝物

曾忠襄为文正公介弟，攻金陵既破，搜遗敌，入天王府，见殿上悬圆灯四，大于五石瓠，黑柱内撑如儿臂，而以红纱饰其外，某提督在旁诧曰："此元时宝物也。盖以风磨铜鼓铸而成。"后遂为忠襄所得。南京城既破，有某参将率健儿数十入天王府，一人甫蹑阶上颠而仆，则一殿砖忽中陷，启视之，下藏金缠臂百余双，分取勒诸腕；又入一重室，堆锦文被十余床，五彩烂然，皆掉头不顾，其余赫然尸也，千门万户，空空洞洞，间有帘幕，皆黄缎蟠龙，杂缀零珠碎玉。正楼下有沉香椅，大逾合抱，雕镂极细，为天王洪秀全宝座，弓刀无数，四壁森森。有藏珍阁，火齐、木难，其光璀璨，中有翡翠荷叶一，上立鹭丝，白如雪，价值连城物也，一人攫之而走，一人握其下，欲据为已有，划然中断，彼此俱大怒，掷窗外成齑粉。复循曲径入花园，风廊水榭间，投缳而死者人无算，其妆束皆宫女，方塘十亩泛泛如水中凫者，皆老羸也。玻璃室，上下皆注水，金鱼活泼，荇藻纵横，为天王销夏处。某参将正拟一穷其胜，则大队已蜂屯蚁聚，联镳而至，急趋出，一差官持令箭插大门外，遂无敢乘虚而入者。闻忠襄于此中获资数千万，盖无论何处皆窖藏所在也，除报效若干外，其余悉辇于家。

以上卷八

南亭四话 李伯元

作者事略见前。

挽文正联

曾文正之在祁门也，几为贼困，时相随者仅某方伯耳，其余悉散。同治十一年，文正薨于两江总督任次，某方伯挽之，联曰：

极赞亦何辞，文为正学，武告成功，百世旗常，更无史笔纷纭日；

茹悲还自痛，前佐东征，后随北伐，八年戎幕，犹及师门患难时。

李文忠见之，颇恨其言，乃邮寄挽联曰：

师事近三十年，薪尽火传，筑室忝为门生长；

威名震九万里，内安外攘，旷世难逢天下才。

盖纪实也。

曾文正联

曾文正公自谓挽联擅胜，录其挽汤海秋云：

著书近二十万言，才未尽也；

得谤满九州四海，名亦随之。

蛰存斋笔记 蔡云万

蔡云万（1870—？），字选卿，江苏盐城人。曾入淮扬护使马玉仁幕，后任《盐城日报》主笔。

曾国藩未获从祀孔庙

湘乡曾文正公国藩，洵堪推为清代贤相，其恢廓大度、以人事君，尤为前后诸将帅所不能及，固不仅道德勋业足资后代钦崇也。予生平极景仰文正，早年即爱读其家书，颇觉得力。盖其家书所载，凡求学立身、处世交友，居官治兵之要罔不备，即家庭闾里亲戚之琐事亦偶论及之，每一展卷，如侍坐于名师益友之前，其增我之学识为不少也。清末有御史奏请以黄宗羲、顾炎武、王夫之、曾国藩从祀孔庙，奉朱批："黄宗羲、顾炎武、王夫之均着准其从祀孔子庙庭，曾国藩应缓议。"其实文正之德业文章已足昭垂于后，长沙王益吾师曾批文正之文云"其光气足以烛天地贯日月而不朽"，又批云"其气能负山岳而趋，非他人所能学步也"。是文正初无俟乎从祀孔庙而始显，惟国府近已特隆祀孔典礼，并及诸贤，文正未克邀准从祀，想见获享两庑特豚，亦关乎前定也。

卷五

异辞录 刘体仁

刘体仁，字慰之，号辟园，安徽庐江人。清末淮军重要将领、四川总督刘秉璋次子，曾中举人，因不愿与袁世凯合作，自号“辟园居士”，以寓“避袁”之意。他潜心于史学，著有《十七史说》《通鉴札记》《续历代纪事年表》和《异辞录》等。

湘军之制

湘军之制，不收乌合之众。其成军也，能选兵十人以上者为什长，十人之选何难之有，惟被选者须缓急可恃之为当。等而上之，能得如是什长十人者为哨弁；能得如是哨弁五人者为管带。营官等而下之。为管带营官者，夹带中必先有哨官五人；为哨官者，夹带中必先有什长十人；为什长者，夹带中必先有缓急可恃之兵十人。其临阵也，什长阵亡，其下兵之存者十人悉斩；哨官阵亡，其下什长存者十人悉斩；管带阵亡，其下五哨官存者悉斩。由此类推，一营全没，则营官应斩；一哨全没，则哨官应斩；一棚全没，则什长应斩。大纲本诸《戚继光兵法》，变通而迁之，淮军因而效之。中兴后五十年勇营之制，不外于此。但执法者不若是整齐画一耳。

相关链接：《郭嵩焘日记·咸丰六年五月十六日》

始办团练

曾文正始办团练，尚倚武营弁勇，塔忠武其杰出者也。以文员从军临阵，盖自罗忠节、李忠武兄弟始。忠武兄弟先从忠节讲学，上马杀贼，下马作露布者，古有之矣。上马杀贼，下马讲学，盖未之前闻。忠武殁于吾乡三河镇，相传贼兵大至，忠武闻之大悦，曰："愈多愈佳，将聚而歼之！"公于是役，埋轮絷马，慷慨捐躯，固足以使当时懦夫立志。然屡胜之余，掉以轻心，有取败之道焉。

曾、胡、李遇合之迹

李文忠封翁，曾文正讲学之友也。李翁故后，文忠所如不合，嗣以故人之子得入曾军。观文正手书日记，视如李次青方伯之流，英雄贱日无殊乎！众固不足异，祁门之役，张文毅投劾去，文正将之徽州受代，幕府诸人咸尼其行，而令次青方伯往。未几果败。文正疏请治罪，众争之力不可，乃以去就争。文忠辞曾营，而就其兄勤恪公于江西某知县任所，途过益阳胡文忠军，见之，且告之故。益阳曰："君必贵，然愿勿离涤生君。非涤生曷以进身。"对曰："吾始以公为豪杰之士，不待人而兴者。今乃知非也！"拂衣起归寓，束装将行。益阳之使适至，挽之回。不许，强而后可，留饮数日。绝口不谈前事，尽欢而别。文忠在江西，简福建遗缺，道阻兵，进退维谷。闻文正克安庆，驰书往贺。文正报书云："足下行踪亦颇突兀。昔祁门危而君去，今安庆甚安而不来，何也？"前辈口传如此，与今本曾集微异。文忠得复，遂回曾营。文正特加青睐，于政治军务悉心训诰，曲尽其熏陶之能事。

时先文庄至皖见文正，文正称为"皖北人才"。著之《求阙斋日记》曰："气象峥嵘，志意沈著，美才也。"退见文忠，文忠曰："吾从师多矣，毋若此老翁之善教者。其随时、随地、随事均有所指示，虽寻常赠遗之物，使幕府皆得见之，且询其意。"是时或言辞或言受，或言辞少而受多，或言辞多而受少；或取乎此，或取于彼。众人言毕，老翁皆无所取，而独抒己见，果胜于众，然后心悦而诚服，受化于无形焉。未几，文正荐文忠为苏抚，飞皇腾达，盛极一时，勋业几加文正之上。天津教案继文正督直，新旧交替，同居督署中。一日谈笑极乐，文正谓文忠曰："我遇困境，咸赖汝继。汝才胜我，我聊以自解者，汝究为我所荐也。祁门之别，益阳来书云，李某终有以自见，不若引之前进，犹足以张吾军。今思其言验矣。"观此，可想见曾公之雅量，胡公之远见，李公之奇气。而三公遇合之迹，亦可略寻其源。

曾、李器许刘秉璋

李文忠与先文庄旧为师弟，文忠奏调至军，疏曰："刘某沉毅明决，器识宏深。与臣为道义交十有余年，深知结实可靠。该员去冬由安庆经过，督臣曾国藩一见大加器许，谓为皖北人才。臣今统军来苏，曾国藩允为奏调臣营，学练军事，昨又函催。臣自行奏请可否，饬赴臣营酌量委任。"上许之。观此可见平素之好。然观文庄在淮军与文忠意见殊不能相惬，曾左二公反时露招致之意。江、浙肃清后，文正拟令统老湘营，东捻平后文襄拟奏保为晋抚，皆辞勿就。文庄常曰"老湘军已成之局，晋省偏西之地，是时无重要军事，不能舍易取难"云。

淮军让功

金陵围攻不下，时苏州已克。朝旨令淮军助战，李文忠迁延不行，显然让功之意。及大功告成，文忠至金陵，官场迎于下关。文正前执其手曰："愚兄弟薄面，赖子全矣！"方诏之日促也，铭盛诸将咸跃跃欲试。或曰，湘军百战之绩，垂成之功，岂甘为人夺，若往鲍军遇于东坝必战。刘壮肃曰："湘军之中，疾疫大作，鲍军十病六七，岂能当我巨炮！文忠存心忠厚，终不许，将卒皆知其事。"文正益感不置，故云。然金陵克后，首功李忠壮臣典，未及受封而卒于军。相传忠壮少年恃壮，一日夜御十八女。事虽无据，然近人纪传多隐约言之。曾文正公报捷奏称，我军杀敌十余万人，则子女玉帛悉为所有。可想而见，国变之后，北军南下，仅大劫三日，舆论指摘不遗余力，可谓人苦不知足，时势使然，非今人贤于古也。当时功次于忠壮者萧壮肃，及刘南云阁学解甲家居，遂不复用。虽琉球、越南、缅甸相继失丧，外患日深，鼓鼙声急，朝廷曾未忆及之。可见金陵之役，从军之士满载而归，必有不慊于上心者矣。

遣散湘军

湘军于金陵红旗报捷，江浙军务底定之后，文正奏请尽发欠饷，遣散归农。伟哉！大臣谋国之道，善用所长，善藏所短，非他人所能企及也已。淮军自始至终，每年皆发饷七关有半，而南北设粮台坐收各省解款，先以解款不到而致欠饷，既到不以发饷，遂积成巨款。李文忠直隶总督任内，淮军银钱所专司其事，历王文勤、荣文忠两公。洎文忠复任，犹存五百余万两。文忠逝世，项城用以扩充新军至六镇之多，南北风行皆练新军，遂屋清社。

惟留老湘营

曾文正遣散湘军，惟留老湘营。又知先文庄与淮军将领气味不投，终不相合，欲以老湘营隶于文庄领之，常驻江宁为防军。致书请于李文忠，曰“将使之淬厉湘军暮气，我亦得日以老生常谈勖之，俾成栋梁之器”云。黄昌岐提军持书谒文忠于苏州，文忠不置可否。私谓文庄曰：“往也惟此老翁能致人于方面重任。”时文忠家居拙政园，设宴待提军。值春初，山茶盛放，文忠曰：“花如此丽，虽仆婢今日折一枝、明日摘一朵，究无损焉。”提军退而备行具，文庄问：“何若是之速？”提军曰：“昨日之言，公不闻与？已示意不欲公往，尚待言耶！”

以扼河而守之策剿捻

曾文正为钦差大臣剿捻匪，先文庄为襄办，献守运河之策：作长墙于岸，限止马足，使不得度，圈之于一隅。李文忠署江督，力争不可，手致文庄书云：“古有万里长城，今有万里长墙，不意秦始皇于千余年后遇公等为知音。”文庄将万人渡河，得文忠牍，言饷缺不得增兵。事事干涉，诸如此类。且时上章条陈军务，文正弗善也。及师久无功，文忠继为帅，文正愧弗忍去，自请留营效力。文忠至军亟取钦差关防于文正所，文正曰：“关防，重物也。将帅受代，大事也。彼弗自重，亟索以去，无如之何。然吾弗去也。”文忠遣客百端说之，回任弗许。或为调停曾、李计，言乾隆时西征之师，以大学士管粮台，位与钦差大臣相埒。文正故作不解曰：“何谓也耶？”文庄曰：“今回两江之任，即大学士管粮台之职也。”文忠又私告曰：“以公之望，虽违旨勿行，可也。九帅之师，屡失利，不惧朝廷谴责欤？”文正遂东归，自是绝口不谈剿捻军事。文忠代为帅亦无以改文正扼河而守之策，大功告成。文忠疏请加恩从前领兵大臣，文正得加一世袭轻车都尉，闻之大怒，谓江宁府涂朗轩太守曰：“异日李宫保至，吾当为之下，今非昔比矣！” 以上卷一

剿捻时露衰象

左文襄暮年老态，人尽知之。曾文正剿捻时亦露衰象，乃人所未及察者。文正饭后有棋一局，谓之养心棋。时钱子密侍郎在幕中，谓先文庄曰：“人皆让路，是终日与不如己者处也，焉得不愈趋愈下？或偶一截之，则沉思稍顷，必得佳著于是，可见其精气。”时捻氛甚恶，有言及者，辄拱而正色曰：“且看他国运何如！”相传龚定庵应试，人预贺其得第，曾以此言为答。文正在京习知其事，故效其所为，以博一笑。

阅小河溪战报，问文庄曰：“闻贼骑不过三四万耳。”文庄曰：“不止于此。”曰：“何以知之？”文庄曰：“以田中所践禾稼行数、远近，精密计算，殆不下六万。”文正回江督任，文庄亦乞病归。同治十一年薨于任所。先一月致书文庄，约至金陵，且云：“愿送东山之云，出沛敷天之雨。”及见，言及李文忠出巨擘，曰：“奈何与此公相背，今上甚从其言也。”文庄退而告梅小岩方伯，方伯笑曰：“公真衰矣，乃以巨擘指门生。”

翌日，方伯又谓文庄曰：“闻卫士言，公舆中口诵《论语》‘吾日三省’一章，殆指公乎？”文庄曰：“吾始从公剿捻，驰驱数省，颇形困顿，告公，公曰，何不默诵书？既而学为古文辞，以就正于公曰，此默诵书之所得

也。公曰，要默诵经书。公事事引人入胜，此殆默识之功与。”

适李文忠亦有书劝出仕，是时恭王当国，颇受馈遗。文庄至津，寓北洋大臣行辕中，偶谈言之，文忠不顾而言他。次日，天津府知府马松浦太守来见，曰：“奉傅相命，随公乘船观大沽炮台。”文庄于舟中以昨日之语告之，太守慨然引为己任，其实不过千金之数而已。文庄将出京，向王辞行，王送，将至门，仆属耳有所言，王谓文庄曰：“马松浦还费心。”当日受赂甚微，犹不苟如此，于斯益见文正之守经，文忠之从权。然其雄才大略，信足以长驾远驭，后之人不可企及也已。

石诚不明政务

先文庄赣藩前任，为文友石方伯，与恭王有姻。性愚暗，不明政务，幕友门丁为政，颇有簠簋不饬之名。刘忠诚偶有咨询，辄对云：“俟归问王师爷。”忠诚忿之甚，辄谓人云：“他日吾命戈什以绳系王师爷来！”方伯亦云：“彼如命戈什绳系王师爷，吾将使轿班链锁高师爷！”忠诚竟无术处之。忠诚每岁年终，密考加以贬辞而无如之何。时江督为曾文正，又于密考中贬之，而仍无如之何。文正诧曰：“文友石诚，大有力吾两考之而不动。”其后三年大计以“疲软不谨”四字注之，乃得开缺。 以上卷二

苌楚斋随笔 刘体信

刘体信（1878—1959），字十枝，后改名声木，安徽庐江人。刘秉璋第三子。有《直介堂丛书》等行世。

曾国藩预属墓志铭于吴敏树

湘乡曾文正公国藩，功在社稷，名垂国史，本无待于立神道碑，当时其

家人请刘霞轩中丞蓉撰文。未及作，中丞又卒，检其遗箧，仅有铭词，乃请郭筠仙侍郎嵩焘补作序文，复请李文忠公鸿章撰墓志铭。李文忠公久不亲文事，实为□□□□□代撰，见于□□□□□□中。而不知当日曾文正公因吴南屏广文敏树客于两江节署，曾从容为言："吾一旦不幸，志铭当以属子。"云云。是其生时，曾以是属望吴南屏广文。此乃一时言论，恐其家人亦未必知之，故改属他人，果知之，不必故违是命也。巴陵杜仲丹孝廉贵墀撰《巴陵人物志》十五卷，备载其语于吴广文传中，想此语闻之于广文，信不虚也。

胡、曾手札石刻

石刻《曾文正公手札》八卷、《胡文忠公手札》四卷，款皆署"希庵"二字，系当时致□□李忠武公续宾者。讯中所言，皆咸丰时，剿平粤逆兵间之事。字系二公亲笔，摹勒上石，不失神气。卷端无刊石年月及序跋，当系李忠武公子孙所刊无疑，然确为其子孙某某所刊，已不可考。二公为我朝剿平粤逆名臣，虽石刻流传，亦有足资考证者。先文庄公曾受业于曾文正公，渊源所在，弥足令后嗣生景仰之思矣。

曾国藩篆字

曾文正公国藩虽工书法，素不以篆隶名。予所见者三事，能者固无不可，何况名贤遗墨，奕奕皆有生气。

一、《孟子要略》。卷首衬页篆书"孟子要略五卷"，二行行三字，后一行篆书"朱子遗书之一"六小字。背刻"道光二十九年汉阳刘氏刊板曾国藩署首"十七字，正书三行，末一行五字。

一、《佩文广韵汇编》。卷首衬页篆书"佩文广韵汇编"，二行行三字。背刻"江宁邓氏原本同治十一年金陵书局重刊湘乡曾国藩署检"廿四字，正书四行行六字。

一、《仿唐写本说文解字木部笺异》。卷首衬页篆书"仿唐写本说文解字木部笺异"，三行行四字。背刻"同治二年十二月曾国藩署检"，正书二行行六字。长洲朱仲我孝廉孔彰撰《题江南曾文正公祠百咏》二卷，自注言只见篆书《仿唐写本说文解字木部笺异》一种，实为简略。想必仍有他书，为声木所未及见者。

论缓重二字

湘乡罗申田参赞长祷《思兄楼文稿》中，有《别兄子春骕语》，论“缓”字最妙，文云：“缓是儒者气象，举足不缓则轻佻，举手不缓则鄙俚，出言不缓则躁妄，下笔不缓则荒谬，小之贻一时之嘲笑，大之则取终身之尤悔。”云云。

声木谨案：参赞论“缓”字精刻卓绝，仍惜为一偏之见，窃谓缓与重当并论也。《曾文正公家训》中，谆谆以缓重并重，真乃名儒之言。参赞之论再加一层，更举一重字，则面面皆到，洵为青年子弟万金之良药也。

真拼命著书人

湘乡曾文正公国藩，尝戏言俞荫甫太史樾拼命著书，虽言“拼命”，其实并未尝拼命也。若明柯维骐撰《宋史新编》二百卷，欲专一心志，因发愤而自宫。国朝罗茗香□□士琳撰《四元玉鉴细草》廿四卷，致疽发于背三次。若二公者，真可谓之拼命著书也。

以上随笔

两江督署中无曾国藩联额

湘乡曾文正公国藩，不特功业震于一时，即学问文章，亦不可几及，平日更喜舞文弄墨，沾沾自喜。予独怪其江南督署中，无曾文正公一联一额，《湘乡县志》修于同治八年，无曾文正公一序一跋。此等最为切近之事，转无文字流传，真理之不可解者。

续笔卷一

马叙伦论文语

杭县马彝初□□叙伦，撰《天马山房丛书》，列目十五种，已刊者仅六种，卷帙较之列目又未备。内有《天马山房文存》，中有《甲寅复夏涤莽先生书》，末段云："左右谓姚姬传笔虽弱而辞旨渊懿，实非曾涤生敢望，诚然诚然，然曾氏堂庑实廓于姚氏，伦常私以为有清一代，散体之文得望溪而正，得惜抱而深，得涤生而大。特曾氏于练句诚有不尽粹，如左右所摘，且所为《昭忠祠记》五篇，尤非其文之至者。伦盖尝反复其文，观其力强故气盛，识不皆卓而所见自已得之，故足以厚其力，惜乎所学不充，不能深其文耳。夫文章之事，穷微极奥，甘辛自喻，而论人之作，难于己造，当略小疵而权大体。若辞句之累，韩柳不免。归震川一代作家，不特寿人赠人之文，为望溪、涤生所讥，其洁然无累者，十不得三四。惜抱生承平之际，又天授以耄耋之年，从容研幾，终其身仅而得之。然则涤生所成就如此，亦足恕矣。"云云。

声木谨案：马氏此论，最为精确平允，实获我心。曾文正公之文学不足以充之，尤为特见。曾文正公之文，在我朝自是一家，不可磨灭。无奈其门生故吏誉之几谓可掩迹归、方、姚、梅，实为言过其实，增人不信心。夏涤莽、马彝初之论，实天下万世之公论，然非深于此道者，不能言之如此深切著明。但曾文正公之文，为夏氏所指摘者，惜未见其本。见之者，可悟文章之句法，有益于文学匪浅也。

续笔卷二

黎庶昌续古文辞类纂

遵义黎莼斋观察庶昌，编辑《续古文辞类纂》廿八卷，金陵书局刊本。中分三编，上编选经子，中编选四史、《新五代史》、《通鉴》，下编选国朝人古文。只有下编，可谓之续，上中二编，则当云补。一概言续，未免自相混淆，于例不顺。其编辑本意，实以曾文正公《经史百家杂钞》为蓝本而损益之，不知何以以《续古文辞类纂》命名，颇违姚郎中当日编辑本意。若云《续补古文辞类纂》，虽只增一字，而名实相副矣。

续笔卷三

曾国藩养心棋

曾文正公晚年，每日午饭后，喜下棋一二局，平日自谓养心棋。其石印手书日记，自记围棋几局是也。当日先文庄公问其幕僚钱子密尚书应溥云：“中堂日日下棋，不日进无已乎？”尚书曰：“棋则日退也。”先文庄公未谙棋理，惊问其故，尚书谓：“中堂年高望重，何人肯与之对手，中堂不自知，以致愈趣愈下。然中堂亦非无棋者，偶有人走一好着，中堂见而大惊，亦必沉思冥想，凝神注意，逾数时刻，得一好着，与之足以对垒而后已也。”云云。此声木当日闻于先文庄公者，敬记于此。

论曾国藩文

湘乡曾文正公国藩工古文学，在国朝人中，自不能不算一家。无奈后人尊之者太过，尤以湘人及其门生故吏为尤甚，言过其实，迹近标榜，亦非曾文正公本意。实则曾文正公古文，气势有余，酝酿不足，未能成为大家。亦以夺于兵事吏事，不能专心一志，致力于文，亦势所必至，理有固然，亦不必曲为之讳也。久怀此念，不敢告人。顷阅杭县马彝初□□叙伦《天马山房文集》，中有云：“曾氏之文，所学不充，不能深其文。”云云。富阳夏涤莽□□震武亦云：“姚姬传之文，非曾涤生敢望。”云云。又阅闽县林琴南孝廉纾《文微》中有云：“归震川有文无题，曾涤生有题无文。”自注云：“《昭忠祠记》类皆是。”云云。皆不失为知言之君子。曾文正公文集中，如《昭忠祠碑》等类，有□□篇之多，为宇宙间绝大题目，曾文实不能称题，无怪马、夏、林诸公言之啧啧，故续记之于此。

曾国藩奏议

《曾文正公奏议》□□卷，颇为外间所称诵，并非名不副实，实论者言过其实。每谓之可追迹古人，为数百年来所仅见，窃恐未必然也。其中实多系幕僚代拟之稿，曾文正公所亲为裁定者甚少，然则所誉者，并非曾文正公本人，实誉其当日之幕僚。其幕僚如薛叔耘副都福成，言奏议之稿，多非曾文正公亲笔，云云。吴挚甫京卿汝纶，亦言在燕之稿，多其所拟，未可鱼目混珠，云云。但他人奏议，多出于俗儒所为，文正笃好古文，幕中多系古文高手，即代拟之作，比之他人，诚为足贵。外间多有自为选本，以为揣摩之用者。遵义黎莼斋观察庶昌亦欲专选一本，商体例于吴挚甫京卿。京卿谓：《曾文正公奏议》，薛副都福成选本最善，尽去他人之作，及无关得失者，专存《曾文正公奏议》之真。即再选，亦无加于此，云云。见于《吴先生尺牍》中。

声木谨案：据此，则薛氏选本最善，专存曾文正公之真。世以《曾文正公奏议》为法者，取于此已足矣。

曾国藩论文语

曾文正公《致吴南屏书》中有云："仆尝称古文之道无施不可，但不宜乎说理耳。"云云。吴挚甫京卿《致马通伯学部书》中亦有云："文章不宜谈理，此前哲微言，执事最不信此语，究其谈理之作，实亦不能工也。"云云。

声木谨案：桐城文家虽喜言宋儒之学，然义理、词章、考据三者并立，不偏重义理，所以能独立千古。桐城诸老以文学授受者，几遍天下，予别撰《桐城文学渊源考》十三卷、《引用书目》一卷、《名氏目录》一卷、《撰述考》四卷详言之，而传其义理者无人。道咸之间，方植之明经东树目见汉学流行，其焰甚炽，毅然欲兴复宋学，传授徒党，以与之抗，并撰《汉学商兑》□卷以攻之。卒之其文章一传而为戴存庄孝廉钧衡、方存之京卿宗诚，天下犹知其人。其理学一传而为苏厚子征君惇元、文钟甫茂才汉光，乡曲之间，尚不知其名氏，显分轩轾矣。

曾国藩论吴汝纶

桐城吴挚甫京卿汝纶《吴先生尺牍》中有云："某任冀州时，有三起盗案，逾期未获，实心愧。前任冀州李鉴堂中丞秉衡善于捕盗。"云云。自言之不讳，实为人所难。予在济南谋食时，闻王古愚孝廉振垚言，曾闻曾文正公当日论幕中人材，言及京卿，有“只宜读书作文，短于政事，材不宜为官”之语。知人则哲，曾文正公之言，所见远矣。 以上续笔

论曾国藩联语

湘乡曾文正公国藩生平以工于联语自负，尝云与湘阴郭筠仙侍郎嵩焘所作工力悉敌，有包办联语之徽号，见□□□□□□。

声木谨案：侍郎联语，世不多见。曾文正公联语，有搜辑编刊于《曾文正公杂著》后者，约有数十联。窥其用意，殆欲以山谷生硬作诗之法，通之于联语。所作皆生硬，不谐声律，谓之为别派则可，谓之为佳，则未敢许也。厥后桐城吴挚甫京卿汝纶善得其意，较之曾文正公益生硬，不谐人口。且多作七字句，于山谷诗，尤属具体而微。此声木夙昔之私意如此。

曾国藩熟悉史例

湘乡曾文正公国藩当日以能古文鸣一时，不知其生平熟悉班史，于史传体例颇精。同治初年，江阴沈品莲方伯保靖撰向忠武公荣、张忠武公国梁合传，颇自喜，刊以行世。曾文正公见之，谓先文庄公云：“沈品莲闻说是你们同学至友，所撰向、张二忠武合传，既非合传体裁，且无一笔合于史传体例，可劝其自己收回刊本，万不可再与人看。”云云。真爱人以德之言也。

声木谨案：近见《明懿安皇后外传》一卷，旧题纪昀撰，宣统三年四月，新阳赵诒琛《峭帆楼丛书》本，予亦颇疑其出于依托。其叙事不合史家体裁，尤嫌琐屑，盖他人假冒纪文达公之名为之，决非纪文达公亲裁也明矣。

曾国藩不杀李兆受

李兆受本捻匪中悍贼，因为师宗何文贞公桂珍所败，遂向之投诚，更名李世忠，历官至提督。投诚后，狼子野心，所为仍多不法事。张汶祥刺死菏泽

马端愍公新贻，天下之所同恶也，李世忠题其墓曰“大清义士张汶祥之墓”。咸丰五年，安徽、河南两省盛传兆受复叛，大吏且以之入告。兆受内不自安，匍伏诣文贞，自陈无他意。旋伏兵戕文贞于英山县之小南门，遗骸复遭焚毁，残忍可知。既叛，入捻匪，复有议再行招抚者。兆受恐因戕文贞之事，伪行招抚，代为报仇，先与湘乡曾文正公国藩一书，要约许以不死。文正不得已，允之。后复横行无忌，与盗贼无异。众议诛之，告于文正。文正言吾已许其不死，不可失信，云云。先文庄公当日深知其事，尝云：“有一夫不获其所之志愿，吾于曾文正公李兆受见之矣。”

曾国藩打捻无功语

同治□年，湘乡曾文正公国藩督师剿捻，未及竟全功，而合肥李文忠公鸿章受代。文正意颇不怿，每与人谈论，自称“打捻无功之人”。有劝以奏言某事者，亦云：“我乃打捻无功之人，能向朝廷说话乎！”其自居谦抑如此。

曾国藩夜课

湘乡曾文正公国藩《求阙斋日记类钞》云：“料理官事，摘由备查一也，圈点京报二也，注解《搢绅》三也。此三者，夜间之功课，亦留心庶事之一法也。”云云。

声木谨案：合肥李文忠公鸿章，晚年以大学士住京之时，每日京报一本，必从头（自）［至］尾，逐字细看一遍，寒暑无间，然后安寝。一室内，偶有仆人误燃双烛者，时腿足行履已不便，虽至远，必自起灭其一。先文庄公闻其每晚看京报从无间断，谓其善于做官，且甚服其俭德。

曾广钧论古韵

湘乡曾重伯太守广钧为文正公国藩之孙，少赋异质，有神童之称。继入词馆，识者皆期以远大。由是名誉鹊起，颇有不虞之患。自是负其才望，高视阔步，旁若无人。桐城吴挚甫京卿汝纶心甚恶之。一日，与太守论古韵，不合。太守繁称博引，辨驳甚苦。京卿辞绌，为言："当日所闻于太傅者即是如此，非某所杜撰。故始终深信太傅之言，不以子言为然。"太守为之夺气。"太傅"即言曾文正公也。此□□王古愚太守振垚闻京卿自告之者。

曾国荃十六字箴言

湘乡曾忠襄公国荃，攻克粤贼伪都，勋名喧赫，人所共知，其识见卓越，亦非常人所能及。当时深恶泰西各国，颇欲乘屡胜之余，与之为敌。忠襄早知泰西兵强，不可轻意妄动，尝戒其所亲谓："若与西人开衅，有十六字箴言，你须紧记，曰先到先败，后到后败，同到同败，不到不败。"光绪□年，与丰润张幼樵副宪佩纶论及咸同间兵事，自谓当日与其兄文正言："候粤贼平后，先打捻子，后打回子，再打鬼子。"文正以盈满为戒，力为制止。"若照我所行，岂有左某、李某分位。"副宪亟谓："如今捻回虽平，尚有鬼子，世叔立功不迟。"忠襄谓："只此一事，不愿再办。"副宪因乘间询以十六字箴言，是否自己所说。忠襄笑问闻自何人，副宪告以闻之军机章京□□□所言。忠襄亦谓他如何泄漏天机，一笑而罢。此副宪晚年寓居金陵时面告予者。

以上三笔

刘坤一怀曾国藩诗

新宁刘忠诚公坤一有《怀曾文正公》诗云："事事不能及古人，立身窃与古人类。事事无殊于今人，居心却与今人异。画鹄画虎在我为，呼牛呼马凭人戏。卓哉惟有湘乡翁，纷纷诸子谁能媲。"云云。语见《刘忠诚公遗书》中《补过斋诗集》。

声木谨案：忠诚不以诗文名家，此诗虽寥寥数语，颇能尽文正之生平，故录出记之。

曾国藩在官剿捻等事

桐城方存之京卿宗诚《师友言行记》云："交广德张翰泉太守光藻，直隶贤吏也。性情刚正果决，不事唯阿，历官之处，皆得士民心。曾节相疏荐其贤，简放天津府知府。时三口通商大臣崇厚驻天津，人多趋承拜师生。太守独自尽其职，事之以礼而已，崇厚深忌之。适逢天津有言教民用药迷拐幼童之事，太守遵通饬杀之，教士哗于通商署前。津民公忿，群殴死数夷人，焚毁教堂，势汹汹不可止。太守驰往弹压，始已。卒以此罢职，充发黑龙江。太守年已六十余，而慷慨之气，终不少衰。在黑龙江，将军优待之，犹劝将军奏行数善政。"云云。

声木谨案：独山莫楚生□□□□言："曾文正公于同治庚午在直督任，办天津洋人教案，天津府县并充发黑龙江，一时公之声名顿为之减。彼年十月十一日，为公六十生辰，有人于官厅题柱诗云：'笙歌缭绕绮筵开，此日中堂亦快哉。知否黑龙江上客，满天风雪逐尘来。'文正见之，为之怃然。"云云。语见桐城萧敬孚征君穆《庚子杂记》。文正督燕，恰值民教大哄，殴死法国领事。文正初亦欲彻底查核，示无偏袒。卒以昧于外交，偏听崇礼恐吓之言，以致失策。时在同治九年冬月，距咸丰十年八月英法焚毁圆明园，仅隔十年之久。文正深恐与法国失和，再酿巨变，亦老成谋国之苦衷，未可厚非。先文庄公尝云：文正平生才智，已尽用于剿平粤匪。及至剿平捻匪，文正精力久已销耗，虽漫为布置，皆人人所能见到。旋奉旨交卸钦差大臣，仍回两江总督任，意甚悒悒。合肥李文忠公鸿章亟于任事，委候补道□□□取去关防，意尤不悦，并谓先文庄公云："我以为须当面交付，以昭慎重，今如此取去，亦省事。"又云："我固知回江督任，劳逸安乐天渊，然我决不回任，仍须留营效力，或则开缺，回籍养病。"先文庄公见其词旨坚决，绝无转环余地，心知其故，深恐其以不回江督任，致朝廷难于位置，引为私忧。隔日往见，词意已见松动，再隔日往见，即云遵旨回任。盖其左右诸公乐其回任，力为怂恿，文正已不能自主矣。然沿途语人云："我是打捻无功之人。"或告以应办诸事，亦如此云。闻者不知底蕴，犹称之为谦谦君子也。

曾国藩八分书

湘乡曾文正公国藩，当时不特以勋业高天下，其诗、古文辞、书法，亦生平自负高人一等，惟篆书世不多见。长洲朱仲我孝廉孔彰《题江南曾文正公祠百咏》自注中，仅见其一，咤为见所未见。声木得见□□已载入《苌楚斋随笔》卷九中。顷又见新化邹资山□□倜所撰《雅雪园诗钞》六卷，卷内衬页当中刊“雅雪园诗钞”八分书五字，下列“曾国藩题”四字，后刊“同治八年秋月新化邹氏再刊”十二字，二行各六字，是文正当时兼精篆隶，世人从无有知之及见于著录者，八分书则尤未见也，余故记之于此。

曾国藩致方宗诚书

湘乡曾文正公国藩，致桐城方存之京卿宗诚书云：“大文义理精密，而琢句铸字，每失之率易。仆尝劝人多读《汉书》《文选》，以二书造句措字，犹有《六经》遗意。闻王怀祖先生亦劝人读此二书，谓《汉书》为训诂之津梁，《文选》为词章之渊薮，与鄙说微有不同，然讲训诂则下字不苟，精词章则造句不造，其归一也。又尝闻梅伯言郎中说，古文须从王荆公刮磨一过，古诗须从黄山谷刮磨一过，此即韩公陈言务去之义，足医下笔率易之病。阁下好学多闻，望更于此加意，庶讲说义理之文，坚凝而不失之浮。是否仍期互相质证。”又书云：“前读寄示大文二首，理精而词稍率，辄献刍言，互相质证。阁下不以为非，反更欿然自贬，精益求精。义理、词章、考据三者兼营，固属大善，否则力有未遑，自当专晰义理，以明先立乎其大者之道。望阁下无因鄙言而旁骛骈枝，翻失故步，但于冗句率字，稍一加意，期于矜慎不苟而已。”云云。

声木谨案：文正又有与湘乡刘霞轩中丞蓉书，云：“大著游记二首，以义理言，则多精当，以文字言，终少强劲之气。自孔孟以后，惟濂溪《通书》、横渠《正蒙》，道与文，可谓兼至交尽。其次如昌黎《原道》、子固《学记》、朱子《大学序》，寥寥数篇而已。此外，则道与文，竟不能不离而为二。鄙意欲发明义理，则当法经说、语窟，及各语录、札记。欲学为文，则当扫荡一副旧习，赤地新立，将前此所业荡然，若丧其所有，乃始别有一番文境。望溪所以不得入古人之阃奥者，正为两下兼顾，以致无可怡说，辄妄施批点。极知无当高深之万一，然各有本师，未敢自诬其家法以从人也。”云云。皆前人学问秘诀。方书仅见手迹，更可珍玩。以上四笔

曾国藩家书前三卷

湘乡曾文正公国藩，于道光廿四年三月，致六弟等书中有云：“所寄银两，以肆百为馈赠族戚之用。来书云：‘非有未经审量之处，即似稍有近名之心。’此二语推勘入微，兄不能不内省者也。又云：‘所识穷乏者得我而为之，抑逆知家中必不为此慷慨而姑为是言。’斯二语者，毋亦拟阿兄不伦乎。兄虽不肖，亦何至鄙且奸至于如此之甚。所以为此者，盖族戚中有断不可不一援手之人，而其余则牵连而及。

“兄己亥年至外家，见大舅陶穴而居，种菜而食，为恻然者久之。通十舅送我谓曰：‘外甥做外官，则阿舅来做烧火夫也。’南五舅送至长沙，握手曰：‘明年送外甥妇来京。’余曰：‘京城苦，舅勿来。’舅曰：‘然，然吾终寻汝任所也。’言已泣下。兄念母舅皆已年高，饥寒之况可想，而十舅且死矣，及今不一援手，则大舅、五舅者又能沾我辈之余润乎！十舅虽死，兄意犹当恤其妻子，且从俗为之延僧，如所谓道场者，以慰逝者之魂，而尽吾不忍死其舅之心，我弟以为可乎？兰姊蕙妹，家运皆舛。兄好为识微之妄谈，谓姊犹可支撑，蕙妹再过数年，则不能自存活矣。同胞之姊妹，纵彼无所觖望，吾能不视如一家一身乎！欧阳沧溟先生夙债甚多，其家之苦况，又非吾家可比者，故其母丧，不能［不］稍隆厥礼。岳母送余时，亦涕泣而道。兄赠之独丰，则犹徇世俗之见也。

“楚善叔为债主逼迫，入地无门，二伯祖母尝为余泣言之。又泣告子植曰：‘八儿夜来泪注地，湿围径五尺也。’而田货于我家，价既不昂，事又多磨。尝贻书于我，备陈吞声饮泣之状。此子植所亲见，兄弟尝欷歔久之。丹阁叔与宝田表叔，昔与同砚席十年，岂意今日云泥隔绝至此，知其窘迫难堪之

时，必有饮恨于实命之不犹者矣。丹阁戊戌年曾以钱八千贺我，贤弟谅其景况，岂易办八千者乎！以为喜极，固可感也，以为钓饵，则亦可怜也。任尊叔见吾得官，其欢喜出于至诚，亦可思也。竟希公一项，当甲午年，抽公项三十二千为贺礼，渠两房颇不悦。祖父曰：'待藩孙得官，第一件先复竟希公项。'此语言之已熟，特各堂叔不敢反唇相稽耳。同为竟希公之嗣，而菀枯悬殊若此。设造物者一旦移其菀于彼二房而移其枯于我房，则无论六百，即六两亦安可得耶。六弟、九弟之岳家，皆寡妇孤儿，槁饿无策，我家不拯之，而孰拯之者？我家少八两，未必遂为债户逼取，渠得八两，则举室回春，贤弟试设身处地，而知其如救水火也。

"彭王姑待我甚厚，晚年家贫，见我辄泣。兹王姑已殁，故赠宜仁王姑丈，亦不忍以死视王姑之意也。腾七则姑之子，与我同孩提长养，各舅祖则推祖母之爱而及也。彭舅曾祖，则推祖父之爱而及也。陈本七、邓升六二先生，则因觉莽师而牵连及之者也。其余馈赠之人，非实有不忍于心者，则皆因人而及。非敢有意讨好，沽名钓誉，又安敢以己之豪爽，形祖父之刻啬，为此奸鄙之心之行也哉！

"诸弟生我十年以后，见诸戚族家皆穷，而我家尚好，以为本分如此耳，而不知其初皆与我家同盛者也。兄悉见其盛时气象，而今日零落如此，则大难为情矣。凡盛衰在气象，气象盛则虽饥亦乐，气象衰则虽饱亦忧。今我家方全盛之时，而贤弟以区区数百金为极少不足比数。设以贤弟处楚善、宽五之地，或处葛、熊两家之地，弟能一日以安乎。凡遇之丰啬顺舛，有数存焉，虽圣人，不能自为主张，天可使吾今日处丰亨之境，即可使吾明日处楚善、宽五之境。君子之处顺境，兢兢焉，常觉天之过厚于我，我当以所余，补人之不足。君子之处啬境，亦兢兢焉，常觉天之（厚）［啬］于我，非果（厚）［啬］也，以为较之尤啬者，而我固已厚矣。古人所谓境地须看不如我者，此之谓也。

"来书有'区区千金'四字，其毋乃不知天之已厚于我兄弟乎！兄尝观《易》之道，察盈虚消息之理，而知人不可无缺陷也。日中则昃，月盈则亏，天有孤虚，地阙东南，未有常全而不缺者。（缺）［剥］也者，复之幾也，君子以为可喜也。夬也者，姤之渐也，君子以为可危也。是故既吉矣，则由吝而趋于凶，既凶矣，则由悔而趋于吉。君子但知有悔耳，悔者，所以守其缺而不敢求全也。小人则时时求全，全者既得，而吝与凶随之矣。众人常缺而一人常全，天道屈伸之说，岂若是不公乎！

“今吾家椿萱重庆，兄弟无故，京师无比美者，亦可谓至万全者矣，故兄但求缺陷，名所居曰求阙斋，盖求阙于他事而求全于堂上，此则区区之至愿也。家中旧债不能悉清，堂上衣服不能多办，诸弟所需不能一给，亦求缺陷之义也。内人不明此意，时时欲置办衣物，兄亦时时教之。今幸未全备，待其全时，则吝与凶随之矣，此最可畏者也。贤弟夫妇诉怨于房闼之间，此是缺陷，吾弟当思所以弥其缺而不可尽给其求，盖尽给则渐几于全矣。吾弟聪明绝人，将来见道，有必且韪余之言也。”云云。文见《曾文正公家书》。

声木谨案：文正家书前三卷，系道光年间，文正官京朝官时所撰。于家庭朋友之间，纤悉皆具，至性流露，实为天地间不可少之文字，人生不可少之模范。余于十余岁时，即喜读之，至老不倦。四卷至十卷，则咸丰以后所书，中多言兵事，仅可为考证之资。其孙重伯太守广钧谓：“文正一生，专喜用权术，虽待家庭亦如此。”云云。语见湘潭杨重子□□钧《草堂之灵》。文正当时老于行间，久于阅历，人类不齐，喜用权术，诚为至论。余于少时，颇喜涉猎文正全集，见其设施措置，卓绝于人，尝戏云“文正非老实迂腐人也”，与太守之言正合。《家书》前三卷，尚天性未漓，世故未深，未用权术时所作，故其处心积虑，视家事如己事，天真烂漫，字字皆镂心钵骨，吐露而出，决无半字虚伪。虽极纤细之事，亦必指示周详，愈见关心家庭，极意孝友，蔼然仁人之言，足以垂型百世。此书于待族戚，婉转陈词，为设身处地之想，更属胞与为怀，仁至义尽，尤为三卷中至精粹语，虽古圣仁贤，亦岂能外此。窃谓《文正家书》前三卷一字一珠，可歌可泣，后人当熟读深思，奉为至宝，勿因其文字浅近而忽之。近见归安凌□□□□鹗有《曾文正公家书节录》一卷、《家训节录》一卷，光绪庚子二月，立诚居自刊圈点本，用意与余迥异。《家书》前三卷一字不可更易，《家训》复多言读书与学诗文秘奥，亦一字不可更易。余虽行箧中，亦置一本。□□《家训》有节本已属奇异，《家书》则多录三卷以后者，皆属茫无头绪，渺不知其用意之所在。蒋兆奎复有《曾文正公家训摘钞》□卷，光绪庚子，成都重刊本，见浙江公立图书馆通常类书目，余未见其书也。

曾国藩与李鸿章家属同乘事

同治□年，湘乡曾文正公国藩，奉旨督师，剿平捻匪，节制四省军务。合肥李文忠公鸿章，署理两江总督，实文正底缺，新旧交替，本系师生至契，两家眷属因同乘舟行。沿途长江水师，例应燃炮迎送，虽属空炮，亦声震遐迩。

当时文正眷属舟中，因有小孩患痘症，不能闻巨声，曾预先知会水师各营：官船到时，无论大小枪炮，一律停演。太湖赵梓芳观察继元，为文忠妇兄，此次送其妹到南京，见沿途无迎送炮声，疑为湘军藐视淮军，诘以故。水师营据实来告，亦不允，仍令迎送如旧。文正知之，深为不怿，后见文忠问曰："尔之赵国舅，今又同来乎？"

文忠自以原委告先文庄公，言至此，并谓先文庄公云："尔勿谓老头子是好人，实在是会糟蹋人。"先文庄公戏问："中堂如何对付他？"文忠谓："我将我老门生牌子拿出，一笑而罢。文正亦会意，不再谈及。"

后观察于光绪□年，为衡阳彭刚直公玉麟奏参落职，其祸根未尝不由于此等事。直至光绪十八年八月，先文庄公以观察被参冤抑，为之奏请开复，旋奉朱批："赵继元着交吏部带领引见。钦此。"云云。先文庄公当日原奏中有云："彭玉麟前以江南炮台用款不如所愿，乃迁怒于赵继元，未免稍有冤抑。且查原奏，亦只空言，并不能指出丝毫实在劣迹。"云云。语见先文庄公《奏议》。

然文正谦德，亦有恒人所难者。先文庄公言：某年宴会，同席诸公以曾李声望皆隆，各于席之上面，专设一席。文正见之，强拉文忠与他人同坐一席，谓有话谈，不肯专席。文忠素不以工书名，文正谓其字有福泽，又谓文忠公牍文字，实有大过人处，均不失善善从长之意。

曾国藩论夺情原委

湘乡曾文正公国藩，致□□张海门学使金镛书中有云："夺情起复，国藩博考旁询，其不肖者不暇深论，其贤者，如李文达为罗伦所劾，张江陵为吴中行等所劾，李安溪为彭鹏所劾。即疆场主兵之臣，如袁崇焕、卢象昇之夺情，黄石斋先生亦尝疏论而讥斥之。惟南朝袁粲夺情不起，厥后以希范犯阙之变，闻难而急出，难靖而仍辞位。宋臣刘珙母丧起复，六奏恳辞，且疏称汉儒金华无避之说，已为先王罪人。二公并为前史所褒美。至两次夺情，则今古所无，国藩何敢首干名义，蒙万世之不韪。”云云。文见学使自编《潇湘风雨录》二卷，咸丰七年九月，长沙学院自刊本。

声木谨案：文正两次夺情，实为古今所无。当时匪乱方炽，兵事方殷，朝廷既非得已，文正更非得已，后人虽能谅之，君子犹不能无讥焉。光绪十七年，姊婿合肥李伯行侍郎经方，以分省道员出使日本，丁本生母郭太夫人忧，照例须丁忧开缺，回籍守制一年。当时其父文忠公鸿章任北洋大臣、直隶总督，乃奉旨，令其在署内穿孝百日。因父荫而得高官厚禄者，古今已不可胜纪，若因父荫而夺情，实为古今所未有。服制本原于律例，律例复原于礼制，礼制虽自上古历传，而至东周至孔子删订而益明。今律例既更，礼制自变，孔教自可废矣。《檀弓》载鲁人有朝祥而暮歌者，子路笑之。不谓近世已有浙江实缺知县，丁父母忧，只请假七日以治丧者，见于常熟丁秉衡□□国钧《荷香馆琐言》，刊入《人文》第□卷第□期。以后更可以朝丧父母，夕行嫁娶，世间固视为当然之事，无有议其非礼者矣。伦常乖舛，礼义尽丧，虽六朝五季之时，尚不至此，岂非身丁厄运，胜于古人乎！

曾国藩论有恒

湘乡曾文正公国藩，于同治四年七月，谕其子惠敏公纪泽，中有云：“义山集似曾批过，但所批无多，余于道光廿二、三、四、五、六等年，用胭脂圈。唯余有丁刻《史记》、六套，在家否？王刻韩文、在尔处。程刻韩诗、最精本。小本杜诗、康刻《古文辞类纂》、温叔带回，霞仙借去。《震川集》、在季师处。《山谷集》、在黄恕皆家。首尾完毕，余皆有始无终，深以无恒为憾。近年在军中，阅书稍觉有恒，然已晚矣。故望尔等于少壮时，即从有恒二字痛下工夫，然须有情韵趣味，养得生机盎然，乃可历久不衰。若拘苦疲困，则不能真有恒也。”云云。语见《曾文正公家训》。

声木谨案：文正论“有恒”二字，最为确洽，余尝见进锐者退必速，始勤者终必堕。余少时即嗜好《文正家训》，常置案头读之，生平虽力戒无恒，仍未能尽免，深愧文正义方之训。然作事始勤终堕，更不能免，书此以自警惕。

曾国藩晚年始读《仪礼》

湘乡曾文正公国藩，于晚年始读《仪礼》，其《求阙斋日记类钞》云：“炳烛之明，始读此经。”云云。名臣之不自讳如此，胸襟究与常人有别，读者当知其故矣。

曾国藩等剿捻驻节处

同治□□□□苏州省城克复后，合肥李文忠公鸿章，驻节于城内□□□拙政园，为苏州名园之一，并历见前人记载。后南皮张文达公之万，欲购之以养母，卒为八旗奉直人所购得，改为八旗奉直会馆。当时湘阴郭筠仙侍郎嵩焘，参赞文忠幕府，文忠有事咨询，恒呼之为“老筠”。先文庄公每至苏，常与侍郎同室。及同治□年，湘乡曾文正公国藩与文忠，先后督师，剿平捻匪，节制三省军务，当时均驻节于周家口镇玉露庵。先文庄公晚年，于拙政园及玉露庵，犹历历指出：某某处为文正、文忠办公室，某某处为某某室，“吾当时亦住于某所”，为声木等言之。光绪乙未，罢官归里，路过周家口，见玉露庵双扉紧闭，因作《周家口怀旧》诗云：“大枪钢马满神州，宵旰时廑圣主忧。戚里名王悲裹革，视师上相几搔头。韬钤策士留宾馆，靴鞢诸侯仰节楼。古寺门扃车马散，萧萧汝水自东流。”云云。

声木谨案：先文庄公撰述，为某甲焚毁殆尽，声木痛之，到处访询，集得诗数十首，编为《佚诗》一卷，拟刊于先文庄公遗书中，目录已见《续补汇刻书目》。但搜辑编纂慎重从事，不敢草率塞责，不知此愿何日能偿，诚憾事也。

南京贡院曾国藩手迹

南京江南乡试贡院，原有“至公堂”正书三字横木额，大门外石排坊正中“锁院风清”正书四字石额，原为湘乡曾文正公国藩手笔。今虽犁为平地，改为市场，余仍记之于此，以为后人考古凭吊之用，或不嫌其多事也。

曾国荃与官文失欢

益阳胡文忠公林翼，任湖北巡抚，辽阳官文恭公文，任两湖总督，与之同官一省，交欢至好，公事始能划一，当时天下称为美谈，已屡见前人记载矣。同治□年，湘乡曾忠襄公国荃，继任湖北巡抚，与文恭意见不合，驯至互相揭参，穆宗罢斥忠襄。后□年，文恭路过金陵，时湘乡曾文正公国藩，任两江总督，出迎于下关。登文恭舟，一见即曰：“我家老九，真是不好，我甚惭愧。”文恭一笑而罢，前事孰是孰非，一字不提。论者论文恭善能容人，雅量殊不可及。于剿平粤捻一役，虽无赫赫名，其推贤让能之功，甚为宏伟，宜与当时所谓曾、左、胡、李诸公，并垂不朽也。

曾国藩论七律

湘乡曾文正公国藩，致□□张海门学使金镛书云：“尝闻友人言：七律当以义山之绵丽并遗山之激越，始是一奇。闻者多以为难。”云云。语见学使自编《潇湘风雨录》二卷，咸丰七年九月，长沙学院自刊本。

声木谨案：文正论诗文之语，皆能深入古人阃奥，此论亦学诗者之要诀也。

以上五笔

师惠全夷斋笔记忧患馀生生

忧患馀生生，生平事略不详。本文采自《刘尚书秉璋奏议》附《清芬录》卷二。

论曾国藩观人

清李少荃文忠公鸿章在曾涤生文正公国藩幕时，乞假归省，文正属其物色才俊，携以偕来。厥后文忠假满还营，文正问曾得否。文忠对曰："门生已带三人来此，一刘仲良秉璋，一刘省三铭传，一吴筱轩长庆也。乞师相俯赐一见，以察其是否可用。"文正乃到客厅见之。三人均垂手侍立，文正亦不就座，每人略询数语，即不复絮问，惟绕行室内，时以目注视三人，亦不命退。如是者将三句钟，值家人来请用饭乃已。文忠本与文正同食，席间问曰："刘吴三人，师相已经赏见，究竟其人如何？"文正曰："刘秉璋封疆之器。吾观其植立数句钟之久，其一种静穆之气令人挹之不尽，足当'骨重神寒'四字，此封疆之器也。吴长庆专阃之才，服从命令纯任自然，精力过人，到底不懈，此专阃之才也。至刘铭传能用则用之，不能用则杀之。侍立稍久，跋扈不平之气即流露于不知□弛之才，深虑其不能就范，然有气敢任，则较彼二人为优。苟能驾驭得宜，亦庶几一代名将也。吾故令伊等久立，窥其志趣于不言之中，兹将考察所得为弟述之，弟谓然否？"文忠大服，后三人亦果如所言。

声木谨案：先文庄公初见曾文正公国藩于安庆省城时已入词馆。《求阙斋日记》"类钞"云，"刘仲良庶常秉璋，李少荃门生，气象峥嵘，意志沉着，美才也"云云，并无三人同见之事。且先文庄公当时已入词馆，更非随人为俯仰者。撰述本可各明一义，笔记尤闻见不一，不必尽出于的确。忧患馀生生所述亦颇有近似之处，当为曾文正公平日所言，不妨各尊所闻也。

今传是楼诗话 王揖唐

王揖唐（1878—1948），字慎吾，号揖唐，生于安徽合肥，光绪进士。

曾国藩恢复秦淮繁华

秦淮河游事销歇，前已述之。余因此益念曾文正之闳识，先是金陵初复，秦淮无游船，文正以废舟二，命工改造，编竹为篷，饰以画阑，任载游人，于是秦淮复有箫鼓管弦之声。文正三督江南，尝与幕僚泛舟其间，并令于清溪九曲遍栽杨柳，藉资点缀，龚蔗轩《感事》诗云："杨柳新栽绿作阴，相公曾此画船临。闲情不是耽丝竹，一片苍生同乐心。"盖咏此也。昔范文正守杭州，大开筵宴，纵西湖歌吹，一时推为救荒之善政，与文正此举，先后同符，老成谋国，固有深心。乃文正逝世，继之者弗悟其意，遂令禁止，六代江山，一时寂寞，舟人数百，焚香哭于丞相祠堂，故长洲朱孔彰仲我诗云："改得长龙作画桡，秦淮未禁弄笙箫。当时曾见舟人哭，一夕凉风咽暮潮。""长龙"，文正所作战舰旧名也。

余尝谓大乱之后，首在与民苏息，尤应并用经权，有时即疑谤所集，亦所不顾，要惟以行其心之所安、期于民之有益而已。方文正之初督两江也，藩司为李雨亭宗羲，江宁府知府为涂朗轩宗瀛，皆世所称有守者。一日以秦淮妓船渐多，思逐之，因偕谒文正曰："日来河下甚热闹，公闻之乎？"文正知其意，徐答曰："信热闹邪？不热闹，大不好；热闹，大好，君等第遣人弹压，无致滋事可矣。"二公乃默然而退。李、涂后皆至开府，并以理学名臣见称，然论者于文正此举固毫无间言，且相与传为佳话，其故亦可深思矣。

睇向斋秘录 陈灨一

陈灨一（1882—？），一作甘簃，字藻青，号颖川生，江西新城（今黎川）人。曾创办《青鹤》杂志，著有《睇向斋秘录》《睇向斋谈往》《新语林》等多种。

设“绝无良心科”

曾文正公国藩最善滑稽，尝曰：“人当愁思之际，一闻谑语，开口便笑，百忧顿解。”一日与客论时局，太息曰：“不肖者接踵而起。此辈办事，颠倒是非，混淆黑白，当设一科曰绝无良心科，以安顿之。”客大噱。

效“王小二过年”

文正丁外艰，由赣军营回籍守制，朝议非之，士大夫哗然，左恪靖诋之尤甚。文正致书刘霞仙中丞蓉云：“自今日始，效王小二过年，永不说话。”愤激之气溢于言表，而措词则滑稽极矣。

编《米汤大全》

文正克复金陵，枢府疆吏与亲友纷纷缄贺，皆不外歌颂功德之言，文正汇次成册，签曰“米汤大全”。

此三事曾廉访广铨为余言，廉访公之文孙、惠敏公之哲嗣也。

新世说 易宗夔

易宗夔（1874—1925），字蔚儒，又名鼐。湖南湘潭人。曾赴日本学法律。回国后执教多校。曾任湖南省议员和国会议员。著有《新世说》《湖海楼诗文集》。

曾国藩早有大志

曾涤生初入翰林，即与大学士倭艮峰、太常寺卿唐镜海、徽宁道何丹畦等讲明程朱之学，克己省身，慨然有澄清天下之志。

曾名国藩，湖南湘乡人。道光戊戌成进士，历官至大学士、两江总督。公三至江南，百姓闻公来，扶老携幼，焚香以迎。公之治江南也，尚儒，喜引经决事。后颇采黄老术，以清静化民。居官有常度，多谋能断，应事若流水然。

不为圣贤，便为禽兽

曾涤生尝谓："不为圣贤，便为禽兽。莫问收获，但问耕耘。"

曾公爵里见前。四语见公日记中。 以上卷一

曾、吴振兴桐城派

桐城之文，末流仿效，不免流于空疏。曾涤生、吴南屏同起而振之。南屏不屑奉一先生之言以自隘，卒其所得，与姚氏无一不合。曾氏古文，熟于阳刚阴柔之旨，极其伸缩变化，铿訇隐辚，自成清越。尝自言："粗解古文，由姚先生启之。"然寻其声貌，与姚氏略不相袭。所谓道不可不一，而学不必尽

同钦。

吴名敏树，湖南巴陵人。为湘楚古文大家。其治经也，融会汉宋，兼通性理典章之学，不愧近世之巨儒。著有《柈湖文集》。 以上卷二

曾国藩乃今之汤斌

曾涤生在京，与倭艮峰相友善。倭尝目之曰："涤生乃今之汤潜庵也。"

倭名倭仁，姓乌齐格里氏，蒙古正红旗人。道光己丑进士，官至文华殿大学士。以九容入手，见过自讼，言动无忘，行己接物，绝无偏私。盖蒙人中之名儒也。

曾国藩尤服胡林翼进德之猛

曾涤生尝奏称："胡林翼之才胜臣百倍。"及上胡公死事状，又谓其"坚持之力、调和诸将之功、总核之才，皆臣所不逮，而尤服其进德之猛"。

以上卷三

曾国藩与钱应溥共勉操守

钱子密尝客曾涤生幕府，乞假应秋试，曾设筵饯之。酒阑，语之曰："足下名位，他日必出在座诸君之上。惟'操守'二字，吾辈应共勉之。"钱后成进士，跻卿贰，入枢密。仅言名位，果如曾言矣。

钱名应溥，浙江秀水人。官至礼部尚书、军机大臣。

曾国藩智斩叛将

曾涤生治军时，午膳后，必邀幕客围棋一局。一日，忽有告密者，谓某统领将叛矣。其人即某统领之部下也。公怒曰："汝诬上官反，罪当死！"命

斩以循，着棋如故。顷之某统领来谢，公召之入，某顿首曰："幸公知我，否则殆矣。"公变色，命左右立斩之，幕僚皆谏，谓："某果叛，则告密者不宜斩；既知其诬而斩矣，何又斩某统领乎？"公笑曰："非汝辈所知也。"亟命斩讫，谓幕僚曰："告密之言确也。然非斩告密者，某统领且立叛，故诱其来而斩之。"盖某统领本捻匪投诚者。此举虽过于残忍，然悟事之敏捷，亦有足多者。

此事系无锡薛叔耘在幕府中所目睹者，为友人言之。

曾国藩容仪威严

曾涤生年逾六十，精神奕然。身长约五尺，躯格雄伟，肢体大小咸相称；方肩阔胸，首大而正，额阔且高，眼三角有棱，光极锐利；两颊平直，髭髯甚多，鬖鬖直连颏下，披覆于宽博之胸，益增威严。 以上卷四

曾国藩倾羡莫友芝

莫子偲少与郑子尹齐名，精许书，工篆籀，诗亦古朴有味。尝与曾涤生订交于海王村书肆中，曾遗莫书云："阁下与郑先生游，六合之奇，揽之于一掬；千秋之业，信之于寸心。"其倾羡可谓至矣。

莫名友芝，贵州独山人。郑名珍，贵州遵义人。著有《说文逸字》《说文新附考》《汗简笺正》诸书。

曾国藩赠何昉联语

何莲舫自广信罢官，隐居邗上，托业淮鹾。自刻《悔余庵全集》行世，胎息庄骚。曾涤生极嘉许之，尝书一联以贻之曰：

千顷太湖，偶与陶朱同泛宅；

二分明月，合随何逊共移家。

何名昉，江苏江阴人。官广信府知府。

曾国藩相术口诀

曾涤生好相术，尝作一口诀云：“邪正看眼鼻，真假看嘴唇；功名看气概，富贵看精神；主意看指爪，风波看脚筋。若要看条理，全在语言中。”又云：“端庄厚重是贵相，谦卑含容是贵相；事有归着是富相，心存济物是富相。”尝阅兵于徐州，诸将入谒，中一人形貌魁梧，衣冠整洁。注视良久，入谓幕客曰：“某弁体气充实，无夭折之理。时已无战事，何其神气若将死之人乎？”后数日，某弁果以坠马陨命。 以上卷五

曾国藩弈棋不胜而大怒

周小松亦十八国手之一，尝应曾涤生之召，来营中对弈。曾好弈而不工，弈时则所患之癣益痒，伏案上爬搔之。小松授曾九子，裂其棋为九片，皆仅乃得活。曾大怒，小松行时，遂一金不之赆。

周名未详，江苏江都人。周卒后，迄今尚无国弈。故前清一代国弈，实以周为之殿云。

曾国藩礼聘罗泽南

罗罗山未领军时，授徒于贺耦耕家。曾涤生治军长沙，偶与贺谈时事，深以缺乏军事人材为虑。贺谓吾家有教读罗某，喜阅兵书。曾即托贺介绍求见，罗以课徒无暇拒之。曾愈敬其品节，越日再求见，罗延之入。曾一见即顿首再拜为礼，罗乃许曾效驰驱焉。

贺名长龄，湖南善化人。 以上卷六

曾国藩欲立“绝无良心科”

曾涤生性严正而好谐谑，尝于退食之暇，与幕僚闲话，谈及才难，因太息久之，乃曰：“遗大投艰，固非常人所能，然亦未可概期之贤者也。当于德行、文学、言语、政事四科之外，别设一科，曰‘绝无良心科’。”善化何应祺侍坐，起而言曰：“明公果设此科，其以不才为弁冕欤？”曾乃大笑。

曾国藩戏弄郭崑焘

郭意城为湘中名儒，中兴诸老，咸与交好，争欲罗致幕下。郭恋爱其妇，不能远离，颇有高柔之意。曾涤生尝寄书谑之云：“知公麋鹿之性，不堪束缚。请屈尊暂临，奉商一切，并偕仙眷同行，当扫榻以俟。”迨郭至，曾乃命其遄返，书曰：“燕雁有代飞之候，鸳鸯无独宿之时。此亦事之可行者也。”郭得书，一笑置之。

郭名崑焘，湖南湘阴人，嵩焘之弟也。　以上卷七

四朝佚闻金梁

金梁（1878—1962），姓瓜尔佳氏，字息侯，晚号不息老人。满洲正白旗人。光绪进士。撰述有《光宣小记》《清宫史略》《四朝佚闻》等多种。

咸丰帝圈图寄曾国藩

曾文正公国藩，以上陈圣德疏，为文宗所特知。谕祁寯藻云：“敢言必能负重。”故其后遂倚以平乱，世传掷折加罪云云，皆妄言也。余前言文宗

与洪秀全相始终，而天生文正亦与洪相始终，若有意厄之者。亦可异也。咸丰末年，文正密奏统筹平乱及长围江宁之策，文宗别取舆图于江宁四围，画一朱圈，又连江浙皖赣等省，加一大圈，复于鲁豫等省画一圈，川黔等省画一圈，陕甘等省画一圈，然后就全图四边再勾一大圈，包全国矣。交肃顺密寄文正。肃不能喻上意请明示。文宗曰：“第封寄彼，必能解之。”

文正得图，集亲信密议曰：江宁之圈意在长围，不待言矣。江皖之圈，防外援而绝内窜亦属要计。鲁川各圈，意必在分贼势。惟全国大圈不知何意。遂本此奏复，奉朱批称是。并云大圈指国防也。先平内乱，姑缓之。文正乃以江宁属国荃，江浙属左、李，鲁豫川陕各加筹调。不数年间遂收全效。而不知此后平捻，坚壁清野实用鲁豫之圈。剿抚回番实用陕甘之圈。而石达开被擒，实用川黔之圈。一一皆验，亦奇矣哉！内乱既定，文正乃统筹国防，以李鸿章任海防，以左宗棠任陆防，而左、李皆急近功无远志，廿载经营，徒付一掷。此则非文正所及料，而文宗在天之灵不能瞑也。

圈图事，文文忠公曾与吾父言之，此图后竟为余所得。上有朱笔“付曾国藩”四小字，必文宗批朱笔，例应缴进，故仍存在内廷也。 卷上

草堂之灵 杨钧

杨钧（1881—1940），字仲子，号白心，晚号怡翁。湖南湘潭人。于书画、金石、诗文均所擅长。著作有《草堂之灵》《白心草堂诗集》《白心草堂金石书画》。

阅曾札

有人持曾文正公家书五百余通，随意翻阅。见其与九帅书中，有“如苏军马到成功，则弟受其劳，而少泉享其名，既可同膺懋赏，又可以暗培厚福。盖独享大名，为折福之道”数语。始知文正公亦颇作伪。前数语有为九帅抱

屈，不能独享大名之意，而事势如此，故又作迂腐之谈，以自宽自解。观其语气，即知其果受其劳，又享其名，亦未必一定折福也。又有“老子所谓不为人以者，即不肯为天下第一等大名人之意”二语。然则文正公为天下第二等大名人耶？抑天下第一等小名人也？总而言之，好名为文正公不可免之事。否则第一等第二等，为大为小，均可置之不顾，更不必妒少泉之独享也。文正公手札，所见甚多，若概集成书，必在百卷以外。此等文字，尚不能于事业著述中算数，只可谓之余力，其用心之多，已过常人一生。可知学人，非易成者也。

尝见王湘绮先生于每年除夕，出一尺高之册，设案致祭。窃取视之，均其友朋书简。莫偲翁一纸，不过两三句，不能完全记忆，大约谓汝能从我游乎？尚能饭否？中兴人物俱到，为一极可赏玩之物。湘绮去世，书籍散失殆尽，存否未可知也。

卷九

星庐笔记 李肖聃

李肖聃（1881—1953），原名犹龙，字肖聃，别号西堂，又号星庐、亟斋。湖南长沙人。留学日本，主要从事教育。著述有《星庐笔记》《中国文学史》《亟斋日录》等。

评曾公文字

王先谦谓曾文正以雄直之气，闳通之识，发为文章，冠绝今古。予于弱岁即知嗜读其文，诵其得意之篇，其气力能夹山岳而趋，直在庐陵、震川之上也。然喜为跌宕之辞，间于事实未合。《经史百家杂钞》叙首云：“序跋类者，他人之著作，为之代叙其意者也。”夫古人著书，多有自序，庄生《天下篇》《淮南要略》皆是，不独太史公有此文也。且后序曰跋，义不同前，词当分别言之。《送周荇农南归序》云：“茅坤所称八家，皆师韩氏。”夫子厚与韩为友。本非相师，八家之中，即有韩在，谓北宋之欧、苏、曾、王师韩则可，此为巨谬，曾未更正，不知何以也。《欧阳生文集序》谓："姚先生典试湖南，而吾乡出其门者，未闻相从以学文为事。"既而读《与巴陵吴敏树南屏书》云云，寻其文义，一似南屏曾从姚学文者，而其实不然。

《易安人墓表》言，方是时国藩与岱云之友某某皆在，一似即知安人有刲股之事者，而忽于后始叙其事。刘宗向谓："曾公为文，脉络之密，有时不如南屏。"不其然与？四世祖《元吉公墓铭》中有"源远流长"四字，《大界墓表》中有"不无小补"一语。此语实未免俗，虽公用之，不可为训。"何其"二字，出自《诗经》，左氏用之，状其来速，而公喜此二字。

《圣哲画像记》一篇，至于八用，则成常法，遂落恒蹊矣。昔公孙重伯言："先祖家书，亦有误处，中言：'诸弟以为我得科名，即为贤孝，不知唐李林甫、卢怀慎辈，何尝不位极人臣，岂得谓之贤孝？'寻怀慎唐代名臣，安得与林甫并论？公误作奸邪之卢杞用耳。"又公作文，喜为断语，而常过其实。如言："一部廿四史全是捏造。所记兵事，尤不可信。"《画像记》又言："子长所为《史记》，寓言亦居十之六七。"夫孟子于《书》，但言不可尽信，史公寓言，至多十之二三，公乃言此，失之罔矣。凡此所云，皆由才大而心夫能尽细也。

古文不说理，于义未合

公有常言："声文之道，无施不可，但不宜说理耳。"其后吴汝纶衍其师说，以为至论。吾始亦然之，至今思之，于义未合也。夫文章之道，本以阐明义理为上，上自群经诸子，下及百家所纪，皆由其说理之纯驳，以证其见道之浅深。今第见后世儒生道文并至者，惟《通书》《西铭》《正蒙》诸篇。而方苞义理文章，并顾兼修，两俱未至，遂宣言古文不宜说理，第宜言情论事，是狭文章之范围而小其功用也。其为《湖南文征序》，谓人心自然之文，曰理曰情。即公所为送刘茮云、郭筠仙诸文，及《国朝学案小识书后》《孙芝房刍论》诸篇，其于说理固未尝不精也。

曾公文章自成大家

公《与刘孟容书》云："闻此间有工为古文辞者，就求其术，乃桐城姚郎中鼐之绪论，其言诚有可取。于是取司马迁、韩愈诸人之作，日夕用心而读之。"是公之学古文，由梅郎中启之也。姚永概曾闻公往访戴存庄，见《惜抱轩尺牍》，借归读之，而立志为古文。而其《与吴南屏书》又云："昔在京师，雅不欲步梅郎中之后尘。"郭复初谓公于文章，不应别异梅氏。自我观之，公于文章具有大志，其始虽启于姚氏，而其后力能独立，自成大家。虽称姚为百年正宗，而惜其才弱少雄直之气，不厌人意。是公于姚氏尚有微词，奚肯低首于梅氏哉？而学者之论桐城，以方、姚、梅、曾并列，而不知湘乡早已别异桐城，自成宗派也。吾作《颜息庵文集序》已论及此矣。

至交欧阳兆熊

湘潭欧阳兆熊小岑，与曾文正为乡榜同年，胸多大略而不肯小试。常集《兵法要览》若干卷，所与交多当世名人。四方士至湘潭，多至其家，家虽贫而留客不厌也。常至文正军中，参画要事。江苏巡抚缺出，朝命曾公举人，未之定也。时李文忠在曾幕，虽有福建延邵建道之命，而未能到官。怀抱大器，方无所试。小岑语曾曰："李广才气无双，公择帅何可失此人？"议遂定。其子勋，字子和，一字功甫。肆力为古文，常师事郭筠仙、吴南屏及新城陈懿叔、广敷兄弟，有集若干卷，文正为作序，述乾隆以来桐城派诸家于一篇，此真天下之大文，欧阳生附以不朽矣。生年二十卒，有子曰述，字伯元。少侍祖谒文正，习篆书。文正刻《船山遗书》，述为署首。民国三年，述年七十矣，犹居北京作客。为予述曾惠敏挽小岑联云：

平生甚似鲁仲连，而非游说纵横之客；

地下若逢先太傅，仍为布衣昆弟之交。

又以小岑所著之《榾柮谈屑》、功甫之《秋声馆集》及己所为之《曼庵吟稿》三种相赠，卷首有王壬秋序。伯元之子曰植东，亦有文才，今不知流落何所也。

石屋馀沈 马叙伦

马叙伦（1885—1970），字彝初，又作夷初，浙江杭县（今余杭）人。著作有《说文解字六书疏证》《读书续记》《石屋馀沈》《石屋续沈》等。

曾国藩师谢安

相传曾国藩已克江宁，秦淮画舫，亦复麕聚，盖如承平时矣。官吏溺游，江宁知府某欲禁绝之，言于国藩，国藩欣然曰：“有是哉！明日试治具，吾亦欲约诸公一游，领略其风趣。”某君因不敢治。说者谓曾以战余萧条，正赖以此招致人物。按，《世说》：“谢公时，兵厮逋亡多，近窜南塘下诸舫中，或欲求一时搜索，谢公不许，云：若不容置此辈，何以为京都。”曾国藩正师此意。

自勉斋随笔 陈邦贤

陈邦贤（1889—1976），字冶愚，号红杏老人，江苏镇江人。辛亥前曾创刊《医学扶轮报》，著作有《中国医学史》《中外医事年表》《中国医学人名志》等。

曾国藩的养生方法

《曾文正公全集》里面，养生的方法很多，最重要的莫过于“惩忿，窒欲；少食，多动”。曾国藩说道：“古人以惩忿、窒欲，为养生要诀。”又说：“惩忿，即吾前信所谓少恼怒也；窒欲，即吾前信所谓知节啬也。因好名好胜而用心太过，亦欲之类也。”又说：“惩忿，即余篇中所谓‘养生以少恼怒为本’也。”又说：“既戒恼怒，又知节啬，养生之道尽在其我者矣。”

这八个字看来很简单，可是做去也不容易。惩忿要心胸开阔，不存丝毫的机械，这就是心理卫生最重要的条件。欲的范围太大，所以他说：“寡言养气，寡视养神，寡欲养精。”这就是教人一切要有所节制，也是心理卫生上很重要的。少食也含有节制的思想，所以他又说：“眠食有恒。”多动正所以调节精神，也是非常的重要，所以他每天在两饭之后各行三千步，并且每晚睡前必先洗脚。前者是心理卫生，后者是身体卫生，这都是曾国藩养生扼要的方法。

明清两代轶闻大观 李定夷

李定夷（1889—1963），字健卿，笔名定夷，江苏常州人。有《李著十种》《定夷丛刊·说集》等刊行。

曾文正轶事

清曾文正公为一代名臣，平日修身养性，行止规正，暇时辄手执一卷，不作遐想。一日，忽患淋浊，既且肿烂，自问生平不作狎邪游，奚至患此？延医诊视，咸莫名其故，佥曰梅毒而已。后由友介绍某名医为之诊视，文正力白其生平谨饬，不事狎邪。医视之良久，始曰：“传染乎？”公又力白无之。医曰：“然则且请追忆未发前之所事，以为参考。”公思之，又曰：“无意外事也。”医曰：“然则公日在何处小便？或该处能致毒也。”公又思之，良久，始恍然大悟曰：“某日因事往某处，偶于道旁垃圾堆上小便，见该处灰尘堆积。”医曰：“似矣。”遂使人导之往，则灰尘龌龊中有旧鸡毛一堆。医曰：“斯物之害也。盖鸡毛积之既久，其毒靡甚。公偶小便，则其毒气因热上冲，至患斯疾也。”公始释然，病亦渐愈。后公延之为上宾，时谓之曰：“微先生吾将疑恨死矣！”

案：余尝闻某医家言，谓鸡毛积久，其毒最甚，不仅梅毒也。一触其气，便生种种毒症，故最好是取无用之鸡毛毁之以火，则毒灭矣。然未知确乎否也。附录于此，以质世之博学者。

杶庐所闻录瞿兑之

瞿兑之（1894—1973），名宣颖，字铢庵，晚号蜕园。湖南善化（长沙）人。清季军机大臣瞿鸿禨之子。曾任北洋政府国务院秘书长、编译馆馆长及南开大学、燕京大学教授等职，所著以掌故、职官、方志等为多。

曾文正谐诗

曾文正喜诙谐，其《日记》中亲记一事云：有建德李把总文书一通，面用移封。余戏于封上题十七字令云：“团练把总李，行个平等礼，云何用移封？敌体。”

又其督两江日，嫌公牍上所用官衔太长。亦自题一绝于上云：“官儿尽大有何荣，字数太多看不清，减去数行重刻过，留教他日作铭旌。”亦见《日记》。

栖霞阁野乘孙静庵

孙静庵（生卒年未详），名寰镜，字静庵，室名栖霞阁。江苏无锡人。曾任《警钟日报》主笔，著有《明遗民录》《新水浒》等。

曾文正与王壮武芥蒂

曾文正与王壮武素有芥蒂。壮武之死也，其父自撰联挽之曰：

不死于贼，必死于小人，今而后吾知免矣；

虽竟其才，未竟其大志，已焉哉天实为之。

所谓小人者，盖有所指也。 卷下

錞谷亭随笔祁景颐

祁景颐，字敬怡，号錞谷。山西寿阳人。清工部尚书祁世长之孙，军机大臣李鸿藻之外孙。祁景颐在清末曾任府道等职，熟悉中枢政坛内幕。

书曾文正与王湘绮轶事

湘潭王湘绮闿运，蚤登贤书。既入都，与湖口高伯足心夔，曳裾候门，同为尚书肃顺宾客。时顺虽未居枢要，以御前大臣得文宗宠信，颇与闻国事，引王、高为策士，踪迹甚密。湘绮《辛未日记》，曾载往视裕庭之子及屡忆淀园往事。裕庭，即顺字也。相传胡、曾之任地方专军务，以及左在骆幕时，谤讟繁兴，文宗将予重惩，为郭筠仙侍郎时以翰林在南书房行走。嵩焘与湘绮谋诸顺，而由潘文勤奏请，乃得大用。顺固夙持重汉轻满之策者也。当时评骘人才，佐筹军国，多与时局相关，惜秘无人知，无从考证。

湘绮屡至胡、曾戎幕，皆为宾客，不久即去。文正驻军祁门，兵方亟，湘绮适客军中，文正假事分遣幕府文士，意不欲同罹于难。眉州李眉生按察鸿裔，方佐幕中，私窥文正意，进言壬秋在此，何不使避去？

文正慨然曰："吾幕文士以事遣行，不露形迹，军心不至摇动。壬秋以客来此，遽送之行，恐外间哗然耳，但壬秋必知自处，子试窥之作何状，即报我。"李往观，湘绮方据几读《汉书》，以白文正。文正笑曰："壬秋殆将行矣。"已而报湘绮他去。盖早储一舟于山溪，其仆即操楫者。李询文正何以知其必行？文正从容告之曰："壬秋宿学，《汉书》向所必熟诵，何必注视凝思，殆藉书有所筹策。"李为叹服。

此虽细事，足征文正之忠诚不挠，临事镇定。湘绮之警策，眉生之相从无去志，均有足多者。然文正敬礼有加，卒不用之。

光绪初，依丁文诚蜀中，延主尊经书院，后归湘主讲有年。己丑一至天津，李文忠亦优礼之，其意实在讲席。时莲池为吴挚甫，向津为李越缦。名学相埒，虽自言倦受馆餐，他无所冀，实亦不无绝望。后谒张文襄、端匋斋于金陵，陈筱石、刘景韩、夏菽轩于鄂、赣、浙、陕，皆在投馈。戊申特授检讨。辛亥后，又为项城罗致，任清史馆长。其甲寅日记在都各事，细译多有意味。筹安会成，由夏午诒、杨哲子为媾介，曾以代价易一推戴之电，时已八十矣。数十年耆硕宿儒，少年为诸侯上客，一生光怪陆离，不得不认为文士中一怪杰也。

清代之竹头木屑佚名

此书不署撰人，不分卷，系民国九年木刻刊行之《满清野史五编》第十种。

曾文正大度

曾文正未达时，尝赴省乡试，肄业岳麓书院，以后至故，与某生同屋。某生性颇褊躁，其书案离窗可数尺，文正因置案窗前以取光。某生怒曰："吾案头之光，自窗中射来，今为汝遮，则减吾读书之光矣。"文正曰："然则令我置案何处？"某生指床之侧面而曰："可置此。"文正竟如其言。文正中夜读书，某生又怒曰："平时不读书，此时乃来聒噪人。"文正为之低声潜诵。是科文正中式，报到之日，某生捶床大怒曰："此屋风水，当为我得，今乃为汝夺去。"或诘之曰："彼之书案方位，乃汝所教，何为怪彼？"某生愈怒曰："正坐如此耳。"凡某生不情之举动，同人咸为抱不平，而文正处之燕如，故识者均知为大器云。文正尝至江南筹赀，得百金，尽以购全史，携归，一年毕诵。其精勤如此。

鱼千里斋随笔 李渔叔

李渔叔，湖南湘潭人。校者金门张作梅戊戌十二月写《跋》云："鱼千里斋随笔之作，乃自昨岁始，排日书数百言，以付报端……梅读而好之，因为辑存，并整齐次第以传。"

曾国藩为官三议

公在京朝，究心世事，即已洞察当时文恬武嬉之弊，遂以转移风气为己任。"原才"一论，已见端倪。还湘倡办团练，乃用"拙诚"二字为天下倡。湘之人，类能耐劳负重，朴拙为其天性，固为公所熟知，用是选将练兵，一以此为准则。诚之为用，上下交孚，惟拙与诚，乃能知耻，知耻之渐，勇亦随生。他日塔罗赴义，彭杨誓师，号令风雷，士皆踊跃效命，湘军遂以武功震天下。闻当时将吏在战场，均昂首露立，有转侧避炮者，同列笑之，以为大耻。此无他，拙与诚之效也。

贪墨之风，如败菌中人，顷刻传播，往往无形触受，交相渐染而有余，至其蕴毒已成，至刮骨磨肌而不尽。曾公始以廉静自持，化行于友生将帅之际，胡润芝、左季高诸公出膺疆寄，皆有廉名。至彭雪琴侍郎以诸生从戎，首揭“不私财”“不受官”二语自誓，廉刻尤近矫激。军中布衣粗粝，起居食用，尚远不逮乡里富农。远树风声，特垂身教，施于政事，虽未必风清弊绝，要足弼成清议，力挽颓流。夫廉则寡欲，寡欲则近刚，刚则节义生矣。湘军将士，伏弢死烈，慷慨捐躯，即至力竭势穷，亦不闻有腼颜降敌者。曾公祁门悬剑，靖港投江，志节皎然，足以作三军之气。是知去私欲而人砺廉隅，惩奸贪而士崇节概，非不能至，顾教之之道为何如耳？遗规可式，取鉴非遥，盖犹足三致意焉。

曾公最能知人，幕府英贤，极一时之盛。其于鼓舞人才之道，既非幸致，更非凭藉权力所能。推其致此之由，实乃自铸铸人，一切皆由内发。观公早登词苑，位至列卿，治学省心，刻刻提撕，时时奋发。一言之失，一事之非，厚责己躬，绝无假贷，修为既至，所立卓然，乃以存养省察之余，教其子弟，教其部曲，教其僚属，不仅亲承响沫，衷心翕服，默化潜移？即受公一顾之微，亦知附托恩私，翘然自异，循是万流奔凑，各尽其才，甚至剩馥残膏，沾溉乡邦，百年而不罄。盖维如此，始能陶铸天下英才，而宏乐育之美。清祚中兴，群力交赴，亦不必悉以归美于曾公，然造端发轫之功，挽回风气之道，固莫大于此。

受宣宗之知之又一说

公之致身通显，自由两次大考。本传言其受宣宗特达之知，证以乡曲所传，似尚另有其原因。先君子言：当时宣宗锐意求治，思得贤才，尝询倭仁良峰，拟于朝臣中，简拔一二新进，倭举公以对。宣宗问其何能？倭亟称公性行笃实，尤能遇事留心。宣宗颔之。越数日，有旨召对。公入内，内监导公委曲达一小室曰：“上命在此少俟。”公候久之，内监复至，传谕今日无暇，俟另旨再觐。公归寓处，倭问其状？公具以告。倭诧曰：“向日召对无不见者。”因详询适至何地，室内所见为何？公但粗记梗概，且言方局促恐驾至，不敢凝睇，故未能详悉。倭沉思良久，乃求素识内监，出二百金以赠，令将尔日候见小室方位，并室内几榻、书画、题识纤悉具录，躬自省阅之。余无他异，惟壁上所悬墨迹四帧，为高宗乾隆手书训语，皆有关治道者，倭喜曰：“所求在此矣。”录稿令公持还熟读之。他日奉诏复入，宣宗所询者，果皆壁上语也。公以是条对甚悉，及出，宣宗语倭云：“曾国藩遇事留心，果如汝言。”此事未见何种著录，先君面示，虽出传闻，必有所据。《年谱》载公于道光二十二年至二十九年之间，叠次召见，二十九年正月至三月召见次数尤多。且称“每有奏对，恒称上意”云云，如上述非虚，则必此数年间事也。

《米汤大全》与《挺经》

公在营中，极少暇豫，尚复从事著述，故颇托谈谐以调剂其疲羸。闻于寿日，集各处介嘏文词，编为一册，自题《米汤大全》。又言欲著《挺经》，盖“挺”字意涵劲健，有特立独行之义。曾有客请问其目，公言：“兹举一事，其意自明。吾乡有农父晨往耘田，行经陇上小径，径狭甚，两人相遇，须一人侧让乃过。”斯时适有人从对面贸然来，呵之勿止，乃挺身与对立。相持至午，其家炊熟，儿具饭馌之，父曰：“吾今日不归矣。可告汝母，令将晚餐一并送来为要。”云云，大抵亦谐谑之词也。

弈技不高

弈棋似为公所深嗜，日记中屡见之。然技殊不高，衡以今日棋艺，当不过五六级耳。旧传公在祁门时，皖垣有弈手名噪甚，幕客建议令人赍金币聘至。公与对弈，受六子，局未半，裂公棋为数片，每片皆仅得活，局遂不终，所谓中押败也。公恚甚，拂袖起不复出，明日，馈五十金，命送客归。此客甚朴质，不记其名，大率过百龄周小松之流亚也。然公冲襟雅度，竟不自持，论者谓南风不竞，比之谢傅晚年云。

以上卷上

卷六

凌霄一士随笔徐凌霄　徐一士

徐一士（1890—1971），原名仁钰，字相甫，号蹇斋，笔名一士、亦佳庐主、未冉庐主等，祖籍江苏宜兴。曾任职北洋政府实业部，后被北京市文史馆聘为馆员。作品结集有《凌霄一士随笔》《一士类稿》《一士谈荟》《曾胡谭荟》《亦佳庐小品》等。

徐凌霄（1889—1961）系徐一士四兄。

曾国藩选苏轼奏议之不当

曾国藩长于奏议，并以是教其弟国荃，选自汉迄清名奏议十七篇，加以评释，授国荃研读，所谓《鸣原堂论文》也。所评释者，颇可玩味。苏轼《上皇帝书》亦在选中，于其“自古役人必用乡户，犹食之必用五谷，衣之必用丝麻，济川之必用舟楫，行地之必用牛马，虽其间或有以他物充代，然终非天下所可常行。今者徒闻江浙之间，数郡雇役，而欲措之天下，是犹见燕齐之枣栗，岷蜀之蹲鸱，而欲以废五谷，岂不难哉”一节，注云：“王荆公新法，惟雇役为善政，当日诸君子亦争之不已，厥后司马温公改雇役仍为差役，东坡又力争之，雇役犹今军中雇募民夫给与饭钱也，差役犹今掳人当夫不给钱文也。”

实地指点，苏氏之谬自见，所云“掳人当夫”，犹今之所云“拉夫”

也，近岁兵争不已，“拉夫”之名词，为一般人耳熟能详，农工社会，尤若惊弓之鸟，谈虎色变，使苏氏论之，或当亦谓“行军必须拉夫，犹食之必用五谷，衣之必用丝麻，济川之必用舟楫，行地之必用牛马”耶？司马光复差役，昔攻新法最力之范纯仁、苏轼，均争之。苏氏极言役可雇不可差，虽圣人复起不能易，且谓农民应差，官吏百端诛求，比于雇役，苦乐十倍。司马不听。苏归舍，方卸巾弛带，辄速呼曰：“司马牛！司马牛！”不平之态可掬，盖早悔其前奏之失矣。王安石行新法，攻者麻起，苏氏尤称雄辩，此文更为人所传诵。曾氏称以“典显二字，千古所罕见”。然词浮于理，引喻失当，气盛而言多不宜，气亦客气耳，虽典显曷足甚贵乎？世或以此文与王氏《上仁宗皇帝言事书》并论，而王奏精整遒劲，理实气充，文格既高，所见尤卓，苏奏非其比也。曾氏此选，舍王而取苏，盖未为得。曾谓新法惟雇役为善政，其实新法之善者，尚不尽此一端也。

曾国藩四大弟子之古文造诣

曾门弟子，张、吴、黎、薛均以古文鸣，黎、薛兼师其经济，张、吴则最致力于文章。以功候论，张裕钊、吴汝纶固视黎庶昌、薛福成差胜，二人之中，吴尤服张，以为非己与黎、薛所及也。曾氏尝致书告张以“足下为古文，笔力稍患其弱”；又谓：“柔和渊懿之中，必有坚劲之质，雄直之气运乎其中，乃有以自立。足下气体近柔，望熟读扬韩各文，而参以两汉古赋以救其短。”张遂由是求之，颇有所得。故曾又称以“尊作古文，著句俱有筋骨，日进无疆，至为欣慰”，盖曾氏于古文传人，属望于张者最殷。

其见于《日记》者，则有“张廉卿文有王介甫之风，日（敬）［进］不已，可畏可爱”，及“阅张廉卿近所为古文，喜其入古甚深”之语，吴汝纶评王安石《泰州海陵县主簿许君墓志铭》谓：“张廉卿初见曾文正公，公朗诵此篇，声之抑扬诎折，足以发文之指趣，廉卿言下大悟，自此研讨王文，笔端日益精进。”此“有王介甫之风”之所由来也。推重可见。至张氏之所自负，如《答李佛笙太守书》云：“近者撰得《书元后传后》一篇，乃忽妄得意，自以甚近似西汉人，且私计国朝为古文者，惟文正师吾不敢望。若以此文校之方、姚、梅诸公，未知其孰先孰后也。”其意态固以湘乡派传人自喜，而不肯低首于桐城派诸老矣。

吴汝纶《与姚仲实书》谓："后儒但能平易，不能奇崛，则才气薄弱，不能复振，此一失也。曾文正公出而矫之，以汉赋之气运之，而文体一变，故卓然为一代大家。近时张廉卿，又独得于《史记》之谲怪，盖文气之雄俊不及曾，而意思之诙诡，词句之廉劲，亦能自成一家，是皆由桐城而推广，以自为开宗之一祖，所谓有所变而后大者也。"

曾氏论古文，喜谈诙诡之趣，张氏亦于此致力，虽造诣非无可观，而何能与曾同称开宗之祖？吴氏此论，盖过情之誉也。吴于古文，所造实不亚于张。黎、薛二氏，虽功候稍浅，而亦各有所得，就大体言之，亦勉可颉颃张、吴，若夫追跻曾氏，则四人均苦未能耳。

曾国藩暗承欧阳修

欧阳修之文，以阴柔之美著，若《集古录目序》，则大有阳刚气象，在欧集中盖不多见。其自跋此序，谓"谢希深善评文章，尹师鲁辨论精博，余每有所作，伸纸疾读，便得深意。以示他人，亦或有所称，皆非予所自得。此序之作，惜无谢尹知音。"足见为得意之作也。而姚范论之曰："公此文前幅近于瑰放莽苍，故自喜耳。要之公笔力有近弱处，故于所当驰骤回斡处，终未快意。"亦不为无见。良以其天事于此实不甚相近，故未为极佳耳。

姚鼐《复鲁絜非书》谓："宋朝欧阳曾公之文，其才皆偏于柔之美者也。欧公能取异己者之长而时济之，曾公能避所短而不犯。"欧、曾异同，斯论颇确。故此类文字，尚偶见于欧集，而为曾巩所绝无也。言古文者，动以欧、曾并称，而曾氏笔力弥弱矣。欧阳此作，可谓取异己者之长之最显者。虽造句运气，力求奇崛，有凌纸怪发、字字生棱之致，然力不能余于文之外，遂不免稍露竭蹶之态，不为欧文之最胜者。

曾国藩《金陵湘军陆师昭忠祠记》之"诸将枯瘠，神色非人……每破一垒，将士须臾殒命，率常数百人，回首有余恸焉。其穿地道以图大城者，凡南门一穴，朝阳至钟阜门三十三穴，篝火而入地，崖崩而窟塞，则纵横聚葬于其中。贼或穿隧以迎我，熏以毒烟，灌以沸汤，则趫者幸脱，而悫者就歼。最后神策门之役，城陷矣而功不成，龙膊之役，功成矣而死伤亦多，于是叹攻坚之难，而逝者之可悯也”，句法语气，实袭自欧阳《集古录目序》之“珠出南海，常生深渊，采者腰絙而入水，形色非人，往往不出，则下饱鲛鱼。金矿于山，凿深而穴远，篝火糇粮而后进。其崖崩窟塞，则遂葬于中者，率常数十百人。其远且难而又多死祸常如此”。可谓学古而迹未能忘，惟气势更形刚大，声光倍觉炯伟。此固国藩所长，而与全篇文字，亦极相称，故骤视或不能察其渊源所自也。

国藩此文，叙战事经过，用“弟之言曰”“毓橘之言曰”“连捷之言曰”“南桂之言曰”分段铺陈，极为得势。而其子纪泽之为《叔母熊伯夫人墓志铭》即袭其机调，以“叔父之言曰”“又曰”“纪瑞纪官之言曰”“纪瑞又言曰”“纪官亦述母氏训励之辞曰”数段，表著其叔母之言行，摹仿之处，过于显露，不得为善学也。纪泽古文，本自庭训，才思亦自不弱，而所造盖不甚深，为之不专故耳。其外交之才，著于补救俄约一事，为中外所推重。使命就绪后，所上《密陈改订俄约办事艰难情形》一疏，条畅而兼精密，亦奏议之名作也。

曾国藩亟称李鸿章杀降

曾国藩在安庆得李鸿章收复苏州之报，始而大喜，继则愀然不怡，神思弗宁。幕僚入贺，曾方绕室徬徨，问之不答，众莫喻其旨。旋据报杀降，乃如释重负，欣然称道李氏不置，谓其英断非己所及。日记中言：“李少荃杀苏州降王八人，殊为眼明手辣。”盖降将拥众如许，势犹张甚，极为李军危之，迨李氏犯大不韪而杀降，始觉释然无患。而此种辣手，非曾所忍出，亦非曾所能出也。李上曾国藩书，尝以昆山之克，称“程镇谋勇险辣冠绝诸将，于此益信”，事在收复苏州之前。迨苏州杀降，其辣可谓更极显著，李且因之而以辣见褒于曾矣。

其后中日战役既大败，李氏毕生军事上之英名，毁于一旦。尝太息语人：“使程方忠犹在，何至是。”虽当日大势如彼，独恃一程学启，亦未必能操胜算，然自远过于叶志超之流耳。又李于部将之自诩武勇者，每诃之曰：

“尔自度能如程方忠耶？”

奕䜣曾国藩论武职之出身

清文职以科第出身者为正途，武职则重行伍，初不以武科为正途也。武科殿试授职侍卫者，俗称武翰林，然身份固视翰林悬殊。明代武鼎甲可授锦衣卫所职，实为美除，人多荣之，差足云武翰林耳，侍卫亦非其伦也。武科既不见重，故当火器既行之后，犹用马步箭刀弓石各技取士。

光绪二十三年，协办大学士兵部尚书荣禄奏请设武备特科，分列格致诸学，枪炮诸科，以为之目。旧制之武乡会试，姑仍其旧。其应特科之人，由武童层递作为武举武进士，每次限以三年，略取九年大成之意，不必与旧科同岁举行，止须将原有中额之半，拨入特科。试之有效，再将旧制全停。谓可造就人材，下军机大臣会同兵部核议。

恭亲王奕䜣等覆奏，以为时势多艰，办事务求核实，无取铺张，亦不必有特科名目，请仍就经制武科，加以变通，改试枪炮。疏末则发挥武科本不足重之旨，谓“国朝军政，自提镇以下，一切武职，本以行伍为正途，其武举武进士，原不过聊备一格。道光以前，姑不具论，即如咸丰、同治以来，荡平粤捻，在事将帅，满洲如多隆阿、塔齐布，汉人如鲍超、刘松山，皆系行伍出身，蔚为名将。武科所得，率多偏裨奔走之材，断不能与文场乡会相提并论。即欧美各国，讲求武备，如英国、德国之水陆军大书院，美国之委士盘大书院，案：时以外国之学校拟中国之书院，故有大书院之称。皆情愿入伍之人，始准入堂学习，学成之后，即令分隶各营，充当士卒，并无所谓武科也。今欲建威销萌，折冲尊俎，宜就各省勇营，认真挑选，厚其赡资，严其功课，腹心干城之寄，在彼不在此。至于武科改制，臣等今日所议，已得其大概。宋臣苏轼所谓取士之法，不过如此，不得谓区区一科遂足尽天下之人材也”。

对于武科之轻鄙，可谓畅所欲言，而“武职本以行伍为正途”二语，见之奏牍，武科之地位，尤为明显。不独视马步箭刀弓石之武科为聊备一格，即改试枪炮，亦视为聊备一格。将才仍当舍是而求诸正途之行伍，故以腹心干城之寄，望之于各省勇营也。至谓欧美各国无所谓武科，其实外国不行科举之制，文武科举均无。惟文官尚有考试授职之例，不闻有武官考试,故奕䜣等不妨为是言耳。何绍基督川学时，试武童，以墨涂镜加眼上曰：“此无益，吾何观焉？”见《近代名人小传》。武试之见薄于文科人物如此，所谓断不能与文场相提并论也。

武科之设虽不过装饰品之性质，非真欲求将才于其中，然其本意亦未尝不藉为一种无用之用。盖于文科所牢笼者外，更为民间好勇有力之辈，设一利禄之途，使以此为蕲向，而寄其勇力于马步箭刀弓石，亦消弭乱源之一道。以武举武生之头衔武断乡曲者，亦多有之，然其患较小，与揭竿斩木者不可同日语。

曾国藩道光二十七年为武会试总裁，其序进呈之试录，文字殊胜，不同寻常官样文章，可供论武科者之参究。文云：“（上略）自唐宋以后，招致将才，不可必得，乃按图而索骥，于是有武举之科，有武学之额，有赐及第出身之目。宋庆皇间，定武举以策为去留，弓马为高下。禄利之途一开，爪牙之士，稍稍骧首。元明以来，循是不废，然上以名求，下之人因袭是名而巧弋之。其以弓马得者，不过挽彊引重市井之粗材。而以策试中者，亦皆记录章句琐琐无用之学，故论者谓人才之兴，不尽由于科目，理固然也。我朝定鼎以来，威烊无外，自虎贲宿卫，八旗禁旅，往往有熊罴不二心之臣，肩比而鳞萃。而各行省山泽猛士，又罗之以科举，所以储干城之选，至周且当。顾循行既久，向之所谓市井挽彊记录无用者，亦儳乎其中，而臣之所职，又惟校此默写孙吴之数行，无由观其内志外体，与其进退翔舞之节。而欲使韬钤之材之必入于此，不遗于彼。臣诚不敢以自信，独念圣天子神武震烁，臣等凭藉宠光，亦足增长刚气，而以精神与多士相感召，庶几廉蔺魏尚之辈，或出于此。区区之诚，不胜至愿。《传》曰：‘同明相照，同气相求。’虽不能必，志之而已。”

言外之意，亦即谓武科实不足以获将才，与奕䜣等所云可以印证。而文特诙诡可喜，盖寓滑稽于典重之中，意味乃极隽永。国藩论文，好讲诙诡之趣，又以吞言咽理为文家之胜概，是作盖可当之。此境良不易到，非大手笔不能也。读曾集者以其为“例得飏言简端”之官样文章，多不甚措意，熟玩乃知其佳处耳。所谓“山泽猛士，罗之以科举”，虽不能“储干城之选”，其即武科无用之用欤？

曾国藩诫勿专恃火器

曾氏治军，火器虽已参用，而于刀矛仍极重视，每诫部下勿专恃火器。其咸丰八年批何应祺条陈有云："临敌交锋，刀矛尤为利器，南方矛法，素少师传，故湘勇多不善使矛。此实历年大病，然本部堂于三年夏间，曾赁天妃宫，教邬家矛法，闭门教习两月，亦未敢轻视此事。各营现亦日操长矛二次，禀中所称窃嗤腹诽云云，似尚无此气习。该令如能觅得教师，本部堂不惜重价雇募，以挽颓弱。"

已用火器，而谓刀矛尤为利器，竭力讲求，看似不免近迂，无怪当时已有窃嗤腹诽之说。然军旅之事，正有未可率尔臆断者，曾氏知兵，岂肯泥古自误，盖肉（薄）[搏]之际，刀矛亦非无特长耳。证以今日火器之利，更过昔多多，而中原战事，大刀队之大刀颇发扬其威力，益可见矣。

李鸿章与北洋官场风气

《庸盦笔记》记李鸿章在曾国藩幕府时事有云："文正进驻祁门……傅相乃辞往江西。"[①]

国藩教人以无刚为戒，或谓其后之特赏鸿章，委以平吴之任，奏荐以道员超擢江苏巡抚。盖于此等处取其能刚也。

吴汝纶撰鸿章《江苏建专祠事略》谓："李鸿章师事曾国藩，又从事曾国藩幕府，曾国藩性情坚重，谋定不变。其疏劾李元度，李鸿章尝以去就力争。曾国藩前后幕僚多知名之士，其能争议是非者，李鸿章一人而已。"亦特著此事。而《湘绮楼日记》同治十年九月三日所记云："余为薛、陈二君言湘营旧事，薛即薛福成也云：'李少荃云自鸿章出而幕府废，人之无耻，有如是耶！少荃首坏幕府之风，以媚福济者媚曾公，而幕府坏，军务坏，天下坏，曾公亦坏，乃为此言。'故余不得不记之，君子表微，恐误后世也。夫记此言于

①编者注：本段全文见本书《庸盦笔记·李傅相入曾文正幕府》所录。

草纸簿中，何能示后世？然一记则少荃已服上刑，此春秋之义也。”

此则与福成、汝纶所述，大异其趣矣。惟王闿运以玩世不恭之态，论人论事，多以意为之，杂以诙谑，未可据为典要耳。鸿章游曾幕，坏幕府风气，虽难信，而北洋官场风气之坏，鸿章不能无责。盖察吏用人，渐重华饰，国藩贞朴之风稍替矣。至其趋承西后，以亟欲兴办海军，而听西后营颐和园，取给于海军经费。虽曰苦心从权，要难自解。据《慈禧传信录》云：“时盛宣怀方任登莱青道，以招商置轮船电线致富，颇思藉海军事自进，乃介津商王厚忱，言于李莲英，谓果创海军，则圆明园工程可并入之，勿庸另筹。廷臣当无他议，且言洋商能报效砖木之属。后闻喜甚。时鸿章已回任，特召入觐询之。鸿章亦力言可行。”盖西后初意欲重修圆明园，后始别营颐和园也。逢迎李阉，《慈禧传信录》云：“经营数岁，遂得成军，鸿章奏请派重臣检阅，旨简奕谖赴津沽校旗，而后私以李莲英随之。时李已晋慈宁总管，得后宠最专。既至津，鸿章倾心奉之，其供应少杀于奕谖，且馈以五万金。……莲英亦深德鸿章，归即以其忠勤状告后，后愈益倚信之。其七秩赐寿，帝后分赐联额，期以望散，为清代大臣所未有。皆莲英揄扬力也。”尤失元老大臣之节概，委曲求全，无乃太甚，斯固国藩所决不肯为也。师门衣钵，于兹有愧，袁世凯、杨士骧，继督畿辅，踵事增华，北洋官场风气，日趋浮靡，皆号为宗法鸿章焉。

曾国藩器赏李鸿章

鸿章之见特赏于国藩。曾忆某笔记言，鸿章代草严劾翁同书一疏，亦一重要原因。盖国藩愤同书在安徽巡抚任，对苗沛霖措置失当，致酿大变，欲具疏劾之。令幕僚某氏属草，不惬意，自为之，亦觉措词不易周匝，良久未成。鸿章乃自请代草，国藩览而大称善，即以李稿缮发，同书遂革职拿问。国藩由是深器鸿章。荐任苏抚，此亦可备一说。与《庸盦笔记》所称国藩于鸿章初入幕府时谓：“少荃天资于公牍最相近，所拟奏咨函批，皆有大过人处。将来建树非凡，或竟青出于蓝，亦未可知。”亦颇可印证。

而国藩之器赏鸿章固已久矣，故咸丰十年七月“兴办淮扬水师派员先往筹办折”即称“该员劲气内敛，才大心细，与臣前保之沈葆桢，二人并堪膺封疆之寄，而李鸿章研核兵事，于水师窍要，尤所究心。拟请旨派该员前往淮扬，兴办水师……李鸿章系隔省人员，呼应不灵，应请旨改授江北地方实缺，乃可措手。倘蒙皇上天恩，破格擢授两淮盐运使，俾得整顿盐课，以济舟师之饷，实于军务盐务，两有裨益。”盖知鸿章可大用，且欲用之于江苏，起意甚早，在劾元度咸丰十年九月。之前，更在劾同书同治元年正月。之前。且劾同书时，鸿章募军援苏，已有成议，正在从事募练，咸丰十一年十一月，又已保其“可膺封疆重寄”。固不待此而后定谋也，或缘是而益坚信任鸿章之心耳。

劾翁之疏，无论是否，鸿章代草，要为国藩奏议中最得辣字诀者，词气既极峻厉，文意尤为周密。“臣职分所在，例应纠参，不敢因翁同书之门第鼎盛，瞻顾迁就。”数语，足使朝臣袒翁者关口夺气，即帝师元老之翁心存，亦不敢显为其子请托。同书被逮，定斩监候罪名，心存卒后，释令从军。既卒，获优恤予谥。则仍由其父余荫，亦“家门鼎盛”之效也。

曾国藩李鸿章与李元度之交情

鸿章与元度同在国藩幕，时幕僚知名者有四李。元度自负与国藩关系最深，相从最久，遇鸿章颇倨。比以皖南道失守徽州，国藩欲严劾，鸿章乃以去就犯颜力争。元度既被劾，革职拿问，旋为浙抚王有龄招致，募兵援浙，累保至浙江臬司。国藩复劾罢之。言官追谕前事，奉旨发往军台效力赎罪。

鸿章时在苏抚任，与赣抚沈葆桢合词奏恳免其发遣，会彭玉麟鲍超后衔。于元度前劳之足录，数奇之可悲，言之甚详，并谓：“李元度少孤，其母守节数十年，抚此一子，年近七旬，家无次丁。元度今蒙重谴，方将远离，菽水之养，托付伊谁；桑榆之景，旦夕莫保。计荷戈赴戍之日，即倚闾永诀之时，悬想此情，实堪矜悯。”又谓：“李元度后此虽有可议之罪，前此究有不可掩之功，且系节母孤子，在平民例得留养，况其曾为国家出力之人。夫通下情，宣上德，人臣之职也。以人事君之义，臣等虽至愚陋，不敢忘也。拘嫌疑之小节，置是非之大公，或窃窃叹息，相顾而不发一言，又臣等所不敢出也。”词意均甚切挚，且言：“如蒙俞允，该革员应缴台费银两，即由臣等公同捐廉代缴。”其与葆桢函商此事有云：“去冬赴金陵，揆帅每言次青独抱向隅，深自疚悔。秋间曾有密疏引咎，而为次青诉冤，不料左帅责望过甚，致有遣戍之议。案：御史刘庆论劾后，宗棠查覆，于原参颇为辨诬。而言其未尝开仗，腾书报捷，及悻悻求去，不顾大局之罪。

次青母老家贫，何能堪此？且论咸丰六七年保障抚信之功，足掩皖南失城浙东乞退之过。论其血性忠诚，才识敏捷，能耐烦苦，又实为近世不易得之人才。圣明在上，我辈曾共患难，相知最深，似不可默无一言，拟将由敝处主稿……专疏吁恩……其台费则弟与阁下共出一半，再请揆帅与彭杨共出一半。”

盖此疏由鸿章发起，且主稿拜发也。拜疏后，上书国藩，谓：“次青一案，幼丹函允会奏，本日已缮折附驿驰递。钞稿呈政，祁门力争，特为提出，以避党援之迹。亦与吾师前疏吻合，非敢自翘异也。如荷俞旨，必要发钞，都中必有窃议，故不得不长言咏叹，遂不觉其繁冗矣。”

所谓避党援之迹，亦其细心处。清室不得已重用汉臣以戡大难，而满汉成见，究难尽泯。国藩门生故吏，多擢任封疆将帅，门户党援，宁无戒心乎？当国藩逝世，鸿章与国藩幕客钱应溥、薛福成书谓：“师相与弟交深而情过亲，不欲再乞加恩，致贻世俗标榜之议。”又与国藩子纪泽、纪鸿书谓：“鄙意方拟作疏表扬，继见谕旨大致周浃，四海公论在人，九重自为知己，似无烦赘言矣。”又谓：“不乞他恩，亦可免世俗之讥嘲矣。”国藩饰终之事，鸿章乃缄默无言，盖亦惧以党援见疑耳。《湘绮楼日记》光绪三年四月二十六日所记云：“出城送劼刚，劼刚问入都云何？余曰……最忌李中堂有书疏代乞恩耳。”亦是此意。

元度得免遣戍，家居成《国朝先正事略》，后再起治军贵州，擢云南按察使。国藩为序其书，并与书许振祎谓“顷得渠函寄所著《先正事略》索序，博雅公核，近数十年无此巨制。仆自甲子以来，尝悔昔年参劾次青为太过，又以剿捻无功，引为愧憾。今大功出自少帅，而次青光复旧物，箧有传书，曩日同袍，不至菀枯悬殊，似鄙人两端愧悔，渐可以少减矣”。可谓深情若揭。元度前已官至臬司，为国藩劾罢，故以光复旧物为慰。鸿章之疏救元度，固见风义之笃，亦正体国藩意耳。剿捻之功，成于鸿章，曾李谊犹一家，故喜其为己解愧。其与鸿章书谓：“协揆酬庸之命，恰如人人意中所欲出。此间朋好，多以李府之登庸，为曾氏之大庆，纷纷来贺，斯亦一时之佳话也。”曾李交谊尤足征焉。

曾国藩上疏，王有龄获恤谥

国藩于覆奏有龄参案，曾谓：“近年苏浙官场陋习，以夤缘钻刺为能，以巧猾谲诈为才。王有龄起自佐杂微员，历居两省权势之地，往年曾带浙员赴苏，去岁又带苏员赴浙，袒庇私党，多据要津；上下朋比，风气日敝。其委员派捐，但勒限以成数，不复问所从来。委员既取盈于公数，又欲饱其私囊，朘削敛怨，势所不免。谕旨所询属吏多贪鄙之徒，但以掊克夤缘为事，证以臣之所闻，殆非无因。”贬之颇甚。

迨有龄殉难杭州，国藩则疏言：“兹以粮尽援绝，见危受命。臣断不敢以一眚掩其忠节，该抚平昔苛派捐饷，严劾绅士。杭州之人，感其死守；绍兴之人，恨其暴敛，难保无身后之訾议，应请圣主悯念时艰，表扬忠烈，并将王有龄俯赐优恤，为封疆大臣以死勤事者劝。”遂获恤谥。盖当时信条，最重死节，国藩之严劾翁同书，固愤其偾事，亦憾其临难苟免，故称为“廉耻丧尽”也。

相关链接：《梵天庐丛录·曾文正不救，李秀成礼葬》《清朝野史大观·曾文正奏复罗澹村恤典》

曾国藩李鸿章之功名遗憾

《记三甲》有云：“夙闻曾文正为三甲，终身不得意，及位至宰辅，功业巨赫，尚心不能忘。自撰一联曰：‘代如夫人洗脚，赐同进士出身。’以自嘲笑。于是京师人相戏，谓三甲进士为如夫人。”国藩以三甲进士为憾，事诚有之，惟非撰此联自嘲。相传其幕友有惧妾者，国藩戏以代如夫人洗脚使对，对以赐同进士出身，国藩为之不怡。而此谑似国藩之前已有之，殆以国藩名高而好诙谐，故遂传为其事耳。又云：“合肥在翰苑，未得衡文一差，一日在贤良寺，与幕友聚谈。同年杨味莼，自夸其闱作，合肥嗤之曰：‘中进士不得翰林，可羞哉！’味莼曰：‘翰林一生不得衡文差，亦可羞哉！’合肥将以杖叩之，味莼乃遁。光绪间，科举将议停止，合肥在京为无事宰相，正开经济特科，殷望派为总裁。适张文襄入都定学堂章程，大总裁一差，被其夺去，合肥郁郁者数日。”李鸿章终身未掌文衡，虽人爵之荣，迥异寻常，而恒不足于此是也。惟鸿章卒于辛丑，而考试经济特科，事在癸卯，何能与之洞争总裁乎？

评曾国藩之文

国藩之文，吾尝论其梗概。其所作虽非全无可议，要其以刚大之气，运精思，铸伟词，洵足度越恒流，未宜过贬。其锽评以举业，或以其好讲字句声调之故，然此亦文家所有事，宁足为病。

桐城派之末流，如李详《论桐城派》所谓“世之为古文者，茫亡所主，仅知姬传为昔之大师。又皆人人所指明，遂依以自固，句模字剽，于其承接转换也邪与矣哉焉诸助字，若填匡格，不敢稍溢一语，谓之谨守桐城家法，而于姬传所云谊理考据词章三者不可缺一，则又舛焉背驰。”斯则正可云举业耳。国藩岂其伦乎？

又归有光、方苞，为姚鼐所崇，桐城派之先导也，均以时文宗匠为古文大师，说者颇谓其未脱时文气，而国藩亦不能与之同类交讥也。

黄侃《曾涤生复陈右铭书书后》有云：“姚氏既没，弟子治其术者，渐不能自振。晚有曾氏，自任狡黠，既以军功显于当世，其文章又颇能自异。声气既广，趋附者兹多，其势盖视姚氏为盛矣。然其功力故有过绝人者。”虽以宗尚有异，亦致贬词，然未尝无推服处，视其锽之论有间矣。

曾国藩亦信风水

曾国藩学有本源，不尚迷信，风水之说，亦在不信之列。每引祖训“不信地仙”之语以诏子弟，而有时亦复未能免俗。

如道光己酉致诸弟书有云：“九弟生子大喜，敬贺敬贺！自丙午冬葬祖妣大人于木兜冲之后，我家已添三男丁，我则升阁学，升侍郎，九弟则进学补廪。其地之吉，已有明效可验。我平生最不信风水，而于朱子所云‘山环水抱’‘藏风聚气’二语，则笃信之。木兜冲之地，予平日不以为然，而葬后乃吉祥如此，可见福人自葬福地，绝非可以人力参预其间。”是特不肯费力营求耳，而非完全不信也。升官添丁，曰吉曰福，盖言之津津矣。

此犹家书中语，而于公牍中亦尝作风水之谈，尤可怪。同治丙寅批道员王勋湘乡县治亟宜创造城垣禀有云："湘乡本无城池，相安已久，忽欲办此数百年未有之事，本部堂不甚以为然。同治元二年间，曾议于安庆建立贡院，业已买地平基，购木簰，开砖窑，费钱三万余矣。以其为向来所无，恐风水不利，卒未敢主张办成。今本邑正盛之际，不知修城是否有碍风水，本部堂亦不敢主张也。"对于风水关系，颇为重视，亦所谓习俗易人耳。

曾国藩删却李秀成供状

秀成供状，曾国藩批跋云："自六月廿七日至七月初六日每日约写七千字，其别字改之，其谀颂楚军者删之，闲言重复者删之，其宛转求生乞贷一命，请招降江西湖北各贼以赎罪，言招降事宜有十要，言洪逆败亡有十误者，亦均删之。其余虽文理不通，事实不符，概不删改，以存其真。"

扪虱谈虎客于《近世中国秘史》中谓："秀成原供当有七八万言，此所存者不过三之一耳……以原文之悃朴若彼，度其经点窜涂改者尚少。"除"十要""十误"外，究被国藩删却几许，惜不知"十误""十要"共若干字，不易考证。

谢君研究秀成供状，据云曾见"十误""十要"印本，文字颇肖供状，而细按之亦是赝鼎，惟作伪之技术，远胜指严耳。至"关系重要之语，已芟薙尽矣"，"非其真面"云云，为岳瑞辈率尔之谈，言之过甚。《太平天国野史》谓供状"文气浩瀚，字体雄伟，国藩以其诋触清朝，匿其稿，命幕客别拟上之"，尤无足论。

曾国藩于碑志亦一大手笔

国藩之于碑志，亦一大手笔，铭词实大声宏，极擅阳刚之美，而情韵尤富。如《仁和邵君墓志铭》铭词云："城有时而为湖，海有时而成田。物固有非常之变，乌可以常理测彼昊天。善不必福久矣，曾不自夫子而始然。愍东南之大戾，仁圣与蝼蚁而同捐，著述蠹其荡尽，仅吊煨烬之残编。文之精者不复存，存者又未必果传。独其耿耿不磨之志，与日星而长悬。魂无远而不之，魄则依妻子以全。庶上为神祇所许，而下为百世学者之所怜。”灏气流转，哀感动人，不独度越恒流，实可卓立千古。王先谦评以“倚天拔地”，未为过誉。

方存之《柏堂师友言行记》有云：“曾公作《金陵昭忠祠记》，予谓文中一段句法宜少变化，公即删易之。又作邵位西志文，予谓铭词有近六朝句法，亦即改之，真大海不择细流也。”未知所商订者为何句，国藩昭忠祠数记，瑰伟深挚，均杰构也。

曾国藩布席早餐之深意

国藩率幕僚起早，黎明即会食，李鸿章大为所窘。其事已见薛福成《庸盦笔记》矣。兆熊记曾幕会食事云：“文正守其王父星冈先生之教，未明求衣，明炮一响，即布席早餐矣。在东流幕中，与予及李肃毅、程尚斋都转、李申夫方伯共饭，群以为苦。文正亦知之，尝笑曰：‘此似进场饭。’攻克安庆后，予以九月朔归家，置酒为饯。席间从容言：‘此间人非不能早起，但食不能下咽耳。吾今归矣，欲为诸人求免进场饭。’文正笑颔之。故予以书调肃毅云：‘从此诸君眠食大佳，何以报我。古人食时必祭先为饮食之人，君等得不每食一祝我乎？’肃毅覆书：‘进场饭承已豁免，感荷感荷。惟尚斋、申夫皆须自起炉灶，恐不免向先生索饭钱耳。’此虽一时戏谑之语，当时情事，亦可想见。”不惯起早之人，骤令进餐，确是苦事。兆熊以豁免居功，亦固其所，与福成所记，可以参观。曾幕之小史料也。

又吴永述鸿章谈在曾幕时事有云：“我老师实在利害。从前我在他大营中，从他办事，他每天一早起来，六点钟就吃早饭，我贪睡总赶不上。他偏要等我一同上桌。我没法，只得勉强赶起，胡乱盥洗，朦胧前去过卯，真受不了。迨日久勉强惯了，习以为常，也渐觉不甚吃苦。所以我后来办事，亦能起早，才知道受益不尽。这都是我老师造就出来的。”又云：“在营中时，我老师总要等我辈大家同时吃饭。饭罢后即围坐谈论。夸经论史，娓娓不倦，都是于学问经济有益实用的话。吃一顿饭，胜过上一回课。他老人家又最爱讲笑话，讲得大家肚子都笑疼了，个个东歪西倒的。他自家偏一些不笑，以五个指头作把，只管捋须，穆然端坐，若无其事。教人笑又不敢笑，止又不能止，这真被他摆布苦了。”见甓园居士刘焜笔述《庚子西狩丛谈》，亦曾幕小史料之选，大可汇阅。国藩之为滑稽之雄，鸿章所谈，尤足见其一斑。

曾国藩“同进士”

曾国藩好诙谐，“如夫人”“同进士”之巧对，相传为其以谑召侮之事，谈往者每及之。如梁启超于《新民丛报》所记云：“曾文正以三甲检讨出身，生平以为第一恨事，有言及者，辄目怫郁。一日与幕中诸乡人宴饮，座客某以惧妾癖闻，文正戏之曰：‘我有一联，请君属对：代如夫人洗脚。’其客应声曰：‘赐同进士出身。’文正大惭恚。”牛应之所辑《雨窗消意录》述此，并及国藩以三甲入翰林之委曲。据云：“曾文正公国藩成进士时，殿试列三甲。故事，三甲多不入翰林，国藩大恚，即日买车欲归。时劳文毅公崇光已官编修，有名公卿间，因往慰国藩，固留之，且许为尽力。归即约善书者数人馆之家，又假亲友仆马各十，鞍辔以待。国藩已试出，急写其诗，分送贵要。既而国藩果列高等，入翰林。然国藩终以不登二甲为恨。至督师两江时，偶与宾客语及‘如夫人’三字，无对，李元度应声曰‘同进士’，曾色变，李亦惭悔，久之乃解。”如所云，国藩以朝考一等入翰林，乃藉诡道得之。

惟据黎庶昌所编国藩年谱，王定安所编大事记，均谓朝考进呈，拟一等第三名。宣宗拔置第二名，是其朝考卷且邀道光帝特赏矣。至属对者，此谓是李元度惟仅三字对而已。

又阅黄钧宰《金壶戏墨》云：“殿试三甲者，赐同进士出身。某太史以三甲庶常散馆授检讨，最恶人称此六字。一日有同年某新纳姬人，太史往贺，某适他往，姬人方洗足。太史出，遇某于途，笑谓之曰：‘今日有一佳语，能属对乎？’某叩其辞，则曰：‘看如夫人洗脚。”某即应声曰：‘赐同进士出身。’太史默然而别。杨稚虹曰：‘人不可有所忌，我忌之，人偏触之。’此对之巧。抑太史自取讥耳。”此亦一六字对者，特“看”而非“代”，未言太史为谁。

复据见南山人《茶余谈荟》所记，与《戏墨》同，惟谓系“江右刘太史”事，显与国藩无关。倘真为两人之事，巧对可云巧合，而吾意两种传说，或出一源，因装点而稍异。国藩之名特著，故谈者多以此归之。所谓“江右刘太史”者，道之者遂罕矣。

相关链接：《凌霄一士随笔·曾国藩李鸿章之功名遗憾》；《梵天庐丛录·曾、张设对遗羞》

曾国藩之死

同治壬申，曾国藩卒于两江总督任，其季女纪芬适浙江巡抚聂缉椝。《崇德老人八十自订年谱》民国二十年编。述其事，谓：“是年正月二十三日，文正公对客，偶患脚筋上缩，移时而复。入内室时，语仲姊曰：‘吾适以为大限将至，不自意又能复常也。’至二十六日，出门拜客，忽欲语而不能，似将动风抽掣者，稍服药，旋即愈矣。众以请假暂休为劝，公曰：‘请假后宁尚有销假时耶？’案：俞樾《与壬甫兄书》有云：“二月朔，梅方伯入见，劝暂请假。公笑曰：‘吾不请假矣，恐无销假日也。’”又询欧阳太夫人以竹亭公逝时病状，盖竹亭公亦以二月初四日逝世也。语竟，公曰：‘吾他日当俄然而逝，不至如此也。’至二月初四日，饭后在内室小坐。余姊妹剖橙以进，公少尝之。旋至署西花园中散步。花园甚大，而满园已走遍，尚欲登楼，以工程未毕而止。散步久之，忽足屡前蹴。惠敏在旁，请曰：‘纳履未安耶？’公曰：‘吾觉足麻也。’惠敏亟与从行之戈什哈扶掖，渐不能行，即已抽搐，因呼椅至，掖至椅中，舁以入花厅，家人环集，不复能语，端坐三刻遂薨。二姊于病亟时祷天割臂，亦无救矣。时二月初四日戌刻也。”所述有为诸记载所未详者。

曾氏置产之事

关于曾氏置产之事，如［《崇德老人自订年谱》］同治甲子云：“文正在军，未尝自营居室，惟咸丰中于家起书屋，号曰‘思云馆’。湘俗构新屋，必诵上梁文，工匠无知，乃以湘乡土音为之颂曰：‘两江总督太细哩，要到南京做皇帝。’湘谚谓小为细也。其时乡愚无知，可见一斑。忠襄公每克一名城，奏一凯战，必请假还家一次，颇以求田问舍自晦。文正则向不肯置田宅。澄侯公于咸丰五年代买衡阳之田，又同治六年修富厚堂屋费七千缗，皆为文正所责。

文正忠襄所自处不同，而无矜伐功名之意则一也。文正官京师时，俸入无多，每年节啬以奉重堂甘旨，为数甚微。治军之日，亦仅年寄十金二十金至家。及功成位显而竹亭公已薨，故尤不肯付家中以巨资。至直督任时，始积俸银二万金。比及薨逝，惠敏秉承遗志，谢却赙赠，仅取门生故吏所醵集之刻全集费，略有余裕，合以俸余，粗得略置田宅。”

又咸丰己未云：“忠襄公于是年构新居，颇壮丽。前有辕门，后仿公署之制，为门数重。乡人颇有浮议，文正闻而驰书令毁之。余犹忆戏场之屋脊为江西所烧之蓝花回文格也。”二曾性行稍异处，此亦略可见。

国藩之卒，纪泽不受赙金，虽门生中受知最深之李鸿章，亦却之。鸿章是年二月二十五日《致曾劼刚栗诚公子书》云：“谨备联幛，并赙仪二千两。极知清风亮节，平生一介必严，岂敢漫以相溷，惟受知如鸿章之深且久，窃禄最厚，若不稍助大事，亦太腼颜。乞勿以恒情视之，即赐营存为幸。”

又三月二十一日《致曾劼刚公子书》云：“吾弟守不家于丧之训，坚却赗赙，第思师门素无蓄积，即蒙赏银两，计归葬卜地一切，礼文周备，需费尤多，若寻常知交，自概屏绝，如鸿章兄弟等，谊同骨肉，仍不敢遽遗多金，亦虑有累清德，此戋戋者岂尚弗蒙鉴纳耶？”于鸿章且然，他更可知矣。左宗棠是年四月十四日家书云：“曾侯之丧，吾甚悲之，不但时局可虑，且交游情谊亦难恝然也。已致赙四百金。”又六月十四日家书云：“曾文正之丧，已归湘中。赙致不受，劼刚以遗命为言，礼也。”于工匠“做皇帝”之颂，尤见国藩功高而不震主之不易。其善处功名之际，非学养过人者不能也。

曾文正无珍玩奇异之物

关于珍玩者，如［《崇德老人自订年谱》］同治丙寅云：“文正在署中，无敢以苞苴进者，故太夫人无珍玩之饰。余所忆者，为黄提督翼升之夫人坚欲奉太夫人为义母，献翡翠钏一双，明珠一粒。某年太夫人生辰，又献纺绸帐一铺。此帐吾母留作余嫁奁之用。余至今用之未坏也。

“又邵位西丈之夫人，因避寇率子女至上海。文正公闻之，派轮船威灵密迎邵夫人并二子及已嫁一女至安庆。每月赠二十两，俾得赁居。后因邵夫人及长子相继逝世，其次子及婿送灵回浙，其女独处，文正命拜欧阳太夫人为养母，暂居署中。其女以其逃难时衣中所藏珍珠一粒为贽。此珠旋以赠忠襄夫人。忠襄夫人尝有垒金珠花一副，为部将某回乡后所献，号为珍贵。此外所藏器玩，无非玉瓶如意之属，亦未见珍奇异常之物。”

谱中述此，盖所以解流俗之惑也，曾军攻下江宁，俗颇传洪廷诸王财货珍异，多归曾氏。如李宝嘉《南亭笔记》云：“曾忠襄为文正介弟，攻金陵既破，搜遗敌，入天王府，见殿上悬圆灯四，大于五石瓠，黑柱内撑如儿臂，而以红纱饰其外。某提督在旁诧曰：‘此元时宝物也，盖以风磨铜鼓铸而成。’后遂为忠襄所得……闻忠襄于此中获资数千万，盖无论何处，皆窖藏所在也。除报效若干外，其余悉辇于家。”又云：“忠襄既破南京，于天王府获东珠一挂，大如指顶，圆若弹丸，数之得百余颗，诚稀世之宝也。忠襄配以背云之类，改作朝珠，每出熠熠有光，夺人之目。忠襄病笃，忽发喘哮之症，医者谓宜用珠粉，仓卒间乃脱其一，碎而进之。闻者咸称可惜。又获一翡翠西瓜，大于栲栳，裂一缝，黑斑如子，红质如瓢，朗润鲜明，殆无其匹。识者曰：‘此圆明园物也。’”梦呓之谈，大可喷饭。

曾左年龄之雅谑

《崇德老人年谱》所述，可相印证。光绪壬午云：“来宁就差，亦既两年，仅恃湖北督销局五十金，用度不继，遂略向左文襄之儿媳言之，非中丞公所愿也。是年始奉委上海制造局会办。案：后云“襄办”。进见之日，同坐者数辈，皆得委当时所谓阔差而退。文襄送客，而独留中丞公小坐，谓之曰：‘君今日得无不快意耶？若辈皆为贫而仕，惟君可任大事，勉自为之也！’故中丞公一生感激文襄知遇最深。”又云：“文襄督两江之日，待中丞公不啻子侄，亦时垂询及余，欲余往谒。余于先年冬曾一度至其行辕，在大堂下舆，越庭院数重，始至内室，文襄适又公出。余自壬申奉文正丧出署，别此地正十年，抚今追昔，百感交集，故其后文襄虽屡次询及，余终不愿往。继而文襄知余意，乃令特开中门，肩舆直至三堂。下舆相见，礼毕，文襄谓余曰：‘文正是壬申生耶？’余曰：‘辛未也。’文襄曰：‘然则长吾一岁，宜以叔父视吾矣。’因令余周视署中，重寻十年前余卧起之室，余敬诺之。嗣后忠襄公至宁，文襄语及之曰：‘满小姐已认吾家为其外家矣。’湘俗谓小者曰‘满’，故以称余也。”

甲申云：“初，李君兴锐为制造局总办，曾禀文襄，欲不令中丞公驻沪，愿送干薪。文襄拒之，并催中丞公速到差，不令在宁少留。李后为人禀讦，罗列多款；文襄密饬中丞公查复。中丞公委员密查，复按所控，多有实据；中丞公将据以禀复文襄，稿已成，旋又毁之，别具稿，多为李弥缝洗刷。继而李以丁忧去，居沪病足，中丞公仍时往视之，未尝以前事介怀也。”

缉槼之于兴锐，殆所谓以德报怨欤？缉槼既获佐制造局事，后之擢总办，简上海道，历藩臬而屡绾疆符，皆基于此，宜于宗棠深怀知遇之感也。宗棠以父执款接故人女之亲厚，亦佳话可传，惟国藩长于宗棠一岁，宗棠订交最早，固久知之。

同治壬戌，国藩以两江总督拜协办大学士之命，宗棠时官浙江巡抚，例于阁臣自称晚生，而致书国藩，请仍循兄弟之称，以仅幼于国藩一岁也。迨宗棠以陕甘总督协办大学士，光绪乙亥答国荃时官河东河道总督，自称晚生。书，举前事为噱，谓：“来示循例称晚，正有故事可援。文正得协揆时，弟与书言：‘依例应晚，惟念我生只后公一年，似未为晚，请仍从弟呼为是。’文正复函云：‘曾记戏文一出，恕汝无罪！兄欲循例，盖亦循此。一笑。”此为曾左雅谑之关于年龄者。宗棠是时忽发国藩生年之问，非耄而偶忘，即故示懵懂以作谈资耳。

曾国藩以勤俭治家

国藩治家以勤俭，同治戊辰在两江督署，为媳女辈定功课单。谱中录之如次：

早饭后，做小菜点心酒酱之类　　食事

巳午刻　纺花或绩麻　　衣事

中饭后　做针黹刺绣之类　　细工

酉刻过二更后　做男鞋女鞋可缝衣　　粗工

吾家男子于看读写作四字缺一不可，妇女于衣食粗细四字缺一不可，吾已教训数年，总未做出一定规矩。自从每日立定功课，吾亲自验功。食事则每日验一次，衣事则三日验一次；纺者验线子，绩者验鹅蛋。细工则五日验一次，粗工则每月验一次。每日须做成男鞋一双；女鞋不验。

右验功课单谕儿妇侄妇满女知之，甥妇到日亦照此遵行。

同治七年五月二十四日。家勤则兴，人勤则健。能勤能俭，永不贫贱。

身兼将相位冠百僚之大学士一等侯两江总督，其家庭中乃有此种功课单，今日“摩登”妇女观之，当为笑倒。

曾国藩深器史念祖

史念祖佐英翰军，保记名，获简山西按察使，随调直隶。直督曾国藩奉谕察看，以念祖未经历地方事务，虑难胜臬司之任也。时张树声由直臬调晋臬，国藩奏令暂留本任，清理积讼，并谓山西刑名案件不及直隶之半，念祖若官晋臬，较易称职。旋又覆奏称：“其刑名之难遽通晓，已可概见。臣久欲据此覆奏，惟屡与史念祖接见，见其心地明白，器局开展，谕事亦尚有识，似又足胜臬司之任。凡聪明过人者，每患视事太易，必须加以磨炼，使心渐细而气渐敛，乃足以玉成其材。直隶刑名较繁，与四川、广东相等，史念祖资望尚浅，若调刑名稍简之省，磨砺数年，敛才勤学，当可陶成令器。而直隶积案由张树声一手办毕，尤为妥善。如他省猝无相当可调之缺，或仍令史念祖陈臬直隶，则任事之后，臣当随时察核，一有不称，即行密陈，不敢以此次覆奏在前，稍涉回护。”

未几，政府以人言，解念祖职。国藩奏谓：“臣查史念祖器局开展，论事有识，加以磨砺，本可炼成有用之才，徒以资望尚浅，骤畀重任，未餍众心。谕旨饬令开缺，裁抑甚微，玉成实大。数月以来，察看该员返躬循省，立志奋兴，尚能仰体朝廷裁成之至意。至钟佩贤奏称众谓该员识字太少，文理未通，则传闻之辞，殊属失实。史念祖衣冠旧族，其祖史致俨前为刑部尚书，甚负时望；其伯父丙荣以进士服官安徽，历著循绩；其胞兄大立亦以进士分部；该员幼承家训，文理清通。臣尝览其所为诗稿，才思颇为开拓；其公牍亦简明周备，笔足以达其所见，不至如钟佩贤所奏云云也。”为辨识字太少、文理未通之诬，盖念祖实富于才气，文词公牍咸有可观也。国藩虽未能保全其臬司之职，而遇之亦不薄矣。

李慈铭评骘曾国藩文章学问

一　论文章

曾国藩为有清最伟大人物之一。其文章学问，亦自卓然不易及。李慈铭喜评骘，其《日记》中有论国藩文章者。同治壬申十月三十日云：“阅《曾文正公文钞》。文正初慕汉学，继慕宋儒，其古文则服膺惜抱，然笔力自可喜，性情亦真。其江忠烈、罗忠节、李忠武、李勇毅诸公神道碑，事既可传，而又同艰共苦，周旋百战，故叙述尤觉真挚。其大界墓表、台洲墓表，为葬其祖、父两世而作，字字真实，不作一景饰语。季公芝昌墓志铭，尤多言外之旨。虽义法未纯，固不仅藉以人传矣。末附《求阙斋经史百家杂钞叙目》，仿姚氏《古文辞类纂》之例，而并抄诸经散入之，自我作古，真蛇足也。”

癸酉四月二十七日云：“阅《曾文正公集》。其江宁《官绅昭忠祠记》《湘军陆师昭忠祠记》，近代之杰作也。《官绅昭忠祠记》为向、和、张三帅军营殉难者作，叙次癸丑至庚申胜负成败之事，如指诸掌，此非有笔力不能。其议论亦极平允。”

光绪戊寅五月八日云：“阅湖北重刻《曾文正公集》，较旧刻增多二三十首，编年为次，仍分四卷，然大率少年酬应之作，牵率无聊，且多肤廓。寿序赠序居其大半，至有年伯姻伯等之称，榛楛杂陈，菁华并掩。视其初刻，减色反多。盖由门下依草附木之徒，以编纂为功，不知别择，良可叹也！中有《书归震川文集后》一首，言震川文格颇卑，故集中序最多，不特不足上媲曾子固，亦不能下媲方望溪。其言颇为有识。又祭汤海秋文，笔力颇劲。严君伯宜墓志铭，亦可观，其事亦有关系。严萱，湘潭人，由生员军功至同知直隶州加知府衔，同治八年正月殉难于贵州黄平小瓮口，照按察使阵亡例，赠太常寺卿者。又《刘忠壮公墓志铭》，为提督寿卿松山作，是文正绝笔，文半未成。”

称美处洵道得著，其不满处则多以与国藩所以治文事者途轨有异耳。《经史百家杂钞》之体例，慈铭以自我作古病之，而实是国藩识力过人之处。《刘松山墓志铭》，由李元度足成，见《天岳山馆文钞》。

二　论读书

其论《求阙斋读书录》光绪壬午五月十四日云：“卧阅曾文正《求阙斋读书录》，分读经、读史、读子、读集，共十卷。文正通声字转借之法，故于此颇有得。其读《周礼》《仪礼》数条，亦见细心。其论《史记》专在文法，盖囿于桐城议论，虽未知史公深处，亦自有见地。论《三国志》有数篇学《史记》处，亦确。此老固可爱也！前有合肥相国序，不知何人所为。其首云：‘札记者小说家之技余。自王伯厚、顾亭林辈以通儒为之，于是其业始尊。’谓札记出于小说家，又曾见王伯厚以前人札记，皆奇谈也。”

十月十二日云：“阅《求阙斋读书录》。文正于《仪礼》用力甚深。其言《史记》历书畴人子弟，畴与俦通，俦者类也。《文选》束皙《补亡诗》序云：‘皙与同业畴人肄修乡饮之礼。’则凡同术同聚者皆得称为畴人，非专指明历者言。此条亦从来未正之隐。”此在国藩，为其余事。

三　论奏议

论其奏议，丙子正月二十一日云：“阅《曾文正公奏议》。凡十卷一百四十二首，无锡薛福成、常熟张瑛所编，以年月为次。文正一代伟人，奏议剀切详明，规画周至，皆足千古，然最佳者，咸丰初官礼部侍郎时，《遵义大礼疏》《应诏陈言疏》《敬陈圣德疏》三首，危言至计，深有古大臣风。其后募勇出师，锐意讨贼，所上筹办诸疏，类皆聚精会神，言无虚发。咸丰七年六月，沥陈办事艰难一疏，字字血诚，尤想见转侧孤危坚忍不挠之概。至克复金陵以后，其奏捷一疏，已觉迹涉铺张。此后条陈，皆不免敷衍时局，无关硕画。故剿贼山东，移督直隶，皆绝无以异人。暨天津民教之变，而素论顿尽矣。数年中惟覆陈楚省引地一疏，差为切挚，但亦止为淮盐淮商计，而于楚税之盈虚，川盐之出内，亦未及通筹利害，故楚督川督皆力沮之，终不得行也。予尝见咸丰九年春初所上其从弟国华死事情形一疏，慷壮可传，决是文正自为之文，而此编无之，盖所遗者尚多耳。”

天津教案，国藩身当其冲，处境至苦，委曲求全，大为舆论所诟，故有“外惭清议，内疚神明”之自道也。《曾国华殉难三河镇折》为咸丰九年正月一日所上，李瀚章所编《曾文正公奏稿》中有之。国华为国藩胞弟，出嗣于叔父骥云。

曾国藩论兵

李慈铭同治己巳五月初十日《日记》云：“阅宋人《何博士备论》。何名去非，字正通，浦城人，由特奏名除右班，官武学博士，换文资，出为徐州教授。所论自六国至五代，共二十六篇；元祐中苏文忠所奏进者。其文大率言兵，文忠亟称之……其《霍去病论》言用兵非古法所能尽，‘归师勿追，曹公所以败张绣也，皇甫嵩犯之而破王国。穷寇勿迫，赵充国所以缓先零也，唐太宗犯之而降薛仁杲。百里而争利者蹶上将，孙膑所以杀庞涓也，赵奢犯之而破秦军，贾诩犯之而破叛羌。强而避之，周亚夫所以不击吴军之锐也，光武犯之而破寻邑，石勒犯之而败箕澹。兵少而势分者败，黥布所以覆楚军也，曹公用之拒袁绍而斩颜良。临敌而折将者危，骑劫所以丧燕师也，秦君用之，将白起而破赵括。’可谓扼要之论。”

曾国藩之论“越寨攻敌”，可与去非所论合看。国藩云：“行军之道，有依次而进者，有越敌人所守之寨而先攻他处者。姑以《通鉴》所纪兵事言之……以上九事；张兴世之据钱溪，宋子仙之取郢州，许德勋之下黄州，皆水路越攻而胜。王琳之下金陵，以水路越攻而败。尉元之取下邳四城，李愬之入蔡州，郭崇韬之策汴梁，以陆路越攻而得之，李道宗之策平壤，李泌之策范阳，以陆路不越攻而失之。成败得失，固无一定之轨辙也。咸丰四年十月十一日，贼目陈玉成据蕲州，秦日纲据田家镇，我舟师越蕲州而直下，十三日攻破田家镇，十四日蕲州之贼亦溃，此越寨进攻而胜者也。十一月十五日水陆各军会于九江，时贼目林启荣据九江，黄文金据湖口，石达开、罗大纲等同在湖口，我舟师彭玉麟等十六日越九江而下攻湖口，陆军罗泽南等十二月初五日下攻湖口，十二日水师败挫，二十四日陆军亦无利而归，此越寨进攻而败者也。

咸丰六年五月初二日，武汉黄州未破，杨载福以舟师驶下，直至九江，七年九月二十八日，九江安庆未破，杨载福以舟师驶下，直至旧县，往来如飞，此越寨进攻而胜者也。故知胜败无常，视将才为转移耳。当时越九江而下攻湖口之策，发于国藩，定于罗君罗山、刘君孟容二人。事败之后，或深咎此策之失，且专归罪于刘君者，非事实也。”

又其《金陵楚军水师昭忠祠记》有云：“君子之存心也，不敢造次忘艰苦之境，尤不敢狃于所习，自谓无虞。礼俗政教，邦有常典，前贤犹因时适变，不相沿袭，况乎用兵之道，随地形贼势而变焉者也，岂有可泥之法，不敝之制？今之水师，盖因粤贼之势，立一时之法，幸底于成耳。异日时易势殊，寇乱或兴，若必狃于前事，谓可平粤贼者即可概平天下，无穷之变，此非智者所敢任也。惟夫忠臣谋国，百折不回，勇士赴敌，视死如归，斯则常胜之理，万古不变耳。其他器械财用，选卒校技，凡可得而变革者，正赖后贤相时制宜，因应无方，弥缝前世之失，俾日新而月盛，又乌取夫龂己守常，姝姝焉自悦其故迹，终古而不化哉？……又因推论兵家之变化无常，用破吾党自是之见，庶久而知所警畏云。”亦可参阅。国藩阅历深而学识卓，故言之尤警策也。

又，国藩之论“成败无定”，谓：“汉晁错建议削藩，厥后吴楚七国反，景帝诛错而事以成。明齐泰黄子澄建议削藩，厥后燕王南犯，建文诛齐黄而事以败。我朝米思翰等建议削藩，厥后吴耿三叛并起，圣祖不诛米思翰而事以成。此三案者最相类，或诛或宥，或成或败，参差不一。士大夫处大事，决大疑，但当熟思是非，不必泥于往事之成败，以迁就一时之利害也。”其义亦可相发明。

曾国藩激赏俞樾

《春在堂随笔》云：“余自幼不习小楷书，而故事：殿廷考试尤以字体为重。道光三十年，余中进士，保和殿覆试获在第一，人皆疑焉。后知其由湘乡相公。湘乡得余卷，极赏其文，言于杜文正，必欲置第一。群公聚观，皆曰：‘文则佳矣，然仓卒中安能办此？殆录旧文耳。’湘乡曰：‘不然。其诗

除此习，力戒其骄。欲禁子侄之骄，先戒吾心之自骄自满，愿终身自勉之。因周少君之荒谬不堪，既以面谕纪泽，又详记之于此。”

此节中之“周中堂之子文翕”“周少君”，影印本均作空白，不观《类钞》，不知所言为谁何矣。“周中堂”即指周祖培，祖培卒于丁卯同治六年也。曾国藩《日记》中，罕对人诃责之词，此特借以训诫子侄，遂不觉词气之峻激，本旨固不在周氏耳。《类钞》列诸伦理类，亦以此，可与其《家书》《家训》中训诫诸语合看。“欲禁子侄之骄”句之“侄”字，“类钞”误作“弟”。手头之《类钞》，系署“上海朝记书庄印行”“上海中华书局承印”之本。

曾国藩赏拔薛福成

薛福成之入曾幕，由于乙丑同治四年上书之邀特赏。其《上曾侯相书》辛卯光绪十七年九月自跋云：

> 同治乙丑之夏，科尔沁忠亲王战没曹南，曾文正公奉命督师北剿捻寇，并张榜郡县，招致贤才。余上此书于宝应舟次，文正一见大加赏誉，邀余径入幕府办事。是时幕府诸贤，为剑州李榕申甫、嘉兴钱应溥子密、黟程鸿诏伯旉、宣城屠楷晋卿、溆浦向师棣伯常、遵义黎庶昌莼斋。文正语申甫曰：“吾此行得一学人，他日当有造就。”又谓余曰：“子文长于论事，年少加功，可冀成一家言，即与值常莼斋同舟互相切劘可也。”厥后余从公八年，前后出入幕府共事者三十余人，多一时贤俊，余颇得晨夕晤谈，以广见闻，充器识，皆文正提奖之力也。案：《求阙斋乙丑五月日记》云：“故友薛晓忱之子福辰递条陈，约万余言。阅毕嘉赏无已。”余在幕府，尝见文正手稿。近阅湖南刊本，归入“品藻”一类，而讹为伯兄抚屏之名，想由校者之误。恐后世考据家或生疑义，故并及之。

其自道遇合之由与获益于入幕者如是，盖后来建树实基于斯也。至所谓《求阙斋日记》湖南刊本，即指王启原所编《求阙斋日记类钞》，时曾国藩《日记》印行者仅此。福成以《类钞》此节作“薛福辰”疑其误由于校者。顷翻阅福成未及见之《曾文正公日记》影印本，则国藩此节手迹，实是：“阅薛晓帆之子薛福辰所递条陈，约万余言。阅毕嘉赏无已。”校者可不任咎，盖仍国藩一时笔误耳。此为乙丑闰五月初六日《日记》中语，《类钞》误注正月。据“上海朝记书庄印行”“上海中华书局承印”之本。福辰、福成兄弟均官至左副都御史。

曾国藩器重李兴锐

李兴锐、李瀚章同居曾幕，同管粮台，又同谥勤恪。《清史·李兴锐传》“曾国藩率湘军东征，闻兴锐名，招入戎幕，令管粮台于祁门。时徽宁贼氛炽甚，祁门当孔道，贼所必争，兴锐运输皆赴期会。逆酋古隆贤雪夜来袭，兴锐侦知，先匿其辎重，贼无所获而去”云云。

兴锐墓在浏阳县古港镇，神道碑与御赐祭文，及王闿运所撰墓志铭，均载此事，谓“保全银饷逾百万”。其保全之法，系就粮台以泥土加筑夹墙，实银饷其中。墙有新迹，以烟火熏之使黝，宛如旧墙。敌至不辨，毫无所获。既去，掘验，悉如前数。文正拊勤恪肩曰：“老弟怎么想得这条妙计，仓卒之中又怎么做得这样严密！”临危不苟，从此益重之。

曾国藩与王鑫相失

王鑫古珍字为湘军骁将，以善于治军著，其初起以勇毅为曾国藩所器赏，后乃相失，盖以矜张见疑也。骆秉章《自订年谱》咸丰三年有云：

> 调任总督吴甄甫八月到长沙，住数日，即起程赴鄂。八九月田家镇兵船失利，张署督已交卸矣，吴制台接印，带兵赴堵截御贼，兵败阵亡，案：“堵截”当是“堵城”刻误，吴文镕殉难堵城也。贼复上窜，长沙又办防堵耳。先是王璞山鑫带勇一营，是时营规三百六十名为一营，往兴宁县剿办土匪，全股殄灭，奏以同知补用。时曾涤生住衡州，伊言于曾曰：“若令我募勇三千，必将粤匪扫荡。”曾遂致信省城，言：“王璞山有此大志，何不作成之？”我覆信请其到省面商。后王璞山偕从吴坤修来见，备言先发口粮二万两，硝磺各一万，回湘乡招勇三千，必能不负所委。王璞山操湘乡土音，多不甚晓，吴坤修代达。我谓：“暂且招

二千，因经费支绌。若不敷调度，再招。”即发札，并饬局发口粮及硝磺等项。王璞山遂偕吴坤修回湘乡去矣。

闻曾涤生致书伊座师吴甄甫先生，极言王璞山之能。不数日，即得吴甄甫咨函，请调王璞山招勇三千赴鄂，遂发札与王璞山，招足三千之数。不数日，吴坤修到省求见，言：“王璞山回乡招勇，出入鸣锣摆执事，乡人皆为侧目。其人如此，实不可用。”我言：“伊得保举同知，初回家乡，不过荣耀之意。我粤新科举人回乡，亦是如此，似不足怪。”吴坤修无词而对。翌日，伊又来求见我，言：“王璞山所招之勇，多是匪类，又不发口食，连夜在县城偷窃，赖令不胜其苦，又不敢言。将来带勇到省，难免骚扰。”我言：“汝同王璞山回湘乡招勇，又是至好，何以不为规谏？”吴坤修云：“伊凡事不由我管理，是以难进言。”我云：“伊一切皆不交汝管理，是以尔说他。”吴坤修见我不信其言，辞去，即往衡州见曾涤生。

两旬间，吴甄甫即有咨函，言王璞山之勇恐靠不住，止其不必来鄂。不数日，王璞山带勇到省。我以吴制军之咨示之，着其留勇二千四百人，其余六百名作长夫，嘱其日日训练，以备调遣。吴制军若调王璞山带勇赴鄂，有此得力之将，恐不致有田镇之败。“利口覆邦家”，信然！

不满国藩之信谗，而深咎吴坤修之中伤焉。坤修江西新建人，字竹庄，后以军功起。官至安徽布政使，署巡抚。又案：国藩是年与錱各书有云：

仆素敬足下驭士有方，三次立功，近日忠勇奋发，尤见慷慨击楫之风，心中爱重，恨不即游扬其善，宣暴于众，冀为国家收澄清之用。见足下所行未善，不得不详明规劝，又察足下志气满溢，语言夸大，恐持之不固，发之不慎，将来或至偾事，天下反以激烈男子为戒，尤不敢不忠告痛陈。伏冀足下细察详玩，以改适于慎重深稳之途，斯则爱足下者所祷祀求之者也。又与骆秉章书有云：“王璞山自兴宁归来，晤侍于衡，见其意气满溢，精神上浮，言事太易，心窃虑其难与谋大事。”又云：“璞山秉性可用，而近颇矜夸，恐其气不固，或致偾事，特作一书严切规之。”又与吴文镕书有云：“璞山驭士有方，血性耿耿，曾邀吾师赏鉴。惟近日气邻盈溢，语涉夸大，恐其持心不固，视事太易，曾为书规之，兹录呈一览。吾师用其长而并察其不逮，俾得归于深稳之途，幸甚。”

接到手书，改过光于日星，真气塞于户牖，忻慰无极。前者足下过衡，意气盈溢，视天下事若无足为，仆窃忧其乏惕厉战兢之象，以握别匆匆，将待再来衡城时乃相与密语规箴，以求砥于古人敬慎自克之道。自足下去后而毁言日至，或责贤而求全，或积疑而成谤，仆亦未甚深虑。逮吴竹庄书来，而投梭之起，乃大不怿，于是有初入奉规一函。仆函既发以后，又接家严手谕，道及足下忠勇勃发，宜大蕴蓄，不宜暴露，然后知足下又不理于梓里之口，向非大智慧转圜神速，痛自惩艾，几何不流于矜善伐能之途？古人谓齐桓葵丘之会，微有振矜，而叛者九国，亢盈悔吝之际，不可以不慎也。比闻足下率勇三千，赴援鄂渚，仆既幸吾党男子有击楫闻鸡之风，又惧旁无夹辅之人，譬如孤竹干霄，不畏严霜之摧，而畏烈风之摇，终虞足下无以荷此重任。

近日在敝处攻足下之短者甚多，其来尊处言仆之轻信谗谤弃君如遗者亦必不少。要之，两心炯炯，各有深信之处，为非毁所不能入，金石所不能穿者，别自有在。今欲多言，则反以晦真至之情，古人所谓窗棂愈多则愈蔽明者也。

当时鑫之见讥物论及为国藩所规切有如此者。盖坤修而外，嫉之者颇多也。国藩取人以多条理少大言为主，鑫则意气特盛，大言无所诎，故终难水乳耳。鑫之盛气凌人，左宗棠亦尝与书诫之。又国藩与秉章书有云：

侍日内心绪极为烦恼……王璞山本是侍所器倚之人，今年于各处表襮其贤，盖亦口疲于赞扬，手倦于书写。其寄我一函，曾抄示师友至十余处。案：其与江忠源书有云："敝友王璞山忠勇男子，盖刘琨祖之徒。昨二十日仆以一书抵璞山，璞山亦恰以十九日为书抵我，誓率湘中子弟，慷慨兴师，即入江西，一以愤二十四之役，为诸人报仇雪耻，一以为国家扫此逆氛，克复三城，尽歼群丑，以纾宵旰之忧。其书热血激风云，忠肝贯金石，今录一通往，阁下试观之，洵足为君添手足之助矣。"可见一斑。近时人有向余讥弹璞山者，亦与之剖雪争辩，而璞山不谅我心，颇生猜嫌，侍所与之札饬言撤勇事者，概不回答，既无公牍，又无私书，曾未同涉风波之险，已有不受节制之意，同舟而树敌国，肝胆而变楚越。

相乖之情毕见矣，鑫不乐受国藩羁钤也。王闿运《桂阳直隶州泗州寨陈侍郎年六十有九行状》有云：

咸丰……三年，从文正军下湘援湖北，而湖南巡抚先遣王壮武出岳州。至蒲圻遇寇败退，曾军新集，营岳州城外，寇乘胜追奔，将士力战不能支，遂水陆退走。壮武自以为违文正诫致败，耻与俱退，独入空城死守，文正愤懑，将士莫敢为言。侍郎独进曰："岳州柴米俱绝，明日必溃，宜遣救璞山。"璞山者，壮武字也。文正愠不应。侍郎自以建议为公，不宜逢颜色，退卧顷之，自计曰："为千人请命，奈何计小礼数？"复入请曰："璞山军宜往救。"意色愈和。文正方环走，遽停步，曰："救之如何？吾倾遣侦之，城中无人，但外有燎火。"即召侦者两人质之。侍郎诘之曰："若等畏贼不敢往，若城中人出，寸斩汝矣。"两人俱伏虚诳。文正因问计，侍郎具言贼无战船，宜遣水师三版傍岸举炮为声援。壮武因得缒城走出，免者九百余人，其后平浙克新疆大将皆在其中。壮武后为名将，号无敌，数同壁垒，意以为桂勇倚己乃能战，有自功之色，未尝与言前事也。

国藩以不快于鑫，微陈士杰一再进言几坐视其殆而弗援，斯盖闿运闻诸士杰者。如所云国藩不亦已甚乎？

彭玉麟与曾国藩相得

坤一前于光绪七年解江督任，为被劾而由彭玉麟查覆之结果。玉麟于原参各款，颇为辩解，惟云：

刘坤一禀质素弱，前在广东时奏恳终养，未蒙俞允；时会艰难，受恩深重，遂不敢复上乞退之章。上年与臣察看圌山关形势及各炮台操演水陆兵勇，并出洋一次，终日登山陟险，步履尚健于臣，惟艰耐劳，劳则疲倦，精神稍不如前。两江地大政殷，慎海疆之重防，全该督之晚节，出自逾格鸿施，微臣不敢妄请。

于是坤一解任，而玉麟奉署理斯职之命。玉麟上疏力辞，左宗棠乃由军机大臣出督；国荃则于光绪十年继宗棠之任也。而玉麟疏辞时，即曾附片密保国荃，谓：

现在两江总督以办理洋务为最要，亦以办理洋务为最难。就臣所知，惟现授陕甘督臣曾国荃，坚忍耐劳苦，沉毅有智略。昔岁围攻金陵，英法两国人皆谓非用洋兵不能成功，曾国荃独率湘军攻克坚城，不假西洋一卒之力，洋人至今慑服。臣往来长江十余年，习闻两江士民称曾国荃之勋，而戴其慈惠，感激犹在人心。曾国荃系心君国，感奋图报之念，亦实始终不渝，徒以体气虚弱，最畏风寒，又因两子相继病殁，忧郁成疾，若令处东南温暖之地，水土相合必当尽心效职，不至畏难自沮。臣与曾国荃共事日久，察其议论见识，高出一时，上年筹办山海关海防，与直隶督臣李鸿章，遇事推求，和衷商榷，于洋务亦甚熟习。臣为任事需才起见，既知之有素，不敢不据实附片密陈，伏候圣慈采择。

足见与国荃之相得。迨闻朝命畀宗棠，与郭崑焘书有云："以左湘阴相国肩此一席，实两江三吴亿万生灵之幸。"则又见对宗棠之推许；特宗棠以大学士直枢廷，自非玉麟所能奏请外简耳。然曩者玉麟固尝恶国荃也。曾国藩复玉麟书有云：

迭接手书六件，敬悉种种；国藩亦有无数事件，急欲熟商。柳寿田曾充敝处戈什哈，亲兵营之立，柳寿田及各哨官，皆系鄙人自放。鄙人现尚有兼辖水师之责，乃昨撤柳寿田之委，阁下竟不令其卸事一日，离营一日，亦不许其来金陵一行，仅借成发翔兼管之名，俾柳寿田任事如常。此等举动，若他人以施之阁下，阁下能受之乎？阁下于十一年冬间及此次，皆劝鄙人大义灭亲。舍弟并无管蔡叛逆之迹，不知何以应诛，不知舍弟何处开罪，阁下憾之若是？来示谓国藩将兵则紊乱，鄙人在军十年，自问聋聩不至于此。舍弟之贤否，吉中营之好歹，鄙心亦自泾渭分明，亦自能访察外间之议论。痛诋吉中营者，以阁下为最；此外官绅商民，水陆各军，有贬吉中者，亦有褒吉中者。若如阁下之所诋，则安庆、金陵之绅民必痛憾吉中营入骨髓矣。柳寿田明知阁下与舍弟积不相能，而故重责割耳，谓非有意挑衅，其谁信之？吉中之勇，既有所挟以凌人，而反不说出营名，露出号补，直待打毕割毕，始行满出吉中二字，又谁信之？

此书盖作于同治三年十月间，时国荃已解兵回湘矣。玉麟因与国荃不睦，对国藩亦几有凶终隙末之势，一时龃龉形于事实焉。至是知国荃不愿赴陕甘总督之任，特为密请量移，甚加赞扬，盖意气早平，重归于好矣。国荃对于甘督之命终以病辞。至其自辞江督疏，系谓：

兹又钦奉恩命，署理两江总督并通商大臣，以臣愚戆，再四忖度，有不能不披沥上陈仰渎圣聪者。

伏查天下各直省者，惟两江地大政殷，素称烦剧，加以盐务洋务，较曩时尤为难治，以曾国藩、沈葆桢之力，励精图治，尚形支绌。臣久病之躯，特以受恩深重，不敢稍偷安逸，勉力从公。年来巡阅长江，心血久亏，思虑不及，挂一漏万，内疚方深，岂能复当两江并通商大臣巨任？此不敢受命者一也。

臣秉性淡泊，不善理财。查两江总督以筹划饷糈充储国课为第一要务，若臣任之，必致饷绌课虚，上误朝廷，下误苍生。此不敢受命者二也。

臣迂拙戆直，但愿用夏变夷，不敢用夷变夏。查通商大臣时与外洋交涉，臣不谙夷务，不习夷情，遇事每与该夷人忤，彼族又视臣为怪物，不合时宜，彼此成见在胸，任之必多决裂。万一或生衅隙，深虑贻患将来。此不敢受命者三也。

臣昔年力辞兵部侍郎，今以侍郎较总督，其责任轻重以及治事难易，相别天渊，臣才力不足任兵部侍郎，岂转足任两江总督？既变易乎初心，恐贻讥于物议。此不敢受命者四也。

臣昔年督率水师剿贼，身膺前敌，右手足三次受重伤，五十岁后遂频时咯血，又以水师素来清苦，臣幕无朋友，公私事件，系臣一手经理，心血愈加耗散，神智不时昏眊，遇事每不知所裁。去秋奉谕筹办海防，不时出海奔波，其咯血心忡气逆及筋骨疼痛等症，较昔更甚，精力因之更甚，精力因之愈衰。两江督臣刘坤一年小于臣一纪，其步履精神尚健于臣，言者且责以精力难胜，臣年近七十，古宜致仕，心血精神，更逊于刘坤一，虽署任为日无多，而在任一日，即有一日之事，实非病躯所能尝试。此不敢受命者五也。

玉麟性刚下，不愿服官，屡辞疆寄，或疑其矫，然实善藏其短，得自处之道，徒以高尚称之者，亦未为深知也。

靖港之役与《感旧图》

曾国藩咸丰四年四月靖港之败，几以身殉，而部曲将塔齐布等适有湘潭之捷，国藩虽获革职处分，塔齐布则超署提督，曾军威名日隆焉。王闿运《湘军志·曾军篇》所纪云：

三月，寇先由蒲圻犯岳州……王鑫缒城走……甲子，寇陷湘潭。是日国藩下檄塔齐布改援湘潭……四月己巳朔……遂大破之，追至城，乃还立营。其日长沙惴惴居贼中，人自以为必败。国藩集谋攻守，皆曰“入城坐困，宜亲督战”。或议先靖港夺寇屯；或曰“靖港败，还城下，死地矣。宜悉兵攻湘潭，不利，保衡州，即省城陷，可再振也”。水师十营官皆至，推彭玉麟决所向，定向湘潭。五营先发，约明日国藩帅五营继之。夜半，长沙乡团来请师，曰：“靖港寇屯中数百人，不虞我，可驱而走也。团丁特欲藉旗鼓以威贼。已作浮桥济师，机不可失。”闻者皆踊跃。国藩亦忧湘潭久踞，思牵之，改令攻靖港。

庚午，平旦至，水急风利，炮船径逼寇屯。寇炮发，船退不得上，缆而行，寇出小队斫缆者，水师遂大乱。陆军至者，合团丁攻寇，寇出，团丁遽反奔，官军亦退，争浮桥。桥以门扉床版，人多桥坏，死者百余人。国藩亲仗剑督退者，立令旗岸上，曰：“过旗者斩！”士皆绕从旗旁过，遂大奔。国藩愤，自投水中，章寿麟负之还船。日午还至城下，而湘潭大捷报至。先所遣水师，距湘潭十里，闻陆军战胜，鸣角发炮直上。塔齐布军三日三胜。壬申，寇散走，水师尽烧所掠船，寇大败，走靖港，遂俱走还岳州。

湘潭既复，国藩以军不精练，悉汰所部，留五千余人，因留长沙造船，增调罗泽南、李孟群、陈辉龙将水陆军，图再举。上奏自劾，而骆秉章及提督鲍起豹自上其功。文宗诘责提督，即日夺官，诏塔齐布以副将署湖南提督。方事之急也，布政使徐有壬绕室走达旦，明日与按察使会详巡抚，请罢遣曾军，语倨妄甚。巡抚语有壬且待之。及克湘潭，国藩犹待罪，俄而得温诏，且超用塔齐布，文武官大惭沮，有壬诣国藩顿首谢。城中防兵，闻代大将，皆惊服，以为天子明见万里……平寇功由此起。

又《湖南防守篇》云：

三月丁未，寇大上，围岳州。国藩军亦至，屯南津。戊申岳州军溃退，寇从而上，军还省城。寇踞靖港，再陷宁乡，败湘军三营。甲子，陷湘潭。省城上下皆寇屯。巡抚提督委战守于曾军。四月庚午，国藩自攻靖港寇，不利。布政使徐有壬、按察使陶恩培会详巡抚，请奏劾侍郎曾国藩，且先罢遣其军。巡抚不可，城中亦不复设备。案：郭嵩焘云："徐有壬、陶恩培会详上，骆文忠公言：'曾公已自请议处，何烦再劾？君等咎其败，不顾寇势之盛。非曾公一军，谁与任城守者？'是时城守事宜，一委之曾文正公，未宜以不'不复设备'为巡抚咎也。"见嵩焘任孙振墉所辑《湘军志平议》。

辛未，塔齐布大破寇于湘潭。丙子，湘潭、靖港寇俱退走，踞岳州。巡抚提督上功，而曾国藩请罪。有诏诘责提督鲍起豹，以专阃大员，不闻出战，惟会衔奏报，即日免官，以塔齐布署提督。塔齐布以都司署守备，仅二年超擢大帅。新从湘潭立功归，受印之日，文武民士聚观相叹诧，虽起豹傔从亦惊喜，以为皇上知人能任使，军气始振焉……徐有壬等皆诣国藩贺，且谢罪。诏令国藩择司道大员随营主饷，有壬等惴惴恐在选中。国藩笑谢之，谓所亲曰："此辈怯懦，徒败吾事，虽请同行，吾固当止之，况不欲乎？"

叙次颇有致，可与当时奏报等参看。靖港之败，国藩危甚，使无湘潭之捷，纵不身殉，必获重咎而不能立足矣。时虽革职，未解兵符，仍许单衔专折奏事。塔齐布已贵，而承指挥如故，故国藩自靖港败后，而其势反振。至章寿麟事，自是关系匪轻，闿运于此仅著"章寿麟负之还船"一语，略而不详。王定安《湘军记·湖南防御篇》纪此，只云"左右负之出"，并寿麟之名未著。其所撰《清故资政大夫江苏补用知府章君墓志铭》云：

君讳寿麟，字价人，长沙人也……少孤贫，从舅氏彭嘉玉学……彭舅奇壮其志，荐于侍郎曾公，俾从幕府。众论讶之，君恂恂而已。时长沙孤危，寇屯上下，曾军初集，自岳州败退，还城自保。巡抚骆公不听入城。曾公亦耻于依人，独率水军十营，散屯湘岸，与寇共水，皆半日可接。于是议率全军并力湘潭。彭君独议寇酋踞靖港，宜先攻坚。长沙乡人亦来军五营已上，其五营帅留自将，定翌午亦发，即夜改计下攻。君知仓卒无陆军相辅，宾寮不从，未敢沮师，则潜身从往。师船乘流直逼寇屯，寇指笑坐待。众不敢进，或从东岸浮桥济师，则瓮竿高低，桥坏版浮，于是退舟逆风恃缆而上。寇从岸斫缆者，舟众溃奔。曾公立旗以收溃卒，众皆绕旗旁走，五营败绩。曾公愤投水，众无知者。君独从舟出，赴水负公登岸。公怒问："汝何为至？"徐曰："方从城外来报湘潭捷音耳！"乃收众还城南。其夜捷书至，遂不暇言死。

闻者以此推君功，曾太公尤念之，手书慰劳焉。君遂从军出征，叙劳累官至直隶知州，留安徽补用知府。初试署江西新建令。安庆既复，曾公以江督开府镇焉，奏牧滁州。既克江宁，调绾营务。君起军中，娴于戎事，竭其髦髦，期有设施。会曾公薨，亦即引去……以光绪丁亥八月己巳卒于泰州官署，年五十有五……是用勒石铭幽……其词曰……幕府初开，终童典谒。蠢彼凶徒，敢涉重湖。巴陵左次，沩水尸舆。我为鱼肉，坐陷狼貙。在困思飞，询谋并协。岂曰必胜，要以无怯。十营减灶，中宵击楫。知死非勇，胡再不谋？掀公出淖，义激如虓。诚同赴火，信过逾沟。昔鲍拯胡，勋超五等。孰谓斯人，浮沉簿领！功不上闻，嘉斯雅静……

亦有关史料，足供考镜也。闿运诗集中有《铜官行寄章寿麟题感旧图》云：

桂平盗起东南卷，唯有长沙能累卵。三年坐井仰恃天，
城堞微风动矛𥎞。凶徒无赖往复来，潘张迁去骆受灾。
闭门待死谥忠节，未死从容居宪台。曾家岭［领］枷偏在颈，
三家村儒怒生瘿。劝捐截饷百计生，欲倚江吴效驰骋。
庐黄军败如覆铛，盗舟一夜满洞庭。抚标大将缒楼走，
徐公绕室趾不停。省兵无人无守御，却付曾家一瓦注。
空船坐守木关防，直置当锋寻死处。军谋兵机不暇讲，
盗屯湘潭下靖港。两头张手探釜鱼，十日淘河得枯蚌。
刘郭苍黄各顾家，左生狂笑骂猪耶。彭陈李生岂愿死，
四围密密张罗罝。此时蚯筒求上计，陈谋李断相符契。
彭公建策攻下游，捣坚禽王在肯綮。弱冠齐年我与君，
君如李广欲无言。日中定计夜中变，我归君去难相闻。
平明丁叟踢门入，报败方知一军泣。督师只拟从湘累，
主簿匆匆救杜袭。十营并发事全虚，从此舍舟山上居。
七门昼闭春欲尽，独教陈李删遗疏。版桥漂破帅旗折，
铜官渚畔烽明灭。岂料湘潭大捷来，千里盗屯汤沃雪。
一胜申威百胜从，塔罗如虎彭杨龙。时人攀附三十载，

争道当年赞画功。骆相成名徐陶死，曾弟重歌脊令起。
惟余湘岸柳千条，犹恨前时呜咽水。信陵客散十年多，
旧逻频迎节镇过。时平始觉军功贱，官冗闲从资格磨。
冯君莫话艰难事，俛得俛失皆天意。渔浦萧萧废垒秋，
游人且觅从军记。

此诗见于《铜官感旧图题咏》者，字句颇有异同，并录于次：

桂平盗起东南卷，唯有长沙能累卵。三年坐井仰恃天，
仡仡孤城见矛攒。群凶无赖往复来，潘张迁去骆受灾。
闭门待死谥忠节，未死从容居宪台。曾家岭［领］枷偏在颈[1]，
三家村儒怒生瘿。劝捐截饷百计生，欲与吴江效驰骋[2]。
江湖军败如覆铛，盗舟一夜满洞庭。抚标大将缒城走[3]，
徐公绕室趾不停。省城无兵无守御，却付曾家作孤注。
空船坐拥木关防，直犯头刀报知遇。兵谋军势盗不讲，
上屯湘潭下靖港。两头探手擒釜鱼，十日洵河得枯蚌。
刘郭苍黄各顾家，左生狂笑骂猪耶。彭陈李生岂愿死，
四围密密张罗罝。此时趆筒求上计[4]，陈谋李断相符契。
彭兄建策攻下游，捣坚禽王在肯綮。弱冠齐年君与余，
我狂君谨偶同居。日中定计夜中变，我方高枕城东庐。
平明丁叟踢门入，报败遥闻一军泣。督师只欲泛湘累，
主簿匆匆救杜袭。十营并发计全虚，从此舍舟山上居。
七门不启春欲尽，强教陈李删遗疏。版桥漂破帅旗折，
铜官渚畔烽明灭。谁料湘潭大捷来，盗屯奔迸如崩雪。
一胜申威百胜从，陆军如虎舟如龙。时人攀附三十载，
争道当时赞画功。骆相成名徐陶死，曾弟重歌脊令起。
只余湘岸柳千条，曾对当时呜咽水。信陵客散十年多，
旧逻频迎节镇过。时平始觉军功贱，官冗间从资格磨。
冯君莫话艰难事，俛得俛失皆天意。何况当时幕府谋，
至今枉屈何无忌[5]。

自注：①曾涤公起义师，时论以为好事，且曰：“一枷在岭［领］，肩来在颈。”以嗤其不干己也。

②文镕、忠源。

③王壮武。

④涤公设匭求谋策，或投纸书三十六“走”字。

⑤君舅彭笛翁犹以攻靖港为上策。

斯盖其原稿，集中所载则后经修改者耳。胡适《五十年来中国之文学》引闿运此诗，录自集中，谓：“此诗无注，多不可通。”观此可知原稿注虽不多，却实有自注，入集时乃删去之。其《圆明园词》原亦有注，后始删却。至诗中本事，多可由《湘军志》等印证。又，闿运《和易藩台感事诗因成长歌示谋国诸公》有句云：“忧勤不救靖港败，唯向空滩摇帅旗。”

《铜官感旧图》，寿麟于国藩已卒追忆旧事所绘而征题者。殁后其家刊诸作为《铜官感旧图题咏》。其所撰《铜官感旧图自记》云：

> 湘乡曾文正公以乡兵平贼，抵触凶锋，危然后济，其所履大厄凡三：盖湖口也，祁门也，与初事之靖港也。而予于文正，惟靖港之役实从……咸丰四年，贼由武昌上犯岳州，官军御之羊楼峒失利，遂乘胜进逼长沙。四月，贼踞靖港，而别贼陷宁乡、湘潭。湘潭荆南都会，军实所资，时公方被命治军于湘，乃命水陆诸将复湘潭，而自率留守军击靖港贼，战于铜官渚；师败，公投水。
>
> 先是，予与今方伯陈公、廉访李公策公败必死，因潜随公出，居公舟尾，而公不知。至是掖公，登小舟，逸而免。公怒予曰：“子何来？”予曰：“师无然湘潭捷矣，来所以报也！”已而湘潭果大捷，靖港贼亦遁去。公收余众，师复振。盖尝思之，兵者阴事，惟忍乃能济，非利所在，敌诟于前，民疑于后，勿动也。公既尽锐以剿湘潭，若需之以俟其捷，而会师击靖港之堕归，贼虽众可以立尽，惟不忍于靖港之逼，故知其不利而不能不出赞公事者。又予辈三五书生，亦知其不利而出，而无术以止公，盖非公之疏于计画，实忍之心非久于军者不能，尤非仁义之徒之所素有也。犹忆败归时，公惟籍甲兵储待之属以遗湘抚，尚一意以死谢国，及闻捷乃不死。然当日即不捷，公固可以死乎！公死是役，固不与丧师失地穷蹙而死者同，且足使丧师失地穷蹙而不死者恧焉而有以自励，然由今以观，其多寡得失之数为何如也！

光绪丙子秋，予归长沙，道靖港，舟中望铜官山，山川无恙，而公已功成事贵，返马帝乡，惟时秋风乍鸣，水波林壑尚隐隐作战斗声，仿佛公之灵爽呼叱其际，因不禁俯仰畴昔，怆然动泰山梁木之感，故为兹图而记之，以见公非偶然而生，即不能忽然而死。且以见兵事之艰，即仁智义勇如公者，始事亦不能无挫，而挫而不挠，困焉而益励，垂翅奋翼，则固非公之定力不及此。至于大臣临敌，援桴忘身，其为临淮之靴刀，与蕲王之泅水，均各有其义之至当焉。并以谂后之君子。长沙章寿麟自记。

记述当时情事，并抒其感想，足资浏览。而李元度、左宗棠两序，于此役更各有叙纪论列，均为有关系之文，录俾参阅：

李序：

……咸丰四年，曾文正公治水陆军讨贼，余与今浙抚陈公士杰暨价人入其幕，时价人年甫冠也。二月，贼自鄂上犯。陷岳州、湘阴及宁乡。文正檄储君玫躬败贼于宁乡，贼遁。三月，水陆军抵岳州，会王壮武进剿羊楼峒失利，贼追蹑至岳州，围其城，文正所部陆军迎击亦失利，文正乃退守长沙。贼仍道湘阴、宁乡踞靖港，分党陷湘潭。时会城昼闭，饷道断，人情匈匈。文正檄忠武公塔齐布帅陆军千二百人攻湘潭，檄储公汝航、夏公銮、杨公岳斌、彭公玉麟帅水师夹击之，所向并获胜，而文正独以谓贼势盛，官军必不支，惧旦暮不得死所，盖久置死生于度外矣。

靖港者，资水入湘之口，距会城六十里，为一都会，地有铜官山，六朝置铜官于此，因称铜官渚者也。时贼帆遍布，游弋逼会城。文正愤甚，亲帅留守之水陆营进剿。余亟止之曰："兵之精者已调剿湘潭，早晚捷音必至，此间但宜坚守，勿轻动。"文正不许。余与陈公及价人并请从行，亦不许。濒行，以遗疏稿暨遗嘱二千余言密授余曰："我死，子以遗疏巡抚，乞代陈；遗嘱以授弟辈；营中军械辎重，船百余艘，子善护之。"

四月朔，舟发，陈公固请从，峻拒之。余与陈公谋，令价人潜往匿后舱，备缓急，文正不知也。明日战，乡团勇先溃，陆军随之，所结浮梁断，溺毙二百有奇。水师中贼伏亦溃，贼艘直犯帅舟，矢可及也。文正愤极投水，将没顶矣，材官、傔仆力挽，文正大骂，须髯翕张，众不敢违，将释手矣。价人自后舱突出，力援以上。文正瞠视曰："尔胡在此！"价人曰："湘潭大捷，某来走告！"盖权辞以慰公也。乃挟登渔艇。南风作，逆流不得上，赖刘君国斌力挽以免。明午抵长沙。文正衣湿衣，蓬首跣足，劝之食不食；乃移居城南妙高峰，再草遗嘱，处分后事，将以翼日自裁。迟明捷报至，官军拔湘潭，燔贼艓数千，殄灭无遗种。靖港贼亦遁。文正笑曰："死生盖有命哉！"乃重整水陆军，未十年卒蒇大勋，固系国家威福所致。然当是时文正生死在呼吸间，间不容发，脱竟从巫咸之遗，则天下事将谁属哉！

江宁既拔，湘军自将领以至厮养，卒并置身通显，独价人浮沉牧令间垂二十年。傥所谓不言禄，禄亦弗及邪？抑曲突徙薪固不得为上客邪？先是，曾太封翁曾书示文正曰："章某国士，宜善视之。"且令冯公卓怀传其语。戊午、己未间，余数从容言及价人。文正怃然曰："此吾患难友，岂忘之哉！"窃窥文正意，使遽显擢君，是深德君以援己，而死国之心为伪也；然亦决不憖置以负君，盖将有待耳。

光绪丙子，余客金陵，文正薨四年矣，晤价人，握手话旧。价人出《铜官感旧图》属题，余诺之而未及为。越五年价人宅忧归，乃得补书其简首。呜呼！援一人以援天下，功在大局不浅，价人虽不自以为功，天下后世必有知价人者，遇不遇乌足为价人加损哉！……光绪辛巳长至后三日，平江李元度撰。

左序：

……湘乡曾文正公时以礼部侍郎忧居在籍，诏起讨贼，集乡兵水陆东下。公在朝以清直闻，及率师讨贼，规画具有条理，卒克复江东枝郡，会师金陵，歼除巨憝。顾初起之军，水陆将才未集，阅历又少，往往为猾寇所乘，时形困踬。公不变平生所守，用能集厥大勋；中兴事功，彪炳世宙，天下之士皆能言之。推事功之所由成，必有立乎其先者，而后以志帅气，历艰危险阻之境而不渝。是故明夫生死之故者，祸福之说不足动之，明夫祸福之理者，毁誉之见忘，吉凶荣辱举非所计，斯志一动气，为其事必有其功矣。志士仁人成其仁，儒者正其谊，功且在天下万世，奚一时一事之足云乎！而即一时一事言之，则固有堪以共喻者。

咸丰四年三月，金陵贼分党复犯长沙，先踞长沙城北七十里之靖港，凭水结寨，步贼循岸而南，潜袭上游湘潭县城。县城繁富，市廛鳞比，贾舶环集，贼速至据之。文正闻贼趋湘潭，令署长沙协副将忠武塔齐布公等率陆军，杨千总岳斌、彭令玉麟等率水军往援，侦贼悉锐攻湘潭，靖港守虚寨之贼非多，遂亲率存营水陆各营击之。战事失利，公麾从者他往，投湘自溺。随行标兵三人，公叱其去。章君瞰公在舟时书遗嘱寄其家，已知公决以身殉也，匿舟后跃出援公起。公曾戒章君勿随行，至是诘其何自来，答以适闻湘潭大捷，故轻舸走报耳。公徐诘战状，章君权词以告。公意稍释，回舟南湖港。其夜得军报，水陆均大捷，歼悍贼甚多，毁余之败船断桨，蔽流而下。湘人始信贼不足畏，而气一振。

其晨，余缒城出，省公舟中，则气息仅属，所着单襦沾染泥沙，痕迹犹在，责公事尚可为，速死非义。公嗔目不语，但索纸书所存炮械火药丸弹军械之数，嘱余代为点检而已。时太公在家寓书长沙，饬公有云："儿此出以杀贼报国，非直为桑梓也。兵事时有利钝，出湖南境而战死是皆死所；若死于湖南，吾不尔哭也！"闻者肃然起敬，而亦见公平素自处之诚。后此沿江而下，破贼所据坚城巨垒，克复金陵，大捷不喜，偶挫不忧，皆此志也。

夫神明内也，形躯外也，公不死于铜官，幸也；即死于铜官，而谓荡平东南，诛巢馘让，遂无望于继起者乎？殆不然矣。事有成败，命有修短，气运所由废兴也，岂由人力哉！惟能尊神明而外形躯，则能一死生而齐得丧，求夫理之至是，行其心之所安，如是焉已矣。且即事理言之，人无不以生为乐、死为哀者，然当夫百感交集，怫郁忧烦之余，亦有以生忧为苦，而速死为乐者。观公于克复金陵后，每遇人事乖忤，郁抑无聊，不禁感慨系之，辄谓生不如死，闻者颇怪其不情。

余比由陕甘、新疆移节两江，亦觉案牍之劳形，酬接之纷扰，人心之不同，时局之变易，辄有愿得一当以毕余生之说。匪惟喻诸同志，且预以白诸朝廷，盖凛乎晚节末路之难，谣诼之足损吾素节，实则神明重于形躯，诚不欲以外而移其内，理固如是也。而论者不察，辄以公于章君及三兵皆不录其功，疑公之矫，不知公之一生死齐得丧，盖有明乎其先者，而事功非所计也。论者乃以章君手援之功为最大，不言禄而禄弗及，亦奚当焉？

余与公交有年，晚以议论时事，两不相合。及莅两江，距公之亡十有余年，于公所为多所更定，天下之相谅与否，非所敢知，而求夫理之是，即夫心之安，则可告之已，亦可告之公也。章君寿麟出此卷索题，识之如此。光绪九年癸未秋七月，左宗棠书。时年七十有二。

李序写寿麟赴援暨国藩其时情态特详，就事论事，为寿麟鸣不平，而隐咎国藩之寡恩，盖兼寓自伤之意焉。左序则述往之外，更借以发抒胸臆，意态轩昂，所谓高踞题颠也。彭玉麟以湘潭之捷，始以附生奏保知县，杨岳斌时名载福则以千总保守备。率师赴援时，玉麟尚非“令”，左序中称“杨千总”“彭令”，稍未谛。李序中称国藩之父曰“曾太封翁”，“太”字或“封”字可省。又谓湘潭之役，“燔贼艅数千”，按国藩奏报，此役所烧敌船，计千余只，无数千之多。

吴汝纶《铜官感旧图序》，作于章寿麟既没之后，所论别有见地。文云：

曾文正公靖港之败，发愤自投湘水。幕下士长沙章君，既出公于湘之渊，已而浮沉牧令间二十余年，乃追写靖港之事为图。名流争纪述之。或曰：“章君一举手，功在天下，而身不食其报，兹所为不能嘿已，于是图也。”或曰：“不然，凡所云报功者，跻之通显而已。自军兴以来，起徒步，解草衣，从文正公取功名通显者，不可选纪也。其处功名之地，退然若无与于己者，一二人而已耳；人奈何不贵其一二不多得之人，而贵其不可选纪者哉！”夫有功于人而望人报我，不得则郁郁焉，悄悄焉，寓于物以舒吾忧，非知道君子所宜出也。

且章君固不自以为功也。夫见人之趋死地，岂预计其人之能成功名于天下而后救之哉？虽一恒人无不救矣。见人之趋死地而救之，岂必有赡智大勇而后能哉？虽一恒人能之矣。事机之适相值而不能自已焉云尔，夫何功之足云？闻有功而不求报者矣，未闻不自以为功而犹望人之报者也。然则是图何为而作也？曰：文正公之为人，非一世之人，千载不常遇之人也。吾生乎千载之后，而遥望千载之前，有若人焉，吾不能与之周旋也，吾心戚焉。吾生乎百载数十载之后，而近在百载数十载之前，有若人焉，吾亦不能与之周旋也，犹之戚焉。并吾世而生，而有若人焉，而或限乎形势，或间阻乎千里百里之远，吾仍不能与之周旋也，吾心滋戚焉。若乃并吾世而生，无千载百载数十载之相望，而又不限于形势，不间阻乎千里百里之远，而获亲其人，朝夕其左右而与之周旋，则其为幸也至矣。虽其平居燕闲游娱乐登览之迹，壶觞谈笑偶涉之乐，一与其间，而皆将邈然有千载之思也，而况相从于忧虞患难之场，而亲振之于阽危之地者乎？此章君所以作是图以示后之旨也。妄者至谓使文正公显擢章君，是深德君援己，而死国为伪，此则韩公所谓儿童之见者矣。

章君既没，其孤同以汝纶与其先人皆文正公客也，走书属记是图，为发其意如此。图曰铜官感旧者，靖港故铜官渚也。光绪辛卯八月桐城吴汝纶拜序。

竭力推尊国藩，主旨在为之释不录寿麟功之疑。论自阔大，然亦稍近肤廓，未尽切于事情也。所斥“妄者”，即指李元度。此文亦曰《铜官感旧图序》，从《铜官感旧图题咏》所载也。汝纶集中则称《铜官感旧图记》，并改定数字：“且章君固不自以为功也”句作“且章君安得自以为功也”，末句作“光绪辛卯八月汝纶记”。汝纶并有《答章观瀛书》论此，于左、李之序，均加评骘，其文云：

前接惠书，奖饰过当，而意思肫恳，使读者不知所以为报。某老荒寡学，辱命以文事见推，非所敢任也。至述及贤尊靖港之役，又有不可以不文辞谢者。承示左文襄公、李方伯元度二文，以二公皆亲见其事，所言必翔实，某读之，亦尚有未尽当者。文襄时时欲与文正争名，李方伯之于文正，盖不能无稍宿憾。

文襄之言曰：“靖港守虚寨之贼非多。”此妄也，意殆谓文正短于将兵耳。当是时，贼大举犯湖南，以靖港为巢穴，支党分窜宁乡、湘潭，谋夹攻长沙，使靖港为虚寨，无多人，则贼为无谋；主帅亲率师出全力以争贼虚寨，则文正为无谋，此皆必不然之势也。且是役也，水军败于风，固不论贼众寡也。文襄又曰：“公即死，谓荡平东南无望于继起乎？”是则然矣。凡功名之成否存乎时，规模之广狭存乎量，流风渐被之远近则存乎学。天祚盛清，贼虽剧必灭，遇当其会，功固必成，乃若兼包群才，遐迩慕赖，简拔贻饷，逮及后世，量足容之，学足师之，寥乎邈乎，微文正吾谁适归乎！此殆难概望之继起矣。凡此皆文襄之言之未当者也。

李方伯之言曰，文正既免，犹不食，移居妙高峰，再草遗令，将自裁，会湘潭告捷，乃笑曰："生死盖有命哉！"此决非事实。文正公生平趣舍，一不以利钝顺逆撄心，其治军不以一胜负为忧喜。靖港之役，至忿焉取决于一瞑，固烈丈夫所为不欺其意者。业以遇救不死，又闻湘潭捷书，则固将审己度世，不欲为匹夫之小谅矣，然亦安有方决志自裁，骤闻一捷，遽粲然发笑，自庆更生者哉？吾决知是言妄也。文正草遗疏遗令，文襄谓是既败后在舟时事，李方伯则谓出师濒行，以遗疏遗令相授，是未败时作，二公皆言一事，而杈枒不合如此，以理测之，似文襄是而方伯小失也。此皆于文正事未合者。其于尊公，则李方伯似为之发愤，亦传所谓浅之乎为丈夫矣。

某之事文正也后，不及亲见靖港之战，不能深知当时军中曲折。承命撰一文，题跋是图，且告之以不能久待，谨依尊旨草草报命，未识有当万一否，伏望财幸。

谓宗棠时时欲与国藩争名，良然，盖自负高出国藩一头，而世咸极推国藩，意不能平，故论及国藩，每有意著贬抑之语，以示纵无国藩，有己在，自可奏平乱之绩耳。谓元度之于国藩，不能无稍宿憾，亦颇在情理之中。元度早从国藩于患难，关系最深，自徽州之役，屡被国藩严劾，遂至乖离，后虽重归于好，为师弟如初，而终不免自伤蹭蹬，因之介介之怀，未能悉泯，其为寿麟鸣不平，固不无隐咎国藩寡恩之意焉。元度《哭太傅曾文正师》诗有云："记入元戎幕，吴西又皖东。追随忧患日，生死笑谈中。末路时多故，前期我负公。雷霆与雨露，一例是春风。"又曾祠落成，作诗有云："嗟我昔从公，中蹶良自作。未逐鲲溟化，甘同鲋辙涸。何幸拜崇祠，屠门过而嚼。樗材愧蔓苓，怕说笼中药。"均自摅斯人憔悴之感。汝纶以为宗棠、元度叙遗疏遗令一事"杈枒不合"，细按之，似两人所叙本非一事也。元度叙国藩闻捷音而笑谓死生有命，汝纶斥为"决非事实"，未免太执。国藩虽善镇定自持，然不能大远乎人情，湘潭大捷，关系特巨，喜极而笑，作快心语，或流露于不自觉，盖未宜遽断为必无。若必过执"文正公生平趣舍，一不以利钝顺逆撄心，其治军一不以胜负为忧喜"，则充类至尽，并其因靖港之败发愤投水，亦可云"决非事实"矣！忆尝阅施愚所撰笔记，述鲍超轶事，有云：当曾国藩困于祁门也，敌盛势孤，危甚，一时幕中僚佐，帐下健儿，咸惴惴不宁，而国藩不改常度，神色自若。会报至，大队敌军由某处来攻，将至矣。此众益惶骇万状，而顾视大帅，则神色仍自若，毫无惊戚之容。既而续据谍报，来者非敌军，乃鲍超统师来援也。超著威名，号虎将，为敌所惮，众狂喜相庆，欢声若雷，而国藩无喜色，依然常度。超自率前驱数十骑来大营谒帅，众迓之于营门，国藩亦从容而出。超下马，将行礼，国藩遽趋前抱持之，曰："不想仍能与老弟见面！"言已泪下，盖喜慰之极，不复能自持矣。原文不能尽忆，大致如此。斯时国藩在军阅历较久，镇定自持之工夫益进，而人情所不能已者，固仍有流露于不觉之时也。汝纶对此"千载不常遇之人"，过向不同常人处求之，致失之迂执。

《铜官感旧图题咏》印成后，续为诗文者尚不少。未知曾印续编否。章士钊为寿麟族弟，民国十五年三月所撰《铜官感旧图记》，亦颇可观。文云：

吾宗曩有贤士，名寿麟，字价人，于愚为兄弟行，而年较愚父且长，又两人者相处甚得也……愚年十六七，习为八股文于家，愚父喜夜谈，每津津为示价人君家事，尽漏不息，以此知君尝从曾文正出征。文正兵败靖港，愤投于江，君潜曳之起。文正殊自执，不肯归，君固多力，则强负之以奔于营，知者众，文正因无法自轻其生矣。其后师出克捷，文正以一身系天下安危，人以此多君功，君绝无自伐意，文正亦弟畜君，意气逾笃，名位则别为一事，终文正之世，君浮沉牧令而已。可见老辈相与之际，别有真处，非世俗耰锄间报施之道所得妄度，两贤相忘无形，其神交尤不可及云云。

铜官者，文正自沉地也，《感旧图》为君返乡重经时所造，冀留余迹以励方来。乡贤自左文襄以下，均有题记……因索所题时文数十篇读之，反复尽卷；惟江西胡瘦唐所言，用思与愚父前训差合。文襄意直悻悻，颇若以当时救死为多事。呜乎！君一援手间，六十年兴亡大局，于是乎定，而其中文章隆替，思想通局，亦几于是图尽得验之，诚不禁衋然心伤，而叹瘦唐所称妇妪箪豆之见，深植于人心，兴衰垂德，扶危救难，无所为而为之者。事例太少，不足以开发恒人之思理，一旦有之，因相与震其迹而全昧其义，号为大人，言亦尔尔，然则世德之不进，人道市道之不辨，宜哉！

以悻悻斥宗棠，略同吴汝纶所讥欲与国藩争名。而于名位一层，持论处较汝纶为圆适。

汝纶为曾国藩门人，兼师事李鸿章，忠且谨，鸿章亦雅重之，而自以内阁中书经国藩奏改直隶州知州，需次直隶，鸿章继国藩督直，俾历知深冀二州，其间曾一署天津知府。久于一牧，以迄引退，未得迁擢。其《郑筠似八十寿序》有云："畿辅自曾文正公，今相国合肥李公，相继为政，劝厉吏治，州县贤有名者，大抵简拔荐擢以去，有起而秉节开府，得重名于京朝者……往余在官时，尝戏语人曰：事贵能持久，吾入官二十许年，不迁一阶，不加一秩，出视同列，如立衢街观行路，来者辄过，无肩随者，不可谓能久矣乎！"似不无牢骚之意，然对鸿章倾服推崇，始终无间，风义之笃，世所共知，殆亦如士钊记中所云"相与之际，别有真处""意气逾笃，名位别为一事"欤？汝纶《祭李文忠公文》有云："不佞在门，或仕或止，迹疏意亲，谓公知己。"

宗棠虽不免"悻悻""争名"，而所论亦有中肯处。如谓国藩初起之军，阅历少，往往为敌所乘，时形困踬，以国藩不变平生所守，用能成功，固道实也。后幅生死之论，感慨激楚，想见此老晚年孤愤之态。国藩晚境怫抑，办理天津教案，见摒清议，精神上所受苦痛最深。致损天年，衷怀盖实有不能喻诸人人者。若宗棠，似差胜矣，而既扬威万里以归朝，在军机为同列所挤，督两江亦不尽如志，对外侮则尤忿恚难忘。癸未二月作序之前五月。初十日家书，与子孝宽等。述以江督赴沪视察海防情形，有云："值此时，水师将领弁丁之气可用，悬以重赏，示以严罚，一其心志，齐其气力，我与彭宫保乘舢板，督阵誓死，正古所谓并力一向千里杀将之时也……彭亦欢惬，并称：'如此布置，但虑外人不来耳！'诸将校亦云：'我辈忝居一二品武职，各有应尽之分。两老不临前敌，我辈亦可拚命报国！'答云：'此在各人自尽其心，义在则然，何分彼此！但能破彼船坚炮利诡谋，老命固无惜！或者四十余年之恶气，借此一吐，自此凶威顿挫，不敢动辄挟制要求，乃所愿也！'宫保亦云：'如此断送老命，亦可值得。'"写其与彭玉麟敌忾之情，凛然可睹，序中"愿得一当以毕余生"，谓此也……未几以中法之役，宗棠督师福建，玉麟督师广东，迄中法和议之成，均未获躬亲战事。王闿运为玉麟撰墓志铭，所谓"晚遘海氛，起防南越，自谓得其死所，乃复动见'扳缠'"也。吴光耀湖北人《纪左恪靖侯轶事》云：

清泉左全孝言：左文襄晚年，法兰西入寇，诏督师闽海。出天津，与直隶总督李鸿章争协饷，弗谐，中道谓所亲曰：“老矣，不复能如往年抬杠！到天津与李二抬杠不中用，到江南不得与曾九抬杠。”通俗称强梁争事曰抬杠。是时曾国荃总督两江，既见，执手欷歔，相顾须鬓，曰：“老九认得我邪？我乃认不得老九！老九哥哥死矣，我便是老九哥哥！”曾喻意曰：“此行闽海，协兵协饷是小弟事。”退而燕谈，问：“老九一生得力何处？”曰：“挥金如土，杀人如麻！”左大笑曰：“我固谓老九才气胜乃兄！”到防，忧愤时事，有如心疾，日在营中呼：“娃子们快造饭，料理裹脚草鞋，今日要打洋人！”谆谆不绝口。左右请看戏，演忠义战事，如岳飞大胜金兀朮等出，乃欣然不言。会元日，问是何日，曰过年。曰：“娃子们都在福建省城过年邪？”曰然。曰：“今日不准过年，要出队！洋人乘过年好打厦门，娃子们出队，我当前敌！”总督杨昌濬贺年，谓：“洋人怕中堂，自然不来，中堂可不去。”左曰：“此言那可靠？我初以四品京堂打浙江长毛，非他们怕我！……还是要打，怕是打出来的！”杨沮之不已，左哭曰：“杨石泉竟不是罗罗山门人！”将军穆图善亦贺年来。左右报将军来，曰：“穆将军他来何事！他在陕甘害死我刘松山，我还有好多人与他害！”且詈且泪流沾襟。将军曰：“中堂在此一军为元戎，宜坐镇；便去，当将军总督去。”左曰：“你两人已是大官矣！你两人去得，我去得，还是我去！”将军言：“我辈固大官，要不如中堂关系大局。”左无声，徐言：“如此，便你两人亦不必去，令诸统领去；诸统领不得一人不去！”先是，洋人诇厦门距福建省城极西无重兵，乘元日以大队兵船扰厦门。未至厦门五十里，用远镜见厦门沿海诸山皆红旗恪靖军，知有备而遁，曰：“中国左宗棠利害，不可犯也！”

……和约定，左右不敢言和约。忽咄咄自语曰：“今日大喜事，娃子们何不灯彩？速灯彩。”既灯彩，则又曰：“何无人贺？”将军总督以为真有喜事，相率入贺。问曰：“今日贺中堂，中堂是何喜事？”曰：“许大喜事都不知，未免时局太不在心！我昨日灭洋人，露布入告矣！许大喜事都不知，未免时局太不在心！”将军总督退，使人出视和约，气急而战，不能成读，太息曰：“阎中堂天下清议所归，奈何亦傅会和约！”然犹不时连声呼：“诃诃，出队！我还要打！这个天下，他们久不要，我从南边打到北边。我要打，皇帝没奈何！”颠而呕血，遂至于薨。呜呼！如左文襄之办夷务，则信乎古之人所谓忠也。初奉命从亲兵二十人出都，曾无告示，而各国商船不敢入海口。英人噪总理衙门除海禁，左置信箱中军帐侧，令总理衙门公私文书尽投其中，不得启锁。邵阳姚炳奎言：左初入关见李，言关外办事之艰苦，李曰：“君在西方，尚得道好；我在畿辅，言官骂得不成人。”左曰：“关外办事，同是不免言官掊击，此是朝廷纪纲要如此。”其意谓督抚当如胡文忠言，包揽把持，不得因人言避事，盖谚语“打拢说话”，思以用李，而不知其道不同也。

写得栩栩欲活。虽有过度之渲染，类小说家言，未可概据为典要，而宗棠烈士暮年“愿得一当以毕余生”之情绪，似亦颇能表见其略，故录供谈助。

若就一时名位论，宗棠自属甚为得意。长沙陈锐《裒碧斋杂记》有云：“文襄治军二十年，自陕还朝，授军机大臣，出督两江，乞假一月回湘省墓。出将入相，衣锦荣归，观者塞途。一日，就婿家宴饮，婿为安化陶文毅公子，谓之曰：‘两江名总督，湖南得三人：一为汝家文毅公，一为曾文正公，其一则我也；然渠二人皆不及我，文毅时未大拜，文正虽大拜而未尝生还。但我亦有一事不及二人，则无其长须耳。’合座輾然。”良趣。盖在国固孤愤之难伸，在家亦昼锦之足夸耀乡闾也。

［章］士钊《铜官感旧图记》，于题图诗文数十篇中，独称“江西胡瘦唐所言”。胡思敬字漱唐，亦作瘦唐，清末名御史。之作，亦《铜官感旧图题咏》刊本未及载入者。顷于其《退庐文集》检得所撰《铜官感旧图记》，移录如下：

资湘交汇之区，有山曰铜官，故相湘乡曾文正驻师地也。靖港之败，章价人太守脱文正于厄。越十余年，文正薨，疆事大定，太守刺舟过此，追忆曩时患难，作为此图，遍征名流题咏。

当时李次青、吴挚甫二先生皆未达其意，疑太守浮沉牧令间二十余年，戚戚不安于怀，聊假寓于物以写其蹉跎失意之悲。左文襄稍知言矣，又牵及老氏一死生齐得丧之旨，几中而复失之。予与太守子曼仙枢部交，获见此图，感念事物艰难之会，贤人君子崎岖补救之心，盖有不能已于言者。当发逆初起，楚南先被其患，众推文正练乡兵，保境杀贼，苟以自救，非有经营天下之志也。其后率师东下，困于彭蠡，厄于祁门，岌岌如落陷阱。即金陵合围之初，犹日夜忧惧，恐诸将冒险徼功，致蹈和张故辙，亦非有奇谋胜算，自信必能挈东南数千里已失之地还之朝廷也。

夫兵者阴事，不济，则以死继之，君子所自尽者只此而已。同时与文正并起相颉颃者，无若胡文忠。奓山之衄，文忠索马欲赴敌死，圉人救之，马反驰，临江遇鲍忠武，乃同归。其幸而不死，亦犹铜官山之志也。余尝私叹，军兴以来，陆建瀛不死而江宁陷，何桂清不死而苏常又陷。文正、文忠欲死而不获死，奔走支拄其间，坚俟灭贼之机，未尝一日忘殉国之志。迨左文襄出，上游根本渐固，兵事稍稍顺矣。

文襄谓文正即死，诛巢戡让，不患无继起之人，亦安知始事之艰，非积诚不能挽天下之极敝，虽才智无所措手乎？文正尝自言之矣：躬履诸艰而不责人以同患，浩然捐生，如远游之还乡，而无所顾悸。由是众人效其所为，亦皆以苟活为羞，以避事为耻。呜呼！湘军之所以兴，洪杨之所以灭，此数语尽之矣。浅见者不知，顾谓中兴人才，萃于湘楚，衡嶷镇峙之灵，郁数百年，闷极而一泄。此不特堕四方志士奋发有为之气，又使一二老成扶持世教之苦心，不见白于后世，何其言之诞也！发逆既平，湘中士习渐骄。文正再出剿捻，尝太息咨嗟，谓楚军暮气不可用。

太守从文正久，习知兵间利害，观其自记之词，颇惜文正畏逼轻发，不能如异日之坚忍。聊追述仓卒遇难之状，以励乡人敢死赴敌之气，俾知士大夫出任军国大事，唯一死足恃，余皆付诸天命气数，而不敢自堕其修，此作图之本旨也。夫文正以道德郁为文章，播为功业，即不幸下从咸彭，其可诵可传者自在大块。劳我以生，逸我以死，文正骤获死所，方幸息肩以趋于逸，而太守必欲力任其劳。太守于天下信有功矣，论者并欲以此责报于文正，是妇妪箪豆之见，非太守所以自待，亦非文正相待以国士之意也。

文有内心，饶意致，宜为士钊引重也。所述胡林翼欲赴敌死一节，为咸丰五年事。《湘军志·湖北篇》记此云：

咸丰五年三月乙丑，诏胡林翼署湖北巡抚……林翼念相持无已时，八月壬辰自将四千人渡江，思合水师取汉阳，不能进，屯奓山。戊戌寇至，林翼督军出，士卒要饷，出怨言，强之战。未交绥，噪而大奔。林翼愤甚，索马欲赴敌死，圉人见巡抚意色恶，反旋马四五转向空野，乃鞭之。马驰不能止，临江乃遇鲍超船。诸营官闻巡抚在，集溃卒，调王国才，合屯大军山。辛丑，荆州运饷银三万至，乃严汰疲羸，奏调罗泽南军，令更增二千人，还攻武汉。

取与曾国藩靖港之事并论，是绝好陪衬，似即本之王闿运。闿运为章寿麟撰墓志铭，有“昔鲍拯胡，功超五等”之句，以鲍超后来膺子爵之封也。超谥忠壮，思敬曰鲍忠武，误。薛福成《书霆军铭军尹隆河之役》，称超曰鲍武襄公，亦误。

郑孝胥有《题章价人太守铜官感旧图》，见《海藏楼诗》，为丙申光绪二十二年所作，诗云：

曾公靖港败，章侯救以免。功名震一世，云泥隔岁晚。
归舟近长沙，父老话兵燹。山丘易零落，铜官长在眼。
作图名感旧，自记极微婉。文襄耄年序，奋笔亦殊健。
未知王翁歌[①]，放浪情无隐。曾章今往矣，意气固同尽。
时髦论纷腾，何事抉余愠？道高迹可卑，子贤身不泯。
报恩贱者事，岂以律贵显？彼哉李子言[②]，徒示丈夫浅。

自注：①王壬秋。

②李元度序，有“不言禄，禄亦弗及”之语。

推闿运之诗，而于国藩似亦有微词。

左宗棠序中，引国藩父麟书之语，甚壮迈。麟书以老诸生为封翁，当国藩督师时，自撰一联，命国藩书之，文云：“有诗书，有田园，家风半读半耕，但以箕裘承祖泽；无官守，无言责，时事不闻不问，只将艰巨付儿曹。”麟书应童试十七次，始于道光十二年以府考案首入湘乡县学，年四十三矣。国藩是年随父应试，获以佾生注册，年二十二，明年相继入学，又明年乡试中式，遂于道光十八年成进士，入词林，而麟书则入学之后，未克再进一步也。

国藩《会奏湘潭靖港水陆胜负情形折》咸丰四年四月十二日。叙靖港之败云：

臣曾国藩以潭城逆贼被水陆官军痛剿，专盼靖港之贼救援，亟应乘机攻剿，俾逆贼首尾不能相顾。明知水师可恃者均已调赴湘潭，陆路各营，除塔齐布、周凤山两营正在潭城剿贼，升用同知林源恩一营驻防平江，此外岳州、宁乡两次失利，阵亡乡勇约七八百名，又淘汰遣散湘勇已千余名，现存营者仅及千名，难期得力，而事机所在，又不敢不急切图之。是日卯刻，亲率大小战船四十余只，陆勇八百，驰赴靖港上二十里之白沙洲，相机进剿。午刻，西南风陡发，水流迅急，战船顺风驶至靖港，不能停留，更番迭击，逆贼在炮台开炮，适中哨船头桅，各水勇急落帆收泊靖港对岸之铜官渚。贼众用小划船二百余只，顺风驶逼水营，水勇开炮轰击，炮高船低，不能命中贼船，被焚十余只，随风漂散数只。各水勇见势不支，纷纷弃船上岸，或自将战船焚毁，恐以资贼，或竟被逆贼掠取。臣曾国藩在白沙洲闻信，急饬陆勇分三路速扑靖港贼营，冀分贼势。陆勇见水勇失利，心怀疑怯，虽小有斩获，旋即却退。臣曾国藩见水陆气馁，万难得手，传令撤队回营。此又初二日靖港剿贼失利之实在情形也。

又《靖港败溃自请治罪折》，同日。自陈调度乖方之失谬，继谓：

臣整军东下，本思疾驱出境，乃该逆大举南犯，臣师屡挫。鄂省危急不能速援，江面贼氛不能迅扫，大负圣主盼望殷切之意。清夜以思，负罪甚大。愧愤之余，但思以一死塞责，然使臣效匹夫之小谅，置大局于不顾，又恐此军立归乌有，我皇上所倚以为肃清江面之具者，一旦绝望，则臣身虽死，臣罪更大。是以忍耻偷生，一面俯首待罪，一面急图补救……一两月间，水师当有起色。但微臣自憾虚有讨贼之志，毫无用兵之才，孤愤有余，智略不足，仰累圣主知人之明，请旨将臣交部从重治罪，以示大公。并吁恳皇上天恩，特派大臣总统此军。臣非敢因时事万难，遂推诿而不复自任，未经赴部之先，仍当竭尽血诚，一力经理。如船只已修，水勇可恃，臣亦必迅速驰赴下游，不敢株守片刻。

前折为与湘抚骆秉章会衔所上，后折为单衔所上，摘录用资并览。

曾国藩与骆秉章之龃龉

王闿运《隆观易小传》言骆秉章以不乐曾国藩侵官权而下檄斩观易之父，与陈三立《隆观易传》所叙有异。按：《湘军志·曾军篇》纪咸丰三年骆、曾事有云：

> ……诸州县亦时禀承国藩，言所兴除。有上言胥隶贪恣，辄捕治斩之。其行馆即讯者，经三月杀五十余人，文法吏大哗……骆秉章复来，以国藩所行异于罗绕典及诸团练大臣，心诽之，然见其所奏辄得褒答，受主知，未有以难也……提标兵固轻侮练勇，倚提督益骄，适湘勇试火枪，伤营兵长夫。因发怒，吹角执旗，列队攻湘勇。城上军皆逾堞出，城中惊哗。国藩为鞭试枪者以谢，乃已。俄而辰勇与永顺兵私斗，辰勇者塔齐布所教练也，提标兵益傲怒，复吹角列队讨辰勇。于是国藩念内斗无已时，且不治军，则吏民益轻朝使，无以治奸轨，移牒提督名捕主者。提督亦怒，谩曰："今如命！"缚诣辕门。标兵汹汹满街。国藩欲斩所缚者以徇，虑变，犹豫未有所决。营兵既日夜游聚城中，文武官闭门不肯谁何，乃昌狂公围国藩公馆门。公馆者，巡抚射圃也。巡抚以为不与己公事，国藩度营兵不敢决入，方治事，刀矛竟入，刺钦差随丁，几伤国藩。乃叩巡抚垣门，巡抚阳惊，反诩遣所缚者，纵诸乱兵不问。司道以下，公言曾公过操切，以有此变。国藩客皆愤怒，以为当上闻。国藩叹曰："时事方亟，臣子既不能弭大乱，何敢以己事渎君父？吾宁避之耳。"即日移屯衡州。

亦可合看。如闿运所云，秉章之于国藩，良有忮心矣。《湘军志平议》郭嵩焘于"心诽之"云云批曰："骆文忠与罗文僖同处，即一切委之罗文僖，与曾文正同处，即一切委之曾文正，其心诚无所计校，才虽薄而固君子人也，未宜以此冤之。"嵩焘侄孙振墉注引李元度《骆文忠公别传》："曾文正公时以侍郎奉命治团练，公与同心戮力，虽议论时有不合，而公事力护持之。"又秉章自撰年谱叙咸丰三年国藩由省移衡事云："是时曾涤生在又一村居住。嗣因镇筸兵赌博，拿获后欲解来正法。是时兵勇鼓噪，闹至又一村，出而弹压，兵勇始散。曾涤生见兵心不服，不在省住，移节到衡州矣。"

《湘绮楼笺启》与左宗棠书有云："闿运行天下，见王公大人众矣，皆无能求贤者。涤丈收人材不求人材，节下用人材不求人材，其余皆不足论此。以胡文忠之明果向道，尚不足知人材，何从而收之？故今世真能求贤者，闿运是也，而又在下贱，不与世事，性懒求进，力不能推荐豪杰，以此知天下必不治也。"亦见闿运以求贤自负，大言无所诎。（下略）

曾胡谭荟凌霄　一士

作者事略见前。

一君一相之说

昔人有言，明代有一君一相，君谓洪武帝，相谓张居正。吾亦谓清代有一君一相，康熙帝与国藩也。

国藩以勋臣官至武英殿大学士，名满天下，有“圣相”之称，其才略学养允足为有清相臣第一。志在转移风气，陶铸人才，尤为所见者大，非寻常所谓名臣者所能及。其《原才》一论发明斯旨，谓：“风俗之厚薄奚自乎？自乎一二人之心之所向而已……今之君子之在势者，辄曰天下无才，彼自尸于高明之地，不克以己之所向，转移习俗，而陶铸一世之人。而翻谢曰无才，谓之不诬，可乎否也。”平生抱负足见一斑，盖注重个人人格之感化，以收转移陶铸之功。其效最彰于治军，湘军之兴，才贤辈起，均受国藩人格之感化也。其督江督直整饬吏治，亦均以人格感化之道行之。惜乎虽负相名，未居相职，仅于入觐时，至内阁暨翰林院一到大学士之任，仍出绾疆符，以使相终，未尝值军机以行使相权也。为清廷计，金陵既下，即宜任以首席军机大臣，俾推广其人格感化之范围，以转移举国风气，陶铸举国人才，并出其所蕴蓄者，施诸政本，其收效之宏更非封疆将帅之比。清廷见不及此，故圣相之相业无闻焉。吾所谓一相亦仅能以才略学养论耳。

曾国藩之晚年

国藩自从事军务，即与劳苦忧患为缘。金陵既克，位高望重，更以忧谗畏讥，日在屏营兢惕之中。晚遘天津教案，感触尤深，衰病日甚。迨以直督调江督，自觉病体难胜，且右目已废，左目亦昏眵，不愿再理繁剧。故上疏请开缺，而奉旨慰劝之后，即力疾赴任，不复坚辞。盖仍以勋望太高，罢官居乡，易启嫌疑之故，纵获准其开缺，或亦留居京师耳。当时风气未开，尚未发明以出洋为退步之妙诀。使如今日者，国藩殆必坚请引退而养疴海外欤。

国藩还督两江，衰疾已甚，虽朝旨以“但能该督坐镇其间，诸事自可就理”为言，不责其诸事躬亲，而国藩力疾赴任，仍孳孳将事，罔有暇豫，诚如其赴任前请陛见折，所称“揆诸古人鞠躬尽瘁之义，一息尚存，不敢稍耽安逸也”。病躯积瘁，重以在津办理教案神经上之隐痛太深，疾遂不治。岁余即卒于江督任。江苏巡抚何璟奏报之折称其“在军在官，夙夜未尝稍懈，虽风潇雨晦，疾病忧郁之时，率以鸡鸣而起，夜分始息，盖数十年如一日也。晚年不服珍药，未尝有卧疴倚衾之日，前在两江任内，讨究文书，条理精密，无不手订之章程，无不点窜之批牍，惟有舌蹇心悸之症，不能多见僚属。前年回任，自谓稍即怠安，负疚滋重。公余无客不见，见必博访周咨，殷勤训励于僚属之贤否。事理之源委，无一不默识于心，人皆服其耄年进德之勤”。盖纪实语。

亦佳庐小品徐一士

作者事略见前。

胡左谈曾国藩

［胡］林翼致国藩书尝云：“季高谋人忠，用情挚而专一，其性情偏激处，如朝有争臣，室有烈妇，平时当小拂意，临危难乃知其可靠。”又致宗棠书尝云：“涤公之德，吾楚一人，名太高，望太切，则异日之怨谤亦且不测。公其善为保全，毋使蒙千秋之诬也。”

曾左之友道中乖，林翼殆有先见之明欤？使林翼而在，以其与曾左之关系，必能斡旋其间，使言归于好，惜其早逝耳。当林翼逝世，宗棠祭以文，词极雄畅沉痛。国藩称以“情文并茂，殊为杰构”。中有句云：“我刚而褊，公通而介。”又云：“自公云亡，无与为善，孰拯我穷？孰救我褊？”是宗棠于己之褊，未尝不自知之，而谓能救其褊者唯有林翼也。宗棠对林翼，亦每以盛气（陵）［凌］之，书函时有诋嘲。而林翼一不与较，始终调护。尝致郭崑焘书云："鄙人今春不欲与季丈抬杠，恐伤其气。实则应谏之事，应抬之杠，均俟之异日也。然横览七十二州，更无才出其右者。倘事经阅历，必能日进无疆。"又尝致宗棠书云："奉书皆愤懑之词，不能以口舌与公争。"其雅量高致，殆有非国藩所及者。

宗棠后与李鸿章会师剿捻。捻平之后，以所部刘松山功高，上疏请表扬国藩之赏拔松山，时曾左固仍在绝交中也。疏云：

臣尝私论曾国藩素称知人。晚得刘松山，尤征卓识。刘松山由皖豫转战各省，曾国藩常足其军食以相待。解饷至一百数十万两之多，俾其一心办贼，无忧缺乏，用能保垂危之秦，救不支之晋，速卫畿甸，以步当马，为天下先。即此次巨股荡平，平心而言，何尝非刘松山之力？臣以此服曾国藩知人之明、谋国之忠，实非臣所能及。合无仰恳天恩，将曾国藩之能任刘松山，其心主于以人事君，其效归于大裨时局，详明宣示，以为疆臣有用人之责者劝。

国藩以剿捻无功而解钦差大臣之任，一时声望颇减。宗棠有此一疏，特为表彰，实为难得。唯宗棠此举，似有隐衷存焉。盖平捻之役，鸿章统淮军，宗棠统湘军。蒇事而后，论功推淮军居首。宗棠自矜其功，意不能平，故借扬国藩以扬松山，松山固己部大将，扬己部亦所以抑李部耳。鸿章暨淮军将士，夙受国藩卵翼，特举国藩以立言，俾使关口夺气，其动机殆非纯出至公欤！

国藩致郭嵩焘书云："左帅表刘寿卿之功，谬及鄙人。论者谓其伸秦师而抑淮勇，究不知其意云何也？"是国藩固亦已怀疑于其动机矣。而就事论事，宗棠此疏推重国藩如此，亦自见大臣相处之风谊也。国藩于金陵既下，即裁遣其弟国荃所部，唯留少数精锐，畀松山将之，号曰老湘营。宗棠授陕甘总督，松山率部隶焉。其后松山阵亡于金积堡，宗棠悲不自胜，即命松山侄锦棠代将。迄西陲之戡定，此军恒为其主力部队，虽迭经增募而老湘之称未改。薛福成谓宗棠西征之功，国藩实助成之，盖非漫为标榜者。至松山部平捻时所以称为秦军，则以先本赴陕剿匪，继乃由陕出而会师讨捻之故。

国藩卒于江督任，优旨赐恤。宗棠家书致其子孝威中论及云：

赠太傅，谥文正。饰终之典，极为优渥，所谓礼亦宜之也。唯两江替人，殊非易易。时局未稳，而当时贤能殊不多觏，颇为忧之。

又云：

曾侯之丧，吾甚悲之。不但时局可虑，且交游情谊，亦难恝然也。已致赙四百金，挽联云：

“知人之明，谋国之忠，自愧不如元辅；

同心若金，攻错若石，相期无负平生。”

盖亦道实语。君臣朋友之间，居心宜直，用情宜厚。从前彼此争论，每拜疏后即录稿咨送，可谓锄去陵谷，绝无城府。致兹感伤不暇之时，乃复负气耶。“知人之明，谋国之忠”两语，亦久见章奏，非始毁今誉，儿当知我心也。丧过江干时，尔宜往吊，以敬父执。牲醴肴馔，自不可少，更能作诔哀之，申吾不尽之意，尤是道理。吾与侯所争者国事兵略，非争权竞势比。同时纤儒妄生揣拟之词，何直一哂耶！

心长语重，肝胆照人，斯亦可谓一死一生乃见交情矣。唯后此宗棠仍喜诋諆国藩，盖缘自视极高，觉流俗所重者无足当意。而时论所最称引者唯国藩，故特于国藩示不满以自矜异耳。

略谈曾胡

［左］宗棠祭林翼文，写其病中情态有云：

何图我公，积劳成瘵。中兴可期，长城遽坏。书来诀我，劳者思憩。君等勉旃，吾从此逝。启函涕零，亟致良药。苍头驰赍，七日至鄂。使还告我，详讯寝食。公卧射堂，屏退妇稚。血尽嗽急，肤削骨峙。频闻吉语，笑仅见齿。鼎湖龙去，攀号不遂。以首触床，有泣无泪。呜呼公乎，而竟已矣。

真切如画。盖林翼病危之际，攻皖之师大捷，安庆已下，而咸丰帝逝于热河也。祭文所叙，与林翼与宗棠书所谓“林翼无死于牖下之志，尤不喜死于妇人之手，处烦恼之地，得隐逸之病，病何足惜，死更不足惜。独患气根清深，欲生不得，速死不能，不能办一事，而徒贻误耳”及“欲耽半夜之美睡，亦不可得；而百年之美睡，又不即至；吾命穷矣”诸语合看，尤足动人也。国藩雄于文，而祭文则所作殊少。集中以《祭汤海秋文》最脍炙人口。

以曾胡交谊之笃挚，亦无祭文之作，唯挽以一联云：

逋寇在吴中，是先帝与荩臣临终憾事；

荐贤满天下，愿后人补我公未竟勋名。

以“荩臣”与“先帝”并称，示林翼之地位与寻常将帅不同，语意亦能道出林翼心事。虽若尚少奇崛之气，沉雄之音，未足见国藩之特长，然实佳构。林翼明于知人，举劾最号公允。同治中谕旨，论及人才，犹往往有某尝为胡林翼所保，某尝为胡林翼所参语，其见信于身后者，尚若是焉。“荐贤满天下”，固当时公论；而国藩于此，则亦正无多让。林翼之获大用，未始不由于国藩“其才胜臣十倍”之奏也。又对于大人物之挽词，如一味颂扬，不易出色。须就其志事未酬处立说，始耐人寻味，且益形其人物之伟大。孙衣言之挽国藩，即深得此意。林翼虽声施烂然，而全功未蒇，更宜于此处着重。国藩之联，曰“临终憾事”，曰“未竟勋名”，于其战功政绩，反略而不举。而林翼之为林翼，乃益焕然昭著，使人企慕无穷。诚不愧为精于此道者。

曾胡为异族一姓效命，摧灭同种所建之太平天国，宜为今人所讥。而其甘心戮力之动机，则于传统的忠君思想之外，更有名教与文化之关系，以作其气。洪杨辈标榜西教，且设为天父、天兄等名词，号令群众，实大违当时人民之心理，尤为所谓读圣贤书之士君子阶级所疾首痛心。洪秀全等称清室方面之人物为妖，盖取所谓魔鬼之义。而士君子之流，愤其毁弃名教，破坏文化，心目中亦未尝不以为妖也。咸丰四年国藩声讨之檄文有云：

自唐虞三代以来，历世圣人，扶持名教，敦叙人伦。君臣父子，上下尊卑，秩然如冠履之不可倒置。粤匪窃外夷之绪，崇天主之教，自其伪君伪相，下逮兵卒贱役，皆以兄弟称之。谓惟天可称父，此外凡民之父皆兄弟也，凡民之母皆姊妹也。农不能自耕以纳赋，而谓田皆天王之田；商不能自贾以取息，而谓货皆天王之货；士不能诵孔子之经，而别有所谓耶稣之说、《新约》之书。举中国数千年礼义人伦、诗书典则，一旦扫地荡尽。此岂独我大清之变，乃开辟以来名教之奇变，我孔子、孟子之所痛哭于九原！凡读书识字者，又乌可袖手安坐，不思以为之所也。

又云：

不特纾君父宵旰之勤劳，而且慰孔孟人伦之隐痛。

又云：

倘有抱道君子，痛天主教之横行中原，赫然奋怒，以卫吾道者，本部堂礼之幕府，待以宾师。

是国藩辈所资以号召者，固非专以忠于清室为言，而其个人之信念，亦实是如此。当时君臣一伦，自亦在所谓名教之中，而名教之范围则较广。故湘军将帅多起自儒生，踔厉奋发，视死如归，亦此种信念有以致之。而曾胡之所以倡率之者，其效盖大著矣。清室之所以存续，与太平天国之所以覆亡，此实一大关键。吾友王君小隐，尝谓曾胡与洪杨之战，含有宗教战争之意味，可谓知言。俗传宗棠挟策以干洪杨，不遇而始与为敌，实齐东野人之语。宗棠之个性，虽与曾胡不尽相同，而于此种信念，实无以异也。使太平天国唯以种族之义相揭橥，而致力于除民疾苦，顺应人心，不以天父天兄为惊世骇俗之具，其结果或当有殊耳。

谈曾国藩科第

国藩家世力农，六百年中无以科第显者。其父麟书，亦仅一老诸生。至国藩乃起家翰苑，位极人臣，学问文章，德业事功，为群伦所推仰焉。湘之新宁，清代向无捷乡试者。迨道光丁酉科，江忠源以拔贡中式，人谓之破天荒；若国藩者，就其家世论之，尤可云破天荒也。科举之真精神，为机会平等。国藩以乡僻之士，无所凭依，而能置身青云，端赖此平等精神耳。国藩初名子城，字居武。合姓名与字，恰为“曾子居武城”。通籍后，其师某氏，病其鄙俗，始为改之。杭县汪君建斋，熟于掌故，喜谈名人轶事。尝言国藩乡试，以录成文获隽。说当有本，匆匆未问所以。今建斋已作古人，不获叩其详矣。

在科举时代，由此进身者，号为正途。而欲学识之通博，除少数例外，殆非少年科第不可。以困于场屋之时，所致力者唯所谓“举业”，呫哔咿唔，视为专务，罕能分其心力，以从事于有用之学。迄通籍，始可抛却此一块敲门砖，为精神上之大解放。苟暮年登第，几于终身与举业为缘，他务多难深造矣。国藩二十三岁补县学生员，二十四岁中乡举，道光甲午科。二十八岁捷会试，戊戌科。成名之际正在英年。玉堂养望，为清而不要之官，乃于其间与京官之贤者，如唐鉴、倭仁、吴廷栋、何桂珍、邵懿辰、刘传莹辈游。研性理，讲实学，文誉才名渐著于时，非复埋头举业时之故我矣。少年科第之有造于国藩，良非浅鲜也。

故事，殿试一甲称“赐进士及第”，二甲称“赐进士出身”，三甲称“赐同进士出身”。国藩殿试列三甲第四十二名，虽进士而曰同。国藩视为大耻，欲襆被出都，不应朝考，经友人挽劝始止。朝考一等第二名，进呈拟第三名，道光帝亲拔为第二名。改翰林院庶吉士，庶吉士例称改，不曰授，以犹介乎官与士之间也。庚子留馆授检讨，庶吉士留馆，二甲例授编修，三甲则授检讨。乃完成其翰林资格。庶吉士虽朝珠貂褂，仪同编检，然散馆一关未过，大有散为部曹知县之虞，仅也号为半个翰林也。又由编检无论官至何阶，苟殁后予谥，必有“文”字。庶吉士则非入阁不获。而国藩终以同进士为介介，此与李鸿章以终身不获一掌文衡引为憾事正类。曾李均位兼将相，名满天下，而乃以是区区者萦其怀抱，不能不叹科举之事，洵有一种神秘作用，其魔力入人之深，有非今人所能尽喻者也。至俗传国藩幕客某以惧妾癖闻，国藩戏以“代如夫人洗脚”属对，客对以“赐同进士出身”，国藩大惭恚云云，则未谛。此谑在国藩前，已见著录。国藩名高，且以喜诙谐著，后人因以此归之耳。自来此类张冠李戴之事，数见不鲜。如“多磕头，少说话”，曾传为曹振镛语，后又传为荣禄或王文韶语。又如“老头子”之巧释，据《啸亭杂录》所记，为何焯对康熙帝事，后乃多传为纪昀对乾隆帝事，亦类此。

谈曾左交恶

宗棠以抱负过绝流辈自喜，谓曾胡均不足知己底蕴。其襄办国藩军务时，致郭嵩焘书有云：

> 涤公国藩谓我勤劳异常，谓我有谋，形之奏牍，其实亦皮相之论。相处最久相契最深如老弟与润公林翼，尚未能知我，何况其他？此不足怪。所患异时形诸纪载，毁我者不足以掩我之真，誉我者转失其实耳。千秋万世名，寂寞身后事，吾亦不理。但于生前自谥曰“忠介先生”，可乎？

其卓尔不群之意态有如此者。后又尝致书嵩焘云：

> 阁下生平惟知有曾侯、李伯及胡文忠而已，以阿好之故，并欲侪我

于曾李之列。于不佞生平志事，若无所窥，而但以疆臣目之，何其不达之甚也。

对同时人物均有夷然不屑之概。盖于曾胡尚不欲人相提并论，若夫李鸿章辈，更视为不逮己远甚，而置诸彼哉彼哉之列者也。

曾左交恶相传始于金陵既克，盖国藩以洪福瑱死于乱军中入告，福瑱为秀全之子，所谓小天王也。而据王闿运《湘军志》，则谓实名洪福，刻印姓名下列“真王”二字，军吏误合为瑱，奏诏言“洪福瑱”者以此。而洪实逸出未死。宗棠侦知而疏陈之。国藩疑左军有意张皇，上书抗辩。宗棠复疏争其事，辞气激昂。迨洪被擒于赣，事大白，而曾左之怨卒不解。唯据欧阳兆熊所记云：

恪靖来咨，极诋文正用人之谬，词旨亢厉，令人难堪。文正咨复云：“昔富将军咨唐义渠中丞云：‘贵部院实属调度乖方之至。贵部堂博学多师，不仅取则古人，亦且效法时贤。’其于富将军可谓深造有得，后先辉映，实深佩服。相应咨复云云。”恪靖好以气凌人，文正则以诙谐出之。从此恪靖亦无一字见及矣。

事在攻下金陵之前也。唐训方官皖抚，颇负时望。富明阿劾罢之，为清议所不取。以宗棠之孤高自负，目空一切，而谓其师法富明阿，谑而近虐，宜其怫然矣。国藩素工谐谑，论文尤重诙诡之趣，偶以不堪宗棠之盛气相陵，报之以此，竟成凶终隙末之局，良可嗜惜！而宗棠亦不得为无过焉。扪虱谈虎客论曾左交恶事有云：

文襄粗材，不足责也。文正学道有年，晚岁当益进。今若此，于所谓休休有容者，宁无惭德耶！

则以国藩学养素深，故责备较严耳。王闿运同治十年九月十日日记谓：

夜过涤丈，谈修好左季丈事。涤有恨于季，重视季也。季名望远不及涤，唯当优容之。故余为季言甚力，正所以为涤也。此隙起于李次青、刘霞仙，而李、刘晚俱背曾，可为慨然！

亦轩曾轾左。闿运于咸同间中兴将帅，喜讥弹，而尤不满于宗棠。后宗棠戡定西陲，由一等伯晋二等侯，时论颇议其赏薄，谓应封公。闿运独谓其“再辞侯封，近于知耻”，不慊之意可见。至谓曾左之隙，起于李元度、刘蓉，未知其审，或闿运一时兴到语，未足据为典要也。同治三年十月宗棠《直陈李革司被参情节折》有云：“曾国藩初次奏劾李元度，谓其负曾国藩负王有龄，此次代为乞恩。又谓昔年患难与共之人，唯李元度独抱向隅之感。所陈奏者臣僚情义之私，非国家刑赏之公，臣不敢附会具奏。”语侵国藩，然已在绝交之后矣。元度以军事为国藩严劾，遂尝相失；然本系患难相从之人，后亦彼此谅解。同治七年，国藩致许振祎书云：“尝悔昔年参劾次青太甚。今次青光复旧物，指复官。箧有传书，指撰成《国朝先正事略》。鄙人愧悔渐可以少减矣。”国藩逝世，元度《哭太傅曾文正师》诗，有“平生数知己，当代一元臣”诸语，又致挽联亦极推崇。唯闿运所云背曾，尚非羌无故实。若刘蓉，则未闻其与国藩有龃龉之事，且以夙好而为姻家，国藩子纪泽娶蓉女。国藩墓铭即出其手。背曾之说未知何据，殆亦一时兴到语耳。

曾左之交补遗

曾纪泽为国藩家继起之唯一人物，不愧名父之子，宗棠甚爱重之，尝称以“聪明仁孝”，并以人才奏保，时纪泽出使未归也。迨纪泽归国，宗棠已前卒矣。宗棠督两江时，委国藩婿聂缉椝佐上海制造局事，制造局总办李兴锐以纪泽日记于缉椝有不满之词为疑。宗棠与书解释，谓其尚有志西学，故令其入局学习，并谓：

> 日记云云，是劼刚一时失检，未可据为定评。传曰思其人犹爱其树，君子用情唯其厚焉。仲芳缉椝字能则进之，不能则禀撤之；其幸而无过也容之，不幸而有过则攻之许之，俾有感奋激厉之心，以生其欢欣鼓舞激厉震惧之念。庶仲芳有所成就，不至弃为废材。而阁下有以处仲芳，亦有以对曾文正矣。弟与文正论交最早，彼此推诚许与，天下所共知；晚岁凶终隙末，亦天下所共见。然文正逝后，待文正之子若弟及其亲友，无异文正之生存也。

益见宗棠之于国藩，诚有异夫寻常之凶终隙末者矣。且据薛福成所记，宗棠尝为国荃言与国藩绝交之故，其过在国藩者七八，而亦自认其二三，是宗棠亦非完全诿过国藩也。缉椝历官至安徽巡抚，移浙江，为台谏所劾引退，家于沪。尝捐资兴学，所谓聂中丞公学者是也。其子其杰营商业，为上海商界闻人焉。吴趼人小说《二十年目睹之怪现状》，于缉椝讥讪甚至。以叶伯棻影聂仲芳。而据沃丘仲子所为《近代名人小传》，则称国藩重其少年端悫，因妻以女。“当官素和谨，至浙日突弹罢不职文武多人。群吏大惊，怨詈以作。然在当世疆吏中，尚足称廉静。”或《怪现状》所述容有过当欤。纪泽日记凡见两本，一称《曾侯日记》，申报馆铅印本。一称《曾惠敏公使西日记》，上海书局石印《曾惠敏公全集》本。均纪泽出使时所记。二者互有详略，唯均未及指摘缉槊语，盖削去之矣。

宗棠平时言论，于名满天下之曾胡，每视为不己若，而于举世共称倚己成名之骆秉章，则甚表推崇。毛鸿宾之为湖南巡抚也，致书宗棠，以秉章前政为询。宗棠复书，举秉章抚湘绩效以告，极口赞叹，谓：“德政既不胜书，武节亦非所短。”并谓：“外间论者，每以籲公秉章字籲门之才不胜其德为疑，岂知同时所叹为有德者，固不如籲公；即称为有才者，所成亦远不之逮乎！”意即秉章才德实过曾胡也，是固其不肯人云亦云之素性使然，而秉章自亦非如世俗所评之庸碌而专恃幸运耳。

《湘军志》谓宗棠督办浙江军务，“以初领军，亦益谨事国藩，自比于列将”。郭崑焘纠之曰：“宗棠向喜与国藩争，国藩尝礼下之，未尝一日谨事国藩也。”又曰：“谨事数语，有意诋之，非情实也。”以宗棠之自负，固非能谨事国藩者。宗棠于浙事将定时，致骆秉章书云：

> 涤相于兵机每苦钝滞，而筹饷亦非所长。近日议论多有不合，只以大局所在，不能不勉为将顺，然亦难矣。

不满国藩之意，情见乎词。唯政府方以东南全局委之国藩，宗棠自不能事事立异，所谓“勉为将顺”者此耳。前当被劾出湖南抚幕，尝请于曾胡，愿为一营官杀敌自效。此特以满腔愤郁之气，为无聊极思之语，非真欲为曾胡帐下一小校也。晚年为章寿麟序《铜官感旧图》有云：

> 公不死于铜官，幸也；即死于铜官，而谓荡平东南，诛巢馘让，遂无望于继起者乎？殆不然矣！

盖谓靖港之役，国藩投水纵不获救，大功亦可告成，即全局初不系于国藩一人之意。其目中之国藩，与时论良有异同也。

卷七

花随人圣庵摭忆 黄濬

黄濬（1891—1937），字秋岳，又称哲维，室名花随人圣庵。本籍台湾，改籍福建。曾任南京国民政府行政院简任高级机要秘书，后以通日寇，坐汉奸罪伏法。撰著有《花随人圣庵摭忆》《聆风簃诗》等。

观微杜渐

邵翼如先生近以所著《人鉴通义》见示，中言及曾文正相人事。按：文正用人，不止相其貌。旧传文正在安庆时，有乡人某来投，朴讷谨厚，将试以事矣，一日共饭，饭有秕，某除之而后食，文正熟视之。饭后，奕既，令支应备数十金为赆。某大骇，浼文正表弟叩其故。文正曰：“某家赤贫，且初作客，去秕而食，宁其素耶！吾恐其见异思迁，故遣之。”按：此与五代时高彦符《唐阙史》述河南尹郑瀚与侄孙共食蒸饼，其侄去皮而后食，瀚大怒，以其弃者自尽食之，揖拜宾闼，赠五缣而遣之，事绝相似。古人观微杜渐之严，盖如此。

曾左赋性各异

予颇疑曾文正为一极深沉有心术之人，性毗阴柔，实师黄老。而左文襄则为阳刚，好大言出奇计之人，但粗豪耳。两人赋性绝不同，故不易欣合。然两人皆非效愚忠于满清者。记日本某君作《清史》，谓左文襄始曾以策干洪秀全，不用，缒城遁去，此说理盖可信。骆秉章实糊涂，不能用左，观其几为樊燮所构可见。曾文正以侍郎归湘，目击清政大坏，吏贪民困，宫闱昏暗，初不意能救其亡也。观其《讨粤匪檄》，绝不言忠君之义，开篇即言："粤匪自处于安富尊荣，而视我两湖三江被胁之人，曾犬豕牛马之不若。"又云："举中国数千年礼义人伦诗书典则，一旦扫地荡尽。"又云："无庙不焚，无像不灭。"其文中纯着笔于"孔孟人伦之隐痛，上下神祇被辱之憾"两点，是即文正极狡狯处。故湘军之兴，乃集儒生农夫，为自卫而战也。文正晚年惟恐功高被清廷所诛，故极谨慎小心，求自免而已。文襄好边功，稍骄蹇，非遇西后之奸雄，牢笼优礼，殆将不终。此两人皆不勾结宫廷王公太监，稍存书生本色。李文忠则好结内援，宦术深矣。曾、左本非为世受清恩而战，而一时谬号为中兴，上下交侈，益促满人之昏聩骄逸，不数十年清社以斩，宜哉。

至王壬秋，本为一跅弛之才，且有帝王思想，尝以"万方有罪，罪在朕躬，日旰君勤，君无戏言"等语，入于日记中。又尝劝曾文正革清命，两人促膝密谈，及王去，曾之材官入视，满案皆以指蘸茶书一"妄"字，盖文正畏祸，不敢也。使湘绮稍后数十年生，必一革命党无疑。又曾、左交情晚疏，湘绮日记有云："季高方踞百尺楼，余何从攀谈。"又云："夜过涤丈，谈家事，及修好左季丈事。涤有恨于季，重视季也。季名望远不及涤，唯当优容之，故余为季言甚力，正所以为涤也。此隙起于李次青、刘霞仙，而李、刘晚共背曾，可为慨然。"此可见湘绮调停之论。

处理天津教案负谤

前记曾劼刚事，因摭及文正天津教案受谤。顷见劼刚日记中有一节云：

观近来时势，见得中外交涉事件，有时须看得性命尚在第二层，竟须拼得将声名看得不要紧，方能替国家保全大局。即如天津一案，臣的父亲先臣曾国藩，在保定动身，正是卧病之时，即写了遗嘱，分付家里人，安排将性命不要了。及至到了天津，觉事务重大，非一死所能了事，于是委曲求全，以保和局。其时京城士大夫骂者颇多，臣父亲引咎自责，寄朋友的信，常写“外惭清议，内疚神明”八字，正是拼却声名以顾大局。其实当时事势，舍曾国藩之所办更无办法。

此段虽为子述父志之言，亦字字切实。天津之案，教堂毁，杀各国教士二十一人，使非文正化大为小，则庚子之祸不旋踵即作矣。当时士大夫既不肯以杀外人为非，亦不公然主战，但以诋毁文正之主和为能。

朱克敬著《暝庵杂识》，亦摭拾传闻，其后郭意城为之签正云：“天津教案条：曾文正办理此案，明知必遭时俗指斥，而考之事实，准之情理，势不得不出于此。事外论人，原多任意高下，及至中外交涉，则是非曲直，尤不能适得其平。此则叙述，似但沿世俗之论，未尽合当日情事。”意城此签，视劼刚所记尤为持平。当时唯有郭筠仙兄弟深知外交之窾要，群众谓为夷务者，意城但书为中外交涉，措词中已可见其明白。其称文正办理此案，明知必遭骂，而势不得不出此，可见文正衡量利害得失之慎，其忍辱处，正纯为国家计。及其后甲午、庚子诸役，一味叫嚣豗突者，自树高名，而动以亡国之责钳异己之口者，相去乃不可以道里计。夫亡国之惧，岂不怵惕心目？

然当道、咸之间，外人已有疑中国必亡者。劼刚《中国先睡后醒论》中有一节云：

国与人无异，人有幼年、壮年、老年、一息待尽之年，国亦有之。欧洲之遽谓中国即一陵夷衰微终至败亡之国，盖彼见中国古所疏凿之洪流巨川，四通八达者，今多湮塞。昔所传金石土木之工，坚致巨丽，今日只存遗迹，剥落损坏，无复完美，且作法多有失传者。中国古昔之盛，与近今之衰，判若霄壤，遂疑中国精力业已消铄殆尽，将近末造，难支他国争胜之势。道光十九年有英国著名之使臣，深知中国之时事及古今之典籍，一时未能或之先者。其言以为：“中国虽疆圉广阔，外无异国蚕食，内无土寇鸱张，然其中实有溃败决裂之象，不过略迟而已。予或不应出此言，不妨姑存其说。”其意见如是，而彼时意见相同者，不乏其人。大抵欧洲皆以道光末年为中国危险之时，苟易新君新政，略有缺失，即恐灾害并至，纵使幸而无事，终多变故之迭生。

盖当时觇国者已极为中国危，所谓溃败决裂者，已不能不谓为知微之论。然道光以来，中国虽大乱而未尝亡，所以不亡之理由，正在于别有曾、左、李、沈诸贤，明白而刚强者，力为支柱之。试观文正立了遗嘱，打算将性命不要，是如何勇毅。到了天津，知事势不得不如此，便拼却声名，以顾大局，是如何聪明！当时暗昧者虽一意攻击，而朝野犹有信任不疑使得毕其志业者。有如此肯为国牺牲之人，国自不易亡。及其后不修内政，但知昌言挞伐，而祸变愈深。盖明白人愈少，则国始易亡也。呜呼，由来国之可忧者，初不在于劼刚所引西人之言“异国蚕食，土寇鸱张”之时，而在于其中“实有溃败决裂之象”，其故可深长思矣。

居疑谤之地

为君既不易，为臣良独难，乱世为臣之难尤甚。苟非硁硁以一死自明，则当外患内讧交煎之际，诚有蹐天踏地之苦痛。合肥甲午之役，处境虽至逆，然其时固握大柄，冠百僚，视曾文正当年孤军转战时为稍有余地矣。故右铭先生之言，合肥当悚然汗下。至文正当时初不为朝廷所信，又不能置身事外，进退维谷，实处常人万不能堪之境。

咸丰三年十二月文正力陈船炮未备，不能下援，廷谕则云：“现在安省待援甚急，若必偏执己见，则太觉迟缓。朕知汝向能激发天良，故特命赴援，以济燃眉。今观汝奏，直以数省军务一身克当，汝问汝之才力能乎？否乎？平时漫自矜诩，以为无出己之右者，及至临事果能尽符其言甚好，若稍涉张皇，岂不贻笑于天下？着设法赶紧赴援，能早一步即得一步之益。汝能自担重任，迥非畏葸者比，言既出诸汝口，必须尽如所言办与朕看。”

文正至此复奏则惟有曰：“臣自维才智浅薄，惟有愚诚不敢避死而已。至于成败利钝，一无可恃。皇上若遽责臣以成效，则臣惶悚无地，与其将来毫无功绩，受大言欺君之罪，不如此时据实陈明，受畏葸不前之罪。伏乞圣慈垂鉴，怜臣之进退两难，诫臣以敬慎，不遽责臣以成效，臣自当殚竭血诚，不敢妄自矜诩，亦不敢稍涉退缩。”以自己起乡兵转战数省之人，而当年却以“平时漫自矜诩”等语诮之，此等遭际，真视昭烈之鱼水君臣有如天上！咸丰七年六月，文正沥陈办事艰难仍恳终制一疏，有云：

臣未奉有统兵之旨……大小不足以相维，权位不足以相辖。去年会筹江西军务，偶欲补一千把之缺，必婉商巡抚，请其酌补。其隶九江镇标者，犹须商之总兵。虽居兵部堂官之位，而事权反不如提镇，此一端也。臣办理军务，处处与地方官相交涉，文武僚属大率视臣为客，视本管上司为主，宾主既已歧视，呼应断难灵通……臣身为客官，职在军旅，于劝捐扰民之事，则职分所得为，于吏治、学额、减漕、豁免诸务，则不敢越俎代谋。纵欲出一恺恻详明之告示，以儆官邪而慰民望，而身非大吏，州县未必奉行，百姓亦终难见信，此一端也。臣前后奉援鄂皖、筹备航炮、肃清江面诸谕旨，皆系接奉廷寄，未经明降谕旨，外间时有讥议，或谓臣系自请出征，不应支领官饷；或谓臣未奉明诏，不应称钦差字样；或谓臣曾经革职，不应专折奏事；臣低首茹叹，但求集事，虽被侮辱而不辞。迄今岁月太久，关防之更换太多，往往疑为伪造，酿成事端……此外文员之凭，武官之札，皆由督抚转交臣营，常迟久而不到。军中之事贵取信如金石，迅速如风霆，而臣则势有不能，此一端也。

此疏数十年后读之，犹为扼腕，忠而见疑，信而被谤，上之授权不专，则下必到处荆棘。此等处，予尝窃疑唯文正之学养能忍受之，以底于成功；若合肥遇之，恐不能堪。盖合肥晚年所遇，乃外间士大夫之责言，官府之信任则殊深笃，故私谓李之不如曾，正在此等处。曾未尝得君，而能自成大业，李如此得君，而于不堪一战之实情，不能以力回斡，吾宁同于义宁之诤议也。然为臣之难，于此可见，不绌于此，亦必扼于彼。记文正诸疏，以为用人而疑之者告。

曾沈争厘捐饷项

《［先君］行状》中叙曾、沈争厘捐事，只一二句，视《瞑庵杂识》所记，固失之太简。然朱记亦甚略，考文正文牍以涉此事者最为愤激。当咸丰之末，文正自皖东征，议［办］江西厘金以充东征军饷，复拨江西漕折以充徽、宁两防之饷。逮同治初年，又因各军逃亡过多，奏拨九江洋税三万以清积欠。沈文肃抚赣，乃先后罢之，最后请将江西牙厘悉归本省经收，文正乃不能复忍矣。其力争此事之疏，词气激烈，生平所未有，中有云：

> 臣忝督两江，又绾兵符，凡江西土地所出之财，臣皆得奏明提用。即丁、漕、洋税三者，一一分提济用，亦不为过。何况厘金奏定之款，尤为分内应筹之饷，不得目为协饷，更不得称为隔省代谋。如江西以臣为代谋之客，则何处是臣应筹饷之地……沈葆桢于臣处军饷，论分论情，皆应和衷熟商，元年八九月间臣军疾疫大作，而忠逆大举援救金陵，沈葆桢乃于是时截留漕折银四万，既不函商，又不咨商，实属不近人情。二年浔关洋税一案，关道蔡锦青分拨万五千两解至臣营，沈葆桢乃大怒，严札申饬蔡锦青，并移咨诘问臣处，但有峻厉之词，绝无婉商之语。此次截留厘金，亦并未函商咨商一次……或臣明于责沈葆桢，而暗于自责。臣例可节制江西，或因此而生挟权之咎。臣曾保奏沈葆桢数次，或因此而生市德之咎。然臣阅世已深，素以挟权市德为可羞。即如漕折一案，臣曾函商一次，咨商一次。洋税一案，臣接抚臣峻词诘问之咨，曾经密函婉复。兹特抄呈御览，以明臣不敢有挟权市德之意。自此二案外，臣之公牍私函在江西者极多，其中如有挟权市德措词失当者，请旨饬下沈葆桢多抄数件进呈。

又《复吴竹如书》云：

> 户部疏中言湖北每月协我五万，湖南月协二万五千，江西月协三万云云，实则四川、（两）［湖］广三省，四年以来并无协我丝毫之款，江西除厘金亦别无月解之款，去年浔关解到一月洋税万五千金，因沈中丞盛怒已退还矣。不知户部何故疑我得此巨款。弟尝谓用事日久，恐人疑我兵柄过重，利权太广。

此寥寥数行，懑激之心尽吐。大抵谋国重臣，往往最感掣肘者为用财，史例甚多，此其尤著者耳。

自强之策

曾文正公晚年办天津教案，备受无识之谤讪，前已录劼刚日记中语。其实公之心事方针，坦白精粹，如同治九年奏报中有云："今中国轮船甫经修造，尚不尽如洋人兵船之式，洋枪洋炮甫经操练，亦不能及洋人技艺之精，至若召募水军出海操演，此时尚未议及。苟欲捍御外侮，徐图自强，自非内外臣工各有卧薪尝胆之志，持以一二十年之久，未易收效。然因事端艰巨，畏缩不为，俟诸后人，则后人又将托词以俟后人，且永无自强之一日。”此言真可谓明白了当者也。所惜前清昏庸孱乱，绝无一二十年之卧薪尝胆耳。

尤可太息者，同、光君臣昏庸孱乱，骄奢淫逸，一二十年之后，自谓海军可以出海，遂欲报仇策效，轻易言战，甲申、甲午两役，斫伤元气，茶靡人心，真误国之尤！而文正之言，愈可信为笃论。又文正之外交智识，与谋国之忠，于复吴竹庄、李文忠两书，尤可备见。

复吴笺云：“办理洋务，小事不妨放松，大事之必不可从者，乃可出死力与之苦争。当康熙全盛之时，而天主教已盛行中国，自京师至外省名城，几于无处无天主堂。以今日比之康熙时，则传教一事犹为患之小者，故鄙意不欲过于纠缠，正欲留全力以争持大事耳。”

复李笺云：“承示驭夷之法，以羁縻为上，诚为至理名言。自宋以来，君子好痛诋和局，而轻言战争，至今清议未改此态。有识者虽知战不可恃，然不敢一意主和，盖恐群情懈弛，无复隐图自强之志。鄙人今岁所以大蒙讥诟而在己亦悔憾者，此也。”

观此两笺，可知文正之心事正在于留全力以争持大事与隐图自强两点。而一翻清末史迹，所见者皆只以全力内争，与隐图自杀，然则文正之论未尝谬，其谬者，乃在清廷上下不知“季孙之忧不在颛臾”也。

岳飞“痛饮黄龙”本意

文正复文忠笺云，“自宋以来，君子好痛诋和局，而轻言战争”，此盖指南宋韩侂胄柄国后之风尚。其实宋以后之君子议论，皆为党与门户而发，非真言和战也。北宋积憾于辽，于是联金灭辽，自以为复九世之仇，不知辽亡宋亦随之，此等史迹，最可作殷鉴。吾侪读史正似复棋，善弈者须算至七八着之后，方可制胜，睹目前之杀着，震愤失措，必无以应异时之变态。后人复棋，应知前人之失算也。

宋人言战者，后世皆歌颂岳武穆，其实几人能真知之？世但盛传武穆有“与诸君痛饮黄龙”语，以为武穆言战必一往无前。不知此为激励将士之词，黄龙府本为契丹所置，辽称黄龙府路，今辽宁开源以北及吉林全境、内蒙古东北境皆属之，武穆战略，何尝真思深入？昔张魏公浚出督，陛辞之日，与高宗约曰：“臣当先驱清道，望陛下六龙夙驾，约至汴京作上元。”武穆闻之曰：“相公得非睡语乎？”于是魏公憾之终身。

夫武穆逆料张浚不能克汴，则自家直捣黄龙，正是对士卒不得不发之壮语。唯从武穆鄙薄魏公之见识测之，武穆战略测算必较优，且甚稳健近情理。必若武穆之知彼，庶可言战矣。

欲著《挺经》

曾文正自言欲著《挺经》，世多知之，此其刚处。自作《墓铭》曰：“不信书，信运气，公之言，告万世。”盖晚年受尽谤毁困难，始悟以柔道行之之语，此其柔处。《挺经》之解释，如劼刚之婿吴永《庚子西狩丛谈》中所述李合肥对吴口述故事云：

> 我老师的秘传心法，有十九条《挺经》，这真是精通造化，守身用世的宝诀，我试讲一条与你听。一家子，有老翁请了贵客，要留他在家午餐，早间就吩咐儿子前往市上备办肴蔬果品，日已过巳，尚未还家。老翁心慌意急，亲至村口看，望见离家不远，儿子挑着菜担，在水塍上与一个京货担子对着，彼此不肯让，就钉住不得过。老翁赶上前婉语曰：“老哥，我家中有客，待此具餐，请你往水田里稍避一步，待他过来，你老哥也可以过去，岂不两便么？”其人曰：“你教我下水，怎么他下不得呢？”老翁曰：“他身子矮小，水田里，恐怕担子浸着湿坏了食物。你老哥身子高长，可以不致于沾水。因为这个理由，所以请你避让的。”其人曰：“你这担内，不过是菜蔬果品，就是浸湿，也还可以将就用的。我担中都是京广贵货，万一着水，便一文不值。这担子身分不同，安能教我让避？”老翁见抵说不过，乃挺身就近曰：“来来，然则如此办理，待我老头儿下了水田，你老哥将货担交付给我，我顶在头

上，请你空身从我儿旁边岔过，再将担子奉还，何如？”当即俯身解袜脱履。其人见老翁如此，作意不过，曰：“既老丈如此费事，我就下了水田，让尔担过去。”当即下田避让。他只挺了一挺，一场竞争，就此消解。这便是《挺经》中开宗明义的第一条。

据此，则《挺经》之刚，亦是将欲取之必姑与之之义，虽刚实柔。唯老翁肯具俯身解袜之心，则亦不失挺身负责之刚也。

忍气吞声

吾国史册所纪，重臣鲜能大行其志，不得于君固无论，得君愈专，则谤者愈众，如王荆公、张江陵之类，几于聚天下士大夫争毁之，务令隳其志业为快。盖由无识而热中者众，故任重者必须忍辱，其不得于君，或惛而不察其负谤受辱之由，则为臣者更终无以自全。尝谓吾国所以不能强盛，不能与现代国家絜较，即坐名为士大夫，实际无识挟私者居其八九，轻于诃骂攘夺之故。此劣性不革，国终恐无以活也。

文正之《挺经》，所述老翁愿顶货担之喻，正是满腹牢骚，至刚之道，以至柔之术行之，其吞气忍声，不知几许？考文正不止晚年以主和受厚谤，咸丰七年，在江西军中丁外艰，闻讣奏报后，即奔丧回籍，朝议颇不以为然。左文襄在骆文忠幕中，肆口诋諆，一时哗然和之。其实文正若夺情视事，其受谤必更有甚。文正有鉴于此，故处处善用其刚，以柔全之，用维全局，否则祸福成败固不可知矣。当时，挟其贵势，深忌汉人，独专威柄者有之；比肩事主，不甘听命者有之；嫉公名誉独盛者有之；赏罚任使之际，不尽如人意，因而觖望者尤有之。

故文正于节制江浙四省、节制直鲁豫三省之命，皆属疏力辞，始终不肯拜命。同治四年九月，又有节制楚北之谕，文正疏陈，有云：“湖广督臣官文，久历戎行，老成持重，资格在臣之先，名位居臣之右。所有湖北防务及越境剿贼诸军，久经官文派定。乃以臣分居节制之名，纵官文不稍存芥蒂，而骇中外之听闻，滋将士之疑贰，所关实非浅鲜。天下至大，事变方殷，决非一手一足所能维持，伏恳朝廷广收群策，不因用一二人而沮众臣之气。”

观此疏，苦心巽语，令人怃然。夫事实上非用此一人，不能收拾此局，而文正乃曰“不因用一二人而沮众臣之气”，此其量与识为何如？其中心苦痛为何如？然即此可知晚清“众臣之气”实皆虚憍昏瞶，不足以救中兴之胸，而必覆其宗社也。

为政在养活细民

开国与亡国之时势皆相似，而气象则迥殊。所谓时势相似者，殷忧多难，险巇万端，纣以甲子亡，周以甲子兴是也。所谓气象迥殊，则颇难言。要而论之，延揽人才唯恐不及，有公诤而无私仇，严于律大官而宽于恤小民，此三者庶几仁厚开基矣。叔末三者适得其反，自不俟言。以予所观，近代贤者有此气象者，唯曾文正公具体而微。尝从文正戚属家获观文正遗像，隆准而目有棱，自是沉挚之才。然其幕府招致贤豪特多，其不自恃不自满可知。其与左、沈皆极不相下，或形于笔舌，而绝无倾轧陷害之私。尤以其开放秦淮灯船一事，深得治要。

予幼读《史记》，初不审曹参不扰狱市之旨。涉历久之，始叹曹相国此举，真是汉家开国规模。狱市者，古人以为下流驵侩，揆其实训，乃如今日恒言，中下层社会游衍拘聚所在者，皆不必以察察为明也。文正兹事与曹参为政暗合。欧阳伯元所述文正逸事，中纪此节云：

> 当时江宁府知府涂朗轩，名宗瀛，为理学名臣。方秦淮画舫恢复旧观也，涂进谒文正，力请出示禁止，谓不尔，恐将滋事。文正笑曰：“待我领略其趣味，然后禁止未晚也。”一夕公微服，邀钟山书院山长李小湖至，同泛小舟入秦淮，见画舫蔽河，笙歌盈耳，红楼走马，翠黛敛蛾，帘卷珍珠，梁饰玳瑁。文正顾而乐甚，游至达旦，饮于河干。天明入署，传涂至曰：“君言开放秦淮恐滋事端，我昨夕同李小翁游至通宵，但闻歌舞之声，初无滋扰之事，且养活细民不少，似可无（容）［庸］禁止矣。”涂唯唯而退。

此是何等胸襟，何等见识！盖政治之精意，即在养活细民四字，在国家未有养活细民较大之计画，或议而未举时，于可以养活细民之琐俗，正不妨存之。为政者须有轻重缓急之分，凡急其所缓者，适见其不广，不广之病，不止于扰狱市，而扰狱市，乃其尤拙隘者耳。

曾幕人才之盛

古人凡当一方面者，无不妙选幕僚，其作用有二，一则如今所谓专家治事；一则罗致有声名气节能力之才人，资其见识以救匡疏失，丰其俸养，勿使去而为患。即论历代开国用人，其意义何莫非如是。文正幕府人才济济，有三圣七贤之目。三圣，谓吴竹如、涂朗轩诸人；七贤，谓邓弥之、莫子偲诸人。故文正诗句有云："幕府山头对碧天，英英群彦满樽前。"李文忠当时有《将进酒》体古风一什，叙述佐幕人物之盛。诗云：

南丰老人应寿昌，说经舌粲莲花香。往往谈兵惊四座，
却行伤足怨迷阳。吾宗文雅兼武略，浙东争诵小诸葛。
佞佛仍持苏晋斋，凌云未解相如渴。诗家许浑殊翩翩，
苦吟欲度饭颗前。更有王郎歌砍剑，泻地涌出百斛泉。
满堂豪翰济时彦，得上龙门价不贱。牡丹时节金带围，
定有五色云中见。短主簿，髯参军，纵横笔阵风运斤。
为公折简访倪迂，添写江楼雅集图。

按：文忠此诗，"吾宗"句，指李次青元度。"许浑"句，指许仙屏振祎。"王郎"句，谓王壬秋闿运。诗不甚佳，自非文忠所长。文正幕客，亦当未止此数。三圣七贤，亦有为时诟诮，如李眉生所嘲"此心终不动，只想见中堂"者，实皆不足为病。盖文正延揽罗致之衷，固与古人延贤治国之大计相合。以彼网罗之亟，度量之宽，而才人若钱江、王韬辈，尚未及致之。钱上《兴王策》十四条于太平军，天王用之以取金陵，再用钱谋，以复败江南大营。王上书忠王，献取上海策，李若用之，事未可知。人才处囊，正不易见短长，一旦激使走险，或逼使投敌国，则得失祸福，相去甚远。以范文正之贤，失一张元，而西夏为宋祸数十年，此其彰明较著者。读史至末造，恒见朝士相挤相斥，异己者日尽，势亦日孤，然后知文正广揽人才，信犹得开国气象之遗意矣。

陶熔材质之术

文正幕僚之盛，虽耀称一代，而用人之术亦颇可观。李文忠为文正所拔，而共饭稍迟，即遭裁抑，嘲笑同采，劝诫随之。其于玉成大才，不稍姑息。王湘绮谓合肥初不得志于文正，或良有以。盖合肥后来勋业，文正未必烛照数计之，而“薪尽火传，筑室忝为门生长”之挽词，亦事后之自夸，非必实录也。唯文忠虽为幕客，却是门生，故抑之就范，半亦师门迪导宜然。至寻常幕僚，则礼貌有加，世所称金眉生、莫子偲诸君，及文正敬礼儒生诸事，皆可见其虚怀。然亦有用权术者，《水窗春呓》云：“辛酉，祁门军中……人心遂固。”①此正黄老擒纵之术，文正所甚擅也。

又古来待遇幕僚之术，亦相去殊绝。予最喜标举《清波杂志》所载：“欧阳公为西京留守推官，事钱思公。一日，群游嵩山，取颍阳路归。暮抵龙门，雪作，处石楼望都城次，忽烟霭中有车马渡伊水者。既至，乃思公遣厨传歌妓，且致俾从容胜赏毋遽归之意。思公既贬汉东，王文康公晦叔为代。一日，讶幕客多游，责曰：‘君等自比寇莱公何如？莱公尚坐奢纵取祸。’众不敢对。欧公取手板起立曰：‘以某论之，莱公之祸，不在杯酒，在老不知退尔。’四座伟之。是时文康年已高，为之动。”

观此节，钱思公之逾格优礼宾僚，古人类此甚多。求之后来，唯有毕秋帆有此豪举，然亦微病太过，偶一为之，无伤也。王文康责幕客多游，度必有挟伎饮酒，故以寇莱公为言。莱公声色特盛，蜡泪成堆，同时已传为口实。故极以虽有勋业，亦不可惑溺为诫，自是正论。然不悟少年豪气，小德出入，乃私人之常事，而治乱政本，皆在于为上者不从大端着想。即如耄而不知休，所贻误于国家者，又何啻什百倍于冶游乎？欧阳文忠手板极言，想见少年之意气纵横，又可见文康率躬非甚正直。

若曾文正之持令箭索李眉生于秦淮灯舫中，而教以“勿揭人之虚声，勿

---

①编者注：此段引文见本书《水窗春呓·曾文正公事》所录。

夺人衣食”之世故语，有思公之爱士，而特教以知方，近文康之诫言，而不察于细行。若斯之人，其陶熔材质者，抑甚宽而广矣。清季傲扰，久无养客之风，号称礼罗人才者，非等于缚而饲之，即疏逖阔绝，文正之事业所以不可及者，殆在是欤？

家书原稿三通

叔章近购得曾文正与其弟忠襄家书三通，盖同治三年夏间所作，以行世本书校之，有一通未辑入，余二通皆经删改。

其一云：

沅弟左右：廿夜接十七夜来信，不忍卒读，心血亏损，如此愈持久，则病愈久愈深。幸每信字迹到底不懈，每次占六壬皆好。余意欲奏请李少荃前来金陵会剿，而可者两端，不可者两端。可者，一则渠处炸炮最多而熟，可望速克；一则渠占一半汛地，弟省一半心血。不可者，少荃近日气焰颇大，恐言语意态以无礼加之于弟，愈增肝气，一也；淮勇骚扰骄傲，平日恐欺侮湘勇，克城时恐抢夺不堪，二也。有此二者，故余不愿请来与弟共事。然弟心肝两处之病已深，能早息肩一日，乃可早痊一日，非得一强有力之人前来相助，则此后军事恐有变症，病情亦虑变症也。特此飞商，弟愿请少荃来共事否？少荃之季弟幼荃，气宇极好，拟请之日内至弟营一叙。弟若情愿一人苦挣苦支，不愿外人来搅乱局面，则飞速复函。余不得弟复信，断不轻奏先报。余俟详复，即问近好。国藩手草。四月廿夜。

按：此信《家书》卷九内已删去。

其二云：

沅弟左右：十二日接弟劝纪鸿乡试之信，纪鸿定于六月廿二日回湘乡试，以副弟殷殷期望之意。字秀劲而有静气，知弟病体大愈，因复一缄，商请少荃来金陵会剿，十四日因接初八寄谕，又去一咨一函商少荃会剿之事，十五日又将余与少荃之一咨一函专戈什哈送至弟处转递，想均到矣。夜来又细思少荃会剿金陵，好处甚多，其不好处不过分占美名而已。后之论者，曰润克鄂省，迪克九江，沅克安庆，少荃克苏州，季高克杭州，金陵一城沅与荃各克其半而已。此亦非甚坏之名也，何必全克而后为美名哉？人又何必占天下之第一美名哉？如弟必不求助于人，迁延日久，肝愈燥，脾愈弱，必成内伤，兄弟二人皆将后悔。不如及今决计，不着痕迹，望弟将余与少泉一咨一函递去，弟亦自加一缄。待弟复信到日，余即会弟衔复奏。少泉将到之时，余亦必赶到金陵会剿，看热闹也。顺问近好。国藩顿首。五月十六日。

按：此信删一百零九字，尤妙者“看热闹”三字节去。

其三云：

沅弟左右：三日未接弟信，不知弟身体何如，接吾十二暨十四五六日各信，不更加焦灼增疾否？余闻昌岐言，弟精神完足，小恙无碍而放心。闻曾恒德、刘高山言，十四自金陵归。弟病势不轻而悬念。见弟信劝科一乡试，字迹奇润，而喜慰。见弟信，言贼米日发一斤四两，而忧灼。春霆过此，其于吾弟感激钦佩，迥异寻常；厚庵于弟亦契合无间言。故余十五日与少泉之一咨一信，惟愿弟之速送，又惟恐弟之竟送；反复无定，为弟所笑，亦必为弟所亮也。今日命纪泽赴金陵省视老弟，余于六月初间亦必往，兄弟畚叙。届时少荃若到，余即在彼，不遽回皖；如少荃不到，余即坐轮船速归。总之，弟以保身为主，无论少荃与余会剿与否，于弟威名微减，而弟之才德品望毫无损也。顺问近好。国藩手草。五月十七。

此信共删二十二字。按：清与太平天国之争，至甲子春大势早定，金陵之摧，计时以俟而已。然在当时局中之焦急，局外之谤讥，正不知如何腾沸。文正欲令李文忠援其弟，而又虑分功生隙，其心事曲折，此三书和盘托出。

吾人与其嘲为天人交战，勿宁佩其谋国之至忠。盖其家庭骨肉之间，私书谆复，其权衡利害，褒贬是非，亦不过如此，则亦不失为得性情之正者，宜左文襄有“自愧不如元辅”之叹也。

据后来军事家之论，曾军以无重炮，故久攻不下。今观第一书，文正欲借助淮军，正以其有大炮之故。诸帅忌嫉，湘、淮相轻，亦于第一书备见之。而文忠已逆知忠襄不欲他人攘其功，卒托词炮火不宜于夏，谢不往，非只为忠襄，乃为文正也。

第三信言“贼米日发一斤四两”，此殆不确。太平军粮久匮，当时有湘军一面攻城，一面卖食之谣，谓守兵以财货置篮中与城外兵易粮。以理度之，或可信。忠襄此言，殆为其久攻不下自为地也。鲍超部下其时助攻金陵，以饷不足，几为变，幸鲍与曾家昆弟至洽，观第三书亦可见。

其实究求此等史料，正不必求疵搜隙，当求文正何以成功之原因，则其量宏而思密，笃于友爱，而力规全局，实为群帅所不及。以如此相媢相毁之积习，居中策运，明察而能忠厚，能竟其功，实不易得也。

诸书删改，皆文正自为之。袁海观制军树勋曾谈，昔岁从文正金陵督署，常见其将家书底稿躬自删改发钞，已有必传之意。又言，金陵夏热，文正常赤膊着夏布短裩，挽发作韭菜把，日持蒲葵扇，满口湘乡土音与宾客聚谈，间以谐噱。其不修边幅如此，而其虑事治军精细又如此。盖其运思深者，非放浪形骸，不足剂调以怡怿之也。其笃于兄弟，足见其天性至厚，亦是必成大功之一证。又金陵城破，一时谣言曾九帅得金珠无数，识者久辩为妄。而忌功造谤，国人之常，虽同时诸帅不能无疑。不悦沅浦之王湘绮，更于《湘军志》著其微词。然忠襄实非富厚，叔章言，此三笺盖其后裔斥以出售，则其况可想。

谈曾国藩纳妾

相传曾文正在两江时曾纳一姬，其事暂而秘。叔章昔以询重伯，重伯云：“诚有之，吾家人皆习知。”当时闻为彭雪琴所劝纳者，欧阳夫人闻之，亟自湘乡来，将至，文正亟遣姬由后门去。黎寿丞则谓重伯生于丙寅，祖庭之事，亦不过闻而知之。予检祝吏香《听月轩杂录》，则所纪与重伯言适相反。祝笔记《彭刚直公逸事》云：“咸丰季年，湘乡相国曾侯克安庆，关［开］府两江，门丁某为侯纳一妾于军府密室。其事甚秘，幕僚虽知之，无敢言者。公闻，亟入谏曰：‘公勋望冠一时，岂可以一妇人而致生平之玷？公方禁将弁奸掳民妇，而公自蹈之，何以服众？且公新督两江，例不应取部民为妾。军中有妇人，则军气不扬。有此数端不便，愿三思之。’侯闻立命遣去。人咸谓公能直言，侯能纳谏，皆不可及。”

然叔章罗证旧闻，坚言重伯所谈之外，尚有旁证，谓此姬实雪琴及幕客主纳，祝记必非。予检咸丰十一年十月初十日曾公日记云："季弟代余买一婢，在座船之旁，因往一看视，体貌颇重厚，特近痴肥。"又同年十月廿四日日记："前季弟买一詹姓女子，初十日在船一见，未有成议。旋韩正国在外访一陈姓女子，湖北人，订纳为余妾，约本日接入公馆。申刻接入，貌尚庄重。中饭后，陈妾入宅行礼。"［同治元年］四月十四日记："徐毅甫来。因陈氏妾吐血，不能吃饭，请其诊视。"五月初四日记："陈氏妾本日吐血甚多，自午至夜，所吐以数碗计，夜间呻吟不止，病势殊重。"初五日记："陈氏妾病日增。"初六日记："妾病未少愈。"六月廿三日记："陈氏妾久病不愈，两日内全不吃饭。其父知医理，请之诊视，病已沉笃，据云非药力所能痊。"据此，则祝记之讹，自不俟言。为文正纳姬，乃是韩正国，而雪琴近在行间，或参末议，亦未必有怫然强谏之事。予友李肖聃，犹龙。湘之博闻强识君子也，尤能知湘乡逸事，驰书讯之。肖聃报书述甚详，且云："陈妾不久遂死，文正命一巡捕经纪其丧，葬之安徽省城某门外十里某山中。自书碑石，日记曾详载之。祝录所云，想系传闻之误。往公孙履初曾语弟云，公之纳妾，纯为癣疾复发，夜间须人搔抑，并非溺于女色。《岁暮杂感》中，有'笙歌丛里合闲游'之句，长沙袁绪钦亦云公未必有此游。叔章尝云'待鸾亭畔路三叉'，有人附会言公少时悦一茶肆少女，其事尤不可征。"

读此，则不但吏香所纪必出于传闻，即重伯所闻，亦可更进一解也。

致李鸿章函中论外交

挚父先生日记中卷十三"品藻类"，辛丑十月二十六日，阅曾公与李文忠书，摘录其略。此节亦极有精语佳料，盖文忠新薨，挚父先生居文忠幕府，必亲见曾文正公与文忠之密札，因摘钞有函中要语。此种语，度文集中未必有之，今节取其有关外交者如下。

其一节云："阁下向与敌以下交接，颇近傲慢，一居高位，则宜时时检点。与外国人相交际，尤宜和顺，不可误认简傲为风骨。风骨者，内足自立，外无所求之谓，非傲慢之谓也。"

又一节云："夷务本难措置，然根本不外忠信笃敬四字。笃者，厚也。敬者，慎也。信，止是不说假话耳，然却极难，吾辈当从此一字下手，今日说定之话，明日勿因小利害而变。”

又一节云：“为将帅者，虽内怀勾践栖会稽、田单守即墨之志，而外却十分和让。为中国军民者，则但有和让，更无别义。”

又一节云：“与洋人交际，孔子忠敬以行蛮貊，勾践卑逊以骄吴人，二义均不可少，形迹总以疏淡为妙。”

又一节云：“承示复总理衙门函稿，精到刚大，良为经世不朽之作。其与若类思相要约一节，尤足折远人之心，而作忠正之气。以忠刚慑泰西之魄，而以精思窃制作之术，国耻足兴，于公是望。”

按：以上五节，皆极有意义，所以诲导文忠者，不可谓不直而切，其言“不可误认简傲为风骨”，“不说假话极难，吾辈当从此着手”，此已鞭辟近里。其言“内怀如勾践、田单，而外却十分和让”，此尤沉痛之极。言“中国军民除和让外无他义”，亦是至理，盖决不能使全国人皆摩拳擦掌，昼夜哗言复仇，或杀一二敌人以自矜也。其末一节可见文正爱国之烈，期望文忠有作为，以雪国耻之意。读此可见文正虽不以外交名，而已得忠信立身与卑逊骄敌之义。真爱国者，不当如是耶？挚父先生所录凡二十节，今举其五。

隐为端华、肃顺讼冤

同治八年己巳三月二十四日，曾文正公与幕府长谈，此从文正日记可考得之。所言何语，则吴挚父日记曾详之。文正是日所谈，大概谓天下无真是非。先论林文忠公甚长，后有一节云：

咸丰九年，洋人来换和约，僧忠亲王诱而击沉其船，天下称快。十年，夷人复至，僧邸不守北塘，意欲引夷人陆战，一鼓歼之。及夷人上岸，开花炮一击，我军人马自相践蹦，溃败不可收拾，遂至圆明园被焚，车驾北狩，京师不守，几丧天下。某谓僧邸此败，义当杀身以谢天下矣，然至今亦未闻有以九年诱击夷人为非者也。当夷人十年复至时，文宗下十七诏，敕僧邸罢兵，僧邸不听。及事败，谓不守北塘，系为端华、肃顺所制。岂有敢抗天子诏书，而不敢违二三佞人意旨者哉？某此议出，人必骇为谬妄，以是知是非之无定评也。

文正此段谈话，自是与极亲密幕府信口而谈之真言，其中含有为端、肃讼冤之意。盖文正初不以诱击为然，故不直僧邸所为，谓既闯祸，又不引咎自负责任也。文宗最信肃顺，故十七诏罢兵者，自为肃顺主谋。僧格林沁不听诏而战，败则委过端、肃，此自可鄙。更进一步言之，僧王之主张非，则肃顺之主张是。其时端、肃已遭诛，故呼以“二三佞人”，然其意固右之。不但右之，其言天下无真是非，意即深慨端、肃之冤，虽作如是解可也。

为政须尊贤容众

曾文正《答吴竹庄书》云：“阁下昔年短处，在尖语快论，机锋四出，以是招谤取尤。今位望日崇，务须尊贤容众，取长舍短，扬善公庭，规过私室，庶几人服其明而感其宽。”文正此书“尊贤容众”，真是为政南针。夫宽猛相济，郑侨所诏，葛亮所行，二义互成，无须再论。惟猛政之本，在于至公，所谓无瑕可以戮人也。然为政而以戮人为能，则亦不祥之甚，待人愈薄，愈可以激变，故不如宽厚可以开基。

文正又有《答丁雨生书》云：“阁下本有综核之名，属员畏者较多，爱者较少，于考字尤不相宜。以后接见僚属，请专教以善言，不必考以文理，略有师生殷勤气象，使属员乐于亲近，则阁下无孤立无与之叹，而德量益弘矣。”此与上笺可互为发明。晚近读史每叹燎原之忧，覆舟之惧，日夜滋大，而窃国之侯，吞舟之漏，不可胜计。其门一二人才一旦出手，又复是奴非主，党同疑异，以不肖之心待人，法令如牛毛，使人人思苟免。三览文正此笺，觉治乱之源，差以毫厘，谬以千里。

尖语快论

文正所谓“尖语快论，机锋四出”者，少年人往往如此。及其渐老，涉世渐深，当然敛戢，其位望日崇者，则尖语快论，尤必日减，此似无须告诫。以予所闻，乡前辈如陈弢庵先生，少日即喜为尖语快论，早年登第，其所抨击，尤锋厉不可一世，及其晚年，恂恂儒默，语若不能出口，此实年龄与位望两使之然。顾尖语快论，亦视所施何地，盖有麻木不仁之辈，非得痛砭不能觉悟者。

至外人觇国，尤多尖语，吴挚父日记中有一节云：“山根少将来谈，问吾儿欲专何学，告以将学政治、法律。山根笑曰：‘贵国人喜学宰相之学，满国皆李傅相也。’”此言切而讽，惜乎闻者之不易悟也。半国中之青年，皆攘臂言政治，满国皆思为李傅相，又焉得不乱？嗟乎，今日何人弦佩山根之尖语哉？

《冰鉴》托名曾国藩著

意城事迹，《清史稿》附筠仙传中。闻叔章言，郭氏弟兄三，叔名仑焘，曾文正最誉之，尝谓“文章属筠仙，若办事则吾许仑焘”。然其行谊，今殊不易考。如文正言，则意城岂甘于腰鼓哉？文正衡人，颇有特长，然间亦有以意测者，不尽吻合。近人乃有以古相书《冰鉴》，傅以文正名，号为遗著，不知此书道光间吴荷屋已为锓板，叔章盖尝藏之。此则末流之失，徒供抚掌而已。

赞汪梅村“三可”

曾文正致胡文忠书牍中，称叹汪梅村者，有一手稿，今藏叔章处。此书已收入《书札》卷二十，今观原底，乃是第百五十六号，盖曾致胡书之号码，可见通札之勤。书末云：

> 梅村境遇可悯，侠烈可敬，学问可畏。其二女事，侍当设法表章。梅兄前一信欲侍出一恻怛告示，兹将示稿抄呈，其第一条，即旌表忠义，盖仿公初克武昌时立局办法也。其章程求录示，并求将此稿寄梅村兄一阅可用否。

观此，可见曾、胡二公对于梅村建议采纳之速，虚心下士，以成大功。

予于此所感者，曾、胡二公身为统帅，削平大难，而对于穷老书生，乃推诚纳善，一至于此。梅村为文忠门下士，于理宜召之挥斥训话，而文忠之拐谦，形于笔墨，形于词色又如此，此皆今人所未尝梦见也。其次，洪杨之役，可谓伏尸百万，流血千里矣，而文正制胜之方，乃曲及于恺切告示、旌表忠义等文字学问迂阔之细事。虽梅村所陈常有关于政治社会之大本，不尽皆此等迂疏琐屑，而终可见军事之求胜，实胥系于政治之大原，而一介穷书生，又未必不能洞其根本，即迂疏琐屑，亦未必无用处，此又非寻常政客予智自雄者所能解耳。

梵天庐丛录柴小梵

柴小梵（1893—1936），名萼，浙江慈溪人。民初留学日本，回国后在安徽省财政厅任职。《梵天庐丛录》于1925年由中华书局出版手写影印本。后世所出，皆据此影本整理。

清俭朴素

公未达，公家甚清俭，而公性又古朴，未举于乡，犹自躬操耒耜，与老圃伍。应省闱试归，报捷者至，途遇一农，问曾家所在，公取其报条视之，曰：“条中某某即是我也。”一时闻者传为美谈。

既贵，犹不改其旧，每饭，辄与幕宾同席，簠簋甚简恶，幕宾中有对之不能下咽者。公大嚼自若。辄顾诸宾曰：“公等食量何小，若是者安能任天下事？”闻者默然无以对。盖初犹委以病，谁知一言病者公即深恶之。谓一身且不能自强，则他事可知。一时相传，遂有曾家饭难吃之语。然公于衣食喜清洁，鱼馁肉败，蓬首鹑结，亦所不取，盖隐合于今日之卫生者焉。饭后，必缓踱数百步，习之数十年，未尝一日废，云所以助消化也。

“曾屠胡子”

公在籍办团练时，一日，往访其友欧阳某。某询其团练事如何，公曰：“衙门冰冷的湘乡土语。”某曰：“非杀无以立威。”公颔之。及出门，经又一村村名，值卖桃者与买者哄，停舆讯之。则买者已与值，而卖者云否。公讯得实，大怒，则斩卖者。于是全城大哗，竞传钦差杀人矣。又公练勇时，凡贪官猾吏，劣绅土棍，得之辄杀，不以烦巡抚，故有“曾屠胡子”之号。

撰联识左季高

左季高未出山时，自撰门联云：

文章西汉两司马；

经济南阳一卧龙。

张贴门首。公见而异之，爰草拟一联示左，其文曰：

季子才高志广，仕不在朝，隐不在山，于我意见相左；

此联实包含左之姓字于内。左随笔对曰：

藩臣为国尽忠，进不能战，退不能守，问他经济何曾。

亦将公之姓名包含在内。公见而大奇，由是请左帮办军务云。

隐忍蓄才成大业

咸丰中，公克武汉，进取九江、彭蠡，盖倚鄂、赣为平金陵之根本也。讵挫于湖口，为敌所截，于是湘军有外江、内湖之分，几不复振。敌上窜，再扰武汉，全局亦几隳。原湖口之挫，咎在赣抚，公是时以团练大臣越境讨敌，功高望重，文宗暨中外大僚皆嫉之。故弗敢显扬赣抚之咎。即入告，亦虑勿听。且恐启互讦之衅，事益棘手，故隐忍弗言。惟奋发于忧患艰危之中，忍辱负重，卒夷大难，奠固清祚，勋业烂焉。其成功盖如此之艰难也。而赣抚掣肘之内容，公之公私撰著，虽未具载，以掩湖口之败，然其事荐绅先生能言之。

先是，有孝廉彭绣虎者，江西南昌人，弱冠通群籍，工文藻。道光季年，登贤书，倜傥多奇略。好谈兵，雄辩飙发，气盖一世，尝以武乡侯自比。时洪杨都金陵，上略江右，连陷州郡。抚臣陈某，束手无策。孝廉大愤，诣辕上书，条举兵食甚备，惟书中刺陈抚屡失机宜，并历诋文武吏恇怯畏战，请严惩以作士气。陈抚恶其言戆，不报。其属僚尤惎之。孝廉复请练乡兵自效，亦不许。乃集诸巨绅，昌言当事纵敌害民，宜练团自卫，肉食者不足与谋也。陈抚闻而大恚。诸属吏复谗之，密议欲中以危法。会孝廉仇家讦其通敌，陈抚即饬所司逮治。

孝廉亡去，至九江。是时，曾公方驻师于此，湖口高心夔刺史、湘阴郭筠仙侍郎俱在幕府，心夔故孝廉旧友，乃介心夔谒侍郎，具诉抚臣诬陷状。且曰："曾公礼贤，护持善类，仆驽骀下驷，弗敢邀伯乐拂拭。只冀捐一纸书与陈抚，仆庆更生矣。"侍郎温言慰之。私语心夔曰："涤帅平日相天下士，以少大言多条理为上选，绣虎跅弛不羁，危言危行，恐弗当意。况欲为其道地乎？"曰："然。君且姑为先容。"侍郎诺。孝廉因得谒公，侃侃陈时务。公颇韪其言。既退，侍郎复进曰："今日原鼎沸，麾下方广罗英杰，戮力协心，共济艰巨。彭某有奇气，盍留意焉。"公从之。方欲荐于朝，而南昌缇骑迹至，公弗遣，驰书为缓颊。陈抚憾孝廉讦己于公，又虑其倚公之贵显为异日患，覆书不允，必欲置诸法。孝廉度不得免，作绝命诗三十三章投公，欲伏剑军门外。公急止之。读其诗，至流涕曰："保全豪杰，匪异人任。吾遣材官护汝至章门，保君不死。"

孝廉既至，陈抚阴属两司穷治之，无通敌确证，欲遂置诸重辟。又恐公起诘难，乃系诸狱，而衔公刺骨。与僚属谋，谓曾公客军孤悬于此，但遇事与龃龉，俾措施不得舒展，必至进退拘局，救过弗遑，乌能再预吾事。群僚咸赞其议。自是主客嫌隙既成，枘凿愈甚，遂使湘军有湖门之败。

敌据彭蠡，扼水陆冲要，截曾军为二，由是建瓴东下之势尽隳于此役。敌上窥武汉，天堑上游，几全沦丧。东南震动，局势大变。公愤，欲自沉于江，以身殉焉。盖其督师之初，即深知金陵倚鄂、赣为根本，故首复武汉，继驻浔阳。鄂、赣既得，无后顾之忧。公数年惨淡经营之伟略，至是始成。方冀倚鄂、赣以集事，庸讵知嫉妒者阴谋阻挠，卒受制于彼，而几隳全功哉。

陈抚闻公挫于湖口，私窃自喜，乃故谓公沉于江，使告孝廉。孝廉方食，大恸，吐所啖物于地，悲愤致疾，后竟瘐毙狱中。公闻，惋悼不已。

方公克复武汉时，顺流而东，下临吴会，军势甚锐。文宗览捷报，喜甚，欲命公督两江，畀以军务全权。寿阳祁文端公寯藻力谏，谓本朝家法，无专用汉人督师者。曾国藩以侍郎在籍守制，无尺寸之柄，乃举纛号召，英贤云从，所向无敌，若再授以疆圻，复总师干，威权太重，恐非国家之福。文宗默然，由是隐忌公。至湖口挫后，朝命数以“大言欺饰”及“恃才任性”责公。公自知所处颇危，虽恶陈抚抵牾，遇事掣肘，未敢上闻也。然既挫之后，命罗忠节公援鄂，力争上游。厥后奉诏督两江，复荐沈文肃公抚赣。自是联鄂、赣为一家，事权统一，而大功始告成矣。

公生平三大阨：岳州之败，湖口之挫，祁门之困，濒死者数矣，而志不稍馁。顾祁门被围，由李次青方伯失守徽州所致。幕宾哗然，谓如马谡街亭之败。方伯虽为公患难至交，公仍严劾之。李文忠傅相时居戎幕，力诤勿听。公不徇私谊而伸公义，固无遗议；然湖口挫衄，胡为缄默弗言，任赣抚之恣睢哉。揣公之意，虽因中外疑忌，而姑忍之，抑亦黜陟疆臣，其关系国权綦重，不欲由外劾去之，以亵朝廷之体制也。虽然，陈抚因仇视书生之故，至贻误军国大事而不顾，而谴责又弗之及，其事不可为训。公所著书，纵未尝纪此事，顾唐德圃太史谓公撰《毕刚毅公殉节碑记》，深惜其见忌于赣江当道，致以身殉。碑记暨铭辞，旨含悲愤，公借此自抒曩被龉龁之隐痛也。太史封翁子璜先生，曾参公莲幕，其言得之庭训。

太史又述毕刚毅战死景德镇事，较公所撰碑记尤详。咸丰七年，敌渠黄老虎、黑老虎率悍卒数万，据浮梁景德镇，毕刚毅将锐卒三百人往攻，久不克。会岁暮，糈粮将罄，飞书告急。赣中大吏知廪无见粮，佯谓必克景德镇，乃济馈饷。刚毅不得已，谓其部曲曰：“粮尽矣，敌守坚，旦夕不得下，与其饥疲而死，毋宁战而死，吾志决矣。汝等从吾殉，于事无裨，盍自为计。”众泣，誓相随。遂于小除夕置酒犒师，刚毅选精骑数十人列上座，躬亲行炙，遍酌之，已乃引巨觥痛饮。饮毕，率骑士驰入敌垒，左荡右决，杀数百人。敌大惊，黑夜中又不辨官军多寡，将遁去，焚市廛，光熊熊烛天，见刚毅军无后继，即将木栅遮道，骑不能逞，遂同遇害。夫刚毅官仅守备耳，例不能请谥，而文武显宦从曾公转战以殉难者众矣。未尝尽邀易名之典，而刚毅已去公营，归江右大吏调遣，其殉节复在浮梁，则树碣表忠，听赣抚自为之可也。况刚毅从公之日，亦无卓著之战绩足述，公乃与塔忠武并论，何耶？公实伤刚毅之殉浮梁，由于赣抚之忌，正以摅昔年湖口挫衄之咎之由于陈抚，盖公愤欲自沉，与刚毅激而捐躯相似也。

同治纪元，遵义贡生黎庶昌入都，应诏上万言书，于当时兵事，多所规画。穆宗嘉纳，特授知县，诏赴江南大营，交公差遣。公接见，询所学，移时始出。公语幕僚曰："绣虎复生矣。莼斋言论丰采，酷肖绣虎。今见莼斋，复悲逝者，使吾腹痛。"言下凄然。莼斋，庶昌字也。庶昌博学，工古文辞，亦好兵家言，有陈同甫之风。公以兵事非可托诸空谈，命专力文学。庶昌遂入公幕，执弟子礼，学由是益进。与吴挚甫、张廉卿、薛叔耘诸人齐名。观庶昌之成就如此，则知公称绣虎为不虚矣。惟庶昌受公陶铸，敛才就范，文学施于后世。而绣虎恃才傲物，以空言酿杀身之祸，泯泯然歿世无称焉，则笃行好学者尚矣。

庶昌乡人莫善徵大令祥芝，籍独山，子偲先生友芝之弟也，经术湛深，精郑氏学，工八法，性狂放，高谈横议，睥睨六合。随兄子偲居公幕，与庶昌交契。公奇其才，尝诏之曰："子与莼斋，皆黔中豪杰士也。志趣学业相伯仲，又俱好谈天下事。莼斋近日颇沉默，进德甚猛，吾子其有意乎？夫务为大言者，始自满，继自欺，终必流于妄。子当知妄人非如古所谓狂士者比。今欲祛子客气，须自勿妄言始。"善徵唯唯，立言行功过录以自省，从公祁门。

暨驻皖垣，时乱方殷，江南北故家望族所庋金石书籍，多散佚，善徵助兄子偲搜罗甚富，且为校雠，用佐治经。公喜其能改过，复励志力学，欲使研求吏事，储异日之用。是时，方用史事时事命题，课属吏，令子偲校阅文字，第其甲乙。公命善徵与属吏同作，而亲评其文。恐子偲有所顾忌，而已亦欲裁成善徵为良吏也。逮克复金陵，公由皖移节东下，兵燹之后，思任循吏以苏疮痍。善徵时已保知县，颇自负有干济才，急欲得一邑自效，公亦欲畀以江宁。善徵闻之喜，自谓南京善后事宜非吾谁能任者。公夙具知人鉴，况又为公药笼中物，不日膺新命矣，自是渐露矜色。公微察之。适课属吏，公批其文，仍加褒奖，复与函曰："前曾面告妄字不可有，狂字不可无，狂者能自树立之谓，专指志趣风骨之蕴于中者而言，若容貌辞气之著于外者，终以谦逊为主。不可误认傲慢为狂，堕入客气而不自觉。该员用功，此处须辨得明白，去其秕稗，宝其嘉谷可也。"善徵得函，惴惴然虑公意中变，旋奉委知江宁县事，始悟公只在勖其修己而已。莅官后，随处修省，谨慎自持，令誉日隆，卒为良吏。

论者谓公广罗贤俊，就其所长，而试以财政、兵事、吏治、文学，以炼其才，因材器使，事无不举，当世英奇之彦，咸萃幕府，蔚成中兴盛业，谅哉言乎！然亦公之道德文章，足以熏陶群材而挽风气也。绣虎与莼斋、善徵皆权奇自负，其品概极相类，而绣虎独不幸罹祸以殁，使早遇公，其成就安知不与中兴诸贤并传于世哉！然则绣虎之死，亦绣虎之负才傲慢有以自取也已。

修己德以弭乱

罗忠节公，湘中名将，与塔忠武齐名，时号塔罗。湖口之挫，忠节上书曾公，论东南大势，当先取武汉为根本。公集幕僚会议，欲遣湘军，往受鄂抚胡文忠公节制。

众中有梗议者，忠节复谓公曰："吾辈日战江西，如困瓮底，不从上游着手，规复武汉，终无济矣。"公曰："然。吾意已定，须烦公一行，与润芝协力杀敌，大功可立就。"郭筠仙侍郎曰："公挈罗山与塔军入赣，全恃此两军搏战。今塔驻九江，为敌所隔，缓急不能相应，罗山又往援鄂，公势孤力弱，倘敌麇集，则公殆矣。"公曰："吾宁不知？顾事势当如此，先从根本着手，大局方有转机。至吾一身，所不计也。"命忠节率军行。

侍郎送之，面有忧色。忠节曰："君虑涤帅留章门一军寡弱乎？"侍郎曰："吾甚危之，奈何？涤帅倔强，利害所不屑计，且以客军居此，赣抚惎之愈甚，湖口覆辙，吾惧再蹈也。"曰："天相中国，此老必不死。君弗过虑。"侍郎曰："君言理，吾论势。势盛，虽理亦屈焉，莫之能胜。今时势奚若，涤帅非推诚待东道主乎？曷为困踬至斯欤。往事已矣，君行亦不可留。胡公长者，能移鄂饷相助，则可稍舒危难矣。"忠节曰："此公私交尽之道也。涤帅视鄂、赣为一家，胡公岂分畛畦耶？"侍郎悦，归告其由。

公曰："君何虑之深也。武汉九江战方急，此间非敌必争之地。论势，似无足忧。罗山儒将，好言理，仁也。君言势，智也。仁者气壮，智者虑深，不可偏废，特恐过虑而气馁耳。吾辈任事，仍断之以理。湖口摧败，缘吾辈不能军，若善战者，何至是。今惟临事慎惧，而以好谋济之，虽百陈抚，其能为害乎？”侍郎退，谓诸幕客曰：“吾乃今日始知修德足以弭世乱也。涤帅不怨天，不尤人，过则归己，功又不居，遇事辄内省诸身，经武戡乱之关键在是矣，吾何忧焉。”

“遗恨失摸胡”

公初与太平军战于靖港，兵败，失所用摸胡。“摸”读如“妈”，此湘语也。戴于头上，则头部全遮，仅留眼鼻在外。有改老杜诗嘲之者云：“功盖三分国，名成八阵图。江流石不转，遗恨失摸胡。”可谓谑矣。[①]

器量过人

公从容坐镇，绰有雅歌投壶之风。在军中，日必围棋一局，以养其心。前敌交绥，或逢挫败，亦无太息咨嗟之状，其器量诚过人远矣。

李　翁

程雨亭仪洛，在某营粮台任会计，驻安徽某县。忽有一李翁，持曾公书来，觅一位置。总办某君，留之幕中。翁貌似村学究，手持淡巴菰管，弗去口。终日无所事，惟至账房翻阅簿记。

程白总办，总办曰：“或曾帅遣来密查也。”翁居数日，谓程曰：“军营无一定把握，银钱及簿记，至夜当束置一处，便携带。”程以距敌远，必无失，伪应之。及夜，翁来，见簿记犹散列案头，厉色诘责。程不得已，从之。

阅数日，翁命程曰：“银钱及簿记，虽昼亦须包裹，如支发银钱，或缮写簿记，当随时束之。”程大不便，总办嘱程听其指挥，翁亦时时监督。又数日，翁忽朝出暮归，或问何往，亦弗答。如此者三日。翁不复出，朝夕坐

①编者注：摸胡，即湖南话马虎（mǎ·hu），形容做事草率、疏忽大意。

账房中。

一日，方午膳，忽闻枪炮声自远而至，皆大惊。翁从容起，谓程曰："无惧也。"即命多人肩银钱包裹携簿记，同至后院，盖此粮台本赁某姓宗祠为之，后院墙不高，而其室门则高如梯，乃以门倚墙，梯而越之。翁命众从之行，登城，则有巨索数十条在焉。先缒数人下，继则银钱，翁为之殿。

下城，翁导至城濠僻处，芦苇丛中，有数舟，率众登之，而炮声近矣。程谓翁盍解缆他适，翁笑曰："此间佳也。"忽闻炮声大作，众尽战栗。翁曰："无虑矣。"顷之，炮声渐稀。翁谓众曰："可以归矣。"众骇却，翁曰："鲍春霆兵已至，尚何虑乎？"遣人探之，果然。

翁率众而归，谓总办曰："曾帅知某营所裁兵，过此必劫掠。此间兵单，不能久战，春霆营来援，惟预计时日，裁兵当先到数小时，故以我来保存银钱簿记耳。"诘朝，李翁行矣。

性嗜肥羜

公性嗜肥羜，山豚野鹿之类，嗜尤笃。军人有射得封狐者，献公。公令宰夫燔之。于是军人庆得皮，公庆得肉焉。即日开筵，招幕宾同享食，客低首大嚼，莫能辨味。公笑曰："此物媚，能惑主，其肉本不足食，以我之饕餮，涴诸君齿颊。再饭，当不设此。"举座顿悟。又一属吏，极忠谙公之食性，藉以博欢，阴赂公之宰夫。宰夫曰："应有尽有，勿事穿凿。每淆之登，倩予经眼足矣。"俄顷，进官燕一盂，令审视。宰夫出湘竹管，向盂乱洒，急诘之，则曰："辣子粉也。每饭不忘，便可邀赏。"后果如其言。

公宴客，寻常肴馔外，必有四簋，陈于其前，皆蔬类也。有食之者，公必不悦。

湘军饷制

湘军定制，按月发饷，初无折扣，其勇籍不甚杂乱。大抵湘乡、宝庆、长沙各为一类，皆有尺籍可寻。久征远战之勇，月计食用若干，到期按发，余则分哨记注，存于公所。或因事裁革，或有故假归，核其所存之饷，酌付川资，别由粮台给一印票，至后路给清。如此有三利焉：营哨员不能私侵暗蚀，一也；勇不能任意开销，出营流落，二也；回籍余资，尚可营生，三也。若淮军则不特勇无宿储，即统领十数营者，赋闲稍久，扫地无遗，当卸任之时，负债累累，尚须接替者为之弥缝，可叹也。

湘楚川诸军之隙

类聚群分，盖有莫之为而为之者，在军尤甚。江忠烈公原募之勇，名曰楚军，曾文正公继募之勇，名曰湘军，同一省也，而不免畛畦之分。湘军人才众矣，楚军后起如刘公长佑、刘公坤一、江公忠义，亦彪炳一时，然自大帅视之，已不免亲疏有别矣。而莫甚于川之与楚、湘之与淮，川楚之隙，自广西军兴，已成莫解之势。其后鲍军门超，以川人统三四十营，归于湘，部卒皆湘人为多。

初为分统时，胡文忠公即以川、楚不和，不宜用川，告戒之。湘、淮则本系一家，淮由湘出，尤有水源木本之谊，而自捻匪猖獗时，曾公督师北剿，湘军已大半遣散。全倚淮军为用，淮军既富而骄，夙乐合肥相国宽大，视公儒将约束，颇以为苦。遇有调度，阳奉阴违者颇多。公时与所亲书，有“撤湘军一事，合九州铁，不能铸错”之语。部下气类，由此愈分矣。厥后湘军渐远渐散，南北驻防，悉皆淮军，此之声威弥著，彼之嫌隙益深，履霜坚冰，盖非一朝夕之故矣。

感陈宝箴之讽劝

陈佑民中丞宝箴，为公门下士，尝从湖北左文襄幕谒公于金陵。公见陈来，汗溢于额，问故，陈笑曰：“为人作鲁仲连耳。吾所乘舟，舵工与橹工，因操舟，意见不洽，相诟谇。二人皆怒，竟舍舟登陆而斗。舟无人，动摇几覆，吾亦惧而登陆。谓二人曰：‘汝辈因舟而怒，固爱此舟也。今乃舍舟而斗，舟无人，将覆矣，曷若同舟共济，保此舟乎？’二人为吾所动，斗遂止。

有志退隐

皖江程黟农，博学善属文。入公幕，与江宁汪梅村、独山莫子偲、溆浦向伯常，昕夕讲学，交益笃。时幕中同志，多膺荐剡，腾踔以去。黟农不乐仕进，公欲荐诸朝，固辞不受。其高尚亦与梅村、子偲、伯常三人相似。公甚敬重之，尝谓曰："俟乱平后，吾长揖归田，约游黄山、白岳，君为主人我为客，山中只鸡斗酒当不乏。君能款留作十日清吟否？"黟农曰："谨如约。天下名胜，多因人而著，公如南游，山灵将环拱以俟矣。"公輾然曰："异日须烦君传语山灵也。"未几，黟农乞假归。公曰："尚忆前约乎？"曰："毋敢忘，为公归备芒鞋竹杖耳。"公大笑。

及公薨于金陵，黟农伤感特甚，复思胜游未践，公意弗忘，乃作诗纪其事以寄慨焉。公幕客长洲朱仲我，与黟农夙相得，亦有诗咏此事云：

> 中原戮力苦经营，才见青山白发惊。三十六峰登未得，
> 梦游空纪老门生。

黟农入公幕后，复执贽居弟子列。其纪事诗中，又述公入梦践游山约，故朱诗云然。夫生未践约，死斯已矣。乃一言之微，盖棺后，犹践之于梦，生死不渝如此，公真信人。且于此见公未获归田，遍游名胜，不无隐憾焉。虽然，亦黟农隐居乐道，其闲云野鹤之逸趣，有以动公解组相从之意云尔。

以上卷四

左宗棠抬杠

文襄在曾文正公幕，奏赏郎中，文正给以一札，有"右仰"字样，文襄微哂曰："他写了右仰，难道要我左俯不成？"心大不乐。其后为金陵报捷中互证小天王一事，竟至终身水火。文正卒，清廷予谥，竟是"文正"二字，文襄操湘语谓人曰："他都谥了文正，我们将来不要谥武邪么？"

助左成功

文襄以同治甲子与曾文正公绝交以后，彼此不通书问。迨丁卯年，文襄以陕甘总督入关剿敌，道出湖北，与威毅伯沅甫宫保遇，为言所以绝交之故，其过在文正者七八，而已亦居其二三。文襄又尝与客言："我既与曾不协，今彼总督两江，恐其扼我饷源，败我功。"然文正为西征筹饷，始终不遗余力，士马实赖以饱腾。又选部下兵最健、将最勇者予之，遣刘忠壮松山督军西征，文襄之肃清陕甘及新疆，皆恃此军。则文襄之功，文正实助成之也。

左事采补，曾食羚肉

文襄晚年，颇事采补，多蓄姬妾，后房幼女三十余人。待有落红者，即取其红铅，以为补益之助。有一女，含羞不许，令人譬说之，卒不回，乃私杀之，埋于后园。未几，文襄病笃，常见此女临榻旁。文襄猛忆前事，为之禳解，女叩首而去，始安。又曾文正公有足毛数千，每一食羚肉，必落毛数茎，至暮年，足毛落尽。文襄须发已颁白，每一御女，必黑数分，至暮年，而须发转如壮年，皆事理之不可解者。　以上卷五

曾文正不救，李秀成礼葬

绍兴李莼客先生慈铭《越缦堂笔记》力诋王［有龄］。王于浙事固无可辩。然杭州未陷时，王以兵单粮乏，力求救于曾文正公。文正先以他事与王有隙，据文正家书，谓金陵未破，大江一带蔓延，宜先其急者。未可信。故迟之。而李秀成兵入杭州矣。王自经院署桂花树下。秀成入，叹为忠臣，以王者冠服礼葬之。故浙人多秀成，少文正也。是年杭人以城陷死者七十余万人，江南有此否？　卷六

曾、张设对遗羞

曾文正公以三甲检讨出身，引为生平第一恨事。有言及者，辄自羞惭。一日，与幕中诸同乡宴饮，座有某客以昵妾闻，文正戏之曰："代如夫人洗脚。"其客即应曰："赐同进士出身。"文正大惭。此客捷才可惊。而张文襄公在籍时，有所眷妓曰月红，文襄欲置之遥室而未果。任鄂督日，与幕友某名士论填词，文襄曰："杨柳岸晓风残月，自是名句。"某名士曰："牡丹亭姹紫嫣红，堪以作对。"文襄面赪，盖句下"月红"二字，触其旧绪也。

卷二十六

清稗类钞 徐珂

徐珂（1869—1928），原名昌，字仲可，浙江钱塘（今杭州）人。光绪举人，官内阁中书。曾入袁世凯小站戎幕，未几告退。供职上海商务印书馆，编辑《东方杂志》。编有《清稗类钞》《天苏阁丛刊》等等。

曾李之于幕僚

曾文正公之督两江也，大事章奏，必令幕府诸贤各创一稿，然后审择点窜，亦有一字不易者。李文忠公督直隶，则必先自草创，听幕僚指陈得失，乃更自裁定。论者谓曾谦谨，李机警，而集思广益，其道则同。

曾文正幕府人才

咸、同间，曾文正公国藩督师剿粤寇，幕府人才，一时称盛。于军旅、吏治外，别有二派，曰道学，曰名士。道学派，为何慎修、程鸿诰、涂宗瀛、倪文蔚、甘绍盘、方某诸人；名士派，为莫友芝、张裕钊、李鸿裔诸人。

文正之重督两江也，中江李眉生鸿裔游其幕，年少倜傥，不矜细行。文正特爱之，视如犹子，文正秘室，惟眉生得出入无忌。时文正幕中有“三圣七贤”之目，皆一时宋学宿儒，文正震其名，悉罗致之，然第给以厚糈，不假以事权。

一日，文正方与眉生在室中坐谈，适有客至，文正出见之，眉生独在室，翻几上案牍，得《不动心说》一首，为某老儒所撰。老儒，即所称圣贤十人中之一也。文之后幅，有“使置吾于妙曼娥眉之侧，问吾动好色之心否乎？曰不动。又使置吾于红蓝大顶之旁，问吾动高爵厚禄之心否乎？曰不动”。眉生阅至此，戏援笔题其上曰：“妙曼娥眉侧，红蓝大顶旁，尔心都不动，只想见中堂。”

题讫，掷笔而出。文正送客去，返书室，见之，叹曰：“必此子所为也。”因呼左右召眉生，则已不在署，盖又往秦淮河上冶游矣。文正令材官持令箭大索之，期必得，果得诸某姬舟中，挟以归。文正指所书诘之曰：“子所为耶？”李曰：“然。”文正曰：“此辈皆虚声纯盗之流，言行必不能坦白如一，吾亦知之。然彼所以能获得厚资者，正赖此虚名耳。今汝必揭破之，使失其衣食之资，则彼之仇汝，岂寻常睚眦之怨可比，杀身赤族之祸，伏于是矣。盍戢诸？”眉生悚然受教，自此遂深自敛抑。 以上幕僚类

曾文正识拔杜文澜

秀水杜小舫方伯文澜始以钱幕入仕，曾文正至金陵，颇不然之。适由行台移节府，见堂室所揭楹联，于人地事事切合，奇赏之。询为杜之手笔，即延见，谭至盐务、洋务，尤指画详明，并条陈利害，灼然可行，叹为奇才。旋奏署江宁藩司，由是遍历三司五道，然未曾引对入都也。及沈文肃公葆桢莅任，乃以嗜好太深，劾之去职。

曾文正知容闳

容闳，字纯甫，香山人。年七岁，即学于英教士。十三，从美教士普拉温。普爱其才，携之至美，使肄业于叶尔大学，时年十九。后七年，毕业回国。又十年，始受知于曾文正。同治中，奏设机器制造局于上海。文正使容赴美购料，容乃建议，遣聪俊子弟游学于美。文正从之，使为监督，兼充驻美副使。适华工在秘鲁、古巴诸国受虐待，事闻，中朝使容就近往查，属实，遂禁止移民秘鲁。已而文正薨，李文忠悉召游美学生回国，皆未毕业。容大失意，遂留美二十年，不还。

先是，容娶美妇，举二子，皆三十余岁矣。光绪甲午中日之役，虽在海外，然仍不忘故国。时张文襄主战，幕客某与容识，容因献策于张，其一曰："请亲赴伦敦借款一千五百万元，购办现成铁甲舰三四艘，招借洋兵五万，由太平洋出拊日本之背，以阻其西侵之势。"其二曰："借款欧洲某国四亿元，以台湾为抵押，九十九年还，大兴海、陆两军，以挽颓势。"张纳第一策，飞电促赴英。容急诣伦敦就富商谋之，富商咸欲以海关作抵，文忠与赫德皆不欲，议垂成而寝。

后数年，日皇简儿玉大将为台湾总督。一日，有白发短躯者来，投刺，书"容闳"两字。儿玉出见之，极道倾慕之意，已而曰："今窃为足下危者一事。"容不解，促膝问之。儿玉曰："前者闽浙总督致书，言容闳苟来，请捕拿解交。"盖谬传容为康党也。容泰然曰："公欲捕我，固无所逃。虽然，我为祖国谋，为忌者所中，此士之荣也。"儿玉笑曰："我不为贵国捕吏，请足下勿虑。"因出报纸示之，曰："此事为何人提倡？"盖所录者即容向所建第二策也。容受之读竟，曰："此非他人，即我之策也。"举右手叩其胸者三，乃继语曰："此言借款亿元，非事实也。吾欲借者，特其半耳。"儿玉笑而颔之。容曰："他日苟临国难，吾将复建此策，人不能夺吾志也。"时儿玉将东归，劝容俱往。容适患喘，不果行，居数日，遂诣香港。儿玉派兵四人昼夜为之警护焉。

曾文正知李芋仙

李芋仙，名士棻，四川忠州人。尝为江西南丰令，刘仲良中丞秉璋劾罢之。初，芋仙客曾文正所，使酒嫚言，文正以方外蓄之，不甚重也。然时怜其才。文正官江南日，芋仙屡有干请，戒门者勿通。芋仙乃以四诗用禀封达之文正，读之，称善。次日，梅小岩方伯启照入见，文正曰："李芋仙终是才人，务为之地，勿使失所。"于是芋仙得以温饱数年。文正卒，乃流落上海，教一二女伶度曲以自给。所藏书，钤有"忠州李芋仙随身书卷"一印，其上文正诗有云："怜才始信得公难。"文正为之动心者此也。

曾文正李文忠识刘省三

刘铭传字省三，怀远人。自幼喜弄棍棒，粤寇据金陵时，刘纠合数百人练之为团，以卫地方。然以经费支绌，尝遣其所部劫资以为助。邑人大忿，控之于钦差大臣向忠武公荣，向命邑令就地正法。令使入站笼，将毙之也，然刘无所苦。守役奇之，与之谈。刘谓："因公获罪，自问为全大局计，无所怼。惟吾死恐邑亦陷矣。"役心善之，乃与偕亡，中途，守役别去。

刘乃至苏州，以乡谊谒李文忠公鸿章，李畀以帮哨。未几，曾文正公国藩阅兵至苏，命传见，且纳为门生，旋令统领四十营，去待罪时仅十八日耳。其后荐至提督，改巡抚，遂开府台湾。 以上知遇类

曾文正勉钱子密以操守

秀水钱子密尚书应溥，尝客曾文正公幕。某年，乞假应秋试，文正设筵饯之，酒阑，语之曰："足下名位，他日必出在座诸君之上，惟操守二字，吾辈应共勉之。"钱后成进士，跻卿贰，入枢密。仅言名位，果如文正言矣。

曾文正规其戚

曾文正驻军安庆，有戚某自湘乡田间来，行李萧然，衣服敝素，对人沉默不能言。盖以家计寒俭而投营谋事者。文正垂询乡里琐事及戚友近况，其人靦颜作答，讷讷然若不能出诸口，然偶择要对一二语，颇中肯綮，文正殊赏之，将任之以事。

文正每饭，必召幕客会食，幕客各依时赴餐，无敢或违。一日正食，值饭有秕粒，某检出之而后食，文正视之良久，亦无他语。饭毕，文正与幕客围棋数局，手谈既竟，令支应备银二十两赠某以为赆。某大骇异，乃求文正之表弟彭杏南，请于文正。文正语之曰："某食而去其秕，平时既非豪富，又未曾作客于外，辍耕来营，不过月余，而即有此种举动，吾乡人宁复如是耶？吾恐其见异思迁，而反以自累也。"杏南固请，且曰："此亦未为大过，公盍试之。"

时文正喜植蔬，每日撷鲜而食，以为至味，姑令某主持园圃之事。某乃益自励，日与佣保杂作，寝食相共，灌溉粪治，自朝至夕，莫或休暇。文正微觇之，则见其持畚携锄，与耦耰之人，通力而合作也。如是者几一载，始终不渝。文正意解，召之来亲述其故而规之。其人愧谢，乃以他事畀之。

其人黾勉从公，克励厥职，卒以布衣扶摇而上，官至观察使，加布政使衔。

以上箴规类

曾文正称刘玱林为玱林先生

咸丰辛酉春，曾忠襄公国荃围攻安庆，粤寇陈玉成部下刘玱林方据集贤关，为城中犄角，曾文正致书忠襄有云："勿使玱翁逸去。"又称之曰"玱林先生"。继闻鲍超攻破其垒，杀之，则大喜。文正素持正，不轻假人以辞，于玉成则直斥曰狗，于玱林则尊之曰玱翁，曰先生。玱林殆亦当时粤寇之健者也。

称谓类

曾文正李文忠效忠王室

曾文正公国藩驻军祁门时，王某献诗，尝讽以联合粤寇而自取之，曾不能用，拂衣遂去。李文忠公鸿章既平捻，握重兵，部将颇有欲拥戴之者，李喻其意，假他事逐之。 忠荩类

湘军将帅患难相从

湘军之兴，诸将帅患难相从，皆迫于师友之谊。如彭刚直之芒鞋徒步以赴江西之急，曾文正常以为有烈士之风。若江忠烈之攻庐州，事前已奉朝旨，令勿拘城亡与亡之例，而忠烈坚持守土之责，省城既陷，即仗义自投于水。新化邹叔绩，名汉勋，为湘中汉学大儒。与忠烈同学至好，特往军中访之，尚居宾客之位，初未有职守也。及见忠烈殉难，邹亦激于义愤，慷慨投水中。文正挽之曰：

闻叔绩不生，风云变色；与岷樵同死，日月增光。

盖纪实也。

文正弟愍烈公国华与李忠武公续宾为姻娅，三河之役，愍烈已卸兵事，留军中观战。及忠武战殁，愍烈亦从死。盖由文正以忠孝文武为天下倡，气机鼓动，轻死重义，有发于不能自已者也。 义侠类

曾文正毫无芥蒂

新宁刘武慎公长佑以拔贡生入都朝考，时曾文正已贵，有阅卷大臣之望，索武慎楷书，欲预识其字体，固不与。其后为直隶总督，捻势方炽，文正主分堵，武慎主合剿，草疏，将上之，或曰："如曾公意不同何？"武慎曰："顾事理何如耳，他何足恤！"文正见其疏，甚以为然。武慎知之，乃语幕客曰："涤翁于此乃毫无芥蒂，良由做过圣贤工夫来也。" 雅量类

曾文正友莫子偲

独山莫子偲友芝，少与郑子尹珍齐名，精许书，工篆籀，诗亦古朴有味。尝与曾文正公国藩订交于京师琉璃厂书肆中。文正遗莫书云："阁下与郑先生游，六合之奇，览之于一匊，千秋之业，信之于寸心。"其倾倒可谓至矣。

师友类

曾文正荐仆于某监司

曾文正督两江日，署有一亭甚高，凭栏远眺，可窥内外情景。一日，徘徊亭中，见有翎顶辉煌者，持手版，向司阍人作哀恳状。阍人挥手止之，状甚倨，其人怏怏去。明日登亭，又见之，状如前。又明日，见其人摸索袖中，得一裹物，鞠躬以献，阍人色骤霁，心疑焉。有顷，入签押房，阍者持手版入，谓有新补某监司求谒。立命延入，乃即连日在亭所见向阍哀恳之人也。询以何日来省，答来已三日。问何不进见，则支吾不能对。文正语之曰："兄新莅任，得毋缺纪纲乎？"监司答以署中虽有人满之患，公若有赏荐者，敢不如命。文正曰："大佳。惟此仆狡诈实甚，断不可派要差，但令其得一啖饭地足矣。"监司唯唯。遂唤阍者进，正色谓之曰："此间已无用汝处，顷特荐之某大人，其善事新主人，毋怠。"阍者不得已，屈一膝以谢。及退，大忿，携行李他去，不知所之。

奴婢类

康居笔记汇函 徐珂

本书系徐珂晚年寓居沪西康家桥所作。珂去世后由其子徐新六编辑刊行。全书汇聚十三种掌故杂著。

曾文正手批《文选》

咸丰二年壬子，粤寇围长沙，连陷武汉，曾文正公方以侍郎丁内艰里居，奉命帮办团练。疏恳终制，未允。自是遂居兵间，而在籍仅百有十日耳。乃以十日之中，手批《文选》以示其弟愍烈公国华。且其时寇氛遍地，不遑宁处，独伏案观书，嗜学惜阴，名世之人，自异于寻常万万也。全书用单夹圈，每篇加蓝笔，亦有用墨笔者，十之八九有批，可三万言，大抵摘录集评，间下己意，书法挺劲，确为真迹。今有汉阳周退舟许，目录后跋云："壬子岁奉讳里居，束书不观，几两月矣。偶检《文选》，尽十日之功而评识之，以勖温弟。"

《松阴暇笔》

曾文正薄暮谈艺

曾文正晚年病目，督两江，恒于薄暮设席，召幕僚谈艺，辄下重帘，燃洋烛，时尚未有电灯也。

《闻见日抄》

清朝野史大观

撰人失记。据称此书1915年即由中华书局排印出版，署小横香室主人撰。后之流行者多据中华书局1936年版，不署撰人。有说为徐珂者，亦有说李秉新者。

曾、林父辈书联

曾文正之父撰一联，悬之厅事，曰：

有诗书，有田园，家风半读半耕，但以箕裘承祖泽；
无官守，无言责，时事不闻不问，只将艰巨付儿曹。

款书“竹亭老人命男国藩敬书”。相传林文忠之父亦有联云：

粗衣淡饭好些茶，这个福老夫享了；
齐家治国平天下，此等事儿曹任之。

文正驭将之权术

李金旸年未三十，勇悍绝伦。群以为跋扈将军，绰号冲天炮。积功保至副将，赏勇号。统兵江西，战败被陷贼中，旋又逃归营。友张光照在毓抚军处控其通贼，遂将二人并解至东流大营。文正力辩其冤，谓张光照诬告统领上司，先行正法。是由李来谒，盛称中堂明见万里，感激至于泣下。旋又传令李金旸虽非通贼，既打败仗，亦有应得之罪，着以军法从事。即派亲兵营哨官曹仁美绑至东门外处斩，闻者无不骇怪。

李本以符水治病，最著灵验。曹受其法，有师弟之谊，又怜其无辜罹法，故命行刑者身首不殊，尸诸江干，覆以芦席，亲兵十人守之。适予小厮往观，闻呻吟声，方知其未绝。傍晚即扬帆而去，不知所之。后闻削发入空门，号为更生和尚，姬妾三人亦均为比丘尼，斯亦奇矣。

欧阳晓岑尝从容问李金旸何以事白而见杀，文正曰：“左季高、赵玉班俱称其才可大用，若不能用，不如除之。且江西纷纷言其通贼，吾既违众而戮张矣，亦何能不顺人心乎？”文正此等举动，直有非恒情所能窥测者矣。曹后随郭子美征捻湖北阵亡，又已数载，故敢笔之，以广见闻。

曾文正奏复罗澹村恤典

咸丰十年二月，粤贼陷杭州，罗澹村中丞死之。文宗温旨褒恤，予谥忠愍。未几，御史高延祜摭浮议劾公，有旨罢恤典。同治元年，曾文正公讼公清忠大节，穆宗皇帝特谕：仍遵文宗初次谕旨，照巡抚例从优议恤，赠衔赐葬，予谥壮节，并给骑都尉世职，入祀京师及本籍昭忠祠。一人两谥，已为古今所稀闻，而公妻徐氏、孀女陈罗氏、侄妇周氏，同时殉难者，均令配食专祠。并以雇妇金梅氏、家丁顾斌袝祀，赐恤尤为极渥。至今吾浙舆论，谓初次失陷之巡抚，徒以乞援不及，力尽捐躯，其身后之荣，本未可妄议裁彻也。

按：咸丰十一年，浙江再失，巡抚之子女仆妾先一月已出城渡江，沿途索州县供酒浆，调勇丁护金帛，连樯叠骑，千里驿骚，宁、绍、温、台之民惊传寇至。稍有识者，盖早知其畏惮刑章，拼死塞责，无复守御之志矣。以视公之受命成仁，一门浩气，相去何啻天壤。其恤典之应复应销，想后世必有定论也。

辨何桂珍之冤

军兴十余载，士大夫以身殉疆场者，指不胜屈。膏涂原野，莫相收恤者有之；断躯绝脰，事不上闻者有之。若阻挠百端，独婴惨祸，生前招苛议，身后被余责者，则云南何公桂珍冤最甚焉。

公以宁太道莅江南，安抚福公留之江北，令之募勇剿贼，无一金之饷，一昔之粮，得二百人，率之而行，集溃兵团勇合三千人，以大破捻贼，招降贼酋，军声大振。论者以为必邀上赏矣，乃以逗留不救庐江，被劾免官。其实檄救庐江之文尚未至公手，而城已被陷，大帅将欲卸己之责，遂归罪于公。公既褫职，大帅又留公驻英山。八月之中仅支银三百两，而士卒三千人居无帐幕，食无粮米，徒以忠义相激。日提饥军转战贼中，贼来益众，兵败莫援，已岌岌不可终日矣。而大帅又密书，令其图翦招降之贼。书复落于贼手，顷刻变作，公遂粉骨碎身于贼。于是复以机事不密咎公，实则此书亦未抵公也。

公殁后，恤典不及，其弟为行状，尚不敢声公之冤，仍循弹章为据。吴侍郎廷栋发愤言之，而事稍白。越数年，曾文正公复为公作殉难碑记，乃获昭雪。然当时虽正人君子，亦未尝不责公也。

李元度丧师

李元度，曾文正部将也。丧师衢州，亡六七千人，文正劾之，并自请议处。军中有作联额诮李曰：

士不忘丧其元；

公胡为改其度。

额曰："道旁苦李。"然李虽不长于军事，固长于文章也。观其所选小题正鹄，及所撰先正事略，非绩学者乌能之？

李元度寓规于颂

曾公既克金陵，京外官绅走书申贺，谨守常格者居多。独李次青观察博引繁称，铺张扬厉，一书累三千言，中叙讨贼之初，以书生张空拳，撄巨寇，号召生徒子弟，忍饥转战，备历艰阻，百折而不回。及乎大功告成，懋邀巨赏，兄弟同日膺茅土，以蕞尔一邑备有侯、伯、子、男之封，建旄仗钺寄专阃，及方伯连帅之属，至以千百计，可谓如荼如火，千载一时矣。

而得力尤在末一段，寓规于颂，深得古人赠言之旨。其辞云："两江督府兼综河漕盐法及操江，诸务殷剧，号难治。承平时选帅尝重于他省，非有文武威望知大体可信畏者莫能任。况于辟榛狉夺残黎于貙貗之口，其事与开创同。而又有岛夷逼伺，狡犷不可测，则所谓安内以攘外者，宜必邃谋深识，消患于未萌焉。窃谓图治以教养为先，在今日则养先于教，世乱才胜法，若由乱而治，则当以才用法，而不为法所缚。至于内治既修，外侮自戢，道在蓄威养望。有以大服乎中外之心，久之必喙號不遑矣。"

所议亟为通达，此外骈散文字，率以郭李相比拟。曾公勋业，诚不必少逊前人，然时势不同，未可例也。 以上卷七

曾文正叙桐城派源流

《曾文正文钞·欧阳生文集序》云：

乾隆之末，桐城姚姬传先生鼐善为古文辞，慕效其乡先辈方望溪侍郎之所为，而受法于刘君大櫆及其世父编修君范。三子既通儒硕望，姚先生治其术益精。历城周永年书昌为之语曰："天下之文章，其在桐城

乎？”由是学者多归向桐城，号“桐城派”，犹前世所称“江西诗派”者也。

姚先生晚主钟山书院讲席，门下著籍者，上元有管同异之、梅曾亮伯言，桐城有方东树植之、姚莹石甫。四人者称为“高第弟子”，各以所得，传授徒友，往往不绝。在桐城者，有戴钧衡存庄，事植之久，尤精力过绝人，自以为守其邑先正之法，禧之后进，义无所让也。其不列弟子籍，同时服膺，有新城鲁仕骥絜非、宜兴吴德旋仲伦。絜非之甥为陈用光硕士，硕士既师其舅，又亲受业姚先生之门，乡人化之，多好文章。硕士之群从，有陈学受艺叔、陈溥广敷，而南丰又有吴嘉宾子序，皆承絜非之风，私淑姚先生。由是江西建昌有桐城之学。

仲伦与永福吕璜月沧交友，月沧之乡人有临桂朱琦伯韩、龙启瑞翰臣，马平王锡振定甫，皆步趋于吴氏、吕氏，而益求广其术于梅伯言。由是桐城宗派，流衍于广西矣。

昔者国藩尝怪姚先生典试湖南，而吾乡出其门者，未闻相从以学文为事。既而巴陵吴敏树南屏称述其术，笃好而不厌，而武陵杨彝珍性农、善化孙鼎臣芝房、湘阴郭嵩焘伯琛、溆浦舒焘伯鲁，亦以姚氏文家正轨，违此则又何求？最后得湘潭欧阳生。生，吾友欧阳兆熊小岑之子，而受法于巴陵吴君、湘阴郭君，亦师事新城二陈，其渐染者多，其志趋嗜好，举天下之美，无以易乎桐城姚氏者也。

读此则古文家桐城一派，亦已什得八九。按欧阳生名勋。

挽联汇志

曾文正自诩善制挽对，兹录其脍炙人口者。

有门生妇死，公挽之云：

亲见夫子为文学侍从之臣，虽死无憾；

观于人言谓父母昆弟无闻，其贤可知。

深得老师口吻。

又介弟国华阵亡三河，公挽云：

归去来兮，夜月楼台花萼影；

行不得也，楚天风雨鹧鸪声。

公其时正在鄂治军也，不著一字，自然沉痛。

又某御史挽伶云：

生在百花先，万紫千红齐俯首；

春归三月暮，人间天上总销魂。

此联久已传诵，然以之挽妓，亦无不可，不如李芋仙刺史一联云：

参不透絮果兰因，结局竟如斯，逝水年华悲梦断；

抛得下舞衫歌扇，逢场今已矣，落花时节送春归。

确切不移，的是才人之笔。

柏文僖公葰因戊午科场事被诛，时有人挽以联云：

其生也荣，其死也哀，雨露雷霆皆主德；

臣门如市，臣心如水，皇天后土鉴愚衷。

于无可著笔之中，而落落大方，不著痕迹，可谓得体。

曾文正工联语

曾文正工撰联，即游览赠人之作，亦复雅健，不仅以哀挽见长也。题新都桂湖一联云：

五千里桂子湖山，我原过客；

一万顷荷花秋水，中有诗人。

山阴何廉访罢官后流寓淮扬，以盐致富，因营新第。文正赠联曰：

千顷太湖，鸥与陶朱同泛宅；

二分明月，鹤随何逊共移家。　以上卷十

参考书目

（以本书卷次排列为序）

赵烈文《落花春雨巢日记》，《太平天国史料丛编简辑》，中华书局出版

赵烈文《能静居日记》，廖承良标点整理，岳麓书社2013年版

郭嵩焘《郭嵩焘日记》，《郭嵩焘全集》，岳麓书社2013年版

李兴锐《李兴锐日记》，廖一中、罗真容整理，中华书局2015年出版

张文虎《张文虎日记》，陈大康整理，上海书店出版社2001年出版

王闿运《湘绮楼日记》，马积高主编、吴容甫点校，岳麓书社1997年版

王培荀《听雨楼随笔》，巴蜀书社1987年版

张集馨《道咸宦海见闻录》，杜春和、张秀清整理，中华书局1981年版

欧阳兆熊、金安清《水窗春呓》，谢兴尧点校，中华书局1984年版

郭沛霖《日知堂笔记》，中华书局2006年出版

陈其元《庸闲斋笔记》，杨璐点校，中华书局1989年版

毛祥麟《三略汇编》，严文儒校点，《明清上海稀见文献五种》，人民文学出版社2006年版

毛祥麟《墨馀录》，毕万忱点校，上海古籍出版社1985年版

方宗诚《柏堂师友言行记》，沈云龙主编《近代中国史料丛刊续编》，（台湾）文海出版社出版

俞樾《春在堂随笔》，张道贵、丁凤麟标点，江苏人民出版社1984年版

平步青《霞外攟屑》，上海古籍出版社1982年版

薛福成《庸盦笔记》，丁凤麟、张道贵点校，江苏人民出版社1983年版

陈康祺《郎潜纪闻》，晋石点校，中华书局1984年版

崇彝《道咸以来朝野杂记》，北京古籍出版社1983年版

朱克敬《雨窗消意录》，岳衡等点校，岳麓书社1983年版

朱克敬《瞑庵杂识　瞑庵二识》，杨坚点校，岳麓书社1983年版

何刚德《客座偶谈　春明梦录》，民国年间作者自刻本，上海古籍书店影印

辜鸿铭《张文襄幕府纪闻》，《辜鸿铭文集》，岳麓书社1985年版

震钧《天咫偶闻》，北京古籍出版社1982年版

蕙风《眉庐丛话》，沈云龙主编《近代中国史料丛刊续编》，（台湾）文海出版社出版

欧阳昱《见闻琐录》，恒庵标点，岳麓书社1986年版

李详《药裹慵谈》，江苏古籍出版社2000年版

李详《愧生丛录》，江苏古籍出版社2000年版

汪康年《汪穰卿笔记》，上海书店出版社1997年版

姚永朴《旧闻随笔》，沈云龙主编《近代中国史料丛刊续编》，（台湾）文海出版社出版

李伯元《南亭笔记》，大东书局1919年石印本，上海古籍书店1983年影印

李伯元《南亭四话》，大东书局1925年石印本，上海古籍书店1985年影印

蔡云万《蛰存斋笔记》，上海书店出版社1997年版

刘体仁《异辞录》，辟园史学四种之四，民初石印本，上海书店影印

刘体信《苌楚斋随笔》，中华书局1998年版

忧患馀生生《师惠全夷斋笔记》，据沈云龙主编《近代中国史料丛刊续编》所收《刘尚书秉璋奏议》附《清芬录》卷二转录，（台湾）文海出版社出版

王揖唐《今传是楼诗话》，沈云龙主编《近代中国史料丛刊续编》，（台湾）文海出版社出版

陈灨一《睇向斋秘录》，上海书店出版社1998年版

易宗夔《新世说》，1918年排印本，上海古籍书店1982年影印

金梁《四朝佚闻》，沈云龙主编《近代中国史料丛刊续编》，（台湾）文海出版社出版

杨钧《草堂之灵》，岳麓书社1985年版

李肖聃《星庐笔记》，绛希点校，岳麓书社1983年版

马叙伦《石屋馀沈》，建文书店1948年版，上海书店1984年影印

陈邦贤《自勉斋随笔》，上海书店出版社1997年版

李定夷《明清两代轶闻大观》，民国六年上海国华书局排印，江苏广陵古籍刻印社影印

瞿兑之《杶庐所闻录》，辽宁教育出版社1997年版

孙静庵《栖霞阁野乘》，山西古籍出版社1997年版

祁景颐《䜣谷亭随笔》，《〈青鹤〉笔记九种》，中华书局2007年版

佚名《清代之竹头木屑》，《满清野史》第十种，民国九年木刻本

李渔叔《鱼千里斋随笔》，沈云龙主编《近代中国史料丛刊续编》，（台湾）文海出版社出版

徐凌霄、徐一士《凌霄一士随笔》，山西古籍出版社1997年版

凌霄、一士《曾胡谭荟》，沈云龙主编《近代中国史料丛刊续编》，（台湾）文海出版社出版

徐一士《亦佳庐小品》，中华书局2009年版

黄濬《花随人圣庵摭忆》，上海书店1998年影印

柴小梵《梵天庐丛录》，山西古籍出版社1999年出版

徐珂《清稗类钞》，《传世藏书》本

徐珂《康居笔记汇函》，山西古籍出版社1997年版

《清朝野史大观》，中华书局1936年排印，上海书店1981年影印

编 后 记

曾国藩（1811—1872）在中国近代史研究中是一个无法绕开的人物。从他建立功业起始，其社会知名度便与日俱增；及至后来功成名就，社会上关于他的说法已是形形色色；去世以后，关于他的传说和议论更是众说纷纭。这反映了这个历史人物的复杂性。体现这种复杂性的材料，除了他本人的海量著作，还散见于他的同时代或随后的公私著作和人们的随笔札记里，须要广泛搜集、细心捡拾，再加以分析，才能将他的真实面目看得稍微清晰一点。

为了让一般读者能够集中读到一些曾国藩的材料，我们从六十余种私人著作中辑录了四百余题涉及曾国藩的点点滴滴、方方面面的内容，经剪裁厘订，成为这本《曾国藩逸事汇编》。全书文字内容庞杂，形式多样。为了让读者在阅读时感觉方便一些，兹将全书分成七卷：

前两卷辑录了赵烈文、郭嵩焘、李兴锐、张文虎和王闿运共五人日记中与曾国藩有关的文字。这五人有一个共同的经历，就是或先或后、或长期或短暂地充当过曾氏的幕府人物，有条件直接跟曾氏打交道，耳闻目睹，随手作记。多是那个年代的目击记录。

卷一的内容辑自如今存世的赵烈文两种日记。赵氏在曾幕期间，与曾朝夕相处，他笔头勤快，逐日详记，给后人留下了大量历史现场实录。我们从赵氏《落花春雨巢日记》中摘录了他加入曾幕的最初历程，又从《能静居日记》中摘录了同治二年（1863）作者再入曾幕，直到同治十一年（1872）曾氏去世的有关内容。其间赵氏在曾幕经历和见证了诸多历史事件，天天与曾氏作倾心交谈，有时甚至一天谈几次。赵烈文将双方谈话都做了详细记录。这些谈话，双方都很随意，尤其是曾氏的谈话，比其家书更坦率，接触时政更多，从而更直白地坦露了曾氏心迹。曾氏许多对时政的观点，在他存世的文字中往往看不到，赵氏留下的谈话记录里却有大量记录。可以说，这部分记录对于了解曾氏的真实思想、认识曾氏的另一面，是极为可贵的第一手资料，是对现存曾氏全集的重要补充。

赵氏文笔细腻，下笔不忘记留下细节，文章现场感极强。在湘军围攻天京时，赵氏还兼任曾国荃的机要幕客，对攻城部署多所贡献，这都不是主要。重要的是对湘军攻陷天京后，滥杀无辜的残忍、劫掠财物之贪婪等情形，记载极详；对起义领袖骄奢生活的暴露，也是真实具体。等等这些，均是现场实录。笔者过去读关于这段历史的相关著作，常常担心作者预设立场，对他们的书写常常持怀疑、保留态度。读了赵氏的文字，终于相信这段历史确实有过如此残酷血腥的一页，胜利者确实是如此贪婪和毒辣！起义领袖的实际作为，跟心目中设想的形象之距离又是何其遥远！因此，笔者接触这些文字的时候，不禁深深佩服赵烈文的诚实！事件的本体属于曾国藩事功的范畴，不可不录。

卷二的内容辑自郭嵩焘、李兴锐、张文虎、王闿运的日记。郭氏对曾国藩极为尊重，曾氏出山组建湘军，就有郭的功劳；郭对曾认识深刻，见解超群，始终支持曾的作为；一直到曾去世后还积极参与曾后事的料理，在筹建曾祠的过程中出力尤多。郭在日记中发泄了对曾国荃，尤其是对曾纪泽的不满，当然有诸多具体原因，也写下了对曾纪泽的外交活动的不同看法。曾纪泽是他外交职位的继任者，是不是有被“取而代之”的心理影响？留待研究者去思考吧！郭氏是曾国藩积极形象的维护者，日记中对与曾关系相左的左宗棠表现出十分不屑，直到左死，还在日记中说“且伤且感”之类的话；郭也看不起王闿运的学问，对王写的《湘军志》坚决反对，鼓励朱克敬著书跟王书唱反调，在光绪八年五月初二的日记中即透露过朱氏“以所撰《拟湘军志》呈阅曾沅浦”的消息。

李兴锐以务实著称，选取的这部分内容主要记叙了作者与曾国藩处理天津教案的经过。日记披露了处理过程中颇为罕见的情形：刚开始李兴锐等属员甚是高调，建议曾国藩起用彭玉麟等湘军老将以筹战守，但曾氏却冷静得多，认为“未可轻率开衅”；经朝廷认可，曾国藩、李鸿章做了妥协处理，但在处理过程中做了手脚，如修改天津府县的“招供”，以减轻府县“罪责”；曾氏还亲审“罪犯”，“审问至夜，仅有两人众供确凿，本人则尚未承认也”。既得不到实供，又要向上交差，曾氏无奈斩杀十五人，以息洋人之怒，事后又每人抚恤白银五百两。如此莫可奈何的处理，当然得不到时人的谅解。曾氏后来亦以“内疚神明，外惭清议”表达自己的良心责备。然而郭意城（郭嵩焘大弟）对此表示了足够的理解，他在为朱克敬《瞑庵杂识》关于此案的记叙作的签正说：“曾文正办理此案，明知必遭时俗指斥，而考之事实，准之情理，势不得不出于此。事外论人，原多任意高下，及至中外交涉，则是非曲直，尤不能适得其平。此则叙述，似但沿世俗之论，未尽合当日情事。”关于本案斩杀民人数目，按朱克敬的说法，曾氏原拟据洋人死数，对等杀二十一人偿命，未料俄使可能动了恻隐之心，认为当时是民众同法国人闹矛盾，“杀俄人，误也；今又无罪以偿，是重误也。请毋偿俄国六人”，乃斩十五人以徇（李兴锐同治九年九月廿四日日记称十六人）。朱克敬是郭家兄弟的密友，消息来源直接，此说当不至离谱。

张文虎是曾国藩晚年在金陵刻书的实际操办者，二人交集甚多，张在日记中多有记述。我们辑录的内容，主要就是记录二人在校勘刻印活动中的交流，其中不乏曾氏的具体指导和真知灼见；又有关于曾氏处理过的著名事件（如刺马案、教案等）之因由的记叙，以及当年南京被攻克后的场景、后来渐趋恢复繁华的所见。结合前面赵烈文所记，更能帮助读者寻求历史真相。曾国藩和张文虎等人之间就刻书、校书之事应该多有书信往来，岳麓新版曾氏全集发稿前未觅得一通，足见搜集书信是何等艰难的事。

王闿运在曾幕时间较短，而且那段时间的日记没能保存下来。在现存《湘绮楼日记》中，王氏记下了曾国藩晚年时二人的交集，对曾氏去世后也有不少点滴印象记录，甚至王氏自己到了晚年还数次在梦中与曾氏有过相会，可见印象之深。曾国藩和王闿运毕竟不是一路人物，二人所崇尚的并不一致，处世态度当然不同，在极具私密性的日记里，王氏对曾国藩的不满甚至不认同便自然流露出来了。而且在曾氏死后王还写了一本令曾家不满的《湘军志》，王氏虽然自我感觉良好，但因其直言和相讥，引得曾国荃愤怒不已、郭嵩焘激烈反对，就不奇怪了。此事当时闹得沸沸扬扬，王氏甚至对劝他将书版交郭嵩焘处理的人大发牢骚：“吾以直笔非私家所宜……外人既未出赀属我刻，而来索版，是无礼也。”一番慷慨陈辞之后，王氏大约是知道众怒难犯，过了三天，便赌气将《湘军志》版片和成书一起交郭烧毁（王日记光绪八年正月十七、二十日）。王氏对此事一直难以释怀，此后亦与郭疏于交往。事隔半年，郭嵩泰登门拜访，王仍托辞不见（八月十日日记）；又闻“沅浦褫职，季高失势，湘人顿为笑柄”，幸灾乐祸之情，溢于笔端（八月十一日日记）。此类故实，王的日记中均有所记。

曾国藩同时代人士在日记中记载曾氏逸事的尚有不少。有的记叙过于简略，有的事件过于分散，本书取赵、郭、李、张、王五人的日记为代表，用以显示晚清日记是一个有待开发的多么丰富的矿藏。

卷三辑录曾国藩同时代人士的笔记撰著。这些人士多数见过曾氏，有的与曾关系还很密切，但少数几位则不一定见过。他们的记叙不是像前面几位日记作者那样的现场即时实录，姑且把它们视为“追记”，其排列按作者出生年代为序。毛祥麟《三略汇编》全录了经曾国藩（包括赵烈文）删改的李秀成供词。如今李秀成供词真迹已经公开影印出版，经改窜的文本却难得一见了，本卷特予录入，以供有兴趣的读者对观。如果读者还想进一步了解当年改窜李秀成供词的过程，不妨去查查处置李秀成的那些天（同治三年六月下旬至七月上旬）曾、赵二人的日记，也是很有意思的。

卷四、卷五辑录自曾国藩在世时尚未成年或曾氏去世以后出生的人士的撰著。他们关于曾氏的写作有回望的性质，其材料来源，或得之耳食，或抄撮改编前人作品，或索性对已见材料加以发挥，总之是隔了一层。但各有特点，值得关注曾氏逸事者一读。由于有些材料被重复利用，只要有自身特色，不是直接一字不改的抄撮，本书尽量保留，但在篇末注以“相关链接”，以利读者分析。

清末民初由于印刷业的发达，报刊的兴起，催生了一批专事搜辑民间逸事、朝野旧闻的作者，有的还以排比考订这些历史碎片作为研究历史的手段，并卓然成家。但终究没有脱离札记和随笔的模式。卷六和卷七便是从民国时期六位掌故大家的八部集成式作品集里选取有关曾国藩的篇什，汰除重复，各依原书归属而成独立单位。六位作者中徐凌霄、徐一士兄弟最为突出，他们运用材料严肃认真，例如本书辑录的《靖港之役与〈感旧图〉》等篇用力甚勤；柴小梵、黄濬等作者广征博引，见闻独到，他们撰著中的相关内容便成为必然之选。

编者早就有选辑曾氏逸事成书的愿望，但实际动起手来，其工作的繁复程度远非原设想的剪刀加糨糊那么简单。同一条内容相同或相似的材料，被不同的作者引用，被他们朝不同的方向发挥，面目便大不相同。然而这种发挥都各有选取的价值，怎么办？只好忍痛割爱一些，保留一些。读者今天在书里读到的，可能仍有少量的某种程度的似曾相识，就表现了编者面对上述情形的无可奈何。曾氏还是公认的联语高手。本书中偶有重复出现者，那并非编者失察，而是因其个别字词相互略有不同，有意留下作为校勘材料。读者如觉不妥，敬祈谅之。

关于本书的编辑规则，已见于卷首凡例，此处不再复述。

当然，散见于晚清笔记中的曾氏逸事资料还可以找出很多，但要编出一部曾氏逸事大全，笔者目前尚无力做到。因为晚清史料浩如烟海，爬梳剔抉，阅读量太大；见面也不容易，许多远远够不上珍本善本资格的书，仅仅以其线装，如今还躺在公众图书馆的书库里中饱蠹鱼。笔者有幸充当过几种入藏已有数十年的木刻本的首位借阅者，且不说索书时间之长，光是在戴着防毒口罩和薄膜手套、年纪肯定小我几轮的工作人员那冷漠的炯炯目光注视下，翻找着有关篇什，就感觉别扭。那注视的目光仿佛把我看成了高超的魔术师，有把书本在他眼皮底下变走的本领。此刻我不忍心使用另一个词，但今后继续多买书的念头更难消退了——不过怎么买得过图书馆呢？！

曾经有朋友向笔者提议，把材料逐题打散，然后按曾氏生平顺序排列组合。这个想法当然很好，但笔者尚不具备这个胆量，因为材料参差错落，真伪难辨。重加考订，那是撰写专著的做法，把读者的思索辨析环节通通代劳了，似无必要。本书作为笔记类型的传记资料，编者原拟按各自主题做个索引。但事到临头却感觉无从下手，只好让它以传统的笔记面目示人。限于篇幅，编者对人名未作笺释。考虑到本书不是一般通俗读物，读者对晚清历史具有一定知识储备，阅读时不致有太大问题。

八十六岁高龄的锺叔河老先生支持编者做这个工作，欣然赐予题记，以为鼓励，为本书面世，大壮行色，编者殊觉光荣。

期待着各路高明的指点赐教。

朱树人

二〇一六年五月